Helmut Johach
Von Freud zur Humanistischen Psychologie

Therapeutisch-biographische Profile

Der Mensch im Netz der Kulturen
Humanismus in der Epoche der Globalisierung

Band 4

Editorial

Globalisierung erfordert neue kulturelle Orientierungen. Unterschiedliche Traditionen und Lebensformen ringen weltweit um Anerkennung und müssen sich den Erfordernissen einer universellen Geltung von Normen und Werten stellen. Gemeinsamkeiten und Unterschiede der menschlichen Welt- und Selbstdeutung müssen gleichermaßen berücksichtigt werden. Dazu bedarf es einer neuen Besinnung auf das Menschsein des Menschen: in seiner anthropologischen Universalität, aber auch in seiner Verschiedenheit und Wandelbarkeit.

Die Reihe **Der Mensch im Netz der Kulturen – Humanismus in der Epoche der Globalisierung** ist einem neuen Humanismus verpflichtet, der Menschlichkeit in seiner kulturellen Vielfalt in sich aufnimmt und als transkulturell gültigen Gesichtspunkt im Umgang der Menschen miteinander in den Lebensformen ihrer Kulturen zur Geltung bringt.

Helmut Johach (Dr. phil.) hat in Philosophie und Soziologie promoviert und ist Gründungsmitglied der Internationalen Erich-Fromm-Gesellschaft. Er lebt als Therapeut und Supervisor in der Nähe von Nürnberg.

Helmut Johach

Von Freud zur Humanistischen Psychologie

Therapeutisch-biographische Profile

Sigmund Freud
Lou Andreas-Salomé
Sándor Ferenczi
Georg Groddeck
Wilhelm Reich
Erich Fromm
Fritz und Laura Perls
Ruth C. Cohn

In Zusammenarbeit mit dem Kulturwissenschaftlichen Institut in Essen, dem Institute for Advanced Studies in the Humanities and Social Sciences, Taiwan National University, und der Fakultät für Geisteswissenschaften der Universität Duisburg-Essen.

Humanismus in der Epoche der Globalisierung –
Ein interkultureller Dialog über Menschheit, Kultur und Werte
gefördert von der Stiftung Mercator

Bibliografische Information der Deutschen Nationalbibliothek
Die Deutsche Nationalbibliothek verzeichnet diese Publikation in der Deutschen Nationalbibliografie; detaillierte bibliografische Daten sind im Internet über http://dnb.d-nb.de abrufbar.

Umschlaggestaltung: Kordula Röckenhaus, Bielefeld
Lektorat & Satz: Helmut Johach
Druck: Majuskel Medienproduktion GmbH, Wetzlar
ISBN 978-3-8376-1294-3

Gedruckt auf alterungsbeständigem Papier mit chlorfrei gebleichtem Zellstoff.

Besuchen Sie uns im Internet: *http://www.transcript-verlag.de*

Bitte fordern Sie unser Gesamtverzeichnis und andere Broschüren an unter: *info@transcript-verlag.de*

INHALT

Zur Einführung: Humanistische Psychologie – Erbe und Widerpart der Psychoanalyse

von Jürgen Straub

Es wird erzählt, die Initiatoren der Bewegung seien während eines anregenden Abends im Hause Abraham Maslows darauf gekommen, ihr ambitioniertes Unternehmen *Humanistische Psychologie* zu nennen. Dieser schillernde Name setzte sich in der Tat durch und wurde zum Markenzeichen einer der einflussreichsten Strömungen in der Psychologie des 20. Jahrhunderts. Die ganze Geschichte begann, kaum exakt datierbar, eigentlich schon im frühen 20. Jahrhundert, als sich ein paar der kreativen Köpfe von der Orthodoxie der Freudschen Psychoanalyse zu lösen begannen und mit eigenen Ideen aufwarteten. Häufig entstanden diese im Kontext therapeutischer Behandlungen und spiegelten Erfahrungen wider, die sich der psychoanalytischen Begrifflichkeit nicht recht fügten und der gängigen Behandlungstechnik entzogen. Daran knüpften die humanistischen Psychologinnen und Psychologen an. In einigen Fällen hatten sie selbst eine Lehranalyse hinter sich gebracht, dachten, schrieben und handelten also einst im Geist einer Psychoanalyse, die sie »von innen heraus« kritisierten und modifizierten. Im Zeichen einer dezidiert neuen Strömung geschah das um die Mitte des vergangenen Saeculums in gesteigertem Tempo. Man hatte nun ein klares Ziel vor Augen: Eigenständigkeit!

Die Humanistische Psychologie integrierte in Theorie und Praxis kontinuierlich neue Elemente. Dadurch wurde der Rahmen der Psychoanalyse schon bald gesprengt. Aus moderaten oder gewagten Abweichungen individueller und kreativer, manchmal auch etwas eigenwilliger Psychoanalytiker – man denke etwa an Wilhelm Reich, Sándor Ferenczi und andere Schüler Freuds aus der ersten Generation – waren bald vollends innovative Schöpfungen geworden. Abraham Maslow, James Bugental, Fritz und Laura Perls, Carl Rogers, Ruth Cohn, Charlotte Bühler, Erich Fromm, Sydney Jourard, James Fadiman, Rollo May, John Heider und weitere einschlägige Namen fielen nun immer häufiger, sobald von moderner, zeitgenössischer Psychotherapie im Zeichen der Humanistischen Psychologie die Rede war. Kurt Goldstein und die berühmten Vertreter der Gestaltpsychologie gelten noch heute als wichtige theoretische Vorläufer und Wegbereiter (neben allen möglichen anderen vermeintlichen Quellen, aus denen man oft nach Belieben schöpfte), Ronald Laing oder Viktor Frankl und viele andere Zeitgenossen werden als Verwandte, Förderer oder Begleiter der durchaus heterogenen Strömung angesehen.

Viele Aspekte der Entstehungs- und Entwicklungsgeschichte der Humanistischen Psychologie sind in wissenschaftsgeschichtlicher und systematischer Perspektive bereits bearbeitet worden, wenngleich eine umfassende Analyse bis heute aussteht. Helmut Johach beschränkt sich in der vorliegenden Monographie auf ausgewählte Theoretiker und Psychotherapeuten (beiderlei Geschlechts), wobei er den engen genetischen Zusammenhang *sowie* die gravierenden sachlichen Unterschiede zwischen Psychoanalyse und Humanistischer Psychologie ins Zentrum seiner Betrachtungen rückt. In seinen lehrreichen Studien schärft der Autor das Bewusstsein dafür, dass die »neue Psychologie« in erheblichem Maße im Geist einer aus dem »eigenen Haus« kommenden Kritik und Revision der Psychoanalyse geschaffen worden war. Dabei erinnert Johach an fast vergessene Stationen auf dieser steinigen Strecke, nämlich an die in der Psychoanalyse ebenso wie in der Humanistischen Psychologie kaum (mehr) wahrgenommenen Werke und Wirkungen einer Lou Andreas-Salomé, eines Sándor Ferenczi, Wilhelm Reich oder Georg Groddeck (der nicht zuletzt als ein Vorläufer der Humanistischen Psychologie rehabilitiert wird). Wenngleich andere Personen und Einflüsse ebenfalls wichtig gewesen sein mögen: ohne *diese* Leute wären die Genese und das Profil der Humanistischen Psychologie nicht recht verständlich.

Anfang der 50er Jahre waren deutlich vernehmbare Initiativen zur Gründung einer eigenständigen Richtung unternommen worden, zwei Jahrzehnte später galt die Humanistische Psychologie als konsolidiert. Sie war, trotz anhaltenden Widerstands von Seiten der psychoanalytischen Orthodoxie und mannigfaltiger Kritik von anderer Seite, längst als innovative Kraft anerkannt. Genau das hatten die »psychologischen Revolutionäre«, die sich der Autorität Sigmund Freuds entwanden, ohne dessen geniale Leistungen herabzuwürdigen, einst im Sinn. Sie mochten noch mehr oder weniger im Schatten des »Vaters der Psychoanalyse« stehen, von seinen Errungenschaften und den Hinzufügungen der loyalen Mitstreiter zehren – und hatten dennoch unverkennbar *Neues* auf den Weg gebracht. Die Humanistische Psychologie lockerte zügig einige der Dogmen der klassischen, zwischen Naturwissenschaft und Hermeneutik oszillierenden Psychoanalyse.

So brach sie etwa mit der strikten Orientierung an der lebensgeschichtlichen (frühkindlichen) Vergangenheit der Analysanden (ohne diese ganz zu ignorieren) oder verwandelte die »Redekur« schrittweise in eine am »ganzen Menschen« orientierte Therapie. Sie beachtete und behandelte das Gegenüber als leibliche Person, die stets in der sozialen Realität der Gegenwart existiert, nicht zuletzt im »Hier und Jetzt« der therapeutischen Situation. In dieser »Existenz« spielen nonverbale Ausdrucksformen – ganz im Sinne expressionistischer Handlungstheorien, die ihre Wurzeln in der Romantik haben (namentlich bei Johann Gottfried Herder) – eine ebenso große Rolle wie die Sprache. Das wird besonders deutlich, wenn man sich dem emotional-affektiven Erleben von Personen zuwendet. Unsere mitunter vagen und diffusen Gefühle sind häufig eher in körperlichen Anzeichen wie der leiblichen Haltung, in Mimik oder Gestik oder Proxemik präsent als in sprachlichen Äußerungen. Im Zentrum des Menschenbildes der Humanistischen Psychologie steht, wie Johach im letzten systematischen Kapitel seines Buches resümiert, das *erlebende Subjekt* als eine psychosexuelle, psychosomatische und psychosoziale Einheit, Ganzheit oder Gestalt. Das subjektive Erleben des Menschen wurde zum A und O dieser Psychologie und Psychotherapie. Das hieß und heißt keineswegs, dass man von der Reflexions- und Handlungsfähigkeit des Wesens, das sich durch seinen *Logos*, durch Sprache und Vernunft auszeichnet, absehen müsste. Veränderungschancen und vor allem die für die Humanistische Psychologie so wichtigen Wachstumspotentiale liegen jedoch häufig eher auf einem Weg, auf dem es vorrangig um die Artikulation des Erlebens, den Ausdruck von Gefühlen geht als um die (vermeintlich) vernunftorientierte Suche nach dem überlegenen Gedanken, dem besseren Argument.

All das sah die wachsende Schar humanistischer Psychologinnen und Psychologen sehr klar. Sie nahm solche Einsichten ernst und entwickelte daraus innovative Prinzipien und Regeln, flexible Methoden und teilweise ganz schlicht erscheinende Techniken für eine Therapie des »ganzen Menschen«. Dieser Mensch (vielfach waren es Frauen, denen es um ihre Emanzipation in patriarchalen Verhältnissen ging) sollte dem Therapeuten (und der steigenden Anzahl von Therapeutinnen) im Übrigen in einer möglichst symmetrischen und auch offenen Beziehung begegnen können. Dort sollte Raum sein für gegenseitigen Respekt und allseitige Authentizität. Die Freudsche Abstinenzregel gehörte zu den ziemlich schnell aufgegebenen Bestandteilen der psychoanalytischen Orthodoxie. Vertreter der Humanistischen Psychologie »brachten sich stärker ein« in der Therapie (wie schon manche der abweichlerischen Psychoanalytiker, die sogar Massagen anboten) und legten oftmals auch jede Zurückhaltung in sozialen Fragen und politischen Belangen ab (was man wiederum von manchen Psychoanalytikern bereits kennt). Sie mischten sich vielfach ein, engagierten sich in Individual- und Gruppentherapien ebenso wie in sozialen und politischen Bewegungen, in denen allgemeine Fragen der *Menschheit* zur Debatte standen – von sozialen Ungleichheiten und einer repressiven Sexualmoral über die ökologische Krise bis hin zum Weltfrieden.

Die Humanistische Psychologie war also, alles in allem, ziemlich zügig zu einer unübersehbaren Institution geworden. Der nur selten genauer bedachte Name beherbergte bald schon zahlreiche, mitunter recht verschiedene Varianten. Manche Vertreter waren kaum darum bemüht, dem Adjektiv »humanistisch«, das der ganzen Strömung ein ambitioniertes Profil verleihen sollte, eine einigermaßen klare Bedeutung zu geben. Andere versuchten, dem in der europäischen Geistesgeschichte ohnehin schon überstrapazierten Wort einen präziseren Sinn abzugewinnen. Erich Fromm etwa, dessen »Humanistische Psychoanalyse« auch in anderen Hinsichten eine Ausnahmestellung einnahm, hatte diesbezüglich vergleichsweise deutliche Vorstellungen. Er verband seine normative Konzeption einer gesellschaftstheoretisch informierten Psychoanalyse nicht nur mit dem Marxismus – wodurch er gerade auch dem jungen, »humanistischen« Marx Respekt zollte –, sondern auch mit anderen Traditionen des europäischen Humanismus (die er, wiederum auf besondere Art, auf außereuropäische Traditionen bezog und sie damit verknüpfte, etwa auf den durch Daisetz Suzuki vermittelten Zen-Buddhismus). Auch Ruth Cohn betrachtete ihren Ansatz der »Themenzentrierten Interaktion« nicht bloß beiläufig und vage als »humanistisch«. Sie verband mit diesem Adjektiv ein bestimmtes *Menschenbild* sowie bestimmte *Werte* und *Normen*, die die therapeutische Behandlung ebenso prägen sollten wie ganz generell den Umgang von Menschen miteinander (und mit der Natur). Für andere, keineswegs jedoch für alle, gilt Ähnliches.

Über all das lernt man in dem sorgfältig recherchierten Buch von Helmut Johach viel Wissenswertes – darunter manches, was bislang in dieser Genauigkeit und Ausgewogenheit nicht nachzulesen war. In den vorliegenden, ebenso konzisen wie komplexen *individuellen Portraits* bedeutender Vertreterinnen und Vertreter der Psychoanalyse vor und nach der Emigrationswelle während der Zeit des Nationalsozialismus wird die Leserschaft mit Denkformen und Behandlungsmethoden vertraut gemacht, der sich wichtige systematische Beiträge zur Theorie und Praxis der modernen (westlichen) Psychologie und Psychotherapie verdanken. Der Autor macht dabei, wie gesagt, eindrucksvoll klar, wie sehr die innovative Strömung der Humanistischen Psychologie in der Geschichte der Psychoanalyse verwurzelt ist. Sie beruht auf den Errungenschaften Freuds und seiner Nachfolger, die Johach in den relevanten Aspekten Revue passieren lässt und kritisch bilanziert. Die Humanistische Psychologie entwickelte die Psychoanalyse weiter und lieferte damit gleichzeitig auch einen bedeutenden Beitrag zur Überwindung eines steril gewordenen Behaviorismus.

Es war und ist nicht falsch, die Humanistische Psychologie als *third force* in der Psychologie des 20. Jahrhunderts zu titulieren – auch wenn dieser hehre Name nicht davor schützt, ihre Defizite gerade im engeren wissenschaftlichen Bereich zu erkennen und zu kritisieren (etwa im Bereich der Forschungsmethoden, die als »phänomenologisch« eher schlecht als recht charakterisiert sind). Im Übrigen ist kaum zu leugnen, dass die Humanistischen Psychologinnen und Psychologen mitunter auch Kurioses hervorgebracht haben und eine realistische Selbsteinschätzung sowie sympathische Bescheidenheit nicht gerade die Stärke aller war. Ruth Cohn regte sich aus nachvollziehbaren Gründen über das sog. »Gestalt-Gebet« auf und geißelte diese in Posterform an zahllosen Wänden hängenden Zeilen als Legitimation und Antriebsmotor exzessiver Selbstbezüglichkeit. Sie sah darin einen Aufruf zu einem konsumistischen Hedonismus von egozentrischen Individuen, die nur noch unverbindliche Bindungen eingehen können und wollen. Dagegen sollte sich die Humanistische Psychologie zur Wehr setzen und mobil machen, und in vielerlei Varianten tat sie das auch – theoretisch und praktisch. Dennoch gab es Tendenzen der besagten Art. Und dass selbst im Namen einer Humanistischen Psychologie Macht und Gewalt ausgeübt wurden, nicht zuletzt in Gestalt der sexuellen Ausbeutung von Frauen durch wirkungsvolle Charismatiker und selbsternannte »Gurus«, gehört ebenfalls zu den durchaus vorhandenen Schattenseiten nicht immer nur kreativer, produktiver und positiver »Selbsterfahrungen« dieser bunten psychologischen Schule. So sieht es jedenfalls auch Johach, dessen offene Sympathie für die Humanistische Psychologie seiner wissenschaftlichen Distanz ebenso wenig Abbruch tut wie seiner Urteilskraft in normativen und politischen Fragen. Wo er in diesem Buch deutliche Urteile formuliert, werden sie nicht kategorisch gefällt, sondern begründet. Damit lädt der Autor zu einem Dialog ein, den die mit diesem Buch eröffnete Reihe anstrebt. Dieses Gespräch ist in unserer Gegenwart wichtiger denn je.

Das Denken der Humanistischen Psychologie war nicht bloß in der akademischen Welt beheimatet. Es etablierte sich ebenso im öffentlichen Raum und im Alltag einer wachsenden Anzahl von Menschen, die das psychologische Projekt einer unendlichen »Selbstaktualisierung«, »Selbstentfaltung« und »Selbstverwirklichung« zum ureigenen Anliegen gemacht haben. Die Erfolgsgeschichte der Humanistischen Psychologie und des von ihr wesentlich getragenen *»Psycho-Booms«* hat ihren Zenit seit langem überschritten. Völlig erlahmt ist sie nicht. Ihre Wirkungen mögen seit geraumer Zeit weniger spektakulär sein, indirekter zumal, mitunter sogar kaum mehr wahrgenommen werden. Gänzlich versiegt ist die Quelle der einst so rührigen Humanistischen Psychologie keineswegs. Unaufhörliche Selbstthematisierung und Selbstveränderung im Zeichen lebenslangen Lernens und »Wachstums« scheinen selbstverständlicher denn je. Auch diese Tatsache verdankt sich keineswegs nur, aber gerade auch der Humanistischen Psychologie. Über immer differenziertere Formen der Psychotherapie, der psychosozialen Beratung und verwandte Praxen hat die Humanistische Psychologie massiv Einfluss genommen auf das Selbst- und Weltverständnis zahlloser Menschen, ihre Sprachspiele und Lebensformen. Sie hat wesentlich dazu beigetragen, den Blick des Menschen auf sich selbst zu richten und dabei eine *psychologische* Perspektive einzunehmen. In dieser Sicht wurde, wie gesagt, das *Erleben* in all seinen Facetten zentral. Die Gefühle galten fortan als ebenso wichtig wie Vernunft und Verstand. Wahrhaftigkeit und Authentizität wurden zu zentralen Aspekten einer umfassenden und unaufhörlichen Selbstthematisierung, einer Sorge um sich und einer Arbeit an sich, in der sich das *Animal rationale* um die Bereicherung und Vervollständigung seines Selbst zu kümmern hatte. Manche Vertreter der Humanistischen Psychologie handelten im Zeichen einer regelrechten Mission. Sie glaubten fest daran, dass *ihre* Psychologie, eine ihres Erachtens in wesentlichen Hinsichten *neue* Psychologie, *den* Menschen zu einem vertieften Verständnis seiner selbst und seiner Welt führen könne. Vor allem sollten seine Erlebnis- und Handlungsmöglichkeiten verfeinert und gesteigert werden. Die Humanistische Psychologie zehrte im Grunde vom Programm einer allmählichen Verbesserung, ja einer Vervollkommnung des Menschen und seiner Welt.

Dieses Programm traf auf eine Realität, die auf weite Strecken das genaue Gegenteil zu beweisen schien. Die Aufgabe einer psychologischen Anatomie menschlicher Destruktivität war, nach den Weltkriegen und der Shoah, in einer Zeit der allgegenwärtigen Bedrohung des Weltfriedens durch angehäufte Atomwaffen sowie der globalen Umweltzerstörung unabweisbar geworden. Ebenso unabdingbar war für die Humanistische Psychologie eine Besinnung auf die *»positiven«* Kräfte des

Menschen, seine konstruktiven Ressourcen. Man wollte neue Dimensionen menschlicher Kreativität und Sensibilität erschließen. Die »neue Psychologie« verschrieb sich ganz entschieden dem Programm einer sukzessiven *Humanisierung* des Menschen. (Johach fasst dies im letzten Kapitel seines Buches konzise zusammen.) Dafür mochte ein Schuss Naivität und Selbstüberschätzung mitunter sogar notwendig sein.

Humanistische Psychologie konnte die bedrohlichen Selbstgefährdungen der inzwischen globalisierten »Risikogesellschaft« zwar nicht beseitigen. Sie schuf aber bis zu einem gewissen Grad eine Art Kompensation für die Unheimlichkeit und Unwirtlichkeit einer Welt, die Individuen vornehmlich in der »kalten« Gestalt leistungs- und konkurrenzorientierter Konsumgesellschaften kennen lernen mussten. Die Humanistische Psychologie sympathisierte nicht von ungefähr mit den zumal studentischen Protesten der bewegten Jugend in den *Sixties*. Sie war eine der Quellen, aus denen der damalige Wertewandel hin zu »postmaterialistischen« Orientierungen schöpfte. Sie war Bestandteil einer öffentlich propagierten, praktizierten und mitunter regelrecht inszenierten Form der kritischen Selbstreflexion, in deren Rahmen alternative Denk- und Handlungsweisen, Sprachspiele und Lebensformen ersonnen und erprobt wurden. Sie bot Individuen und Gruppen dafür geeignete psychologische Instrumente an, im »Hier und Jetzt«. Es ist wohl nicht verkehrt, darin durchaus revolutionäre Eingriffe in die menschliche Praxis zu sehen.

In der akademischen Welt büßte die Humanistische Psychologie ihre Macht schneller ein, als es den Vertretern dieser *third force* lieb sein mochte. Wie die Psychoanalyse und der Behaviorismus, gegen die man angetreten war, um der Psychologie ein *neues Bild vom Menschen* anzutragen und schließlich der Menschheit insgesamt die Augen zu öffnen für ihre brach liegenden Entwicklungspotentiale, verlor auch die Humanistische Psychologie bereits in den 70er Jahren an Überzeugungskraft und Ansehen und wurde in den Universitäten und Forschungsinstituten bald schon auf Nebenrollen zurechtgestutzt. Sie behielt vor allem in der Klinischen Psychologie und Psychotherapie ihre Nischen, besaß als wissenschaftliche Strömung aber kaum mehr die einstige Anziehungskraft. Die zur kognitiven Psychologie hinführende Wende in den 60er Jahren, aber auch die späteren handlungstheoretischen Ansätze oder schließlich die mit den Neurowissenschaften kooperierenden Richtungen in der Psychologie galten bald schon als attraktivere, wohl auch »seriösere« Alternativen zu einer Psychologie, die ganz offen als *Weltanschauung* auftrat und dem Menschen neue Wege weisen wollte.

Manche der Humanistischen Psychologinnen und Psychologen sahen die historische und soziokulturelle Bedingtheit und Begrenztheit ihres wissenschaftlichen Denkens und therapeutischen Handelns. Allen voran gilt das wohl für Erich Fromm. Er und einige andere formulierten vor Jahrzehnten Einsichten, die in der heutigen Kulturpsychologie und kulturvergleichenden Psychologie anerkannt sind und regelrecht »gefeiert« werden (meist ohne jede Bezugnahme auf diese Tradition). Mit dieser Einsicht wird freilich eine Frage aufgeworfen, die in Johachs Buch zwar gestellt, aber nicht beantwortet wird. Damit beträte man neues Terrain. Die Frage lautet schlicht: Von welchem »Menschen« spricht die Humanistische Psychologie denn eigentlich, wenn sie ein offenbar durch und durch geschichtliches, kulturelles und soziales Phänomen ist? Ihre Adressaten waren, wie schon im Fall der Psychoanalyse, zwar nicht allein, aber vornehmlich Angehörige der Mittelschicht westlicher Gesellschaften der späten Moderne. Was aber können Leute andernorts heute mit dieser theoretischen und praktischen Psychologie des erlebenden Subjekts anfangen? Wer kann sich darin wiedererkennen, wem hat die Humanistische Psychologie heute etwas zu sagen, wer versteht ihre Sprache, wer ist fähig und gewillt, mitzutun, was diese Psychologie in einem normativ gehaltvollen Menschen- und Weltbild als sinnvolles, erfülltes Leben beschreibt und empfiehlt? Wer hat etwas davon, sich in dieses durchaus ernste Spiel einzulassen, in dem sich alles um die permanente Selbstthematisierung, Selbstaktualisierung und Selbsterfüllung eines zutiefst sozialen, in Beziehungen lebenden Wesens dreht?

Es liegt nahe zu behaupten: Die Humanistische Psychologie ist gewiss keine universelle Psychologie, sondern eine indigene Psychologie (unter anderen indigenen Psychologien) der westlichen Welt des 20. Jahrhunderts und danach. Gewiss, die Humanistische Psychologie war vielfach verwickelt in Prozesse des kulturellen Austauschs, der interkulturellen Kommunikation, Kooperation und Koexistenz. Sie lernte von Anderen und Fremden. Ob diese sich in den Ergebnissen des Dialogs wiederfinden können, ist indes zweifelhaft. Diesem Zweifel nachzugehen, obliegt weiteren Forschungen, in denen der Humanismus der Humanistischen Psychologie auf den Prüfstand gestellt wird.

Dafür bietet das vorliegende Buch eine vorzügliche Grundlage. Es eröffnet ein Gespräch, das die Herausgeber nicht zuletzt mit Helmut Johach gerne weiterführen möchten.[1] Vorerst bleibt die angenehme Auf-

1 Das ist bereits geschehen im Rahmen eines vom 9.-11. Juni 2008 durchgeführten interdisziplinären Symposiums zum Thema »Der Humanismus der Humanistischen Psychologie. Wurzeln, Wesen und Wirkungen der ›third force‹ in der internationalen wissenschaftlichen Psychologie des 20. Jahrhunderts«. Diese Veranstaltung gehörte in den Rahmen des von der Mercator-Stiftung geförderten Projekts *Der Humanismus in der Epoche der*

gabe der Herausgeber, dem Autor für sein Vertrauen und seine Zustimmung zur Publikation der Früchte seiner wissenschaftlichen Arbeit in dieser Buchreihe zu danken.

Globalisierung – Ein interkultureller Dialog über Kultur, Menschheit und Werte. Das Projekt ist im Kulturwissenschaftlichen Institut Essen angesiedelt. Ein Buch zum oben genannten Thema wird im Jahr 2010 am selben Ort erscheinen.

Vorwort

»Für das eigene Leben und Überleben
ist das jüdische Erbe ... unentbehrlich
geworden.«
Jürgen Habermas
»Philosophisch-politische Profile«

Die vorliegende Arbeit hat eine längere Vorgeschichte – zumindest im Kopf. Seit ich als 18-Jähriger *Das Unbehagen in der Kultur* und wenig später die *Drei Abhandlungen zur Sexualtheorie* gelesen habe, gab es für mich kaum einen Zweifel, dass Sigmund Freud einer der »ganz Großen« war, mit denen ich mich auseinandersetzen musste, auch wenn vieles für den Abiturienten am humanistischen Gymnasium und angehenden Theologie- und Philosophiestudenten damals zunächst provozierend klang. Während der 68er-Zeit, in der ich natürlich auch Wilhelm Reich las, bereitete es mir keine Schwierigkeit, in Freud einen bedeutenden »Humanisten« zu sehen, da durch seine tiefgründige Skepsis hindurch die Stimme der Vernunft zu vernehmen war. Umso befremdlicher wirkte es jedoch auf mich, als ich am Ende des Studiums und danach die *Humanistische Psychologie* kennen lernte, dass die Psychoanalyse hier als eine Art Feindbild erschien, gegen das man sich strikt abgrenzte – oder zumindest meinte, sich abgrenzen zu müssen. Die Frage, wie es sich »denn nun wirklich verhält«, hat mich seither nicht mehr losgelassen, auch wenn ich die Muße, dieser Frage im Detail nachzugehen, erst im sogenannten »Ruhestand« nach mehr als 25-jähriger Tätigkeit in der Suchttherapie gefunden habe.

Während meiner therapeutischen Aus- und Fortbildung hatte ich das Glück, in *Dr. Dr. Anne Thurn* beim *Gruppenzentrum Franken* eine Psychoanalytikerin als Mentorin zu finden, die ein zutiefst humanistisches Verständnis der Psychoanalyse mit der Offenheit für die damals »neuen« Methoden, insbesondere die Gestalttherapie, verband. Ihr sei daher an erster Stelle herzlich gedankt. Aus Vorträgen im *Gruppenzentrum Franken* entstand der Plan zur vorliegenden Publikation. Langjährige Zusammenarbeit in der *Internationalen Erich-Fromm-Gesellschaft* verbindet mich sodann mit *Dr. Rainer Funk,* dem Herausgeber der Schriften Erich Fromms und Leiter des Erich-Fromm-Archivs, ferner mit *Prof. Dr. Burkhard Bierhoff,* zu dem seit einem Arbeitskreis über »Fromm und die Frankfurter Schule« am Beginn der 90er Jahre der Kontakt nicht abgerissen ist. Beide haben erste Entwürfe der vorliegenden Arbeit gelesen und wertvolle Verbesserungs- und Ergänzungsvorschläge gemacht (Dr. Rainer Funk auch durch bisher unveröffentlichtes Archivmaterial). Der Gedanke, mich mit der – neben den Zentren in Wien und Berlin – weniger bekannten »Südwestdeutschen Arbeitsgemeinschaft für Psychoanalyse« in Frankfurt und Heidelberg zu befassen und der »humanistischen« Filiation der Psychoanalyse von Groddeck und Ferenczi zu Fromm nachzugehen, ergab sich vor allem aus Diskussionen innerhalb der *Internationalen Erich-Fromm-Gesellschaft.*

Von großer, wenn nicht ausschlaggebender Bedeutung für mein Verständnis der Humanistischen Psychologie aus der Situation der *jüdischen Emigrantinnen und Emigranten* wurde meine Ausbildung in der *Themenzentrierten Interaktion* (TZI), in deren Verlauf ich in den späten 70er und beginnenden 80er Jahren unter anderem an Workshops bei *Ruth C. Cohn* in der Schweiz (zu »TZI und Politik«) und bei *Ruth Ronall* aus New York, einer österreichisch-jüdischen Gestalttherapeutin und Mitarbeiterin von Laura Perls, teilnehmen konnte. Diese Workshops vermittelten mir, neben Ausbildungsgruppen bei etlichen Therapeuten aus der »Gründergeneration« der TZI in Deutschland, ein tiefreichendes Verständnis für die ehemals enge Verbindung von Themenzentrierter Interaktion und Gestalttherapie sowie für deren gemeinsame Wurzeln in der Psychoanalyse, vor allem aber für die *politische* Dimension der »humanistischen« Methoden. Vielfältige Kontakte in der *Internationalen Erich Fromm-Gesellschaft* und im *Ruth-Cohn-Institut* (früher *Werkstatt Institut für Lebendiges Lernen*) haben seither dafür gesorgt, dass die Frage nach der gesellschaftlichen Wirksamkeit von Therapie in mir lebendig geblieben ist. Den aus der Generation der jüdischen Emigrantinnen und Emigranten datierenden »politisch-humanistischen« Impuls an Jüngere weiterzugeben, ist ein Motiv, das ich mit der Veröffentlichung der hier vorgelegten therapeutisch-biographischen Portraits verbinde.

Hinweise zur aktuellen Relevanz der Thematik erhielt ich – besonders für das Schlusskapitel – durch ein von *Prof. Dr. Jürgen Straub* im Jahr 2008 angeregtes Symposium über den »Humanismus der Humanistischen Psychologie«. Zielsetzung dieses Symposiums war es, den Stellenwert der Humanistischen Psychologie in der Gegenwart genauer zu bestimmen, um von dort aus tragfähige Perspektiven für den interkulturellen Dialog zu gewinnen. Bei dieser Gelegenheit lernte ich unter anderem *Dr. Jürg Kollbrunner* kennen, der nicht nur vor Jahren eine kenntnisreiche Untersuchung zur Humanistischen Psychologie veröffentlicht, sondern auch die neuere Freud-Forschung um wichtige Gesichtspunkte bereichert hat; aus seinen Arbeiten ergaben sich wertvolle Anregungen.

Neben Dr. Rainer Funk und Prof. Dr. Burkhard Bierhoff haben sich Dipl.-Soz.arb. *Peter Hartmann* und *Dr. Elisabeth Fuchshuber-Weiß* der Mühe unterzogen, das Typoskript sorgfältig durchzusehen. Ihre kritische Lektüre hat viel zur Verbesserung der ursprünglichen Fassung beigetragen. Bei der Erarbeitung der Druckvorlage am PC hat das familiäre Unterstützungssystem, bestehend aus *Ingrid Martini* sowie *Dr. Eva Johach und David Johach*, glänzend funktioniert. Schließlich haben *Prof. Dr. Jörn Rüsen* und *Prof. Dr. Jürgen Straub* durch die Aufnahme der vorliegenden Arbeit in die Reihe »Der Mensch im Netz der Kulturen – Humanismus in der Epoche der Globalisierung« die Drucklegung großzügig unterstützt und gefördert. Ihnen allen sei an dieser Stelle herzlich gedankt.

Helmut Johach

EINLEITUNG: PSYCHOANALYSE UND HUMANISTISCHE PSYCHOLOGIE – EINE ANTITHESE?

Zum Selbstverständnis der Humanistischen Psychologie

In einer Zeit, in der unter naturwissenschaftlich orientierten Bio- und Neurowissenschaftlern die Vorstellung umgeht, man könne die herkömmliche Psychologie bald *ad acta* legen, in der gleichzeitig auf dem Lebenshilfe- und Gesundheitsmarkt immer neue, teils esoterisch begründete Therapiemethoden offeriert werden, mag es angebracht sein, die Erinnerung an eine psychologische Tradition wach zu halten, die wie kaum eine andere besonders in den 70er und 80er Jahren des vergangenen Jahrhunderts dazu beigetragen hat, eine neue Sensibilität für zwischenmenschliche Beziehungen zu wecken und Hoffnungen auf Chancen der Selbstverwirklichung zu artikulieren. Gemeint ist die *Humanistische Psychologie*, die sich in den 60er Jahren in den USA zu einer breiten Strömung entwickelt hat und etwas zeitversetzt auch in Westeuropa, vor allem in den deutschsprachigen Ländern, zahlreiche Anhänger gefunden hat.

In einer Broschüre aus den Gründerjahren der Humanistischen Psychologie wird deren Selbstverständnis in folgenden Thesen zusammengefasst:

»1. Im Zentrum der Aufmerksamkeit steht die *erlebende Person*. Damit rückt das Erleben als das primäre Phänomen beim Studium des Menschen in den Mittelpunkt. Sowohl theoretische Erklärungen wie auch sichtbares Verhalten

werden im Hinblick auf das Erleben selbst und auf seine Bedeutung für den Menschen als zweitrangig betrachtet.
2. Der Akzent liegt auf spezifisch menschlichen Eigenschaften wie der Fähigkeit zu wählen, der *Kreativität, Wertsetzung und Selbstverwirklichung* – im Gegensatz zu einer mechanistischen und reduktionistischen Auffassung des Menschen.
3. Die Auswahl der Fragestellungen und der Forschungsmethoden erfolgt nach Maßgabe der *Sinnhaftigkeit* – im Gegensatz zur Betonung der Objektivität auf Kosten des Sinns.
4. Ein zentrales Anliegen ist die Aufrechterhaltung von *Wert und Würde des Menschen*, und das Interesse gilt der Entwicklung der jedem Menschen innewohnenden Kräfte und Fähigkeiten. In dieser Sicht nimmt der Mensch in der Entwicklung seines Selbst, in seiner Beziehung zu anderen Menschen und zu sozialen Gruppen eine zentrale Stellung ein.« (zit. in: Bühler/Allen 1973, S. 7, Hervorhebung H.J.)

James Bugenthal und Abraham H. Maslow, zwei führende Vertreter dieser Richtung, schufen die einprägsame Formel von einer »*Third Force in Psychology*«, einer »Dritten Kraft« oder einem »dritten Hauptzweig« auf dem Gebiet der Psychologie; dieser sollte sich vom in der akademischen Psychologie vorherrschenden Behaviorismus und der klassischen Psychoanalyse gleichermaßen abgrenzen. So definierte sich die AAHP (*American Association for Humanistic Psychology*)[1] in ihren Gründungsstatuten geradezu durch diesen Gegensatz:

»Humanistic Psychology may be defined as the third main branch of the general field of Psychology (the two already in existence being the psychoanalytical and the behavioristic) and as such, is primarily concerned with those human capacities and potentialities that have no systematic place either in positivistic or behavioristic theory or in classical psychoanalytic theory, e.g. creativity, love, self, growth, [...], self-actualization, higher values, being, becoming, spontaneitiy, play, humour, affection, naturalness, warmth, ego-transcendence, objectivity, autonomy, responsibility, psychological health, and related concepts.« (zit. in: Quitmann 1991, S. 25.)

Während die Abgrenzung gegenüber dem *Behaviorismus* einleuchtend erscheint, auch wenn neo-behavioristische Konzepte inzwischen Aussagen über das Innenleben des Menschen für zulässig erklären, lässt sich eine klare Grenzlinie zur *Psychoanalyse* nur bedingt ziehen. Für die An-

1 Die Gründung der AAHP erfolgte im Jahr 1962. Nach der Ausdehnung auf weitere Länder außerhalb der USA nannte sie sich nur noch AHP, d.h. *Association for Humanistic Psychology* (vgl. Quitmann 1991, S. 25).

nahme einer flexiblen Grenze bzw. eines eher kontinuierlichen Übergangs spricht vielmehr eine gewisse Übereinstimmung in der *grundlegenden Sicht des Menschen* – denn dass es um die »erlebende Person« und die Entfaltung der ihr innewohnenden Kräfte und Fähigkeiten, um persönliche Gefühle und die Entwicklung des »Selbst«, schließlich auch um »psychische Gesundheit« geht, wird unter heutigen Psychoanalytikern wohl kaum jemand bestreiten. Allerdings kann die Kritik an einer »reduktionistischen« Auffassung unter anderem auch auf die klassische Psychoanalyse bezogen werden.

Aus Sicht der Humanistischen Psychologie ist die Lehre Freuds reduktionistisch, weil sie auf dem bürgerlichen Materialismus des 19. Jahrhunderts basiert und zumindest in ihren Anfängen nur die naturwissenschaftliche Sichtweise anerkennt (vgl. Freud 1895, S. 387ff.). Als eine spezifisch Freudsche These gilt, dass das menschliche Leben von der *Sexualität* bzw. von deren quantitativ messbarer Energie, der *Lidido*, bestimmt wird. Freud sieht den Menschen als triebhaftes Wesen, eingespannt zwischen libidinösen bzw. aggressiven Impulsen und den Forderungen der Kultur, die ungehemmte Triebbefriedigung nicht zulässt, sondern Unterdrückung und Verdrängung ins Unbewusste fördert, Ersatzbefriedigungen einschließlich neurotischer Verhaltensweisen anbietet und bestenfalls Sublimierung unterstützt (vgl. Freud 1930, S. 226ff.). Der Konflikt zwischen Triebstruktur und gesellschaftlicher Anpassung ist für Freud unaufhebbar. Daraus ergibt sich bei ihm eine skeptische, oder wenn man so will: *pessimistische* Sicht im Hinblick auf die Realisierung der Ziele, die den Humanistischen Psychologen als erstrebenswert gelten. Man muss jedoch fragen, ob es berechtigt ist, ihn deshalb aus deren Ahnenreihe auszuschließen. Die folgenden Erörterungen gehen davon aus, dass Freud nicht nur als Begründer einer spezifischen therapeutischen Behandlungsmethode, der Psychoanalyse, sondern auch auf Grund der von ihm, Adler und Jung entwickelten *tiefenpsychologischen Sichtweise* in diese Ahnenreihe notwendig hinein gehört. Allerdings müssen auch seine ungeklärten Ambitendenzen – z.B. zwischen der analytischen »Behandlungstechnik« und einer wirklich interaktiven Beziehung – bei einer solchen Zuordnung zur Sprache kommen.

Was speziell den Vorwurf einer zu starken Akzentuierung der *triebhaften Grundlagen* menschlichen Lebens angeht, so ist dies kein Grund, Freud von der humanistischen Psychologie – das Wort im weiteren Sinn genommen – auszuschließen. Thomas Mann, neben Arnold Zweig und Hermann Hesse ein Anhänger aus dem Bereich der Literatur, der die Psychoanalyse sehr schätzte, sieht den Humanismus Freuds vielmehr gerade darin, dass der Trieb bei ihm nicht das letzte Wort behält:

»Unverkennbar, unverwechselbar ist sein [Freuds] ›Interesse‹ für den Trieb nicht geistverleugnende und naturkonservative Liebedienerei vor diesem, sondern es dient dem in der Zukunft revolutionär erschauten Siege der Vernunft und des Geistes, es dient – das verpönte Wort werde nach seinem größten, von Wellenspielen der Zeit unabhängigsten Sinn hier eingesetzt – der Aufklärung.« (Mann 1957, S. 50.)

Was hier als »Aufklärung« bezeichnet wird, ist Freuds Versuch, dem Menschen mit der Psychoanalyse ein Mittel an die Hand zu geben, mit dessen Hilfe er *durch Einsicht etwas reifer und weniger unglücklich* werden kann. Dass der Mensch dauerhaft glücklich werden kann, ist dagegen nach seiner Auffassung »im Plan der ›Schöpfung‹ nicht enthalten« (Freud 1930, S. 208).

Verglichen mit den Zielen, die in den Gründungsstatuten der *American Association for Humanistic Psychology* genannt werden, mag dieses Programm vielleicht dürftig erscheinen, da es kaum einen über den Gegensatz von Triebnatur und Kultur hinausreichenden Theorieüberschuss enthält. Es hat jedoch den Vorteil, dass es relativ enttäuschungsresistent formuliert ist – denn wer nicht allzu viel erwartet, kann auch nicht allzu sehr enttäuscht werden. Die humanistische Intention kann man dieser Einstellung jedenfalls nicht gänzlich absprechen.

Die Rolle der Psychoanalyse bei den jüdischen Emigranten

Ein spezieller Grund, Freud und die Psychoanalyse zum Ausgangspunkt der vorliegenden Untersuchung zu machen, liegt darin, dass zahlreiche Mitbegründer, Vertreter und Sympathisanten der Humanistischen Psychologie auf Grund ihrer jüdischen Abstammung während des Dritten Reiches zur Emigration aus Europa gezwungen waren, nachdem sie zuvor in Deutschland, Österreich oder der Schweiz eine *psychoanalytische Ausbildung* absolviert und danach z.T. jahrelang als analytische Therapeuten praktiziert hatten. Nimmt man die geflüchteten Vertreter der *Gestaltpsychologie* – damals neben der Psychoanalyse die am meisten »fortschrittliche« Richtung in der Psychologie – mit hinzu, so ergibt sich eine beeindruckende Anzahl von Psychologen und Therapeuten, die später in den USA neue Einflüsse aufnahmen, ihre theoretischen Konzepte und Methoden weiterentwickelten und zum Teil auch zur *Humanistischen Psychologie* Entscheidendes beitrugen. Jürg Kollbrunner schreibt zutreffend:

»Eine einfache Meinung zur Entstehung der HP [Humanistischen Psychologie] kommt in der Feststellung zum Ausdruck, daß die HP in den USA entstanden ist und deshalb ›amerikanisches‹ (und damit nicht-europäisches) Gedankengut verbreite. Eine differenziertere Betrachtungsweise läßt die HP als Bewegung erkennen, welche sich *von Europa aus nach den USA und von dort wieder nach Europa* erstreckt hat. Diese zweite Betrachtungsweise drängt sich dann auf, wenn man gewahr wird, wie viele humanistische Psychologen der ersten Generation und der HP nahestehende Fachleute (insbesondere Tiefenpsychologen und Gestaltpsychologen) nach den USA emigrierte Europäer waren: A. Adler, Ch. Bühler, R. Cohn, H. Deutsch, P. Federn, E. Fromm, F. Fromm-Reichmann, K. Goldstein, K. Horney, K. Koffka, W. Köhler, K. Lewin, J. Moreno, F. Perls, W. Reich , O. Rank, Th. Reik, M. Wertheimer.« (Kollbrunner 1987, S. 44, Hervorhebung H.J.).

Von den hier Genannten werden Wilhelm Reich, Erich Fromm, Fritz Perls (zusammen mit Laura Perls) und Ruth Cohn in den folgenden Kapiteln eigens thematisiert. Fritz und Laura Perls sind durch die von ihnen begründete *Gestalttherapie* bekannt geworden, Ruth Cohn durch die *Themenzentrierte Interaktion.* Beide Therapie- bzw. Gruppenmethoden spielten in der Entwicklung der »humanistischen« Szene in den USA neben der klient- bzw. personzentrierten Gesprächspsychotherapie (C. Rogers), dem »Experientialismus« (J. Bugenthal, J. Warkentin), der Transaktionsanalyse (E. Berne), der Bioenergetik (A. Lowen) und der »rational-emotiven« Therapie (A. Ellis) eine wichtige Rolle. Ruth C. Cohn hat im zweiten Teil der *Gelebten Geschichte der Psychotherapie* (1984) eindrucksvoll geschildert, in welchem Maß belebende Impulse davon ausgingen, dass die Begründer und führenden Vertreter bei den jährlichen Treffen der *American Academy of Psychotherapists* (AAP)[2] persönlich zueinander in Kontakt traten und ihre jeweiligen Methoden nicht nur miteinander diskutierten, sondern sie mit den damaligen Workshop-Teilnehmern auch praktizierten (vgl. Farau/Cohn 1984, S. 271ff.).

In der deutschen Bundesrepublik der 70er und 80er Jahre wurden die bis dahin unbekannten Ansätze in Therapie und Gruppendynamik als der »neueste Schrei« aus Amerika rezipiert – die entsprechenden Schriften mussten ja ausnahmslos aus dem Amerikanischen übersetzt werden und die Verfahren wurden z.T. durch Vorträge und Workshops von Therapeuten, die aus den USA »herüberkamen«, z.T. durch in Amerika aus-

2 Es handelt sich um eine im Jahr 1955 an der Ostküste der USA gegründete Organisation »progressiver« Therapeuten. Ruth Cohn nahm 1961 an einem Workshop mit dem Titel: »The Continued Growth of the Psychotherapist« (vgl. Farau/Cohn 1984, S. 272) teil und arbeitete anschließend einige Jahre in der AAP mit (vgl. Hecker 2009, S. 40f.).

gebildete Schülerinnen und Schüler bekannt gemacht. Wenig beachtet bzw. erst nach und nach entdeckt und bis heute nur unzureichend erforscht ist jedoch die *Vorgeschichte* dieser Verfahren, die vielfache Berührungspunkte mit der Psychoanalyse aufweist bzw. größere Abschnitte in der jeweiligen Lebensgeschichte ausmacht. Ganz offensichtlich ist letzteres bei Ruth Cohn und dem Ehepaar Perls der Fall. Es wäre verfehlt, diese Vorgeschichte, einschließlich der dramatischen Lebensumstände, die mit der Emigration während der Nazizeit verbunden waren, als belanglos abzutun. Man kann vielmehr umgekehrt folgern, dass ohne diese prägenden Erfahrungen die Humanistische Psychologie nicht zu dem geworden wäre, was sie de facto ist. Etwas zugespitzt und im Hinblick auf spätere Adepten kritisch formuliert, könnte man auch sagen: Ohne Berücksichtigung des lebensgeschichtlichen Hintergrunds ihrer Begründerinnen und Begründer, einschließlich des Antihumanismus der Nazizeit und der Auseinandersetzung mit der Psychoanalyse, läuft die Rezeption der »humanistischen« Verfahren Gefahr, oberflächlich und flach zu werden oder zu bloßer Technik zu verkümmern.

Aus den genannten Erwägungen ergibt sich, dass die Annäherung an die Thematik in den folgenden Kapiteln überwiegend auf *biographischem* Wege erfolgt. Der Schwerpunkt liegt – zumindest in den Kapiteln, die sich mit Persönlichkeiten befassen, die während der Nazizeit aus Deutschland fliehen mussten – auf der frühen Zeit *vor* der Begründung der Humanistischen Psychologie in den USA. Mit der Rückwendung zur europäischen Vorgeschichte der Humanistischen Psychologie, wobei letztere als eine Art von »Re-Import« erscheint (vgl. Quitmann 1991, S. 14), und der Bedeutung, die der *Psychoanalyse* dabei zukommt, ergibt sich aber auch ein Interesse an weiteren biographischen Zusammenhängen innerhalb der psychoanalytischen Bewegung als einem »work in progress«, wobei vor allem den *selbständigen Persönlichkeiten* und *kreativen Dissidenten*, die der Humanistischen Psychologie vorgearbeitet haben, Aufmerksamkeit zu schenken ist. Unter den in Frage kommenden frühen Anhängern der Psychoanalyse, die von Freuds Ansichten abgewichen sind oder sie in wichtigen Punkten ergänzt haben, ist insofern eine Auswahl zu treffen.

Bei dieser Auswahl geht es zum einen um die Frage, wieweit ein direkter Kontakt oder ein persönlicher Einfluss auf spätere Protagonisten der Humanistischen Psychologie bestanden hat, zum anderen aber auch darum, wie die betreffenden Analytiker (bzw. Analytikerinnen) als *Persönlichkeiten* wirkten und vor allem: wie sie in *Kontakt zu ihren Klienten* bzw. Patienten traten.

Das Unbehagen der Humanistischen Psychologen an der klassischen Psychoanalyse machte sich, abgesehen von dem als reduktionistisch und zu »pessimistisch« empfundenen Menschenbild bei Freud, im Wesentlichen an vier Punkten fest: a) an der Konzentration auf die *Vergangenheit*, durch die leicht übersehen wird, dass therapeutische Erfahrung »nur im Jetzt gemacht werden kann« (Perls 1980, S. 93); b) an der *Unpersönlichkeit und Distanziertheit* des Analytikers, die durch das äußere Arrangement (Verwendung der Couch, Vermeiden von Blickkontakt während der Sitzung etc.) verstärkt wurde bzw. immer noch wird; c) an der fehlenden *Einbeziehung des Körpers*, sowohl was die Genese psychischer »Störungen« und deren Auswirkungen im Somatischen, als auch das Therapieverfahren selbst betrifft; und schließlich d) an der Zeitgebundenheit mancher Vorstellungen und der *mangelnden Gesellschaftskritik*, die sich vor allem in Freuds patriarchalischem Denken und seinem »entstellten Bild der Frau« (Fromm 1979, S. 297) bemerkbar macht.

Ausgehend von diesen Kritikpunkten der »Humanisten«, werden im Folgenden im Anschluß an Freud, der im übrigen in seinem konkreten Verhalten als Therapeut von den eigenen Postulaten zur Behandlungstechnik häufig abgewichen ist, Lou Andreas Salomé, Sándor Ferenczi, Georg Groddeck und Wilhelm Reich als *Vorläufer und Wegbereiter* der Humanistischen Psychologie porträtiert. Diese Auswahl erfolgt im Fall von *Lou Andreas-Salomé* auf Grund ihrer zutiefst empathischen und unabhängigen Persönlichkeit, der jede Art von Dogmatismus fremd war, vor allem aber auch, weil sie für ein anderes Frauenbild innerhalb der Psychoanalyse steht. Ein direkter biographischer Bezug zu späteren »humanistischen« Psychologinnen und Psychologen ist bei ihr allerdings nicht nachweisbar.

Sándor Ferenczi und *Georg Groddeck,* die trotz aller Unterschiedlichkeit der Charaktere freundschaftlich miteinander verbunden waren, werden in der Regel nur im Rahmen der Geschichte der *Psychoanalyse* erwähnt. Ferenczi wird, von in den letzten Lebensjahren hervorgetretenen Differenzen mit Freud abgesehen, meist als dessen »Muster- und Meisterschüler« (Rattner 1990, S. 164), Groddeck dagegen als »wilder Analytiker« und unkonventionelles »enfant terrible« (a.a.O., S. 491) unter den frühen Anhängern der Psychoanalyse dargestellt. Beide trugen jedoch auf ihre Weise zu einer Öffnung der von Freud zu eng gezogenen Grenzen der Psychoanalyse bei: Ferenczi durch seine »behandlungstechnischen« Neuerungen, die ein bis dahin ungewohntes *persönliches Sicheinlassen* auf die Menschen, die bei ihm therapeutische Hilfe suchten, mit sich brachten, Groddeck durch sein *psychosomatisches* Krankheitsverständnis und die diesem entsprechende »ganzheitliche« Behandlungsmethode. Damit sind beide sachlich als Wegbereiter der späteren Humanistischen Psychologie ausgewiesen. Abgesehen von Übereinstimmungen in ihren therapeutischen Ansichten, nahmen beide durch persönliche Kontakte aber auch direkten Einfluss auf spätere Vertreter der Humanistischen Psychologie bzw. Therapeutinnen und Therapeuten, die die Psychoanalyse weiterentwickelten: Dies gilt z.B. für Clara Thompson, die bei Ferenczi eine Lehranalyse absolvierte und später mit Erich Fromm am *William Alanson-White-Institute* in New York zusammenarbeitete (vgl. Funk 1999, S. 117); es gilt ebenso für Karen Horney und Frieda Fromm-Reichmann, die beide Groddeck sehr schätzten. Frieda Fromm-Reichmann traf sich zusammen mit Erich Fromm und den übrigen Mitgliedern der »südwestdeutschen« Gruppierung der Psychoanalyse Ende der 20er Jahre häufig mit Groddeck und gelegentlich auch mit Ferenczi, der sich in Groddecks Sanatorium in Baden-Baden regelmäßig behandeln ließ (vgl. Hoffmann 1995, S. 14). Von Lore Perls, die damals in Frankfurt studierte, wird gleichfalls angenommen, dass sie mit Groddeck persönlich bekannt war (vgl. Bocian/Staemmler 2000, S. 17).

Wilhelm Reich ist schließlich mit der Humanistischen Psychologie verbunden als Therapeut und Lehranalytiker von Fritz Perls. Eine längere Zusammenarbeit zwischen beiden ergab sich während der gemeinsamen Zeit in Berlin zu Beginn der 30er Jahre; erste Kontakte datieren jedoch schon aus Perls' früherem Studiensemester in Wien (vgl. Bocian 2007, S. 205ff.). Reich entwickelte als einer der ersten Analytiker auf der Basis seiner Charakteranalyse *körpertherapeutische* Methoden, die in die Humanistische Psychologie übernommen wurden. Er gehörte ferner zusammen mit Erich Fromm, Siegfried Bernfeld, Otto Fenichel und Paul Federn zur »Freudschen Linken«, in der man sich um eine Synthese von Psychoanalyse und Marxismus bemühte (vgl. Dahmer 1982, S. 331ff.). Diesem Projekt stand Freud eher ablehnend gegenüber. Während seiner Zeit in Wien und Berlin engagierte sich Reich in der Kommunistischen Partei. In den USA zog er sich dagegen aus der Politik völlig zurück. Sein Schüler Alexander Lowen nahm mit der von Reich und ihm selbst entwickelten körperbezogenen Therapiemethode (vgl. Lowen 1979) an den Treffen der AAP des öfteren teil.

Eine mittlere Position zwischen der Psychoanalyse und der Humanistischen Psychologie nimmt *Erich Fromm* ein. Nach einer orthodox-psychoanalytischen Ausbildung, u.a. bei Hanns Sachs in Berlin, gehörte er in den USA zusammen mit Karen Horney und Harry Stack Sullivan zu den »Revisionisten«, die Freuds Trieblehre durch eine interpersonale Beziehungstheorie ersetzten und gesellschaftliche Einflüsse auf das Individuum betonten (vgl. Chrzanowski 1977, S. 475ff.). Mit Abraham H. Maslow stand er in persönlichem Kontakt, an den Treffen der Humanistischen Psychologen nahm er jedoch nicht teil. In seinen Schriften verband er »linke« Gesellschaftskritik mit humanistischen Perspektiven.

Seine eigene Therapieauffassung und therapeutische Praxis bezeichnete er als »humanistische Psychoanalyse« (Fromm 1955, S. 20).

Zielsetzung der Untersuchung

In den folgenden Kapiteln geht es einleitend zunächst darum, anhand eines kurzen Resumés zur jeweiligen *Rezeptionsgeschichte* und den zugänglichen *biographischen Quellen* einen »Einstieg« zu gewinnen. So sind die Informationen, die uns auf Grund der fast unübersehbar gewordenen Literatur zu *Freud* heutzutage zur Verfügung stehen, wesentlich umfangreicher als z.B. bei *Laura Perls* oder *Ruth Cohn.* Dieser Einstieg vermittelt bereits einen ersten Eindruck vom durchaus nicht immer homogenen, vielmehr mit dem Zeitabstand und mit unterschiedlicher Kenntnis- und Interessenlage der Rezipienten sich wandelnden »Bild« der betreffenden Personen.

Die Schwerpunktsetzung bei der Frage, wie sich bei den hier dargestellten Personen aus lebensgeschichtlichen Erfahrungen ihr spezifischer *therapeutischer Ansatz* entwickelt hat, bringt es sodann mit sich, dass nicht alle Phasen ihrer Biographie und nicht sämtliche Aspekte ihres Gesamtwerks mit gleicher Ausführlichkeit behandelt werden können. So wird zwar in der biographischen Darstellung jeweils versucht, auf Grund der heute zugänglichen Informationen ein *Psychogramm der Kindheit und Jugend* vor dem Hintergrund der Herkunftsfamilie zu skizzieren; von der späteren Entwicklung und den jeweiligen Publikationen kommen jedoch vor allem die therapeutisch relevanten Aspekte ausführlicher zur Sprache. Bei Freud werden z.B. die kulturtheoretischen und religionskritischen Schriften, bei Fromm die mit der Alternative *Haben oder Sein* (Fromm 1976) benannten sozialpsychologisch-gesellschaftskritischen Themen hier nur gestreift. Auch bei Ferenczi und Reich werden nur die Teile ihres Lebenswerks thematisiert, die zur Entwicklung der Humanistischen Psychologie beigetragen haben. Anderes bleibt dagegen außer Betracht.

Bei der Erörterung der Person und des Werks von *Sigmund Freud* ergibt sich eine vom sonstigen Vorgehen abweichende Art der Behandlung dadurch, dass nach dem Eingangskapitel, das sich überwiegend auf den »frühen« Freud und die Entstehungsgeschichte der Psychoanalyse konzentriert, zahlreiche biographische und werkspezifische Informationen auf Grund der Kontroversen, in die er verwickelt war, in späteren Kapiteln »nachgeliefert« werden. Bei den in den letzten Kapiteln porträtierten Mitbegründern der Humanistischen Psychologie machen es dagegen biographische Verflechtungen und die aus der besonderen Situation nach der Emigration in die USA erwachsenen Unterstützungsangebote und Konflikte erforderlich, einen *weiteren Kreis von Personen,* die Deutschland in den 30er Jahren des vergangenen Jahrhunderts verließen, wenigstens kurz zu erwähnen bzw. auf einige von ihnen etwas ausführlicher einzugehen. Hierzu gehören u.a. Karen Horney, Frieda Fromm-Reichmann, Otto Rank, Kurt Goldstein, Paul Federn und Theodor Reik. Auch auf Theodor W. Adorno und Max Horkheimer, die späteren Hauptvertreter der »Frankfurter Schule«, wird wegen der Bedeutung, die die Zugehörigkeit zum *Institut für Sozialforschung* in den 30er Jahren für Erich Fromm hatte, Bezug genommen.

Die hier in den Mittelpunkt gerückten Therapeutinnen und Therapeuten waren bis auf zwei – nämlich Lou Andreas-Salomé und Georg Groddeck – allesamt *Juden.* Das gleiche gilt, mit Ausnahme von Karen Horney, auch für den weiteren Kreis der zuletzt Genannten. Ein unterschwelliges, aber gleichwohl tragendes Motiv der folgenden Kapitel besteht darin zu zeigen, wie viel an humanistischem Potenzial das geistige Leben der westlichen Welt speziell in den Wissenschaften, die sich mit dem Menschen befassen, den Psychologen und Sozialwissenschaftlern verdankt, die auf Grund ihrer jüdischen Herkunft *vor der Nazi-Barbarei aus Europa flüchten* mussten, wo ihre zurückgelassenen Verwandten zum größten Teil der Shoah zum Opfer fielen. Ohne das damit verbundene Leid und das »Dennoch« der Hoffnung auf eine menschlichere Zukunft ist die Humanistische Psychologie schwerlich zu verstehen. Die aus dem Flüchtlingsschicksal und dem Überlebenswillen von Vertretern eines unorthodoxen Judentums erwachsenen therapeutischen Einstellungen und Intentionen waren ein wesentliches Ferment bei der Entstehung dieser Strömung in der Psychologie. In der abschließenden zusammenfassenden Reflexion geht es darum, deren Ertrag für die Gegenwart zu bilanzieren.

Das »Bild«, das man sich von einem anderen Menschen macht, enthält zwangsläufig persönliche Interpretationen. Es hätte aus Sicht des Autors wenig Sinn zu verleugnen, dass er mit therapeutischem Blick an manche Ereignisse und Zusammenhänge im Leben der hier »behandelten« Therapeutinnen und Therapeuten herangeht. Die so entstandenen therapeutisch-biographischen Persönlichkeitsportraits stehen zwar jeweils für sich, sie können aber auch als Darstellung einer durchgängigen Entwicklung gelesen werden, die darin ihr Verbindendes hat, dass *humanistische Werte* sowohl im Lebenswerk von bedeutenden Vertretern der Psychoanalyse, als auch bei späteren Leitfiguren der Humanistischen Psychologie ihre jeweils spezifische Ausprägung gefunden haben. Ob diese Werte explizit benannt werden – wie z.B. in Fromms »humanistischer Psychoanalyse« und in der Themenzentrierten Interaktion – oder ob das *Wort* »Humanismus« bei den einzelnen Personen vorkommt, ist dabei weniger wichtig als die *gelebte Grundhaltung*, aus der heraus sich ihr therapeutisches Handeln entwickelt hat. So geht es in den einzelnen Kapiteln vor allem darum, die *Menschen* hinter den Methoden und Konzepten sichtbar werden zu lassen. Denn letztlich »trägt« jede therapeutische Methode nur so weit, wie sie durch die für sie einstehenden Menschen glaubhaft und kompetent vertreten wird.

Sigmund Freud

Sigmund Freud – Der Begründer der Psychoanalyse und sein »Familienroman«

Im Jahr 1909 veröffentlichte Freud in einem Buch von Otto Rank (*Der Mythos von der Geburt des Helden*) eine kurze, nur dreieinhalb Seiten umfassende Notiz über den »Familienroman der Neurotiker«. Darin geht es, in wenigen Worten zusammengefasst, um die Entwicklung der Eltern-Kind-Beziehung, angefangen vom frühen Stadium, in dem die Eltern noch die »einzige Autorität« und »Quelle allen Glaubens« (Freud 1909, S. 223) sind, über das Stadium der »sexuellen Rivalität«, d.h. den Ödipus-Komplex, bis hin zum späteren Bestreben, den »wirklichen Vater durch einen vornehmeren zu ersetzen« (a.a.O., S. 226). Das Stichwort »Familienroman«, das Freud auch an anderer Stelle verwendet – z.B. in den Briefen an Wilhelm Fließ 1897/98 –, scheint in besonderer Weise geeignet, Freuds *eigene* Entwicklung, d.h. vor allem seine Beziehung zu den Eltern, aber auch zu anderen Personen seiner frühen Kindheit zu charakterisieren. Es handelt sich hier nämlich um eine höchst verwickelte Geschichte, eben einen echten »Roman«.

Weshalb hier nicht einfach mit der Familiengeschichte Sigmund Freuds begonnen werden kann, wie es sonst bei einigermaßen gut erforschten biographischen Zusammenhängen üblich ist, hat einen besonderen Grund: Der Begründer der Psychoanalyse ist niemals in einer psychoanalytischen Beziehung analysiert worden, er hat sich vielmehr selbst analysiert und darüber in Briefen seinem damaligen Freund und Kollegen Wilhelm Fließ berichtet (vgl. Freud 1962; 1986). Das wichtigste Material zu Freuds Biographie, vor allem zu seiner Kindheit und der Beziehung zu den Eltern, ist von ihm im Rahmen seiner Selbstanalyse *gedeutetes* Material. Damit kommt jedoch seine *Autorität als Psychoanalytiker* ins Spiel. Gegenüber C.G. Jung hat Freud einmal geäußert, als dieser ihn bat, ihm doch einige Details aus seinem Privatleben mitzuteilen, damit er einen Traum, den Freud ihm erzählt hatte, besser auslegen könne: »Ich kann doch meine Autorität nicht riskieren!« (Jung 1962, S. 162.) Dasselbe gilt auch für die Selbstanalyse Freuds. Bei fast allen seinen Biographen mit psychoanalytischem Hintergrund, auch und vor allem in der großen, bis heute immer noch unverzichtbaren Biographie von Ernest Jones (1962, 3 Bde.), hindert die Autorität Freuds die Autoren daran, die Ergebnisse der Selbstanalyse Freuds kritisch zu hinterfragen.

Zwar gab es auch schon bei den Psychoanalytikern der nachfolgenden Generation kritische Veröffentlichungen zu Freud, u.a. von Erich Fromm (1959a; 1979). Diese bezogen sich jedoch, was die biographischen Angaben betraf, fast ausschließlich auf das Material, das Freud selbst vor allem in seiner *Traumdeutung* (1900) geliefert hatte, d.h. die Autorität Freuds blieb auch in der kritischen Auseinandersetzung maßgebend. Dagegen setzte mit den Untersuchungen von Siegfried Bernfeld und seiner Frau Suzanne Cassirer Bernfeld (hrsg. unter dem Titel *Bausteine der Freud-Biographik*, 1981) in den 40er und 50er Jahren des vergangenen Jahrhunderts eine neue, von der Selbstdeutung Freuds sich allmählich freimachende bzw. sie durch zusätzliche Materialien ergänzende Phase der Freud-Biographik ein. In diese Phase der neueren Freud-Forschung gehören auch die gründlich recherchierten Untersuchungen von Marianne Krüll (1979) und Jürg Kollbrunner (2001), die im Folgenden als Leitfaden mit herangezogen werden.

Noch eine Eigentümlichkeit der Freud-Biographik muss erwähnt werden: Da Freud seine *psychoanalytische Theorie* nicht nur auf Grund seiner Erfahrungen als Nervenarzt bei der Behandlung neurotischer Patientinnen, d.h. in beruflichem Kontext, sondern auch und vor allem in seiner Selbstanalyse, d.h. in der emotional vertieften Reflexion autobiographisch »wiederentdeckter« Ereignisse und Erlebnisse entwickelte, ist von vornherein anzunehmen, dass dies einen starken Einfluss auf seine Theoriebildung hatte. An einem zentralen Beispiel soll dieser Einfluss verdeutlicht werden.

Nachdem im Oktober 1896 sein Vater gestorben war, schrieb Freud seinem Freund Wilhelm Fließ in Berlin, er habe nun »ein recht entwurzeltes Gefühl« (Freud 1962, S.149). Im Juni des folgenden Jahres finden sich erste Hinweise auf seine beginnende Selbstanalyse (»Ich habe übrigens irgend etwas Neurotisches durchgemacht, komische Zustände, die dem Bewußtsein nicht faßbar sind«, a.a.O., S. 182), und Anfang Juli 1897 berichtet er dem Freund von einer Schreibhemmung: »Irgend etwas aus den tiefsten Tiefen meiner eigenen Neurose hat sich einem Fortschritt im Verständnis der Neurosen entgegengestellt« (a.a.O., S. 183).

Bis dahin hatte Freud, ausgehend von Charcot und der »kathartischen Methode«, die er in ähnlicher Weise wie Josef Breuer praktizierte, bezüglich der Ätiologie der Neurosen, speziell der Hysterie, die sog. *Traumatheorie* vertreten: Ein schlimmes Erlebnis in der Kindheit, das nicht verarbeitet werden konnte, wird verdrängt und die »eingeklemmten Affekte« (Freud/Breuer 1970, S. 18) äußern sich in Symptomen. Dadurch, dass man ihnen eine »Abreaktion« durch die Rede gestattet, werden die Symptome schließlich aufgelöst. Auf Grund seiner »kathartischen« Gespräche mit hysterischen Patientinnen kam Freud, anders als Breuer, immer mehr dazu, unverarbeitete *sexuelle Erlebnisse*, bei denen Erwachsene, oft nahe Familienangehörige, das Kind »verführt« hatten, als Grund für die neurotische Symptombildung anzunehmen. In einem Vortrag »Zur Ätiologie der Hysterie«, den Freud im April 1896 vor dem Wiener *Verein für Psychiatrie und Neurologie* hielt und der dort eine »eisige Aufnahme« (Freud 1986, S. 193) fand, beschrieb Freud die »Verführung« sehr drastisch in Termini, die wir heute eindeutig einem *sexuellen Missbrauch* zuordnen würden: »Die infantilen Sexualszenen [...] enthalten alle Ausschreitungen, bei denen Mundhöhle und Darmausgang mißbräuchlich zu sexueller Anwendung gelangen.« Initiatoren sind »Personen, die kein Bedenken tragen, ihre sexuellen Bedürfnisse an Kindern zu befriedigen« (Freud 1896, S. 75). In den Krankengeschichten, die Freud in seinen Briefen an Fließ erwähnt, stellte sich immer häufiger »Verführung durch den Vater« (Freud 1986, S. 223) als Ursache der neurotischen Entwicklung heraus.

Durch die Selbstanalyse wird nun alles ganz anders. In seinem berühmten »Widerrufsbrief« vom 21.9.1897 schreibt Freud an Fließ, er »glaube« an seine »Neurotica nicht mehr« (Freud 1986, S. 283). Dazu habe ihn einerseits das »Ausbleiben der vollen Erfolge«, auf die er gerechnet habe, und die Möglichkeit, die partiellen Erfolge auch anders, nämlich »auf die gewöhnliche Art« – wir könnten sagen: als Spontanremissionen – zu erklären, gebracht. Der Hauptgrund für seine Revision der ursprünglichen Trauma- und Verführungstheorie sei jedoch die »Überraschung, daß in sämtlichen Fällen der Vater als pervers beschuldigt werden mußte, mein eigener nicht ausgeschlossen« (ebd.).[1] Das

1 Bezeichnenderweise wird in der von Marie Bonaparte, Freuds Tochter Anna und Ernst Kris besorgten Erstausgabe der Briefe an Fließ in *Aus den Anfängen der Psychoanalyse* der Nachsatz »mein eigener nicht ausgeschlossen« weggelassen (vgl. Freud 1962, S. 187). Diese Folgerung schien

kann und darf nicht sein. Also entwickelt Freud flugs eine andere Theorie, die seither zum festen Kernbestand der Psychoanalyse gehört: Er entdeckt den *Ödipus-Komplex*, d.h. die »Verliebtheit in die Mutter und Eifersucht gegen den Vater« nicht nur bei sich, sondern als ein »allgemeines Ereignis früher Kindheit«: Jeder Hörer der Ödipus-Geschichte war nach seiner Ansicht »einmal im Keime und in der Phantasie ein solcher Ödipus« (Brief v. 15.10.1897, in: Freud 1986, S. 293). Damit wird die Trauma-Theorie, die sehr wohl in vielen Fällen ihre Triftigkeit bewiesen hatte, von ihm *ad acta* gelegt. Nicht reale, von Erwachsenen initiierte sexuelle Erlebnisse in der Kindheit, sondern die Phantasien und Wünsche des Kindes, die es mit der Realität nicht in Einklang bringen kann, sind der Kern späterer Neurosen.

Offensichtlich gibt es einen engen Zusammenhang zwischen dieser gravierenden Änderung im sich entwickelnden Theoriegebäude der Psychoanalyse und der *Pietät für den Vater*, dem Freud nicht unterstellen wollte und konnte, er sei pervers gewesen. Dass Freud junior selbst einige handfeste neurotische Symptome aufwies – z.B. die schon erwähnte, zeitlich begrenzte Schreibhemmung –, konnte er dagegen freimütig eingestehen. Seine Preisgabe der Traumatheorie muss man aus heutiger Sicht bedauern, weil sie dazu geführt hat, dass sexueller Missbrauch lange Zeit in der Psychoanalyse tabuiert und die »Schuld« an der resultierenden psychischen Störung beim Opfer gesucht wurde.[2]

---

den Herausgebern wohl zu anstößig – ein Beleg für die nachwirkende Macht der Selbstdeutung Freuds. Eine vollständige Edition der Briefe Freuds an Fließ erfolgte (in englischer Übersetzung) erstmals durch Jeffrey M. Masson im Jahr 1985 und löste, zusammen mit Massons heftiger Kritik an Freuds »Widerruf der Verführungstheorie« (in: Masson 1995, S. 155ff.), eine bis heute anhaltende Kontroverse innerhalb der Psychoanalyse aus.

2 »Freud hat meines Erachtens die grundlegende Wahrheit verraten, daß sexuelle, physische und emotionale Gewalt auf tragisch reale Weise in das Leben vieler Kinder einbricht. [...] Analytiker, die damit konfrontiert werden, neigen oft dazu, Erinnerungen lediglich als Phantasien anzusprechen.« (Masson 1995, S. 233.) Ähnlich urteilt Alice Miller über die »Armee von abwehrenden Analytikern, die den Patienten helfen, sich ihr Trauma auszureden, statt es zu erleben« (Miller 1983, S. 403), und kritisiert die »Verleugnung« der Realität sexuellen Missbrauchs in der Zunft der Analytiker (aus der beide auf Grund der Ablehnung, die ihnen nach Veröffentlichung ihrer Thesen entgegenschlug, austraten). Die seither in Gang gekommene Diskussion hat dazu geführt, dass sexueller Missbrauch

Dass die Ersetzung der Traumatheorie durch den Ödipuskomplex in einer Lebensphase erfolgte, in der Freud bestrebt war, unbewusste Vorgänge aus seiner eigenen Kindheit ans Licht zu bringen, gibt Anlass zu vermuten, dass hierbei eine *unaufgelöste Vaterbindung* mit im Spiel war – so die Hypothese von Marianne Krüll (1979, S. 87). Es ist deshalb erforderlich, sich die Beziehung zu seinen Eltern und zu anderen Personen seiner frühen Kindheit mit den Mitteln heutiger biographischer Forschung etwas genauer anzuschauen, als dies Freud in seiner Selbstanalyse möglich war.

Die Eltern Sigmund Freuds – jüdische Familientradition

Sigmunds Freuds Vater *Jakob Freud* (1815-1896) stammte aus Tysmenitz in Galizien, einem Gebiet, das seit der ersten polnischen Teilung 1772 zu Österreich gehörte. Tysmenitz war damals ein Städtchen von ungefähr 4-5000 Einwohnern, davon ungefähr die Hälfte Juden, der Rest russisch-orthodoxe Ukrainer und katholische Polen. Jakobs Vater Salomon war ein orthodoxer Jude. Jakob »genoss« deshalb bis zu seinem 20. Lebensjahr eine jüdisch-orthodoxe Erziehung, was u.a. besagt: Einhaltung der Speisevorschriften, Hochschätzung des Thora-Studiums, Ehe als Zusammenschluss zweier Familien, Kinderreichtum und klare Rollenverteilung zwischen den Eltern. Man lebte sehr beengt, meist wohnte die junge Familie bei den Eltern der Frau, den Schwiegereltern des Mannes.

Jakob heiratete zum ersten Mal mit 16½ Jahren, d.h. er wurde verheiratet mit *Sally Kanner*, die ihm zwei Söhne gebar: Emanuel und Philipp. Sigmund Freud hatte also zwei Halbbrüder, die beide mehr als 20 Jahre älter waren als er selbst. Wie lange die erste Ehe seines Vaters dauerte und wodurch sie beendet wurde, ist nicht genau festzustellen – wahrscheinlich starb die Frau. Bei seiner Eheschließung mit Amalie Nathanson im Juli 1855 gab Jakob Freud an, er sei »Witwer seit 1852«. Ein im Jahr 1960 aufgefundenes Dokument bei der Gemeinde Freiberg/Pribor, der Geburtsstadt Freuds, belegt jedoch, dass sein Vater im Jahr 1852 mit einer gewissen *Rebekka* dort gemeldet war. Ob es sich hier um eine andere Person als Sally oder nur um einen zweiten Namen der ersten Frau handelt, ist in der Freud-Forschung umstritten. Wenn es eine Ehe mit Rebekka gab, dann muss sie von kurzer Dauer gewesen sein.

als Realerfahrung auch bei »orthodox« ausgebildeten Psychoanalytikern und Psychoanalytikerinnen inzwischen stärkere Beachtung findet.

Max Schur, der von der Existenz Rebekkas überzeugt ist, führt immerhin zwei autobiographische Zeugnisse Freuds an: einmal eine Stelle aus einem Brief an Fließ, in dem es heißt: »Rebekka zieh das Kleid aus, Du bist keine Kalle [Braut] mehr« (Freud 1962, S. 188); zum andern einen Traum – Freud nennt ihn »absurd« –, in dem er seinen Vater fragt, wen er kurz nach 1851 geheiratet habe (vgl. Freud 1900, S. 421). Daraus geht nach Schurs Ansicht hervor, a) dass es Rebekka gab; b) dass ihre Existenz dem jungen Sigmund und wahrscheinlich auch seiner Mutter verschwiegen wurde; c) dass Freud junior eine dunkle Ahnung von ihr hatte. Wenn es sie gab, dann endete diese zweite Ehe des Vaters möglicherweise unehrenhaft mit Verstoßung, was z.B. bei Kinderlosigkeit vorkam (vgl. Schur 1973, S. 231; Clark 1985, S. 17f.). Eine weitergehende, allerdings spekulativ anmutende These der neueren Freud-Forschung geht dahin, dass sich »die kinderlos gebliebene Rebekka mit 35 Jahren das Leben genommen hatte, weil Jakob ein 20jähriges Mädchen geschwängert hatte und dieses deshalb ›notwendigerweise‹ heiraten mußte« (M. Balmary, zit. in: Kollbrunner 2001, S. 89). Wie immer sich dies auch verhält, Jakob Freuds ehelichen Beziehungen haftet etwas Rätselhaftes an.

Freuds Mutter, *Amalie Freud, geb. Nathanson* (1835-1930), wohnte zu der Zeit, als Jakob Freud sie kennen lernte, noch bei ihren Eltern in Wien. Ihre Familie stammte aus Brody in Ost-Galizien und kam über Odessa nach Wien. In den Umzügen der Familie spiegelt sich eine ähnliche Entwicklung wie bei Jakob, nämlich weg von der Enge des orthodoxen Judentums in Galizien, hin zu einem *aufgeklärten, assimilierten Judentum* im Westen der k.u.k.-Monarchie. Amalie war bei der Hochzeit im Jahr 1855 noch keine 20 Jahre alt, während das Alter ihres Mannes bei 40 Jahren lag. Über die näheren Umstände der Heirat und was ihr voraufging, wissen wir wenig; nach jüdischen Maßstäben war jedoch ein so grosser Altersunterschied ungewöhnlich. Man nimmt an, dass die Ehe arrangiert, d.h. zwischen den Eltern der Braut und dem Schwiegersohn über einen Vermittler ausgehandelt wurde, dass möglicherweise geschäftliche Interessen im Spiel waren, dass Jakob sich vielleicht auch wohlhabender dargestellt hat, als er war, um die Braut zu bekommen. Möglich, wenn nicht sogar wahrscheinlich ist, dass die Braut bei der Eheschließung bereits schwanger war – was auf »einen der natürlichsten Gründe für die Heirat von Jakob und Amalie« (Kollbrunner 2001, S. 91) hinweisen würde.[3] Jedenfalls war es keine ausgesprochene Liebesheirat.

3 Von entscheidender Bedeutung ist in diesem Zusammenhang die Frage nach dem *exakten Geburtsdatum*, das entsprechend den Angaben Freuds und seiner Eltern der 6. Mai 1856 gewesen sein soll, worin ihm die meis-

Umso plausibler ist, dass Amalie Freud, nachdem sie mit ihrem Mann aus Wien in das kleinstädtische Freiberg in Mähren umgezogen war, wo sie niemanden kannte, desto zärtlicher an ihrem erstgeborenen Sohn Salomon-Sigismund-Sigmund hing, der ihre Liebe erwiderte. Freud sagt von sich, er sei wie Goethe »der unbestrittene Liebling der Mutter gewesen« (Freud 1917b, S. 266).

Ehe auf Freuds Kindheit in Freiberg näher eingegangen wird, sind einige Bemerkungen zum Beruf seines Vaters und zur Rolle der *Religion* in der Familie erforderlich. Nachdem Freud junior sich zeitlebens als Aufklärer und Atheist verstanden hat, ist die Bedeutung der Religion, d.h. in unserem Fall: der *jüdischen Tradition* in seinem Leben kaum untersucht worden. So beschränkt sich Erich Fromm – selbst Jude – in seinem ersten Freud-Buch auf die psychologische Seite: Freud sei ein »Rebell, kein Revolutionär« (Fromm 1959a, S. 72) gewesen. Er habe als Liebling der Mutter mit dem wenig heldenhaften Vater rivalisiert und sich einen »bedeutenderen« Vater gewünscht. Als Beleg dafür dient ihm unter anderem die Geschichte von der Pelzmütze, die Freud in der *Traumdeutung* erzählt, und der Vergleich mit Hannibals Vater, der den Sohn darauf verpflichtete, an den Feinden Rache zu nehmen, anstatt, wie Freuds eigener Vater, die erfolgte Beleidigung zu ignorieren (vgl. Fromm, a.a.O., S. 68f.). Auf die Rolle der Religion und die Pflicht zur *Pietät* gegen den Vater, die die jüdische Religion dem Sohn auferlegt, geht Fromm in diesem Zusammenhang nicht ein. De facto – es ist das Verdienst neuerer Untersuchungen, dies aufgewiesen zu haben – hat diese Pietät in Freuds Beziehung zu seinem Vater jedoch eine große Rolle gespielt.

Jakob Freud wuchs, wie bereits erwähnt, in den ersten 20 Jahren seines Lebens in Tysmenitz in Galizien in der orthodoxen Tradition des Judentums auf. Auch seine erste Ehe stand voll in dieser Tradition. Etwa ab dem 20. Lebensjahr unternahm er jedoch mit seinem Vater größere Reisen mit Pferd und Wagen ins westlich gelegene Mähren, wo er Wolltücher einkaufte und im Gegenzug »Wolle, Honig, Talg etc.« aus Galizien an den Mann zu bringen versuchte; dies geht aus einem Schreiben an den Magistrat in Freiberg/Mähren hervor (vgl. Krüll 1979, S. 118). Seine Handelsreisen brachten es aber zwangsläufig mit sich, dass die

ten Biographen folgen. Beide Bernfelds haben jedoch bereits im Jahr 1944 darauf hingewiesen, dass ins Melderegister der Stadt Freiberg/Pribor der 6. März 1856 als Geburtsdatum eingetragen wurde. Nach genauer Prüfung aller Argumente kommt J. Kollbrunner zu dem Ergebnis, der »wirkliche Geburtstag« Sigmund Freuds sei »vielleicht« der 6. Mai, »wahrscheinlicher« jedoch der 6. März 1856 gewesen (Kollbrunner 2001, S. 384).

jüdischen Speisegebote nicht mehr streng eingehalten werden konnten. Auch außerehelicher Geschlechtsverkehr und Onanie, nach orthodox-jüdischer Moral schwere Sünde, wurden zwangsläufig lockerer gesehen. Wieweit Freuds Vater sich in diesem Sinne »schuldig« machte, wissen wir nicht; sicher ist nur, dass er mit seinem Sohn nie über Sexualität sprach. Wahrscheinlich ist, dass er sich als jung verheirateter, aber von seiner Frau oft monatelang getrennter Ehemann auf seinen Reisen selbst befriedigte, um die größere »Sünde« des Ehebruchs zu vermeiden.

Ziemlich sicher ist auch, dass Jakob Freud Schuldgefühle hatte, als sein Vater ein halbes Jahr nach seiner Heirat mit Amalie Nathanson in Tysmenitz starb und er nicht zugegen sein konnte, um ihm das *Kaddisch* zu sprechen. Er hatte nämlich inzwischen seinen Wohnsitz nach Freiberg verlegt, wo sein Sohn Sigismund, später Sigmund, im Jahr 1856 geboren wurde. 1859 erfolgte die Übersiedlung der Familie nach Wien, wo Freud junior noch die Großeltern mütterlicherseits kennen lernte; die Großeltern väterlicherseits sah er vermutlich nie.

In dieser über mehrere Generationen sich hinziehenden Geschichte von Migration und Verlust bzw. Aufgabe der Tradition spiegelt sich ein typisches Schicksal vieler ehemals »frommer« Ostjuden. Freuds Vater hatte sich von der Religion seiner Väter gelöst, aber er fühlte sich schuldig dabei. Assimilationsjuden der ersten Generation befreiten sich zwar vom Joch der Thora, aber nicht vom Joch der jüdischen Moral. Freuds erste Lebensjahre waren von einem Schuldgefühl des Vaters überschattet und für die späteren Jahre galt:

»Er sollte ein besserer, ein treuerer Sohn sein, als Jakob selbst meinte gewesen zu sein, zugleich aber sollte er den Weg aus der Enge der Tradition weitergehen und in der bürgerlichen Gesellschaft Erfolg haben.« (Krüll 1979, S. 208.)

Freud junior sollte die Tradition überwinden, sie jedoch in einem zentralen Punkt, der Pietät gegenüber dem Vater, nicht antasten. Deshalb *durfte* er nach der »Schuld« des Vaters nicht weiter fragen und seiner sexuellen »Perversion« nicht genauer nachgehen, deshalb *musste* er die Verführungstheorie, die den Vater – und alle Väter – kompromittierte, aufgeben. Freuds aus dem Elternhaus datierende Motivation zur Schaffung seiner epochalen wissenschaftlichen Leistung bestand also nicht nur in der fast grenzenlosen Bewunderung der jungen Mutter für ihren Erstgeborenen, sondern auch in dem »kindlichen Wunsch, es dem Vater recht zu machen« (Krüll 1979, S. 210). Seine »Rebellion« gegen den Vater – um mit Fromm zu sprechen – hob die Bindung an den Auftrag des Vaters nicht auf, sie erschöpfte sich lediglich darin, sich einen größeren, stärkeren, selbstbewussteren Vater an Stelle des real existierenden zu wünschen.

Dramatische Kindheit: Von Freiberg nach Wien

Sigmund Freud verbrachte die ersten dreieinhalb Jahre seines Lebens (1856 bis 1859) in Freiberg in Mähren, einer Kleinstadt mit überwiegend tschechischer Bevölkerung. In einem Dankesbrief, den er als 75jähriger an den Bürgermeister von Freiberg schrieb – Anlass war die Anbringung einer Gedenktafel an seinem Geburtshaus –, fasste er diese Zeit wie folgt für sich zusammen:

»Tief in mir, überlagert, lebt noch immer fort das glückliche Freiberger Kind, der erstgeborene Sohn einer jugendlichen Mutter, der aus dieser Luft, aus diesem Boden die ersten unauslöschlichen Eindrücke empfangen hat.« (Freud 1978, S. 425.)

Freud wurde, nachdem sein Großvater väterlicherseits kurz zuvor gestorben war, nach diesem »Salomon« (Schlomo), auf deutsch »Sigismund«, später verkürzt zu »Sigmund«, genannt und am 7. Tag beschnitten; das geht aus einem hebräisch geschriebenen Gedenkblatt hervor, das sein Vater in die Familienbibel einlegte (vgl. Freud 1985, S. 46). Dies zeigt, dass der Vater, obwohl er begonnen hatte, sich vom rituellen Judentum zu lösen, doch großen Wert auf die jüdische Religionszugehörigkeit legte. Freud junior bekannte sich selbst später zwar als Atheist, verleugnete jedoch nie seine jüdische Identität.

Sigmund Freud war, wie gesagt, der Erstgeborene einer noch jugendlichen Mutter. Ihm folgten sieben Geschwister, von denen der Nächstgeborene, ein Bruder, bereits im Alter von acht Monaten starb; dann kamen fünf Schwestern und als jüngstes Geschwister sein Bruder Alexander, bei dessen Geburt er bereits zehn Jahre alt war. Auf den elf Monate jüngeren Bruder Julius war Freud maßlos eifersüchtig; nach dessen frühem Tod entwickelte er starke Schuldgefühle.

In Freiberg lebte der junge Salomon/Sigismund Freud in einem *Großfamilienverband*: Außer den Eltern gab es den Halbbruder Emanuel aus erster Ehe des Vaters, der inzwischen verheiratet war und eigene Kinder hatte: den Neffen John und die Nichte Pauline, die nur wenig älter waren als er. Faktisch waren *diese* beiden seine kindlichen Spielkameraden, nicht seine Geschwister. Dann lebte in der Familie noch der unverheiratete Halbbruder Philipp und es gab im Haus die Familie Zajic, bei denen die Freuds im ersten Stock wohnten. Der Hausherr betrieb im Erdgeschoss eine Schlosserwerkstatt, in der der junge »Sigi« gern spielte.

Entgegen der idealisierenden Darstellung, die Freud selbst von seiner *Mutter* gibt (»Ich weiß nicht eine Handlung von ihr, mit der sie über das Interesse oder das Glück eines ihrer Kinder hinweg ihre Launen oder ihre Interessen verfolgt hätte«, Brief an Martha Bernays vom 23.7.1884, in: Freud 1985, S. 99), muss davon ausgegangen werden, dass die Beziehung zu ihr keineswegs so harmonisch und uneingeschränkt positiv war, wie er behauptet. Bereits im ersten Lebensjahr Sigmunds erkrankte Amalie an Tuberkulose und musste die Familie für drei Monate verlassen, um sich einer Kur zu unterziehen. Der Tod ihres Lieblingsbruders Julius und des nach diesem benannten zweiten Sohnes, die beide an Tuberkulose verstarben, versetzte sie zusätzlich in eine depressive Stimmung, in der sie sich kaum um die Bedürfnisse des kleinen Sigmund kümmern konnte. Zwar ist zutreffend, dass sie ihren erstgeborenen Sohn, den sie auch im Alter noch als »goldenen Sigi« bezeichnete (vgl. Jones 1962, Bd. I, S. 129f.), vergötterte; ihre Zuneigung oder Liebe blieb jedoch in hohem Maße narzißtisch vereinnahmend. Jürg Kollbrunner spricht von einer »Hexenseite seiner Mutter« und deutet Freuds Verhalten ihr gegenüber – z.B. dass er sich bei Familienfesten regelmäßig verspätete und an ihrer Bestattung nicht teilnahm – als Ausdruck unbewusster »Wut- oder gar Haßgefühle« (Kollbrunner 2001, S. 174).

Eine wichtige Person in Freuds früher Kindheit, die ihm die Mutterliebe ersetzte, war die *Kinderfrau* Monica Zajic, eine Verwandte der Zajics, bei denen die Familie Freud wohnte. Sie war Tschechin und katholisch und nahm den jungen »Sigi« oft mit in die Kirche, erzählte ihm vom lieben Gott und von Himmel und Hölle, und Freud soll zu Hause wie ein Pfarrer gepredigt haben. Dass die Eltern daran keinen Anstoß nahmen, zeugt für ihre liberale Gesinnung; in einer orthodox jüdischen Familie wäre dies sicher nicht möglich gewesen.

Freud erwähnt die Kinderfrau erstmals im Zuge seiner Selbstanalyse mit 41 Jahren: Sie sei ein »häßliches, älteres aber kluges Weib« gewesen, das ihm »viel vom lieben Gott und von der Hölle erzählt« und ihm eine »hohe Meinung« von seinen Fähigkeiten beigebracht habe (Freud 1962, S. 189). Wenig später bezeichnet er sie als seine »Lehrerin in sexuellen Dingen« (a.a.O., S. 190) – wahrscheinlich ist kindliches Masturbieren gemeint – und kommt dann auf die Idee, seine Mutter nach der Kinderfrau zu fragen. Diese erzählt ihm eine Geschichte, die er völlig vergessen oder »verdrängt« hatte: Die Kinderfrau wurde auf Betreiben seines Halbbruders Philipp »eingekastelt« (a.a.O., S. 193), weil sie sich Spielzeug und einige Münzen, die dem ihr anvertrauten »Sigi« geschenkt worden waren, angeeignet hatte. Sie erhielt eine zehnmonatige Haftstrafe, verschwand damit plötzlich aus seinem Gesichtskreis und tauchte auch später nicht wieder auf. Es war für ihn ein herber Verlust.

Dem Spürsinn Siegfried Bernfelds ist es zu verdanken, dass ein kleiner Aufsatz, in dem die Kinderfrau noch einmal erwähnt wird, heute als autobiographischer Text von Freud gelesen wird: Es ist der Aufsatz »Über Deckerinnnerungen« von 1899, in dem Freud einen 38jährigen jungen Mann mit ihm einen Dialog führen lässt; dieser junge Mann ist mit an Sicherheit grenzender Wahrscheinlichkeit »niemand anders als Freud selber« (Bernfeld/Cassirer Bernfeld 1981, S. 94).[4] In der dort erzählten Geschichte spielt er im Alter von etwa zwei bis drei Jahren mit seinem ca. ein Jahr älteren Vetter und der etwa gleichaltrigen Cousine auf einer grünen Wiese voller Löwenzahn. Nachdem sie jeder einen Strauß gepflückt haben, fallen beide Jungs »wie auf Verabredung« über das Mädchen her und »entreißen« ihr die Blumen, woraufhin sie weinend wegläuft und zum Trost von der Bäuerin »ein großes Stück Schwarzbrot« erhält. Auch die beiden jungen Übeltäter werden nicht bestraft, sondern erhalten ebenfalls jeder ein Stück Schwarzbrot. Die Bäuerin steht, wie Freud erwähnt, vor dem Bauernhaus und plaudert mit der Kinderfrau. In der Deutung dieser kleinen Szene kommt der junge Mann – d.h. Freud selbst – darauf, dass »die Blumen entreißen« ja nichts anderes als »deflorieren« bedeutet, d.h. es handelt sich hier wohl um eine Deckerinnerung für frühkindliche Doktorspiele (a.a.O., S. 101).

Im weiteren Verlauf der kaum verhüllten autobiographischen Erzählung kommt Freud auch darauf zu sprechen, was der *Weggang von Freiberg* im Alter von dreieinhalb Jahren für ihn bedeutet hat. Er verwendet zweimal das Wort »Katastrophe«, einmal um den Wegzug von Freiberg für den Vater zu begründen:

»Als ich ungefähr drei Jahre alt war, trat eine Katastrophe in dem Industriezweig ein, mit dem sich der Vater beschäftigte. Er verlor sein Vermögen, und wir verließen den Ort notgedrungen, um in eine große Stadt [gemeint ist Wien, H.J.] überzusiedeln.« (Freud 1899, S. 98.)

Beim zweiten Mal ist das Wort »Katastrophe« im persönlichen Sinn gemeint. Freud spricht von einem »Verlust«, den jene erste Katastrophe ihm »fürs Leben gebracht« habe (a.a.O., S.100).Worin bestand dieser Verlust? Außer der ländlich-kleinstädtischen Umgebung, in der er sich

4 Der Aufsatz »Über Deckerinnerungen« findet sich nicht in der *Freud-Studienausgabe*, er ist jedoch bei Bernfeld/Cassirer Bernfeld 1981, S. 94-104 abgedruckt. Zitate erfolgen nach diesem Abdruck.

wohlgefühlt hatte, war es vor allem ein Verlust von *Personen*: Seine Spielkameraden John und Pauline zogen weg, die älteren Halbbrüder Emanuel und Philipp wanderten nach England aus, um in Manchester ein Handelsgeschäft mit Textilien aufzumachen, und von seinen frühen drei »Müttern« – außer Amalie noch die Kinderfrau Monika und Maria, die Frau Emanuels – blieb nur die »richtige« Mutter übrig. Dies war mit Sicherheit für den kleinen »Sigi« ein traumatisierendes Erlebnis, eben eine »Katastrophe«.

Hinzu kam, dass die Familie Freud, die schon vorher nicht allzu üppig gelebt hatte, nun wirklich *von Armut bedroht* war. Der Vater hatte in Wien keinen rechten beruflichen Erfolg mehr und bis heute ist unklar, womit er sich selbst, seine Frau und die wachsende Kinderschar durchbrachte. Es ist kaum anzunehmen, dass eine Wirtschaftskatastrophe, ein »Niedergang der Webereiindustrie«, wie noch Ernest Jones (1962, Bd. I, S. 30) behauptet, der Grund für die Auflösung der Freudschen Großfamilie und den Wegzug aus Freiberg war, oder dass antijüdische Ausschreitungen bei diesem Entschluss den Ausschlag gaben. Wahrscheinlicher ist, dass hier zwei Entwicklungsstränge zusammenkamen, die mit politischen Verwicklungen in der Familie und mit beruflichen Ambitionen des Vaters zusammenhingen.

Den beiden erwachsenen Söhnen Jakobs, Emanuel und Philipp, wurde in Österreich vermutlich der Boden unter den Füßen zu heiß, denn sie waren, wie die neuere Forschung zu Tage gefördert hat, in eine Falschgeldaffäre verwickelt, die einige Zeit später aufflog: Mit in England gedrucktem russischem Geld wurde die Oppositionsbewegung in Ostgalizien unterstützt. Freuds Onkel Josef[5] wurde in Wien verhaftet, als er gefälschte Rubelnoten in Umlauf brachte, und zu einer langjährigen Haftstrafe verurteilt (vgl. Krüll 1979, S. 193ff.). Zum andern hoffte Jakob Freud wohl, in Wien, wo er seine Frau kennen gelernt hatte, mit Hilfe der Schwiegereltern und eigener Verwandter bessere Geschäfts-

5 Wir erfahren von Freud selbst in der *Traumdeutung* (Freud 1900, S. 155f.), dass er den Onkel Josef – einen von fünf Brüdern seines Vaters – »geliebt und geehrt« habe. Mit ihm sei es allerdings »eine traurige Geschichte« gewesen. Er habe sich nämlich vor etlichen Jahren »in gewinnsüchtiger Absicht zu einer Handlung verleiten lassen, welche das Gesetz schwer bestraft«. Die Bewertung dieser Tat und der Persönlichkeit schwankt entsprechend der mündlichen Familienüberlieferung, der Freud im Jahr 1900 (als er die *Traumdeutung* veröffentlichte) noch folgt, zwischen »Verbrecher« und »Schwachkopf«; der Onkel sei jedoch nach Meinung seines Vater »nie ein schlechter Mensch« gewesen. Ob Freud den politischen Hintergrund der Geschichte kannte, ist ungewiss.

verbindungen aufbauen zu können. Dies gelang ihm in den folgenden Jahren aber gerade nicht. In den Augen seines Sohnes sank er deswegen aus der Position des mit großer Autorität ausgestatteten Patriarchen – altersmäßig hätte er ja ohne weiteres sein Großvater sein können – immer mehr ab in die Rolle des fast bemitleideten »Alten«; so nennt ihn Freud durchwegs in den Briefen an Fließ.

Dieser Prozess der Depotenzierung des Vaters vollzog sich allmählich und er blieb bis in Freuds Alter, d.h. auch noch nach dem Tod seines Vaters, nicht ohne Ambivalenz. Es war, wie Marianne Krüll überzeugend dargelegt hat, eigentlich ein Drei-Generationen-Problem, bei dem die jüdische *Ethik der Vater-Sohn-Beziehung* eine große Rolle spielte:

»Meines Erachtens bestand die Ambivalenz des Auftrags darin, daß der Sohn einerseits die Tradition überwinden sollte, sie andererseits jedoch in einem zentralen Aspekt nicht antasten durfte, nämlich in dem der Vaterverehrung, auf der letztendlich die jüdische Tradition begründet ist. [...]
Ein jüdischer Sohn sollte intellektuell über seinen Vater hinauswachsen, sollte ihn, die Familie, und damit auch das Volk Israel durch seine Gelehrsamkeit der Erlösung näherbringen. Wichtig war nur, daß er das vierte Gebot nicht brach und dem Vater Ehrerbietung erwies. [...]
Jakob überwand sein Schuldgefühl durch den Einsatz seines eigenen Kindes, Sigmund durch den Einsatz eines ›theoretischen Kindes‹, der auf der Ödipustheorie basierenden Psychoanalyse. Die psychische Struktur der Bewältigung des Vaterkonfliktes aber war bei beiden gleich: Sie begehrten nicht gegen die Väter auf, sondern erfüllten den widersprüchlichen Auftrag, sowohl einen anderen Weg zu gehen, als auch ein gehorsamer Sohn zu bleiben.« (Krüll 1979, S. 208ff.)

Dass Freud selbst sich dieser Ambivalenz in seiner Vaterbeziehung durchaus bewusst war, geht aus einem späten, drei Jahre vor seinem Tod geschriebenen längeren Brief an Romain Rolland hervor:

»Es muß so sein, dass sich an die Befriedigung, es so weit gebracht zu haben, ein Schuldgefühl knüpft: es ist etwas dabei, was unrecht, was von alters her verboten ist. Das hat mit der kindlichen Kritik am Vater zu tun, mit der Geringschätzung, welche die frühkindliche Überschätzung seiner Person abgelöst hatte. Es sieht aus, als wäre es das Wesentliche am Erfolg, es weiter zu bringen als der Vater, und als wäre es noch immer unerlaubt, den Vater übertreffen zu wollen.« (Freud 1936, S. 292.)

Mit der Beziehung zum Vater, in der die jüdische Tradition wirksam war, ist ein zentrales Lebensthema Freuds berührt, das nicht nur seinen

Ehrgeiz und Eroberungsdrang und seine »leidenschaftliche Suche nach der Wahrheit« (Fromm 1959a, S. 7), sondern, wie gezeigt, auch Ambivalenzen und Brüche in seiner Theorieentwicklung zu erklären geeignet ist. Zugleich wird daran deutlich, dass die Psychoanalyse mit ihrer Betonung der Rolle der frühen Kindheit, des Unbewussten und der Sexualität, vor allem des Ödipuskomplexes, zu einem wesentlichen Teil auf *persönlichen Erfahrungen ihres Begründers* beruht, die Freud – mit Recht oder zu Unrecht – zu universellen Gesetzmäßigkeiten der psychischen Entwicklung erhoben hat.

Studium und medizinische Forschung: Erfüllung des elterlichen Auftrags

Wir erinnern uns: Sigmund Freud stammte aus einer verarmten Familie von Assimilationsjuden, d.h. er hatte die orthodoxen Rituale aufgegeben, nicht aber die Ethik des familiären Zusammenlebens und insbesondere des Respekts vor dem Vater, als er 1873 als Klassenbester das Abitur bestand und sich nach einer kurzen Phase, in der er überlegte, Jura zu studieren, schließlich für das Fach *Medizin* entschied. Der ihm unbewusste Auftrag des Vaters, von der Mutter unterstützt, lautet, er solle es im Leben weiter bringen als der Vater, und so wirft sich der junge Freud auf die Wissenschaft: von der Zoologie zur *Physiologie und Histologie des Nervensystems.* Seine ersten Veröffentlichungen handeln von den »Nervenwurzeln im Rückenmark des Ammocoetes [d.h. Flusskrebs, H.J.]«, von den »als Hoden beschriebenen Lappenorganen des Aals« oder einer »neue[n] Methode zum Studium des Faserverlaufs im Centralnervensystem« (vgl. Jones 1962, Bd. I, S. 48).

Freud durchläuft eine solide Ausbildung bei Professoren, die in der naturwissenschaftlichen Medizin des 19. Jahrhunderts Rang und Namen haben: In den 80er Jahren wird er, nachdem er zunächst im Laboratorium von *Ernst Brücke* histologisch gearbeitet hat, Assistent bei *Theodor Meynert* in der Psychiatrie, er interessiert sich aber ausschließlich für die Neurologie. 1881 legt er die medizinischen Examina ab, nachdem man ihn bereits für einen »verbummelten« Studenten hält (vgl. Freud 1985, S. 90). Im Jahr 1885 richtet er sein Habilitationsgesuch an die Wiener medizinische Fakultät. Zuvor hat er, einem »abseitigen, aber tiefgehenden Interesse« (Freud 1971, S. 46) folgend, die »physiologischen Wirkungen« des »damals weniger bekannten Alkaloids Kokain« (ebd.) erforscht und darüber auch einiges veröffentlicht. In der »Selbstdarstellung« schreibt Freud 1925, es sei die Schuld seiner Braut gewesen, wenn er »nicht schon in jenen jungen Jahren berühmt geworden« (a.a.O., S.

46) sei. Er unterbrach nämlich seine Forschungen am Kokain, dessen keineswegs nur »physiologische« Wirkung er in höchsten Tönen pries und bei sich selbst zielbewusst einsetzte,[6] um für einige Monate zu seiner Verlobten Martha Bernays nach Wandsbek bei Hamburg zu fahren. Als er zurückkehrte, musste er feststellen, dass ihm ein Mediziner-Kollege, Karl Koller, ein später berühmt gewordener Ophthalmologe, die große Entdeckung weggeschnappt und die Meriten eingeheimst hatte, indem er über seine Forschungsergebnisse auf einem Mediziner-Kongress berichtete: Es ging um die Verwendbarkeit des Kokains zur Lokalanästhesie.

Heutzutage, d.h. mehr als 120 Jahre später, mutet uns die Naivität, mit der man damals die medizinische Nutzbarkeit des Kokains begeistert begrüsste, ohne das Suchtpotenzial in die Bilanz mit einzubeziehen, einigermaßen seltsam an. Man muss allerdings berücksichtigen, dass die Erforschung dieser Droge damals noch in den Anfängen stand. Freud selbst zollte seiner Naivität problematischen Tribut: Er empfahl die Droge nämlich einem befreundeten Kollegen, Dr. Fleischl-Marxow, nachdem er in einer amerikanischen Publikation gelesen hatte, dass man Kokain auch zur Behandlung der Morphiumsucht einsetzen kann. Dr. Fleischl war opiatabhängig geworden, nachdem er auf Grund einer Operation an der Hand ständig Schmerzen hatte. Das Kokain verschlimmerte nur die Abhängigkeit des Kollegen, ohne die erwünschte Schmerzlinderung zu bringen. Freud musste sich gegen den Vorwurf verteidigen, zu Morphium – entsprechend heute Heroin – und Alkohol die »dritte Geißel der Menschheit« hinzugefügt zu haben (vgl. Bernfeld/Cassirer Bernfeld 1981, S. 224); er ließ künftig die Finger vom Kokain. Es wäre jedoch durchaus lohnend, einmal seinen eigenen *Suchtmittel-Mißbrauch* zu untersuchen: So konnte er z.B. auch das Zigarrenrauchen nicht aufgeben, obwohl er von 1923 bis zu seinem Tod im Jahr 1939 an einem sich immer mehr verschlimmernden Gaumenkrebs litt (vgl. Schur 1973, S. 413ff.; Kollbrunner 2001, S. 286ff.). Darauf hier näher einzugehen, würde allerdings den Rahmen dieser biographischen Einführung sprengen.

6 Freud konsumierte z.B. vor seinem privaten Besuch bei Charcot Kokain, um entsprechend selbstbewusst auftreten zu können (vgl. Freud 1988, S. 130). In seiner Veröffentlichung »Über Coca « (1884) preist er den Cocastrauch als »göttliche Pflanze, welche den Hungrigen sättigt, den Schwachen stärkt und sie ihr Mißgeschick vergessen macht« (zit. in: Bernfeld/Cassirer Bernfeld 1981, S. 201).

Die Ehefrau: Martha Bernays und ihre Familie

Freud lernte mit 26 Jahren *Martha Bernays* (1861-1951) bei einem Abendessen im Haus seiner Familie kennen. Sie war mit einer seiner Schwestern befreundet und damals 21 Jahre alt. Ihre Familie stammte aus Wandsbek bei Hamburg. Der Großvater Isaak Bernays war Oberrabiner in Hamburg gewesen, ihr Vater, Berman Bernays, war Kaufmann und zog nach einer etwas dubiosen Betrugsgeschichte, wegen der er ein Jahr lang inhaftiert wurde, als Martha acht Jahre alt war, nach Wien, wo er bei dem Ökonomen Lorenz v. Stein eine Anstellung als Sekretär fand (vgl. Appignanesi/Forrester 1996, S. 46). Die beiden Brüder des Vaters, Michael und Jakob Bernays, waren erfolgreicher: Beide brachten es bis zum Professor, der eine als Germanist und Goetheforscher in München, der andere als Altphilologe in Heidelberg und Bonn. Von letzterem stammt eine damals recht bekannt gewordene Abhandlung über den »Katharsis-Begriff des Aristoteles«. Man erinnert sich: Freud und Breuer sprachen später von der »kathartischen Methode«.[7]

Berman Bernays starb im Jahr 1879 und hinterließ zwei Töchter: *Martha* und ihre jüngere Schwester *Minna* (1865-1941), die nach dem frühen Tod ihres Verlobten unverheiratet blieb, ihrer Schwester bei den zahlreichen Geburten im Haushalt half und ab 1908 ganz bei den Freuds wohnte; ferner Eli, der Freuds nächstjüngere Schwester Anna heiratete, mit ihr später nach Amerika auswanderte und es dort zu einigem Reichtum brachte – sie überlebte als einzige von Freuds Schwestern die Judenvernichtung. Freud mochte sowohl seine Schwester Anna als auch seinen Schwager Eli nicht: Auf die Schwester war er – wie schon bei seinem früh verstorbenen Bruder – vom ersten Tag an eifersüchtig, weil sie ihm von der uneingeschränkten Liebe der Mutter etwas wegzunehmen drohte; den Schwager Eli mochte er nicht, weil er ihm den Besitz der Geliebten, Verlobten und späteren Ehefrau streitig machte. Nach seiner Heirat brach er den Kontakt zu Eli ab, was Martha in Loyalitätskonflikte brachte. Erst nach der Auswanderung des Paares nach Amerika versöhnte er sich wieder mit seinem Schwager.

Die hauptsächliche Autorität, mit der es Freud in der Familie Bernays zu tun hatte, war allerdings nicht der nachmalige Schwager Eli,

7 »Katharsis», d.h. »Reinigung«, ist ein zentraler Begriff aus der Poetik des Aristoteles: Die Tragödie soll »durch [Erregung von] Mitleid und Furcht eine Reinigung von derartigen Leiden[schaften] bewirken.« (J. Ritter/K. Gründer, Hrsg.: *Historisches Wörterbuch der Philosophie*, Bd. 4 , Darmstadt 1976, S. 784.)

sondern seine künftige Schwiegermutter *Emmeline Bernays* (1830-1910). Sie setzte es nämlich nach dem Tod ihres Mannes trotz der geheimen Verlobung Freuds mit Martha durch, dass ihre beiden Töchter mit ihr nach Wandsbek zurückkehrten und dort blieben – also nicht gerade die allernächste Entfernung für das junge Brautpaar. Der folgenden, mehr als vierjährigen Trennung verdanken wir mehr als 900 Briefe Freuds an seine Braut, von denen eine schmale Auswahl als Taschenbuch erschienen ist (Freud 1988). In ihnen berichtet Freud von seinen wissenschaftlichen Projekten und menschlichen Begegnungen, u.a. mit Charcot in Paris, aber auch von seinem Leben als Habilitand und Privatdozent in Wien und von den Erfahrungen mit Vorgesetzten und Kollegen, die er dabei machte. Er nennt seine Braut u.a. »teures, heißgeliebtes Mädchen«, »geliebtes Bräutchen«, »hohe Herrin, süßes Lieb«, »teures Weibchen« oder »Liebchen«, »teures, hochgeehrtes Prinzeßchen« usw. Allein aus der Anrede kann man schließen, dass es Briefe eines feurigen Liebhabers sind, ganz im Gegensatz zu späteren Äußerungen. Seinem Schwiegersohn Max Halberstadt gegenüber äußerte er 1912:

»Mit meiner Frau bin ich wirklich gut ausgekommen, vor allem bin ich ihr dankbar für viele vornehme Eigenschaften, für die geratenen Kinder und dafür, daß sie weder sehr abnorm noch viel krank war.« (zit. in: Appignanesi/Forrester 1996, S. 63.)

Und an Marie Bonaparte schrieb er 1936:

»Es war wirklich keine üble Lösung des Eheproblems, und sie ist noch heute zärtlich, gesund und leistungsfähig.« (ebd.).

Da ist wenig zu spüren von der Hochstimmung der Brautbriefe, aber immerhin hielt die Ehe 53 Jahre lang, bis zu Freuds Tod.

Am Anfang der Beziehung kam es, wie erwähnt, auf Betreiben von Freuds Schwiegermutter zu einer mehrjährigen räumlichen Trennung. Freuds Sohn Ernst, der Herausgeber der Brautbriefe, schreibt, dass sie »nichts von einer Heirat wissen wollte, bevor eine gesicherte finanzielle Grundlage für das Eheleben des jungen Paares geschaffen war« (Vorwort in: Freud 1988, S. 8). Möglich ist auch, dass sie den mittellosen Verlobten ihrer Tochter auf diese Weise loswerden wollte – wir wissen es nicht. Sicher ist nur, dass Freud, um die Schwierigkeiten in der Familie der Braut zu überwinden, eine ausgefeilte Strategie entwickelte. Eli, ihr Bruder, wollte nach dem Tod des Vaters über Martha bestimmen und musste daher ausgeschaltet werden. Emmeline, die Mutter, war ihm gegenüber skeptisch eingestellt, aber war nicht zu umgehen. Minna, die jüngere Schwester, aber war zu gewinnen – in fast allen Briefen an Martha lässt er ihr deshalb Grüße ausrichten oder er schickt kleine Geschenke für sie mit.

Man hat Freud eine Affäre mit seiner Schwägerin Minna nachgesagt; u.a. C.G. Jung hat sich in diesem Sinne geäußert (vgl. Appignanesi/ Forrester 1996, S. 72). Angesichts der puritanischen Auffassung von Ehe, die Freud vertrat und selbst auch lebte, ist dies jedoch ziemlich unwahrscheinlich. Tatsache ist allerdings, dass er sich mit Minna von Anfang an gut verstand und dass er sie – im Gegensatz zu seiner Frau – auch als Gesprächspartnerin bei seinen wissenschaftlichen Problemen sehr schätzte. Er äußerte einmal, vor Erscheinen der *Traumdeutung* (1900) hätten nur zwei Menschen an ihn geglaubt: Wilhelm Fließ und Minna Bernays. Minna Bernays verkörperte genau den Typ intellektueller Frauen, zu denen Freud sich hingezogen fühlte und zu denen er oft langjährige Beziehungen unterhielt, wie z.B. auch zu Lou Andreas-Salomé. Das heißt aber: Freud trennte scharf sein Familienleben, in dem Martha entsprechend den Vorstellungen der damaligen Zeit die Rolle der Hausfrau und Mutter zu spielen hatte, von den intellektuellen, auf wissenschaftlichen Austausch abzielenden Beziehungen, die er nicht nur zu Männern, sondern auch zu etlichen Frauen unterhielt.

Praxis als Nervenarzt und Familiengründung

Im Jahr 1881 hatte Freud sein medizinisches Examen abgelegt. 1885 wurde er von der Wiener medizinischen Fakultät habilitiert, d.h. er wurde Privatdozent im Fach *Neuropathologie*. Im Herbst des gleichen Jahres erhielt er von der Fakultät ein Stipendium für sechs Monate, um in Paris an der Salpêtrière bei Charcot seine Kenntnisse in Neuropathologie zu vertiefen. In den Briefen an seine Braut berichtet er davon mit Begeisterung. Durch Charcot wurde Freuds Interesse von der Anatomie des Nervensystems ab- und auf die *Hysterie* hingelenkt – ein wichtiger Meilenstein auf dem Weg zur späteren Psychoanalyse. Die Methode, die er bei Charcot erlernte und dann für einige Jahre selbst praktizierte, war jedoch alles andere als psychoanalytisch: sie bestand nämlich in Hypnose und Suggestion.

Ehe Freud in Wien seine Privatpraxis eröffnete, hielt er sich für einige Monate an psychiatrischen Kinderkliniken in Berlin und Wien auf. Er hatte offensichtlich zunächst die Absicht, sich einen Namen als Spezialist für *Neuropathologie im Kindesalter* zu machen – so schreibt er jedenfalls an seine Braut (»Der Hauptvorteil liegt einerseits im Material, andererseits im Namen als Spezialist, den man sich so erwirbt«, Brief v.

10.2.1886, in: Freud 1988, S. 142). Es gibt auch mehrere Arbeiten von Freud zur Neuropathologie im Kindesalter – u.a. »Über halbseitige Cerebrallähmung der Kinder« von 1891 –, die von diesem besonderen klinischen Interesse zeugen; er gilt damit heute als Begründer der Neuropädiatrie (vgl. Freud 1985, S. 330).

Freud verfolgte zunächst den Plan, an der Universität Karriere zu machen; davon zeugt seine rege Publikationstätigkeit. Faktisch wusste er jedoch nicht, wovon er leben und eine Familie ernähren sollte, denn als Privatdozent hatte er zwar das Recht und die Pflicht, Vorlesungen zu halten, er erhielt jedoch kein Gehalt. So entschloss er sich – eigentlich gegen seine Überzeugung, dass er zum Wissenschaftler berufen sei – im Frühjahr 1886 dazu, in Wien, in der Rathausstraße 7, eine *nervenärztliche Praxis* zu eröffnen. Am 14.9.1886 konnte er endlich seine Verlobte Martha Bernays heiraten und mit ihr in ein größeres Haus in der Theresienstraße 8 umziehen, in dem er in den nächsten fünf Jahren seine Praxis unterhielt. Der dann folgende Umzug im September 1891 führte ihn zu der berühmten Adresse in Wien, IX. Bezirk, Berggasse 19, von wo ihn erst die Nazis nach dem »Anschluss« Österreichs im Jahr 1938 vertrieben.

Freuds eigene Familie entstand und vergrößerte sich schnell: Im Oktober 1887 wurde die älteste Tochter *Mathilde* (1887-1978) geboren; sie wurde benannt nach der Ehefrau von Josef Breuer. Dann folgten die Söhne *Jean-Martin* (1889-1967), benannt nach Charcot, *Oliver* (1891-1969), benannt nach Oliver Cromwell, einem der bewunderten »Helden« des Vaters, und *Ernst* (1892-1970), benannt nach Freuds Lehrer Ernst Brücke. Es folgten noch zwei Töchter: *Sophie* (1893-1920), die mit 27 Jahren verstarb und zwei kleine Kinder hinterließ, sowie schließlich die jüngste Tochter *Anna* (1895-1982), die unverheiratet blieb und das Werk ihres Vaters fortsetzte.

Die »Nachzüglerin« Anna war im Familienplan eigentlich nicht mehr vorgesehen. Aus Sorge um die Gesundheit seiner Frau lebte Freud seit der Geburt der Tochter Sophie sexuell abstinent, aber anscheinend doch nicht so ganz, sonst wäre es zu dieser Geburt nicht gekommen. Seine Lieblingstochter war Sophie und an deren Sohn, dem Enkel »Heinele«, hing er fast abgöttisch; er schrieb 1923 in einem Brief an Freunde, er habe »kaum je einen Menschen, gewiß nie ein Kind, so lieb gehabt wie ihn« (vgl. Freud 1985, S. 229). Leider wurden ihm beide durch einen frühen Tod entrissen: Die Tochter Sophie, sein »Sonntagskind«, starb im Jahr 1920 an den Folgen einer schweren Grippe und ihr kleiner Sohn, Freuds Lieblingsenkel »Heinele«, starb drei Jahre später im Alter von vier Jahren an Tuberkulose, gegen die es damals noch keinen Impfstoff gab.

Zwischen den beiden Töchtern Sophie und Anna bestand Konkurrenz und Rivalität um die Liebe des Vaters. *Anna Freud*, der Jüngsten in der Familie, war offensichtlich die Rolle zugedacht, später für die Eltern zu sorgen. Sie blieb unverheiratet und kinderlos, lebte jedoch seit den 30er Jahren mit Dorothy Burlingham und deren vier Kindern in einer Lebens- und Arbeitsgemeinschaft. Beide Frauen begründeten nach der Emigration in London die *Hampstead Nurseries*, aus denen nach dem Krieg eine Kinderklinik mit angeschlossenem Ausbildungsinstitut für Kinderanalyse hervorging. Anna war auch die einzige aus der Familie, die beruflich in die Fußstapfen des Vaters trat. Nach glänzendem Abitur an einer Privatschule absolvierte sie zunächst eine pädagogische Ausbildung und arbeitete eine Zeit lang als Lehrerin an ihrer ehemaligen Schule, bis Freud ihrem Drängen nachgab und sie als Gasthörerin zu seinen *Vorlesungen zur Einführung in die Psychoanalyse* (WS 1915/16 und 1916/17) an der psychiatrischen Klinik der Wiener Universität einlud. Sie veröffentlichte bedeutende Theorie-Beiträge zur Psychoanalyse – u.a. *Das Ich und die Abwehrmechanismen* (1936) – sowie zahlreiche Arbeiten zur Kinderanalyse. Von den Mitgliedern der Familie war sie es, die Freud auf seinen Reisen, u.a. zu den psychoanalytischen Kongressen, begleitete. Im Jahr 1930 nahm sie für ihn den Goethe-Preis der Stadt Frankfurt entgegen, da Freud infolge seiner Krebserkrankung nicht dazu in der Lage war. Ernest Jones, der sich in jüngeren Jahren vergeblich Hoffnungen gemacht hatte, durch Liaison mit Anna Freuds Schwiegersohn zu werden, was dieser auf raffinierte Weise hintertrieben hatte,[8] schreibt über die Rolle, die sie in späteren Jahren im Leben ihres Vaters einnahm, sie sei seine »Pflegerin, die wirklich ›persönliche‹ Ärztin, die Gesellschafterin, Sekretärin, Mitarbeiterin und, alles in allem, der Schild gegen das Eindringen der Außenwelt« (Jones 1962, Bd. III, S. 176) gewesen.

Besonderer Erwähnung bedarf in diesem Zusammenhang der Umstand, dass Anna Freud im Zuge ihrer »Ausbildung« zur Analytikerin *durch ihren eigenen Vater analysiert* wurde. Nach heutigem Verständnis wäre dies ein Verstoß gegen eine der elementarsten Regeln, sowohl was die »private« Analyse im Rahmen eines therapeutischen Kontrakts, als auch was die Lehranalyse in der Ausbildung zum Analytiker bzw. zur Analytikerin angeht: Verwandtschaftsbeziehung und therapeutische Beziehung schließen sich gegenseitig aus. Positiv formuliert: Nur ein Au-

8 Der Briefwechsel, den Freud in dieser Angelegenheit mit Ernest Jones und der Tochter Anna führte, die sich vor dem Kriegsausbruch 1914 in England aufhielt, ist auszugsweise wiedergegeben bei Gay 2006, S. 468ff. und Stephan 1992, S. 282ff.

ßenstehender ist in der Lage, bei der Aufdeckung von Beziehungskonflikten und Abhängigkeiten, die sich im familiären Kontext ergeben, unterstützend zu wirken, um dem Analysanden bzw. der Analysandin zu besserer Einsicht in die Zusammenhänge und zu größerer Selbständigkeit zu verhelfen. Durch die »Übertragung« des Patienten und die »Gegenübertragung« des Analytikers bzw. der Analytikerin – eine der wichtigsten Entdeckungen Freuds – wird die therapeutische Beziehung ja ohnehin schon schwierig genug. Gleichsam zur Entschuldigung mag man anführen, dass die Psychoanalyse sich damals noch in der Entwicklung befand und dass derartige Regeln, wie die Forderung nach einer Lehranalyse überhaupt, erst später aufgestellt wurden.

Freud hat sich bemüht, durch die Beziehung zu *Lou Andreas-Salomé,* die ihm und seiner Familie freundschaftlich verbunden war, ein Gegengewicht bzw. eine komplementäre Beziehung zur eigenen Analyse mit seiner Tochter Anna zu schaffen. Zwischen den beiden Frauen entwickelte sich eine herzliche Freundschaft,[9] die bis zu Lous Tod im Jahre 1937 andauerte. Dies konnte jedoch nicht verhindern, dass Freuds Analyse die Bindung der Tochter an ihn eher verstärkte als auflöste. Anna Freud gab ihm zuliebe alle heterosexuellen Ambitionen auf und betätigte sich auf den psychoanalytischen Kongressen und in der *Internationalen psychoanalytischen Vereinigung* stets als Platzhalterin ihres Vaters, die sich zwar in der Kinderanalyse ihre eigene Domäne schuf, Abweichungen von der »orthodoxen« Theorie und Praxis der Psychoanalyse jedoch nicht tolerierte.

Nach diesem Exkurs in die spätere Geschichte von Freuds eigener Familie ist es angebracht, auf deren Anfänge um die Mitte der 80er Jahre des 19. Jahrhunderts zurückzublicken und in diesem Zusammenhang nochmals nach der Rolle der *jüdischen Religion* zu fragen.

Freuds Ehefrau Martha stammte, wie erwähnt, aus einer strenggläubigen jüdischen Familie: Ihr Großvater war Oberrabiner von Hamburg gewesen. Es war deshalb eines der schmerzlichsten Erlebnisse für sie, als Freud ihr nach der Hochzeit verbot, am Freitagabend die Sabbatkerzen anzuzünden. Martha wehrte sich jedoch auf ihre Weise. Zu Lebzeiten Freuds wurden konventionelle Rituale, wie sie in Wien üblich waren, praktiziert: Zu Weihnachten wurde ein Baum mit brennenden Kerzen – »Christ«-Baum als Bezeichnung wäre wohl unpassend – aufgestellt und zu Ostern gab es bemalte Ostereier. Nach Freuds Tod – sie überlebte ihn um 12 Jahre – steckte Martha Freud jedoch die Sabbatkerzen wieder an.

9 Dies bezeugt u.a. der erst vor wenigen Jahren veröffentlichte Briefwechsel (L. Andreas-Salomé/A. Freud 2004).

Dies belegen Erinnerungen von Martin Freud, dem ältesten Sohn der Familie (zit. in: Appignanesi/Forrester 1996, S. 65).

Zusammenarbeit mit Josef Breuer – die »Redekur«

Von nicht zu unterschätzender Bedeutung für die Entwicklung der Psychoanalyse war Freuds Zusammenarbeit mit *Josef Breuer* (1842-1925), einem Internisten in Wien, der sich vor allem mit der Physiologie der Atmung und ihrem Zusammenhang mit dem Nervensystem befasste. Breuer war sozusagen Freuds Mentor, der dem jüngeren Kollegen in den ersten Jahren seiner nervenärztlichen Berufspraxis mit Rat und Tat zur Seite stand, mit der Familie freundschaftlich verbunden war und ihn wiederholt auch finanziell unterstützte. Die Geschichte des »Frl. Anna O...« in den von Freud und Breuer gemeinsam veröffentlichten *Studien über Hysterie* (1895) gilt als erstes Dokument in der psychoanalytischen Literatur, das gegenüber den bis dahin in der Psychiatrie gebräuchlichen Verfahren, mit denen auch Freud zunächst experimentierte, den Kern des psychoanalytischen Vorgehens, damals noch »kathartische Methode« genannt, klar erkennen lässt. Was allerdings weniger bekannt ist: Die Schilderung des »Falles« Anna O. in den *Studien über Hysterie* wurde von Breuer verfasst, und die Bezeichnung als »Redekur« (»talking cure«) stammt von seiner Patientin (vgl. Freud/Breuer 1970, S. 27).

Bertha Pappenheim (1859-1936) alias »Anna O.«, eine Jüdin, die sich später als Frauenrechtlerin, Kämpferin gegen den Mädchenhandel und Gründerin eines »Heims für gefährdete Mädchen und uneheliche Kinder« einen Namen machte, wäre damit als die »eigentliche Entdeckerin der kathartischen Methode« (Jones 1962, Bd. I, S. 266) zu bezeichnen. Auf Grund des unbefriedigenden Erfolgs der Behandlung bei Breuer verhielt sie sich allerdings gegenüber der Psychoanalyse in ihrem späteren Leben sehr distanziert.[10]

Breuer hatte die Patientin, die unter schweren neurotischen Symptomen (Sehstörungen, Lähmungserscheinungen, Ängste, Halluzinatio-

10 Vgl. Stephan 1992, S. 49 und Brentzel 2002, S. 144. In letzterer Biographie wird beiläufig (S. 88f.) erwähnt, dass die Veröffentlichung der Krankengeschichte der »Anna O.« genannten Patientin in den *Studien über Hysterie* (1995) ohne ihre Einwilligung erfolgte. Man konnte Bertha Pappenheim aufgrund der ausführlichen »Falldarstellung« in jüdischen Kreisen Wiens leicht identifizieren, was ebenfalls zu ihrer späteren kritischen Einstellung gegenüber Breuer und Freud beigetragen haben dürfte.

nen, Sprachverlust – sie konnte sich zeitweise nur auf Englisch verständigen – und Nahrungsverweigerung) litt, Anfang der 80er Jahre als Internist und Nervenarzt betreut, ihre Behandlung dann aber mit der vorschnellen Diagnose, sie sei nun »frei von all den unzähligen einzelnen Störungen« (Freud/Breuer 1970, S. 35), abgebrochen. Freud nahm den »Fall« mit nach Paris, um Charcot davon zu berichten, der sich jedoch nicht sonderlich dafür interessierte. Breuer rechtfertigte Freud gegenüber den Abbruch der Behandlung damit, dass seine Frau auf die Zuwendung, die er der Patientin zukommen ließ, mit Eifersucht reagierte. In Wirklichkeit war es wohl eher so, dass Breuer die Behandlung beendete, weil er Angst vor der ihm entgegenkommenden sexuellen Psychodynamik bekam und für sich selbst nicht mehr garantieren konnte. Jones meint in seiner Freud-Biographie mit typisch analytischem Understatement, Breuer habe wohl eine »starke Gegenübertragung« (Jones 1962, Bd. I, S. 268) entwickelt. Fakt ist jedenfalls, dass die Behandlung durch Breuer überstürzt abgebrochen wurde und dass die allmähliche Gesundung der Patientin erst nach mehreren Sanatoriumsaufenthalten eintrat (vgl. Brentzel 2002, S. 52ff.).

Obwohl bei der »Anna O.« genannten Patientin die Bedeutung der *Sexualität*, d.h. einer sexuell getönten Beziehung zwischen ihr und ihrem Vater, in der Übertragung auf den Arzt klar auf der Hand lag – sie produzierte schließlich eine Scheinschwangerschaft, deren Urheber »Dr. B.« sein sollte – und obwohl Breuer und Freud schon vor den *Studien über Hysterie* eine »Vorläufige Mitteilung« über den »psychischen Mechanismus hysterischer Phänomene« (Freud 1893)[11] veröffentlicht hatten, in der auf die Rolle der Sexualität hingewiesen wurde, zerstritten sich Breuer und Freud gerade in dieser Frage. Für Freud war die Sexualität *der* Angelpunkt in der Ätiologie zunächst speziell der Hysterie, später generell der Neurosen, mit dem bereits erwähnten Schwenk von der Verführungs- oder Traumatheorie zur triebtheoretisch fundierten Erklärung der Neurosen mit Hilfe des Ödipus-Komplexes. Für Breuer dagegen blieb die Sexualität in der Behandlung von Nervenkranken nur ein Aspekt unter vielen. Trotz der Trennung von Breuer nahm Freud, wie seine späteren Bemerkungen (vgl. Freud 1971, S. 144ff.) zeigen, diese Anfänge so wichtig, dass er von hier aus seine Konzepte der infantilen Sexualität, des Unbewussten und der Verdrängung, der Regression in der therapeutischen Behandlung und der Übertragung auf den Arzt entwickelte. Deshalb gebührt letztlich ihm das Verdienst, aus den dabei ge-

11 Die Herausgeber der *Studienausgabe* vermuten, dass der unter den Namen von Breuer und Freud veröffentlichte Vortrag von 1893 allein von Freud stammt (vgl. Freud 1893, S. 11).

wonnenen Erkenntnissen psychologisch-therapeutischer Art, verbunden mit der Reflexion des Gefühlslebens in seiner eigenen Kindheit, die *Theorie und Methode* der Psychoanalyse entwickelt zu haben.

Freud als Therapeut und Wissenschaftler – Erfahrungen von Analysanden

Die Psychoanalyse, wie Freud sie begründete, wurzelt in der naturwissenschaftlichen Medizin des 19. Jahrhunderts, bei deren Vertretern (u.a. Ernst Brücke, Hermann Nothnagel, Jean-Martin Charcot) er seine Ausbildung erhalten hatte. Obwohl schon die frühe Version der kathartischen Methode als »talking cure« im Prinzip über den rein naturwissenschaftlichen Ansatz hinausführte, blieb Freud diesem Ansatz doch in seiner Theoriebildung soweit verhaftet, dass er im damals unveröffentlicht gebliebenen »Entwurf einer Psychologie«[12] von 1895 die Absicht äußerte, »eine naturwissenschaftliche Psychologie zu liefern, d.h. psychische Vorgänge darzustellen als quantitativ bestimmte Zustände aufzeigbarer materieller Teile« und »als materielle Teilchen die Neurone zu nehmen« (Freud 1895, S. 387). Der naturwissenschaftlichen Sichtweise gleichfalls verpflichtet ist die Unterscheidung von »Sexualobjekt« und »Sexualziel« in den *Drei Abhandlungen zur Sexualtheorie* (Freud 1905, S. 47), bei der außer Acht gelassen wird, dass es sich bei der Sexualität nicht nur um individuelle Triebspannung und Abfuhr, sondern in der Regel um eine zwischenmenschliche Beziehung handelt. Nicht zuletzt lassen Freuds *Schriften zur Behandlungstechnik,* die immerhin der Kommunikation mittels Sprache eine tragende Rolle zuweisen, doch gleichzeitig den Einfluss des naturwissenschaftlichen Paradigmas erkennen, wenn er z.B. im Jahr 1912 schreibt:

»Der Arzt soll undurchsichtig für den Analysierten sein und wie eine *Spiegelplatte* nichts anderes zeigen, als was ihm gezeigt wird.« (Freud 1912b, S. 178, Hervorhebung H.J.)

---

12 Dieser Text wurde erstmals im Rahmen der Briefe an Fließ veröffentlicht (Freud 1962, S. 297ff.); die Überschrift stammt von den damaligen Herausgebern (M. Bonaparte, A. Freud, E. Kris). Bei der Neuherausgabe im Nachtragsband zu den *Gesammelten Werken* wird angemerkt, dass Freud selbst das Manuskript als »Psychologie für den Neurologen« bezeichnet hat (Freud 1895, S. 375).

In derselben Schrift findet sich eine noch stärker im Sinne einer unpersönlichen »Technik« formulierte Aussage:

»Ich kann den Kollegen nicht dringend genug empfehlen, sich während der psychoanalytischen Behandlung den *Chirurgen* zum Vorbild zu nehmen, der alle seine Affekte und selbst sein menschliches Mitleid beiseite drängt und seinen geistigen Kräften ein einziges Ziel setzt: die Operation so kunstgerecht als möglich zu vollziehen.« (a.a.O., S. 175, Hervorhebung H.J.)

Freud spricht im gleichen Zusammenhang sogar von einer »vom Analytiker zu fordernden *Gefühlskälte*«, die für den Arzt die »wünschenswerte Schonung seines eigenen Affektlebens«, für den Kranken dagegen das »höchste Ausmaß von Hilfeleistung, das uns heute möglich ist« (ebd., Hervorhebung H.J.), garantieren soll.

Obwohl Freud schon 1890 in einem Aufsatz über »Psychische Behandlung« (Freud 1890, S. 17ff.) die einseitige Ausrichtung der Medizin auf das Körperliche bemängelt und im Gegenzug das Einwirken »anhaltender Affektzustände« (a.a.O., S. 21) auf das leib-seelische Gesamtbefinden des Kranken herausgestellt hatte, soll sich die psychoanalytische »Kur« nach den behandlungstechnischen Schriften der späteren Zeit von Seiten des Arztes in einem Klima der *Abstinenz* vollziehen, d.h. der Arzt soll von sich als Person nichts zu erkennen geben, er soll insbesondere seine eigenen Affekte aus der Behandlung heraushalten, um in »gleichschwebender Aufmerksamkeit« (Freud 1912b, S. 171) dem Analysanden zuzuhören und »alles ihm Mitgeteilte für die Zwecke der *Deutung*, der Erkennung des verborgenen Unbewußten zu verwerten« (a.a.O., S. 175, Hervorhebung H.J.).

Die Psychoanalyse vollzieht sich nach Freud ausschließlich im Medium der *Sprache*, und zwar in einem asymmetrischen Setting, in dem auf der einen Seite der Klient bzw. Patient dazu angehalten wird, im Sinne des bekannten Dreischritts von »Erinnern, Wiederholen und Durcharbeiten« (Freud 1914a) Träume zu berichten, frei zu assoziieren und dabei Gefühle aus der eigenen Kindheit auf den Analytiker zu übertragen. Dieser soll die dadurch bei ihm selbst ausgelösten Affekte unter Kontrolle halten, um im gegebenen Moment geeignete *Deutungen* dessen, was der Patient ihm sagt, zu geben. Dabei liegt der Akzent vor allem auf dem *Erinnern* des Patienten, während das Wiederholen früh erworbener Sprach- und Verhaltensmuster in der Übertragungssituation von Freud als »Agieren« unter den »Bedingungen des Widerstands« (Freud 1914a, S. 211) gesehen wird. Das *Durcharbeiten* ist ein im Wesentlichen kognitiv-rationaler Vorgang, der »zum guten Teile in der Zurückführung auf die Vergangenheit besteht« (ebd.). Dies soll dem Patienten dazu verhelfen, bisher Verdrängtes ins Bewusstsein zu heben und aktuell sich reproduzierende neurotische Verhaltensmuster auf ihre Ursprungssituation zurückzuführen, um sich so allmählich von ihnen lösen zu können – soweit jedenfalls, in wenigen Sätzen zusammengefasst, die Theorie des psychoanalytischen Prozesses nach Freud.

Erstaunlich freimütig – weil er zugibt, dass sie keineswegs zwingend mit der psychoanalytischen Vorgehensweise verbunden, sondern eher subjektiv begründet ist – äußert sich Freud über die *Verwendung der Couch*:

»Diese Veranstaltung hat einen historischen Sinn, sie ist der Rest der hypnotischen Behandlung, aus welcher sich die Psychoanalyse entwickelt hat. Sie verdient aber aus mehrfachen Gründen festgehalten zu werden. Zunächst wegen eines persönlichen Motivs, das aber andere mit mir teilen mögen. Ich vertrage es nicht, acht Stunden täglich (oder länger) von anderen angestarrt zu werden. Da ich mich während des Zuhörens selbst dem Ablauf meiner unbewußten Gedanken überlasse, will ich nicht, daß meine Mienen dem Patienten Stoff zu Deutungen geben oder ihn in seinen Mitteilungen beeinflussen. [...] Ich weiß, daß viele Analytiker es anders machen, aber ich weiß nicht, ob die Sucht, es anders zu machen, oder ob ein Vorteil, den sie dabei gefunden haben, mehr Anteil an ihrer Abweichung hat.« (Freud 1913, S. 193f.)

Freud schließt den Blickkontakt sowie Mimik und Gestik, m.a.W. das meiste, was über den *Beziehungsaspekt* der Kommunikation zwischen Patient und Analytiker Aufschluss geben könnte, in den »behandlungstechnischen« Regeln für das Vorgehen in der Analysestunde aus. Übrig bleibt nur die Stimme als Kontaktorgan. In der Karikatur des unsichtbar schweigenden, nur gelegentlich »Hm« murmelnden Analytikers hat dieses Modell über Jahrzehnte weitergewirkt, aber auch manche Ausbildungskandidaten, die später andere Wege gingen, abgeschreckt und zur Revision ihrer therapeutischen Praxis beigetragen.

Dabei wird übersehen, dass Freud selbst sich keineswegs sklavisch an seine Regeln zur Behandlungstechnik gehalten hat. Paul Roazen, der noch in den 60er Jahren des vergangenen Jahrhunderts zahlreiche Schüler und Patienten Freuds persönlich befragen konnte, berichtet teilweise Erstaunliches: Freud habe im Vergleich zu heutigen Analytikern verhältnismäßig viel geredet, ja manchmal »fast geschwätzig« (Roazen 1976, S. 132) gewirkt; er »erzählte Witze, machte einer Patientin ein Kompliment über ihr Kleid, und wenn er das Bedürfnis hatte auszutreten, stand er auf und ging hinaus.« (a.a.O., S. 136.) Nach einer guten Deutung habe er manchmal gesagt: »Jetzt verdiene ich eine Zigarre« (a.a.O., S. 173), und er habe zumindest in einem Fall dafür gesorgt, dass sein Patient zu Beginn der Sitzung regelmäßig Zigarre und Zündhölzer vorfand. Als eine Patientin bei einem ihr peinlichen Thema darum bat, dass Freud sie nicht ansehen solle, sei er aufgestanden und vor die Couch getreten, habe ihr ins Gesicht geschaut und gesagt, sie müsse den Mut haben, »ihn anzuschauen und sich damit ihrem Problem zu stellen« (a.a.O., S. 135). Freud habe auf Fragen ehrliche Antworten gegeben und sich erkundigt, was seine Patienten von anderen Kollegen hielten; er habe gern Buchgeschenke entgegengenommen und sich oft mit einem Buch eigener Wahl revanchiert, er habe auch gelegentlich Patienten ohne Honorar behandelt oder, wie im Fall des »Wolfsmannes«, für sie Geld gesammelt – lauter Dinge, die für einen »abstinenten« Analytiker eigentlich undenkbar sind.

Hinter all dem steht die Frage der *therapeutischen Beziehung*, die in der psychoanalytischen Literatur meist nur unter dem Aspekt von Übertragung und Gegenübertragung, d.h. unzureichend, behandelt wird. Einige von Freuds Patienten erklärten, dass sie »nie wußten, ob Freud sie mochte oder nicht«, und einer meinte, er sei »seiner Natur nach kalt gewesen« (Roazen 1976, S. 142). Die meisten aber berichteten von einem guten Kontakt: »Er blieb ganz natürlich, wenn er über sich selbst sprach, und seine volle Aufmerksamkeit stand nur in seltenen Fällen in Frage. Er konnte warmherzig sein und sich für alles interessieren.« (wörtliches Zitat eines ehemaligen Analysanden, ebd.) Gegenüber Patienten, die er mochte, konnte er »offen sein, selbst wenn es darum ging, einen Fehler einzugestehen« (a.a.O., S. 175). Viele, die Freud näher kannten, berichten übereinstimmend, dass er bis zu seiner Krebserkrankung im Jahr 1923 den Patienten aufgeschlossen gegenübertrat und auch an privaten Kontakten interessiert war, während er sich im Alter, z.T. bedingt durch seine Gaumenprothese, die ihn beim Sprechen behinderte, distanzierter verhielt und manchmal unduldsam wurde.

Aus den angeführten Schilderungen kann man schließen, dass Freud zwischen dem *wissenschaftlichen* Interesse an den neurotischen Störungen seiner Patienten bzw. deren Ursachen und dem *therapeutischen* Interesse an ihrer Heilung häufig schwankte. Seine Distanziertheit gegenüber manchen Patienten war nicht zuletzt darin begründet, dass er sich ihnen gegenüber mehr als Wissenschaftler denn als Therapeut betrachtete. Roazen schreibt über die Wirkung, die dies bei seinen Schülern hatte:

»Freuds Interesse für die Therapie schwand in seinem Alter, und einige seiner Schüler machten sich die gleiche distanzierte Einstellung zum Patienten zu eigen. Wie Robert Waelder schrieb: *Freud meinte, es sei ein Glück, daß die Psychoanalyse einen therapeutischen Wert habe, weil allein das es möglich mache, daß sich Menschen für die psychoanalytische Forschung zur Verfügung stellen.* Franz Alexander hingegen kam zu dem Schluß: *Die klassische*

Technik wurde ursprünglich für die Forschung und nicht für die Behandlung entwickelt [...] Die scheinbare Parallele zwischen den Zielen von Forschung und Behandlung hat sich als eine folgenschwere Übertreibung erwiesen. Andere Schüler Freuds behaupteten, sich nicht mit Freud als Wissenschaftler identifiziert zu haben, und waren der Meinung, der Therapeut müsse dem Patienten ein gewisses Maß an unmittelbarer Erleichterung verschaffen. Aber fast alle Anhänger Freuds neigten dazu, von sich selber als Beobachter, nicht als Heilende zu sprechen. Freud war nicht besonders daran interessiert, von seinen Schülern etwas über ihre therapeutischen Ergebnisse zu hören, ihn interessierte, was sie entdeckt hatten.« (Roazen 1976, S. 143.)

Wenn man an Freuds Anfänge zurückdenkt, wird erinnerlich, dass er sich in jungen Jahren primär als Forscher auf dem Gebiet der *biologisch-medizinischen Naturwissenschaften* verstand. Nach der Eröffnung seiner nervenärztlichen Praxis suchte er mehr oder minder notgedrungen sein naturwissenschaftliches Interesse mit der Tätigkeit als therapeutisch »behandelnder« Arzt und Therapeut in Einklang zu bringen; im Alter nahm seine Tendenz zu einer distanziert-wissenschaftlichen Haltung gegenüber den Patienten wieder zu. Von hier aus wird verständlich, dass spätere analytisch ausgebildete Therapeuten und Therapeutinnen, die mehr am Wohlergehen ihrer Patienten interessiert waren, mit der von Freud ausformulierten »Technik« unzufrieden waren und zum Teil auch in der Theorie andere Fundamente zu legen versuchten.

Lou Andreas-Salomé

Lou Andreas-Salomé – Erfolgreiche Schriftstellerin und Freuds »Versteherin par excellence«

Lou Andreas-Salomé (1861-1937) gilt als eine der faszinierendsten Frauengestalten, die um die Wende vom 19. zum 20. Jahrhundert gelebt und die Geschichte der damals noch jungen Psychoanalyse mit geprägt haben. Sie nahm z.B. ein Jahr lang als einzige Frau an den Abenden der *Psychologischen Mittwoch-Gesellschaft* teil und Freud sandte ihr, seit sie in Kontakt standen, alle seine Veröffentlichungen. Sie wurde u.a. die Vertraute von Freuds Tochter Anna und praktizierte auch als Analytikerin. Freud nennt sie im Briefwechsel einmal »eine Versteherin par excellence« (Freud/Andreas-Salomé 1966, S. 50), was besagen will, dass sie durch ihre Art, Gehörtes und Gelesenes zu verarbeiten und darauf zu reagieren, nicht nur ein tiefes Verständnis dessen, was ihr entgegen kam, bezeugte, sondern auch so viel zurückgab, dass sich der andere beschenkt und bereichert fühlte – jedenfalls gilt das für die im Ganzen harmonische Beziehung zu Freud. In anderen Beziehungen – berühmt wurde sie vor allem durch ihre früheren Beziehungen zu *Nietzsche* und *Rilke* – konnte sie sich dagegen, wenn es ihr nötig erschien, schroff abgrenzen. Auch eine innige Feindschaft, die sie vornehm zu ignorieren versuchte, ist überliefert: Nietzsches Schwester Elisabeth, die den geistig erkrankten Bruder in den letzten Lebensjahren pflegte und seinen Nachlass mit eigenen – u.a. antisemitischen – Vorurteilen verfälschend herausgab, verfolgte Lou Andreas-Salomé mit abgrundtiefem Hass.

Eine Besonderheit im Vergleich zu anderen Frauen, die in der Geschichte der Psychoanalyse eine Rolle gespielt haben,[1] liegt darin, dass Lou Andreas-Salomé nicht erst durch die Verbindung mit Freud bekannt und berühmt wurde, sondern dass sie bereits eine Berühmtheit war, als sie im September 1911 zum ersten Mal an einem psychoanalytischen Kongreß in Weimar teilnahm. Anschließend suchte sie sich *In der Schule bei Freud* (so der Titel ihres Tagebuchs von 1912/13) in direktem Kontakt zum Meister und durch intensives Studium der bis dahin vorliegenden Veröffentlichungen mit der Psychoanalyse vertraut zu machen. Freud, der sie zunächst gegenüber Ferenczi als »Frauenzimmer von gefährlicher Intelligenz« (Brief v. 31.10. 1912, in: Freud/Ferenczi 1993b, S. 145) bezeichnet und sich gegenüber Jung über ihr Angebot, im *Jahrbuch für psychoanalytische und psychopathologische Forschungen* einen Artikel »Über Sublimation« zu veröffentlichen, skeptisch geäußert hatte (vgl. Freud/Jung 1974, S. 532), war alsbald von der Ernsthaftigkeit ihrer Beschäftigung mit der Analyse beeindruckt. Nachdem Lou Andreas-Salomé in Wien Freuds Kolleg »Einzelne Kapitel aus der Lehre von der Psychoanalyse« gehört und ein knappes halbes Jahr lang an den Sitzungen der *Psychologischen Mittwoch-Gesellschaft* teilgenommen hatte, entwickelte sich zwischen beiden eine herzliche Freundschaft, die bald auch Freuds Familie mit einbezog.

Zu Beginn dieser Lebensphase war Lou Andreas-Salomé schon eine »reife« Frau von 50 Jahren. Bis dahin hatte sie sich vor allem durch Romane und literarische Arbeiten – u.a. *Friedrich Nietzsche in seinen Werken* (1893) und eine Aufsatzsammlung mit dem Titel *Die Erotik* (1910) – einen Namen gemacht. Jung als Redakteur des *Jahrbuchs* meinte denn auch nach dem ersten brieflichen Kontakt mit ihr, sie könne »hinsichtlich der Erweiterung des Leserkreises« für die Psychoanalyse »von Wert« sein, da sie »durch ihre Beziehungen zu Nietzsche von nicht unbeträchtlichem literarischem Rufe ist« (Freud/Jung 1974, S. 529).

Da die Hinwendung zur Psychoanalyse bei Lou Andreas-Salomé nicht aus einer Augenblickslaune heraus erfolgte, sondern in der Konsequenz ihrer voraufgegangenen Lebensgeschichte lag, ist es erforderlich, auf ihre Biographie näher einzugehen. Die wichtigste Quelle hierfür ist ihr literarisch gestalteter *Lebensrückblick*, den sie Anfang der 30er Jahre im Hinblick auf eine spätere Veröffentlichung niederschrieb, jedoch nicht vollendete. Er wurde 1951 aus dem Nachlass herausgegeben, blieb jedoch, wie schon der von ihr selbst vorgesehene Untertitel (»Grundriß

---

1 Hierzu vgl. die Frauenportraits bei Stephan (1992), Appignanesi/Forrester (1996) und Salber (2006), in denen jeweils ein Kapitel Lou Andreas-Salomé gewidmet ist.

einiger Lebenserinnerungen«) andeutet, unvollständig. H.F. Peters, dessen Biographie erstmals 1962 in englischer Sprache erschien, hat sich bemüht, Lous literarische Selbstzeugnisse zu interpretieren und durch hinterlassene Dokumente und Gespräche mit Menschen, die Lou Andreas-Salomé noch persönlich kannten, zu ergänzen (vgl. Peters 1974, S. 12f.). Inzwischen sind weitere biographische Arbeiten erschienen. Lous Nachlaßverwalter Ernst Pfeiffer hat außer dem *Lebensrückblick* den Briefwechsel mit Freud und Lous Tagebuch aus den Jahren 1912/13 veröffentlicht. Einzelne literarische Arbeiten von Lou Andreas-Salome wurden zwischenzeitlich neu aufgelegt. Texte mit psychoanalytischer Thematik sind in einem Sammelband (Andreas- Salomé 1990) zugänglich. Eine Gesamtausgabe existiert nicht (zur Bibliographie vgl. Salber 1990, S. 145ff.)

Jugend in St. Petersburg

Lou Andreas-Salomé wird als Louise von Salomé im Jahr 1861 in St. Petersburg geboren. Sie hat fünf ältere Brüder – zwei davon sind früh gestorben – und ist das einzige Mädchen in der Familie. Ihr Vater *Gustav v. Salomé* (1804-1879) ist bei ihrer Geburt bereits 57 Jahre alt; er steht als General im Dienst des Zaren. Seine Familie stammt von französischen Hugenotten ab, die es nach der Bartholomäusnacht ins Baltikum verschlagen hatte. Ihre Mutter, *Louise v. Salomé, geb. Wilm* (1823-1913), ist die Tochter eines wohlhabenden Zuckerfabrikanten dänischer und norddeutscher Abstammung; Geburtsstadt der Mutter ist St. Petersburg. In der Familie werden *drei Sprachen* gesprochen: Deutsch als Lous Muttersprache, Französisch als Sprache der Gebildeten und Russisch als Sprache des Volkes und der Bediensteten. Als Gustav v.Salomé, in St. Petersburg ein hochangesehener Mann, mit 40 Jahren heiratet, ist Louise Wilm, früh verwaist und von der Großmutter erzogen, zwar erst 21 Jahre alt, aber gewohnt, die Führung eines größeren Haushalts zu übernehmen. Anlässlich der Hochzeit notiert sie in ihr Tagebuch, sie wolle fortan »ihr Leben ihrem Gatten, ihrer Familie und Gott – in dieser Reihenfolge – widmen« (Peters 1974, S. 23). Dazu ist wichtig zu wissen, dass die protestantisch-reformierte Gemeinde in St. Petersburg, eine Enklave in einer kulturell anders geprägten Umwelt, beiden Eltern Rückhalt in einer Frömmigkeit gibt, die stark pietistische Züge trägt. Viele Ereignisse in Lous Leben sowie Themen ihrer Romane sind von der Auseinandersetzung mit dieser Art Religion und der daraus abgeleiteten Moral geprägt. Über die Ehe der Eltern schreibt sie:

»Untereinander verstanden die Eltern sich wortlos, ungeachtet ihrer starken Unterschiedenheit voneinander (ausgenommen die gleiche Stärke ihres Temperaments und ihres Glaubens); in unentwegter Anpassung hielten sie sich die tiefste Liebestreue.« (Andreas-Salomé 1974, S. 50.)

Diese Aussage ist vieldeutig. Sie kann zum einen besagen, dass es in der elterlichen Ehe keine relevanten Nebenbeziehungen gab, was bei der verinnerlichten protestantischen Moral beider Eltern stark anzunehmen ist. Sie kann aber auch indirekt darauf hinweisen, dass es sehr wohl Konflikte gab, die vor den Kindern nicht ausgetragen wurden. Im Haus – einer großen Dienstwohnung im Gebäude des Generalstabs, in unmittelbarer Nähe des Winterpalais, der Residenz des Zaren – wurde sehr auf Etikette geachtet. Lou berichtet, dass der Vater jedes Mal, wenn die Mutter (»Muschka«) den Raum betrat, sich vom Stuhl erhob, so dass die Kinder ihr Spiel unterbrachen; sie interpretiert das Verhalten des Vaters als ein Zeichen von »zarter Ritterlichkeit« (a.a.O., S. 50). Bei allem Bemühen, keinen Schatten auf ihre Beziehung zu *beiden* Eltern fallen zu lassen, wird aber doch ein starker Unterschied sichtbar. Eine weitaus tiefere Bindung besteht zum *Vater,* denn sie ist sein Wunschkind:

»In der ganz frühen Kindheit hatte meinen Vater und mich eine kleine geheime Zärtlichkeit verbunden, von der ich mich dunkel entsinne, daß wir von ihr abließen beim Hinzukommen von Muschka, die nicht für Gefühlsäußerungen war; auch hatte mein Vater nach den fünf Buben sich leidenschaftlich ein kleines Mädchen gewünscht, während Muschka lieber das männliche Halbdutzend voll gemacht hätte.« (Andreas-Salomé 1974, S. 47.)

Für die *Mutter* ist die kleine Louise kein Wunschkind. Hinzu kommt die religiös geprägte und leibfeindliche Erziehung, die die Mutter erlebt hat und nun an die Tochter weitergibt. Von ihrer Mutter erfährt Louise keine körperliche Zärtlichkeit; die gibt es nur von ihrer Amme, der Njanka, einer »sanften, schönen Person«, die mit »grenzenloser Mütterlichkeit« (Andreas-Salomé 1974, S. 60) an ihr hängt. Das Gefühl, »eigentlich« ein Junge sein zu sollen, dazu die Wahrnehmung, wie die Mutter in Pflichterfüllung für Haushalt und Familie aufgeht, hat sicherlich viel zu Lous ungebärdigem Wesen in der Kindheit und zu ihrem späteren Ausbrechen aus der traditionellen Frauenrolle beigetragen: So wie die Mutter will sie auf keinen Fall werden. Allerdings bricht sie den Kontakt, auch als sie später im Ausland lebt, nie ab. Und im Alter ergibt sich eine Szene, die wie eine späte Versöhnung wirkt. Bei einem ihrer Besuche – es sollte der letzte sein – hatte sie sich schon am Abend von der Mutter verabschiedet, weil ihr Zug in aller Frühe fuhr. Als sie morgens das Haus verlassen wollte, stand die Mutter plötzlich im Nachthemd im Flur und schmiegte sich stumm an sie. Da kam ihr der Gedanke: »O warum, warum – erst jetzt – !« (a.a.O., S. 58.)

Kennzeichnend für Lous frühe Entwicklung ist die Sonderstellung als Jüngste und als *Mädchen unter lauter Brüdern.* Alexandre (»Sascha«), der älteste, gilt ihr wie ein »zweiter Vater, gleich diesem hilfreich bis in fernste Kreise«, dabei »von herrlichem Humor«; der zweite, Robert (»Roba«), von künstlerischer Begabung und von »sensitiverer Stimmung«, wäre gern zum Militär gegangen wie sein Vater, wurde indes von diesem zum Ingenieur bestimmt, »als welcher er sich dann hervortat« (Andreas- Salomé 1974, S. 44). Der dritte Bruder, Eugen (»Genja«), wurde Kinderarzt, blieb unverheiratet und starb mit 40 Jahren an Tuberkulose. Er war komödiantisch veranlagt; Lou erzählt von ihm, dass er sich bei einem Hausball einmal als »Tochter des Hauses« verkleidet habe und von niemandem erkannt worden sei. In dem, was als »Charme« von ihm ausging, sei jedoch zugleich »ein Element von Dämonie darin« gewesen (a.a.O., S., S. 45). Dieser Bruder steht ihr nicht nur alters-, sondern vermutlich auch wesensmäßig am nächsten.

Rückblickend schreibt Lou über ihre Familie, das »brüderliche Zusammengehören von Männern« sei ihr als jüngstem Geschwister und einziger Schwester

»[...] auf so überzeugende Weise zuteil geworden, daß es von dort aus dauernd auf alle Männer in der Welt ausstrahlte, wie früh oder spät ich ihnen auch noch begegnete: immer schien mir ein Bruder in jedem verborgen.« (Andreas-Salomé 1974, S. 43.)

Die familiäre Brüder-Konstellation hat Lou Andreas-Salomé in ihrem späteren Leben in intellektuellen Diskussionszirkeln, an denen sie als einzige Frau teilnahm, mindestens zweimal wieder hergestellt: Einmal Anfang der 1880er Jahre in einem »philosophischen Kränzchen« in Berlin, das größtenteils aus jungen Universitätsdozenten bestand (vgl. Welsch/Pfeiffer 2005, S. 36), und dann später in Wien während ihrer psychoanalytischen »Lehrzeit« bei Freud durch die Teilnahme an der *Psychologischen Mittwoch-Gesellschaft.* Ein Unterschied zur familiären Ursprungssituation bestand allerdings darin, dass die Männer beide Male nicht nur untereinander, sondern auch *um sie* konkurrierten.

Die dominierende Person in der Familie, die auf ihre Entwicklung den nachhaltigsten Einfluss nahm, war der *Vater.* Die Beziehung zu ihm wird an folgender Geschichte deutlich:

»Ein noch ganz kleines Mädchen, sehe ich mich aufrecht in meinem Gitterbett stehen, als mein Vater, in großer Uniform von einem Galadiner kommend, mich an sich ziehen will und dabei mit seiner brennenden Zigarette an meine nackte Schulter gerät. Natürlich schreie ich mörderlich los, und als er, zärtlich erschrocken ob seiner väterlichen Untat, mich über und über mit Küssen bedeckt, nehme ich wahr – in staunender Befriedigung verstummend –, daß in seinen stahlblauen Augen ganz wirkliche echte Tränen stehen.« (Andreas-Salomé 1913, S. 37.)

Der Vater, schon auf Grund seines Alters wie ein Patriarch wirkend, hängt mit zärtlicher Liebe an der spät geborenen Tochter. Wenn die Mutter sich mit den Kindern auf Reisen befindet, fügt er seinen Briefen den Nachsatz an: »Küsse mir unser kleines Mädchen«, oder auch: »Denkt sie wohl ab und zu noch an ihren alten Papa?« (Andreas-Salomé 1974, S. 47). Zu Hause lässt er ihr manches durchgehen, was er den Brüdern nicht gestattet. So erlaubt er, als sie später in die Schule geht, dass sie am Französisch-Unterricht nicht länger teilnehmen muss, wenn er ihr nicht gefällt, und stattdessen Privatstunden bekommen kann. Das für ihre Entwicklung Wichtigste aber ist, dass sich nach dem Vor- oder Urbild des Vaters Lous *Gottesbild* in der Kindheit ausgestaltet, gemischt aus der »Zärtlichkeit, die Mund und Augen meines Vaters für mich gehabt«, und zugleich seiner »unbezweifelbaren Machtfülle« (Andreas-Salomé 1913, S. 39). Von Gott ist in ihrer Kindheit viel die Rede, da beide Eltern am Gottesdienst der protestantisch-reformierten Gemeinde teilnehmen und auch Hausandachten abhalten. Louise macht sich aus dem, was hier an protestantischer Frömmigkeit auf sie zukommt, ihren eigenen Gott zurecht, da sie trotz aller Kontakte zum Vater, zu den Brüdern und zu den zahlreichen Dienstboten viel allein ist und »Gott« als Gesprächspartner benötigt. Ihr Gott ist nicht etwa die bloße Verlängerung der Eltern bzw. des Vaters ins Überdimensionale; vielmehr schiebt er sich *zwischen* sie und die Eltern, als ihr »ganz alleiniger Spezialgott«. Er ist ein

»[...] Gott der Opposition, eine Partei bildend mit dem Kinde, gegenüber allen Erwachsenen mit ihren fremdartigen Begriffen und Interessen und ihrer Leidenschaft für Pädagogik. Von der hielt er nicht viel. Immer lag es für mich so günstig, daß ich nach jeder erlittenen Strafe seines lebhaftesten Mitgefühls sicher sein konnte – fast als habe *er* da was gutzumachen und nicht ich: fast wie mein Vater damals den kleinwinzigen Brandschaden selbst verursacht hatte und unter Zärtlichkeit gutzumachen hatte.« (Andreas-Salomé 1913, S. 40f., Hervorhebung H.J.)

Lous Kinderglaube geht noch in der Kindheit zu Bruch. Das Interesse an Philosophie, das sie bereits als Jugendliche entwickelt, ist eine Reaktion auf den Verlust des überkommenen, auf kreative Weise ihrem kindlichen Bedürfnis angepassten Gottesbildes. Was jedoch bleibt, ist eine im weitesten Sinne religiös zu nennende bzw. aus religiösem Ursprung kommende *Einstellung dem Leben gegenüber.* Als Residuum der ursprünglich mit »Gott« verbundenen Gefühle und Hoffnungen bleibt bei Lou Andreas-Salomé eine »Lebenszuversicht« (a.a.O., S. 49) bestehen, die auf eine »Totalität« (ebd.) verweist, in der sie sich bei aller Problematik doch letztlich aufgehoben fühlt. Ihre Lebenszuversicht entstammt einer zutiefst humanistischen Religiosität.

Bis zu ihrem 18. Lebensjahr führt Louise v. Salomé das Leben einer privilegierten Tochter aus der gesellschaftlichen Oberschicht in St. Petersburg. Sie besucht ein protestantisch-reformiertes Gymnasium, an dem auf Französisch und Deutsch unterrichtet wird, liest als Jugendliche die Dramen Schillers und schreibt erste Gedichte sowie Aufsätze über Pascal und Descartes. Zu einem heftigen Konflikt mit der Mutter kommt es, als sie sich weigert, sich vom zuständigen reformierten Pfarrer konfirmieren zu lassen, weil er ihr zu dogmatisch ist, und aus der Kirche austritt. Aber ein anderer Geistlicher, *Hendrik Gillot*, gewinnt großen Einfluss auf sie. Mit ihm studiert sie vergleichende Religionsgeschichte, liest Kant und Fichte, Rousseau und Voltaire, Leibniz und Spinoza. Ihr Biograph H.F. Peters äußert dazu, sie habe als 17jährige in wenigen Monaten »einen großen Teil des westlichen Kulturerbes aufgesogen« (Peters 1974, S. 52).

Noch eine Erfahrung macht sie in dieser Zeit: Hendrik Gillot, ein 42jähriger verheirateter Mann, ist von ihren intellektuellen Fähigkeiten so sehr beeindruckt, dass er sich in sie verliebt und ihr einen Heiratsantrag macht. Louise – er gibt ihr den Namen »Lou« – lehnt jedoch ab. Nachdem auch die Mutter interveniert, zieht er seinen Antrag zurück. Es kommt jedoch nicht zu einem Bruch der Beziehung; bis zu ihrer späteren Heirat mit Friedrich Carl Andreas bleibt sie mit Gillot freundschaftlich verbunden. In ihm findet Louise Salomé nach dem Tod ihres Vaters einen Mentor, der sie aus der protestantischen Enge ihres Elternhauses herausführt, ihr Interesse für Philosophie weckt und sie eine freiere Form von Religiosität zu leben lehrt. Sie will sich jedoch nicht an einen Mann binden, schon gar nicht durch eine bürgerliche Ehe.

Verbindung mit Paul Rée und Friedrich Nietzsche

Im Jahr 1880 verläßt Lou mit ihrer Mutter St. Petersburg, um in Zürich Theologie, Philosophie und Kunstgeschichte zu studieren. 1882 muss sie das Studium an der Universität allerdings aus gesundheitlichen Gründen aufgeben und fährt nun nach Rom. Dort verkehrt sie im Haus der Malwida von Meysenbug, der Förderin Nietzsches. Sie lernt Paul Rée kennen, der sie mit Schopenhauers Philosophie bekannt macht, und trifft schließlich – 21-jährig – mit *Nietzsche* zusammen, der sie im Petersdom mit den Worten begrüßt: »Von welchen Sternen sind wir uns hier einander zugefallen?« (Andreas-Salomé 1974, S. 80.)

Der damals 38-jährige Nietzsche findet in der jüngeren Lou eine gelehrige Schülerin. Sie schreibt im Stil von Nietzsches *Fröhlicher Wissenschaft* (1882) eigene Aphorismen, die er inhaltlich und stilistisch korrigiert. Ihr schwebt eine rein geistig-intellektuelle Freundschaft mit Paul Rée und Friedrich Nietzsche vor, eine »Dreieinigkeit« bzw. *ménage à trois*, die sie in Wien oder Paris realisieren wollen (a.a.O., S. 79). Wie so oft in ihrem Leben, missverstehen die Männer jedoch diese Art von geistiger Nähe: Beide machen ihr einen Heiratsantrag und sie lehnt beide ab. Auf der Rückreise von Rom ist in Luzern das bekannte Foto entstanden, auf dem Lou hinter den beiden Männern mit einer Peitsche in der Hand zu sehen ist.

Nietzsche hat bekanntlich in *Also sprach Zarathustra* (1886) das Verhältnis umgedreht: »Du gehst zu Frauen? Vergiß die Peitsche nicht!« (Nietzsche 1917, S. 98.) Darin kann eine Reaktion auf die Zurückweisung durch Lou, die gewiß eine schwere Kränkung für ihn bedeutete, gesehen werden. Auch die martialisch-machohaften Sprüche, die sich im *Zarathustra* zum Mann-Frau-Verhältnis finden,[2] lassen sich – hier ist vielleicht die Adlersche Terminologie angebracht – als Überkompensation eines Minderwertigkeitskomplexes deuten: In Wirklichkeit verhielt sich Nietzsche eher schüchtern und gehemmt Frauen gegenüber. Im gewöhnlichen Leben war er »von großer Höflichkeit und einer fast weiblichen Milde« – so kennzeichnet Lou in ihrem späteren Nietzsche-Buch den damaligen Freund und Geistesgefährten (Andreas-Salomé 1894, S. 39). Es ist gut möglich, dass die selbstbewusste junge Frau mit dem scharfen Intellekt, die sich seinem Begehren widersetzte, ihn zutiefst verunsichert hat.

Vorerst überwiegt in der Beziehung zwischen Nietzsche und Lou allerdings die wechselseitige Anziehung. Nach einem Aufenthalt bei der Mutter von Paul Rée, die sich bereit erklärt, Lou unter ihre Fittiche zu nehmen, woraufhin ihre eigene Mutter beruhigt nach St. Petersburg zu-

2 Nur zwei Beispiele aus dem Kapitel »Von alten und jungen Weiblein«: »Der Mann soll zum Krieger erzogen werden und das Weib zur Erholung des Kriegers; alles Andere ist Torheit.« – »Das Glück des Mannes heißt: *ich* will. Das Glück des Weibes heißt: *er* will.« (Nietzsche 1917, S. 96f., Hervorhebung H.J.)

rückreist, und einem Besuch der Bayreuther Festspiele, wo Lou zusammen mit Nietzsches Schwester Elisabeth an der Uraufführung des »Parsifal« teilnimmt – Nietzsche selbst bleibt der Aufführung fern, weil er sich inzwischen mit Wagner zerstritten hat –, kommt es in Tautenburg in Thüringen zu einem dreiwöchigen intensiven Gedankenaustausch. Lou geht es darum, beim damals noch weitgehend unbekannten Nietzsche besser philosophieren und schreiben zu lernen, während Nietzsche sich wohl mehr Persönliches verspricht: Nicht nur eine begeisterte Schülerin soll sie sein, sondern er hofft immer noch, sie auch als Lebensgefährtin gewinnen zu können. Seinem Freund Peter Gast schreibt er, sie sei »scharfsinnig wie ein Adler und mutig wie ein Löwe und zuletzt doch ein sehr mädchenhaftes Kind« (zit. in: Salber 2001, S. 35). In Folge von Eifersucht und Intrigen seiner Schwester, die sich ebenfalls in Tautenburg aufhält und alle Schritte der beiden überwacht, kommt es jedoch schließlich zu einer Entfremdung. Nach der Abreise setzt Elisabeth das Gerücht in die Welt, Lou habe Nietzsche die Absicht auf eine »wilde Ehe« unterstellt. Dies erbost ihn so sehr, dass er zunächst mit Schwester und Mutter, später auch mit Lou bricht. Er macht sich Notizen über Lous »Unfähigkeit zur Liebe« und ihr »fehlendes Feingefühl für Nehmen und Geben« und fragt in einem Brief an sie, ob sie nicht in Gefahr sei, den »Drang nach heiliger Selbstsucht, welcher der Drang nach Gehorsam gegen das Höchste ist«, mit der »ausbeutenden Lust der Katze« zu verwechseln (a.a.O., S. 37). Hier wird zum ersten Mal, lange vor Freud, der ebenfalls das Bild der Katze zum Vergleich heranzieht, Lous *Narzißmus* angesprochen.

Die Beziehung zu Paul Rée hat Lou indes nicht aufgegeben. Nach einem Treffen zu dritt in Leipzig – dem letzten, an dem Nietzsche beteiligt ist – zieht sie mit Rée nach Berlin, wo sie mit ihm eine Wohnung, aber nicht das Bett teilt. Sie will mit ihm »wie Bruder und Schwester« zusammen leben. Dass beide nach außen hin wie ein verheiratetes Paar auftreten, wird allgemein als Skandal empfunden, da man ja weiß, dass sie nicht verheiratet sind.

Paul Rée (1849-1901), den man heute nur noch auf Grund seiner Beziehung zu Lou Andreas-Salomé und Nietzsche kennt, war Jude und elf Jahre älter als sie. Als Sohn eines preußischen Gutsbesitzers hatte er die juristische Laufbahn ausgeschlagen und sich für ein Studium der Philosophie entschieden; später studierte er noch Medizin. Als Philosoph war er Anhänger Schopenhauers, suchte den Pessimismus des Meisters jedoch zu übertreffen. So vertrat er die Auffassung, dass Gott nur eine Fiktion sei und die Vorstellungen von Gut und Böse auf reinen Konventionen beruhen. Er veröffentlichte einen Band Aphorismen mit dem Titel *Psychologische Betrachtungen*, der ihm die Anerkennung

Nietzsches eintrug. So kam die Freundschaft zwischen beiden zu Stande (vgl. Peters 1974, S. 74ff.).

In Berlin verkehrt Lou Salomé zusammen mit Paul Rée in einem Kreis junger Wissenschaftler, die z.T. erfolgreiche Universitätskarrieren vor sich haben. Dazu gehören u.a. der Psychologe Hermann Ebbinghaus, der Historiker Hans Delbrück, der Philosoph Paul Deussen und der Soziologe Ferdinand Tönnies. Sie besticht durch Attraktivität und ihren scharfen Intellekt, und mehr als einer der Herren soll sich in sie verliebt haben (vgl. Welsch/Pfeiffer 2006, S. 36). Aber sie lässt sich auf nichts ein. Ihr Ideal ist die Einheit von Denken, Lesen und Schreiben, m.a.W. die wissenschaftlich gebildete Existenz als *Schriftstellerin*. 1885 veröffentlicht sie unter dem Pseudonym »Henri Lou« ihren ersten Roman *Im Kampf um Gott*, der das Leben eines Freigeistes schildert, mit drei Frauenbeziehungen, die alle am Ende scheitern. Das Buch ist durchsetzt mit Sentenzen aus den Tautenburger Gesprächen mit Nietzsche, mit Reflexionen über Glaube und Erotik, Sinnlichkeit und Vergeistigung, das Motiv des Lebenskampfes und die »Adelung des Menschen durch den Schmerz« (Salber 2001, S. 40). Nach diesem Erstling, der durchwegs eine gute Presse findet, steht für sie und die Familie fest, dass sie ihren Weg als Schriftstellerin weitergehen wird.

Die Verbindung mit Paul Rée nimmt ein abruptes Ende, nachdem Lou ihren späteren Ehemann, Friedrich Carl Andreas, kennen gelernt hat. Ohne Abschied verschwindet Rée eines Abends aus der gemeinsamen Wohnung. Auf seinem Schreibtisch findet sie am nächsten Morgen ein Kinderbild von ihr mit der Bemerkung: »barmherzig sein, nicht suchen« (Andreas-Salomé 1974, S. 93). Innerlich beschäftigt sie der Zwiespalt in seiner Persönlichkeit und die Frage, was sie ihm hätte geben können, noch jahrelang, auch in ihren Träumen. In ihrem *Lebensrückblick* schreibt sie:

> »Noch heute packt mich eine wütende Trauer beim Gedanken, welches Heil ihm hätte widerfahren können, wäre nur um einige Jahrzehnte früher Freuds Tiefenforschung in der Welt und auf ihn anwendbar gewesen. Denn nicht nur würde sie ihn sich selbst zurückgegeben haben, sondern er würde berufen gewesen sein wie wenige, dieser großen Angelegenheit des neuen Jahrhunderts zu dienen.« (Andreas-Salomé 1974, S. 92.)

Paul Rée bleibt unverheiratet. Er schließt sein Medizinstudium ab und praktiziert später als Armenarzt in Celerina in der Schweiz. Bei einer Wanderung in den Bergen stürzt er im Jahr 1901 an einer steilen Felswand ab; es spricht viel für die Vermutung, dass er selbst den Tod gesucht hat.

Heirat mit Friedrich Carl Andreas und spätere Beziehungen – Rainer Maria Rilke

In Berlin wird Lou von zahlreichen Männern umworben. Einen, der sich ihr förmlich aufdrängt, heiratet sie schließlich: *Friedrich Carl Andreas* (1846-1930). Lou ist zum Zeitpunkt der Eheschließung 26, Andreas ist 41 Jahre alt. Die Verlobung findet in St. Petersburg, die kirchliche Trauung in Holland statt. Der Geistliche, der die Trauung 1887 vollzieht, ist Hendrik Gillot, ihr früherer Mentor, der ihr als erster einen Heiratsantrag gemacht hat.

Friedrich Carl Andreas ist ein Mann von exotischer Herkunft. Geboren ist er auf Java, wo sich sein Großvater mütterlicherseits als Arzt niedergelassen und eine Malaiin geheiratet hatte. Sein Vater ist ein später Nachfahr einer Familie aus Persien, genauer: aus einer Seitenlinie des Königshauses, die entmachtet und verbannt wurde. Mit sechs Jahren kommt er nach Deutschland, er besucht ein Internat in der Schweiz und fällt schon bald durch seine ungewöhnliche Sprachbegabung auf. Er promoviert über das Mittelpersische und entwickelt sich zu einem der begabtesten Orientalisten der damaligen Zeit, schafft es jedoch nicht, seine Forschungsergebnisse in Publikationen umzusetzen. Deswegen bleibt ihm eine Universitätskarriere lange Zeit verschlossen. Erst 1903 erhält er einen Ruf nach Göttingen. F.C. Andreas fällt aber auch sonst aus dem Rahmen. Bei einem mehrjährigen Aufenthalt in Persien eignet er sich das dort noch lebendige praktische Wissen über die Pflanzen- und Tierwelt an und wird berühmt, weil er mit ungewöhnlichen Heilmethoden Erfolge erzielt. Lou Salomé lernt ihn kennen, nachdem er im gleichen Haus, in dem sie mit Paul Rée wohnt, preußischen Offizieren und Kaufleuten Sprachunterricht in Türkisch, Persisch und Arabisch erteilt – d.h. er klopft eines Abends einfach an ihre Tür und begehrt Einlass. Sie öffnet ihm und er lässt von da an nicht locker, darauf zu dringen, dass sie seine Frau werden müsse.

Die Ehe von Lou Andreas-Salomé passt in kein Schema. Das Ungewöhnlichste an ihr ist, dass sie anscheinend *nie vollzogen* wurde, d.h. genitale Sexualität ausschloss – was von beiden als ein strenges Geheimnis gehütet wurde. Man fragt sich natürlich, weshalb sie dann überhaupt geschlossen wurde. Naheliegende Vermutungen wie Prüderie oder das Interesse an einer reinen Versorgungsehe scheiden als Erklärung aus. Fakt ist, dass bei dieser Verbindung zwei willensstarke Menschen aufeinander trafen, die durch starke Energien aneinander gebunden, aber auch getrennt waren.

Im Anhang zu ihrem *Lebensrückblick* schildert Lou ein Ereignis, das wohl als Auslöser dafür gelten kann, dass sie, anders als bei ihren früheren Bekanntschaften, dem Drängen des Mannes diesmal nachgab. Friedrich Carl Andreas hatte sich am Abend vor ihrer Verlobung umbringen wollen, indem er sich ein kurzes, schweres Taschenmesser, das er immer bei sich trug, in die Brust stieß. Dass die Klinge einklappte, verhinderte, dass er das Herz traf. Sie rannte »halb von Sinnen« auf die Straße, um Hilfe zu holen, und fand auch schließlich einen Arzt; der jedoch schien den Verdacht zu haben, *sie* habe mit dem Messer zugestoßen. Der Arzt behielt zwar seine Zweifel an ihrer Darstellung, er »benahm sich aber in der Folge diskret und gütig« (Andreas-Salomé 1974, S. 203).

Wie meist bei solchen autobiographischen Schilderungen, bleibt einiges ungeklärt, z.B. was dem Suizidversuch voraufging. Lous Biograph H.F. Peters vermutet, sie habe Andreas ihr »endgültiges Nein« gesagt, und folgert:

»Wo immer der Grund zu suchen ist, es steht fest, dass Andreas' Selbstmordversuch Lou bestimmte, seinen Heiratsantrag anzunehmen; gleichzeitig war sie jedoch fest entschlossen, sich nicht zwingen zu lassen, seine Frau zu werden. Die blutige Tat fesselte sie aneinander wie mit unlösbaren Ketten, ein halbes Jahrhundert lang war Lou dem Namen nach Andreas' Frau, aber alle seine Versuche, die Ehe wirklich zu vollziehen, scheiterten an ihrem trotzigen Nein.« (Peters 1974, S. 204.)

Bei einem so problematischen Beginn – wovon die Verwandtschaft bei der Heirat nichts mitbekam – konnten spätere Krisen, die »ans Eingemachte« gingen, nicht ausbleiben. Aber ebenso konstant, wie Lou ihrem Mann in puncto Sexualität nicht nachgab, weigerte sich Andreas, in eine Scheidung einzuwilligen, auch wenn klar ersichtlich war, dass Lou in anderen Männerbeziehungen mehr Erfüllung fand. Die Ehe »hielt« bis zu seinem Tod.

Das Frappierende, jedoch im Licht der psychoanalytischen Bindungstheorie leicht zu Erklärende ist, dass es in Lous Leben *zwei Arten von Männerbeziehungen* gibt, die sich anscheinend nicht ausschließen und teilweise überschneiden: einerseits die Schutz und Geborgenheit suchende, nicht-sexuelle Beziehung zu älteren Männern, die nach dem Vorbild ihrer Beziehung zum Vater geprägt ist (Gillot, Rée, Andreas); andererseits die erotisch-sexuelle Beziehung zu größtenteils wesentlich jüngeren Männern, die teils später in Freundschaft umgewandelt wird, wie bei *Rilke,* teils auch dramatisch endet wie bei *Viktor Tausk*, der sich 1919 umbringt, allerdings nicht – oder zumindest nicht ausschließlich – auf Grund der Trennung von Lou.

Nach einer durch die Begegnung mit *Georg Ledebour*, dem linksorientierten Journalisten und späteren sozialdemokratischen Reichtagsabgeordneten, ausgelösten heftigen Gefühlverwirrung – er »gestand ihr seine Liebe und gab ihr gleichzeitig klar zu verstehen, dass ihre Ehe eine Täuschung sei« (Peters 1974, 205) – scheint Lou die erste sexuelle Beziehung zu *Friedrich Pineles*, genannt »Zemek«, einem jüdischen, sieben Jahre jüngeren Arzt, den sie 1895 in Wien kennen lernte, gehabt zu haben. Sie war damals 34 Jahre alt. Zemek wird für etliche Jahre ihr Geliebter, Arzt und Reisebegleiter. 1902 wird sie von ihm schwanger, verliert jedoch das Kind, als sie beim Apfelpflücken von einer Leiter stürzt. Pineles will Andreas um Einwilligung in die Scheidung bitten, Lou hindert ihn jedoch daran.

Unterbrochen wird der Kontakt zu Pineles durch die intensive Liebesbeziehung zu *Rainer Maria Rilke,* den sie 1897 als 21jährigen – sie ist inzwischen 36 Jahre alt – in München kennen lernt. Rilke steht erst am Beginn seiner Laufbahn als Dichter und Schriftsteller, die durch die Liebe zu Lou beflügelt wird. Sein Name ist zu dieser Zeit nur Insidern bekannt; sie dagegen hat schon durch etliche Romane und Essays – darunter *Jesus der Jude* (1896), was Rilke gelesen hat – eine gewisse Berühmtheit erworben. So schreibt er nach der ersten Begegnung voller Stolz an seine Mutter, er habe zwei »herrliche Frauen«, die »berühmte Lou Andreas-Salomé« und ihre Freundin, die Afrikaforscherin Frieda von Bülow, kennen gelernt (zit. in: Peters 1974, S. 243). Lou wird seine Muse. Jede Begegnung mit ihr findet ihren Niederschlag in verströmenden Versen und sie gibt nach kurzem Zögern ihren Widerstand gegen das Werben des jungen Lyrikers auf: beide werden ein Liebespaar.

In der Folgezeit lebt Lou in »merkwürdiger Dreieinheit« (Salber 2001, S. 80) mit Rilke und ihrem Mann, dem sie den wahren Charakter ihrer Beziehung zu dem jungen Dichter verbergen kann, kurzzeitig in Wolfratshausen bei München und länger dann in Berlin zusammen. Rilke möchte für sie der »einzige große Mann und Künstler« (a.a.O., S. 90) sein; er leidet darunter, nicht ebenso großartig wie die geliebte Frau zu sein. An äußeren Ereignissen, die für beide grosse Bedeutung haben, sind vor allem zwei ausgedehnte *Reisen nach Russland* zu erwähnen, bei denen sie unter anderem mit Leo Tolstoi zusammentreffen. Rilke lernt so viel Russisch, dass er sich in der Landesprache unterhalten kann. Als Liebespartner und Künstler wächst Rilke in der Beziehung zu Lou. Er widmet ihr noch später seine Gedichte, darunter das berühmte *Stunden-Buch* (»Gelegt in die Hände von Lou«,1905). Von ihrer Seite hat die Beziehung eher etwas Mütterlich-Fürsorgliches, das vor allem nach der äußeren Trennung von Rilke in den Vordergrund tritt. Der intime Kontakt zwischen beiden endet 1901, jedoch dauert die Beziehung als Freundschaft bis zu Rilkes Tod im Jahr 1926 fort. Beide treffen sich nach einiger Zeit wieder gelegentlich. Rilke wendet sich vor allem an sie, wenn er in seelischen Nöten ist.

Kurze Zeit nach Rilkes Tod – er starb mit 50 Jahren an Leukämie – veröffentlichte Lou Andreas-Salomé ein einfühlsames Buch über den Dichter mit vielen Zitaten aus persönlichen Gesprächen und an sie gerichteten Briefen (*Rainer Maria Rilke*, 1928). Im Nachtrag zu ihrem *Lebensrückblick* hat sie später dem Dichter ein ergreifendes Denkmal ihrer Beziehung gesetzt:

»War ich jahrelang Deine Frau, so deshalb, weil Du mir *das erstmalig Wirkliche* gewesen bist, Leib und Mensch ununterscheidbar eins, unbezweifelbarer Tatbestand des Lebens selbst. Wortwörtlich hätte ich Dir bekennen können, was Du gesagt hast als Dein Liebesbekenntnis: ›Du allein bist wirklich.‹ Darin wurden wir Gatten, noch ehe wir Freunde geworden, und befreundet wurden wir kaum aus Wahl, sondern aus ebenso untergründig vollzogenen Vermählungen. Nicht zwei Hälften suchten sich: die überraschte Ganzheit erkannte sich erschauernd an unfaßlicher Ganzheit. So waren wir denn Geschwister – doch wie aus Vorzeiten, bevor Inzest zum Sakrileg geworden.« (Andreas-Salomé 1974, S. 138.)

Aus der Lebensgeschichte Lous sind zwei weitere Liebesbeziehungen bekannt, die hier wenigstens kurz erwähnt werden sollen. 1911 lernt sie *Poul Bjerre*, einen schwedischen Nervenarzt, kennen, den sie zum Psychoanalytischen Kongreß in Weimar begleitet und der den Kontakt zu Freud vermittelt. 1912/13 nimmt sie an einem psychoanalytischen Einführungsseminar bei *Viktor Tausk* teil, aus dem sich eine Liebesbeziehung zwischen beiden entwickelt. Zusammen mit Tausk arbeitet sie an einem Referat über Narzißmus und nimmt teil an seinem letztlich vergeblichen Kampf um Anerkennung durch Freud. Im Tagebuch aus dieser Zeit spricht sie von der »ganzen Tragik« der gescheiterten Vater-Sohn-Beziehung zwischen den beiden und nennt ihn »Brudertier, Du« (Andreas-Salomé 1983, S. 188f.).

Viktor Tausk (1879-1919) war ein sehr begabter, jedoch innerlich zerrissener Mensch. Er brachte sich schließlich um, nachdem er mehrere Frauenbeziehungen und eine gescheiterte Analyse hinter sich hatte und die Patienten nach dem Ersten Weltkrieg in seiner therapeutischen Praxis ausblieben. Sein Suizid kann auch als Versuch verstanden werden, sich aus der Rivalität mit Freud zu lösen (vgl. Roazen 1973, S. 129ff.). Auf Freuds Nachricht von Tausks Suizid reagiert Lou Andreas-Salomé erstaunlich distanziert und gelassen: Sie habe ihn »lieb gehabt« und geglaubt, »ihn zu kennen«, aber bei ihm »nie an Selbstmord gedacht«. Sein »gelungener Freitod« erscheine ihr »gewissermaßen eher als ein *Ge-*

sundheitsausweis als das Entgegengesetzte« (Brief v. 25.8.1919, in: Freud/Andreas-Salomé 1966, S. 109, Hervorhebung H.J.). Auch wenn die Trennung von Tausk zu diesem Zeitpunkt schon einige Jahre zurücklag – ihre Intimbeziehung dauerte, wenn es überhaupt dazu kam,[3] nur kurz –, ist es doch erstaunlich, dass sein Tod sie so wenig berührt. Auch dass sie den Suizid ins Positive umdeutet, erscheint vor dem Hintergrund ihrer Kenntnis von Tausks übersteigertem Ehrgeiz und der Ablehnung durch Freud nicht unproblematisch.

Freundschaft mit Freud und Tätigkeit als Psychoanalytikerin

Mit Sigmund Freud trifft Lou Andreas Salomé, wie eingangs erwähnt, zum ersten Mal beim *Internationalen Psychoanalytischen Kongreß* in Weimar im Jahr 1911 zusammen. Möglich ist zwar, dass sie schon bei ihrem früheren Aufenthalt in Wien 15 Jahre zuvor von ihm gehört hat, dafür gibt es jedoch keinen eindeutigen Beleg. Zur Begegnung kommt es jedenfalls erst jetzt. Ihre Teilnahme an Freuds Vorlesungen und den Diskussionsabenden der *Psychologischen Mittwoch-Gesellschaft* wird sehr erleichtert durch eine Empfehlung von *Karl Abraham*, der wenige Jahre zuvor die erste Dépendance der Psychoanalyse in Berlin gegründet hat. Er schreibt im April 1912 an Freud, er habe Lou bei einem Aufenthalt in Berlin »genau kennengelernt« und müsse sagen, dass er »einem solchen Verständnis der Psychoanalyse bis in Letzte und Feinste noch nicht begegnet« sei (Freud/Abraham 1965, S. 118). Die weitere Entwicklung führt dazu, dass Lou sich nicht nur aus erster Hand über die Psychoanalyse informiert, sondern sie bald auch zu praktizieren beginnt. Dass sie Freud verehrt und dass dieser den Austausch mit Lou auf intellektueller, aber auch auf der ganz persönlichen Ebene als große Bereicherung empfindet, geht aus dem beiderseitigen Briefwechsel hervor.

Lou Andreas-Salomé verfasst etliche Theorie-Beiträge zur Psychoanalyse (neu herausgegeben in: *Das »zweideutige« Lächeln der Erotik*, 1990) und pflegt regen Gedankenaustausch mit Mitarbeitern aus Freuds engerem Kreis, dem sog. »Geheimen Komitee«, u.a. mit Max Eitingon

3 Während bis vor kurzem die Biographen einhellig der Meinung waren, zwischen Lou Andreas-Salomé und Viktor Tausk habe eine Intimbeziehung bestanden, wird dies neuerdings (vgl. Welsch/Pfeiffer 2006, S. 139) in Zweifel gezogen. Bei Paul Roazen (1973, S. 149ff). wird Lous Rolle im Konflikt zwischen Freud und Tausk negativ gesehen, da sie sich letztlich immer auf die Seite Freuds gestellt habe.

und Sándor Ferenczi. In der Familie Freud, die sie ab 1920 gelegentlich besucht, spielt sie eine besondere Rolle als Mentorin, Gefühlsverwandte und Vertraute der jüngsten *Tochter Anna*, die sie, obwohl sie leicht die Mutter sein könnte – Anna ist 34 Jahre jünger – wie eine gleichrangige Partnerin behandelt. Anna wird von ihr bei der Sorge für den an Krebs erkrankten Vater und bei den ersten eigenen wissenschaftlich-therapeutischen Gehversuchen moralisch unterstützt (vgl. Andreas-Salomé/ A. Freud 2004, S. 229ff.).

Was sind die Motive, die Lou Andreas-Salomé veranlasst haben, sich in reifem Alter so intensiv der Psychoanalyse zuzuwenden? Auf Grund ihrer Lebensgeschichte kann man davon ausgehen, dass diese Entscheidung einem tiefen Bedürfnis entsprach. In der Psychoanalyse suchte sie den Schlüssel zu Problemen, die sie literarisch und persönlich beschäftigt hatten. Ein solches Motiv war sicherlich, dass sie die Psychologie, die sie schon bei Nietzsche in dessen »aphoristischer« Phase (u.a. *Menschliches-Allzumenschliches* und *Die fröhliche Wissenschaft* 1878/82) kennen gelernt hatte, nun auf mehr wissenschaftlicher Basis fortsetzen wollte. Tiefer reichte das Motiv, die persönlichen Beziehungen, die sie zu hoch sensiblen und äußerst begabten, z.T. aber auch psychisch gefährdeten Menschen wie Nietzsche, Rée und Rilke eingegangen war, besser verstehen zu lernen, um aus dieser Haltung heraus hilfreich reagieren zu können. Letzteres gilt vor allem für Rilke, dem sie zwar von einer eigenen Psychoanalyse abriet, um seine Ursprünglichkeit als Künstler nicht zu gefährden, den sie als seine Freundin jedoch nach Kräften seelisch zu unterstützen versuchte. Nicht zuletzt war ja auch die Ehe, die sie führte, keineswegs unproblematisch; erst im Alter kamen sie und ihr Mann sich näher. Das tiefste Motiv jedoch, das sie zur Psychoanalyse hinzog, hat sie in der ihr eigenen Sprache nach einer Unterhaltung mit Freud selbst formuliert: Es sei

> »[...] das intime Beschenktwerden selber, das von ihr [der Psychoanalyse] ausgeht: dieses erstrahlende *Umfänglicherwerden des eignen Lebens durch das Sich-herantasten an die Wurzeln,* mit denen es der Totalität eingesenkt ist. [...] Denn von der Heimat unseres Affektlebens gilt wohl, daß das, was sonst überall nur eine Fiktion ist – Himmel und Hölle – im *Unbewußten* uns aufbewahrt bleibt als unsere ewige Wirklichkeit.« (Andreas-Salomé 1983, S. 89f., Hervorhebung H.J.)

War die Psychoanalyse für Lou also eine wesentliche Bereicherung – Freud äußerte mit einem Anflug von Ironie, sie sehe darin wohl »eine Art von Weihnachtsbescherung« (Freud/Andreas-Salomé 1966, S. 90) –, so gilt etwas Ähnliches auch in umgekehrter Richtung. Als sich beide kennen lernten, war es für ihn keine leichte Zeit. Nach schwierigen Anfängen, die von öffentlichem Ignorieren, mangelnder Anerkennung und z.T. auch von Anfeindung gekennzeichnet waren, hatten sich zwar erste Erfolge eingestellt und ein Anhänger- und Schülerkreis hatte sich gebildet. Die Trennung von *Adler* war jedoch bereits vollzogen und eine weitere, gravierendere Trennung zeichnete sich ab: die Trennung von *C.G. Jung*. Lou bewies ihre Souveränität, indem sie während ihres Studienjahres in Wien sowohl an der Freudschen »Mittwoch-Gesellschaft« teilnahm, als auch Kontakt zu Adler hielt. Was Freud bei seinen männlichen Anhängern als Misstrauensvotum verstanden hätte – ihr gestattete er es. Wenig später brachte der Erste Weltkrieg erhebliche Einschränkungen und Belastungen für die Familie Freud mit sich: Es kostete große Mühe, die jüngste Tochter Anna, die sich im August 1914 in England aufhielt, über Gibraltar und Genua heil nach Wien zurückzuholen (vgl. Gay 2006, S. 397f.). Die beiden ältesten Söhne Freuds wurden im Lauf des Krieges eingezogen bzw. meldeten sich freiwillig. Die dabei mit Not überstandenen Gefahren werden im Briefwechsel mit Lou berichtet und kommentiert. Hauptsächlich aber geht es um Freuds damals erscheinende oder in Planung befindliche Veröffentlichungen. Freud sieht in Lou die »Versteherin par excellence« (Brief v. 25.5.1916, in: Freud/Andreas-Salomé 1966, S. 50). In ihrer eigenen intellektuellen Arbeit, mit der sie zur Erweiterung der Psychoanalyse beiträgt, und in ihrem *Dank an Freud*, den sie zu seinem 75. Geburtstag veröffentlicht, findet er »etwas exquisit Frauliches« (Brief v. 9.5.1931, a.a.O., S. 211). Für Lou ist Freud, obwohl er nur fünf Jahre älter ist, das »Vatergesicht über meinem Leben« (Brief v. 4.5.1935, a.a.O., S. 225). Martin Grottjahn schreibt in seiner Kommentierung des Briefwechsels:

»Die ruhelose Lou schien in ihrer Freundschaft zu Freud zur Ruhe gekommen zu sein, und alle anderen großen Männer, die in ihrem Leben eine Rolle gespielt hatten, traten in den Hintergrund. Sie erwähnt Georg Groddeck, den sie als Freund von Ferenczi schätzte. [...] Sie schreibt über Ferenczi und seine Frau, über Besuche von Abraham, außerdem erwähnt sie, daß sie Rank und Reik gelesen habe. Zweifellos war es Freud von Beginn ihrer Freundschaft an klar, daß diese Frau einen großen Einfluß auf die analytische Atmosphäre in Europa ausüben konnte.« (Grottjahn 1976, S. 75.)

Worin genau dieser Einfluss bestand, ist jedoch nicht leicht dingfest zu machen. Ihre *theoretischen Beiträge* zur Psychoanalyse, vor allem »Zum Typus Weib« (1913), »Anal und Sexual« (1916) und »Narzißmus als

Doppelrichtung« (1921),[4] sind nicht leicht zu lesen, da sie in einem weit ausholenden, mit eigenwilligen Wortzusammenstellungen und Neologismen durchsetzten Stil geschrieben sind – hier spielt sicher eine Rolle, dass Lou ja ursprünglich Schriftstellerin ist. Diese Arbeiten wurden erst in jüngerer Zeit im Zug der Suche der Frauenbewegung nach ihren frühen Quellen wiederentdeckt und neu ediert. In ihnen ist durchgängig festzustellen, dass Lou Andreas-Salomé sich zwar stellenweise der von Freud geprägten Terminologie bedient, jedoch stets neben ihrem persönlichen Schreibstil auch ihre eigene weibliche Intuition und Erfahrung mit einbringt. Schließlich hatte sie sich mit manchen Themen, wie z.B der *Psyche der Frau* und der *Beziehung der Geschlechter*, schon früher auseinandergesetzt, wenn auch nicht in therapeutischer Perspektive. Die psychoanalytische Art, die Dinge zu sehen, bedeutete deshalb für sie eine Erweiterung und Vertiefung, ohne dass sie sich gezwungen fühlte, ihre bisher gewohnte Sichtweise einfach über Bord zu werfen. Was ihr dagegen am entstehenden Lehrgebäude der Psychoanalyse als mit ihrer eigenen Sichtweise nicht kompatibel erschien, ignorierte sie einfach, ohne es explizit zu kritisieren. Im Unterschied zu Karen Horney, die Anfang der 20er Jahre Freuds Auffassung der psychosexuellen Entwicklung der Frau offen in Frage zu stellen begann,[5] konnte Lou deshalb in der Beziehung zu Freud Konflikte vermeiden. Er hatte allerdings auch nicht den Ehrgeiz, von ihr die gleiche Linientreue zu verlangen wie von Psychoanalytikerinnen und Psychoanalytikern, die in der Ausbildung tätig waren.

In Lous Schriften und im Briefwechsel ist viel von ihrer eigenen, ursprünglich religiös geprägten »Lebenszuversicht« (Andreas-Salomé 1913, S. 49) spürbar. Trotz aller Konflikthaftigkeit, Dissoziation und

---

4 Die genannten drei Abhandlungen sind zuerst in *Imago. Ztschr. f. Anwendung der Psychoanalyse auf die Geisteswissenschaften* erschienen (wieder veröffentlicht in: Andreas-Salomé 1990). Eine Abhandlung über »Psychosexualität« erschien 1917 in der *Ztschr. f. Sexualwissenschaft* (ebenfalls in: Andreas-Salomé 1990). Eine eigenständige Zusammenfassung ihrer psychoanalytischen Ansichten enthält *Mein Dank an Freud* (1931, nachgedruckt in: Andreas-Salomé 1990, S. 245ff.). Der eingangs erwähnte Beitrag »Über Sublimation« wurde von Lou Andreas-Salomé zurückgezogen und blieb unveröffentlicht.

5 Zu nennen sind hier K. Horneys Aufsätze »Zur Genese des weiblichen Kastrationskomplexes« (1923), »Flucht aus der Weiblichkeit« (1926) und »Gehemmte Weiblichkeit: Psychoanalytischer Beitrag zum Problem der Frigidität« (1926), zuerst erschienen in der *Int. Ztschr. f. Psychoanalyse*, wieder veröffentlicht in: Horney 1977, S. 11ff.

Tragik ist bei ihr doch eine grundsätzliche Lust am Leben und ein Vertrauen auf das ursprüngliche *Sicheinsfühlen mit dem Ganzen* zu erkennen, während Freud als »Analytiker« sich mehr für die »Scheidung und Gliederung dessen, was sonst in einen Urbrei zusammenfließen würde« (Freud/Andreas-Salomé 1966, S. 36), interessiert. In einem wenige Monate nach Beginn des Ersten Weltkriegs an Freud gerichteten Brief kommt Lous Lebenseinstellung, die von Freud als komplementärer weiblicher Gegenpart akzeptiert wird, prägnant zum Ausdruck:

»An einem Punkt berührt es auch Ihre wie meine Stellung zur Schwere unserer Zeit und zu dem, was Sie meinen Optimismus nannten, der jetzt so traurig zu scheitern scheint. Ich denke doch immer: hinter den menschlichen Einzelbetätigungen und dem, bis wohin psychoanalytisch noch hindurchgegriffen werden kann, liegt ja eine Tiefe, wo die *wertvollsten* wie die *garstigsten* Impulse einander ununterscheidbar bedingen und ein letztes Urteil unmöglich ist. Nicht nur auf einmal überstiegener Stufe frühesten Lebens (der Menschheit sowie des Individuums), sondern stets wieder von neuem und für Jeden ist diese *merkwürdige Einheit* eine Tatsache – geeignet allen Hochmut niederzuschlagen, aber auch allen Kleinmut aufzurichten.« (Brief v. 4.12.1914, in: Freud/Andreas-Salomé 1966, S. 24, Hervorhebung H.J.)

Über die *psychotherapeutische* Tätigkeit von Lou Andreas-Salomé gibt es einige Äußerungen von Seiten ehemaliger Patienten bzw. Analysanden. Sie stimmen darin überein, dass Lou über eine ungewöhnliche Fähigkeit der *Empathie* verfügt habe, was ja auch aus der eingangs zitierten Bemerkung Freuds über sie als »Versteherin par excellence« (Freud/Andreas-Salomé 1966, S. 50) hervorgeht. Ein ehemaliger Analysand aus Königsberg – sie reiste 1924 auf Empfehlung Freuds dorthin, um Ärzten an einer internistischen Klinik eine praktische Einführung in die Psychoanalyse zu geben – äußerte sich folgendermaßen über sie:

»Die Art, in der Lou mich analysierte, hat tiefen Eindruck auf mich gemacht und mir mein ganzes Leben lang geholfen. Seit damals habe ich mich viel weniger über die Handlungen anderer Menschen empört. Denn wenn man einmal dem ›inneren Schurken‹, den wir alle in uns haben, ins Angesicht gesehen hat, neigt man viel weniger dazu, sich moralisch über das Betragen seiner Mitmenschen zu entrüsten. [...] Sie hat eine sehr ruhige Art zu sprechen und eine große Begabung, Vertrauen einzuflößen. Ich bin heute immer noch ein bißchen überrascht, wie viel ich ihr damals erzählt habe. Aber ich hatte immer das Gefühl, daß sie nicht nur alles verstand, sondern auch alles vergab. Ich habe niemals wieder so ein Gefühl von freundlicher Versöhnlichkeit, von Mitleid erlebt wie bei ihr. [...] Sie war eine großartige Zuhörerin.« (zit. in: Appignanesi/Forrester 1986, S. 365.)

Poul Bjerre, der kurzzeitig mit ihr liiert war und gewiss genügend Veranlassung hatte, über das abrupte Ende der Beziehung, nachdem sie Freud kennen gelernt hatte, enttäuscht und verärgert zu sein, äußerte sich etliche Jahre später wie folgt über sie:

»Sie war ein ungewöhnlicher Mensch, das merkte man sofort. Sie hatte die Gabe, sich unmittelbar in die Gedankenwelt eines anderen zu versetzen, besonders wenn sie ihn liebte. Ihre enorme geistige Konzentration schürte gleichsam das geistige Feuer ihres Liebespartners. In meinem langen Leben habe ich nie wieder jemanden getroffen, der mich so schnell, so gut und so vollkommen verstand wie Lou. [..] In Gesprächen mit Lou sind mir Dinge klargeworden, die ich sonst wohl nicht gefunden hätte. Wie ein Katalysator aktivierte sie mein Denken. Ja, sie hat Ehen und Menschenleben zerstört, aber im Geistigen wirkte ihre Nähe befruchtend und schöpferisch. Nicht nur *an*regend – *auf*regend. Man fühlte den Funken der Genialität in ihr. Man wuchs in ihrer Nähe.« (zit. in: Peters 1974, S. 339f.)

Es waren letztlich wohl nicht sosehr die theoretischen Arbeiten, sondern es war vor allem die Ausstrahlung ihrer Persönlichkeit und ihre Fähigkeit, auf andere »wie ein Katalysator« zu wirken, womit Lou Andreas-Salomé unter den Anhängern der Psychoanalyse Aufsehen erregte. Ihre Qualifikation als Therapeutin beruhte weniger auf der Aneignung von Lehren Freuds, als auf ihrer Lebenserfahrung und ihrer Fähigkeit zur Empathie. Auf diese Weise trug sie dazu bei, dem Bild der Frau in der Psychoanalyse eigene Glanzlichter aufzusetzen.

Lou Andreas-Salomé und das »Bild« der Frau

Für einen kleinen Teil des Bürgertums im ausgehenden 19. Jahrhundert stellte die Art, wie Lou Andreas-Salomé ihre Weiblichkeit lebte, ein Vorbild, für den größeren Teil jedoch eine Provokation dar. Sie hatte durch ihre Schriftstellerei eine genügende finanzielle Basis, um unabhängig vom Einkommen ihres Mannes zu sein und ohne ihn zahlreiche Reisen unternehmen zu können. Man wusste, ohne nähere Einzelheiten zu kennen, von manchen »Affären«, die sie in der Zeit vor ihrer Ehe hatte, und es war auch bekannt, dass sie als verheiratete Frau erotische Beziehungen zu anderen Männern unterhielt. Dass sie und Friedrich Carl Andreas in der Ehe nicht sexuell zusammen lebten, blieb allerdings den Zeitgenossen verborgen; es wäre auch nicht verstanden worden. Neben Romanen, die von Frauenschicksalen handelten, schrieb sie – so die einhellige Meinung – bemerkenswert kluge Bücher über *Nietzsche* und *Rilke*, mit denen sie eng befreundet gewesen war. Sie schloss sich schließlich der psychoanalytischen Bewegung an und befürwortete die *Emanzipation der Frau*, ohne sich allerdings mit entsprechenden Streitschriften an der Diskussion um die politische und ökonomische Gleichberechtigung zu beteiligen. All dies brachte ihr in der Männerwelt den Ruf als schriftstellerisch begabte, ihre erotische Ausstrahlung bewusst einsetzende *»femme fatale«* ein. Für manche Frauen, die unter der Abhängigkeit vom Mann in der bürgerlichen Ehe litten, war sie jedoch das Vorbild einer »emanzipierten« Frau, weil sie ihre Entscheidung, welche Beziehungen sie eingehen wollte, frei nach Gefühl und Stimmigkeit treffen konnte.

Ob sich Lou Andreas-Salomé über diese Beurteilung in der bürgerlichen Öffentlichkeit ärgerte, sich darüber mokierte oder sie vielleicht sogar ein wenig genoss, wissen wir nicht, denn sie äußerte sich kaum dazu. Was andere Menschen, die sie nicht näher kannten, über sie dachten, war ihr ziemlich gleichgültig. Stattdessen wandte sie ihre ganze Energie auf die Beziehungen zu Menschen, die sie schätzte und von denen ihr Gleiches entgegen kam, und sie *lebte* ihre Auffassung von Weiblichkeit mit *starkem Selbstbewusstsein*, ohne sich von anderen darin beirren zu lassen. Dies prägte auch ihre persönlichen Aufzeichnungen und ihre schriftstellerischen Arbeiten zum Geschlechterproblem. So brachte sie unter dem bezeichnenden Titel »Untreue« in ihrem Wiener Tagebuch (1912/13) Reflexionen zu Papier, die sich lesen wie ein Kommentar zu ihrem eigenen Verhalten:

»In einem Gespräch sagte Tausk einmal, die geistigen Fähigkeiten einer Frau, das Sich-geistig-vielem-vermählen, sei aufgearbeitete (sublimierte) Polyandrie. [...] Nur kann man manchmal zwei Besonderheiten dabei beobachten: erstens daß Menschen, die nicht ›treu‹ sind, deshalb doch nicht immer einen Menschen für einen anderen verlassen, *sondern oft nur getrieben werden, zu sich selbst heimzukehren,* und erst von hier aus, irgendwann, wie aus freiem Weltraum, wieder unter Menschen treten. Ihre Untreue ist darum nicht Verrat. Zweitens aber, daß es überhaupt keine preisgebende Gebärde zu sein braucht, mit der sie jemanden, an dem sie hingen, loslassen – es kann vielmehr eine ehrfurchtsvolle sein, die ihn zurückgibt an alles; nicht eine also, die ihn als zu begrenzt oder unzulänglich ablehnt, sondern eine, die ihn gerade hineinstellt in die unendlichen Zusammenhänge, die sich sofort wieder hinter ihm schließen und ihn in ihre Größe hineinnehmen.« (Andreas-Salomé 1983, S. 132.)

Bezogen auf Lous eigenes Verhalten in ihren Partnerbeziehungen, könnte man hierin eine zweifache Rechtfertigung für die Tatsache sehen, dass in der Regel *sie* es war, die die Beziehung beendete: einmal das Bedürfnis, »zu sich selbst heimzukehren«, d.h. darauf zu achten, dass sie sich nicht an das verlor, was ihr der Andere bedeutete, sondern in allem sie selbst zu bleiben und die Beziehung abzubrechen, wenn dieses Selbstsein in Gefahr war. Das zweite Argument, bei dem sie vielleicht ihr Verhältnis mit Rilke vor Augen hat, klingt allerdings sehr nach einer von der Problematik des eigenen Verhaltens ablenkenden Rationalisierung: Sie »verlässt« nach dieser Deutung den Geliebten nicht, sondern gibt ihn an sich selbst, an seine »Größe« und die »unendlichen Zusammenhänge«, in denen er steht, zurück. Dies wäre nur dann keine Rationalisierung, wenn der Andere die Trennung ebenso empfinden würde.

In ihren »voranalytischen« Schriften, u.a. in dem Aufsatz »Der Mensch als Weib« (1899), der sich mit der aus der damaligen Hirn- und sonstigen Physiologie abgeleiteten These einer angeborenen »Minderwertigkeit« des Weibes[6] auseinandersetzt, ist Lou Andreas-Salomé bemüht, bei aller Verschiedenheit die *Gleichwertigkeit* beider Geschlechter zu erweisen. Vorgängig zur Frage der Vergleichbarkeit betont sie jedoch, dass »das Weib zunächst und vor allem etwas ganz Selbsteigenes ist« (Andreas-Salomé 1899, S. 15). Daraus folgert sie:

> »Das Zusammenkommen der Geschlechter mit allen seinen Ergebnissen ist die Begegnung zweier selbständiger Welten für sich, von denen die eine mehr zur *Konzentration* ihrer selbst, die andere mehr zur *Spezialisierung* ihrer selbst neigt, was sie beide befähigt, sich kraft solcher Verschiedenheit in der Zeugung einer dritten hochkomplizierten Welt gemeinsam weiterzugeben, und sich auch sonst in allen Lebenserscheinungen sehr glücklich zu ergänzen und aneinander zu steigern.« (Andreas-Salomé 1899, S. 15.)

Die Frau bzw. das »Weib« – sie benutzt bewusst diese archisierende Bezeichnung – ist der »physischere Mensch von den beiden« (a.a.O., S. 16), insofern sie sich im »natürlichen Rhythmus ihres physischen wie seelischen Lebens« (a.a.O., S. 27) bewegt. Bei der Frau tritt auch das Geschlechtliche mehr »im ganzen physischen Sein«, das davon »durchseelt« ist, nicht als »isolierter Einzeltrieb« in Erscheinung, während der Mann zu einer »rohen Momentbefriedigung seiner Sinnlichkeit«, bei der »alles Übrige wie ausgeschaltet erscheint«, in der Lage ist (a.a.O., S. 16f.). Die Sachgerichtetheit und »Spezialisierung« des Mannes hat ihren Preis in der Abspaltung von Gefühl und Sinnlichkeit. Lou ist durchgängig bestrebt, das, was aus männlich-»wissenschaftlicher« Sicht als Man-

6 Die beiden »Klassiker« der damaligen Anti-Emanzipationsliteratur, P.J. Möbius: *Über den physiologischen Schwachsinn des Weibes* (1900) und O. Weininger: *Geschlecht und Charakter* (1903), erschienen zwar erst *nach* dem genannten Aufsatz von Lou Andreas-Salomé, die Denk- und Argumentationsweise lag jedoch sozusagen »in der Luft«.

gel des Weibes erscheint, als Vorteil zu erweisen. Sie warnt deshalb ihre Geschlechtsgenossinnen vor einem unbesonnenen Bestreben, es dem Mann in allem gleichtun zu wollen:

»Obgleich die Zeiten wohl allmählich vorübergehen, in denen die Frauen gemeint [haben], den Mann in jeglichem, worin sie sich als tüchtig ausweisen wollten, nachahmen zu müssen [...], so sind sie doch noch immer zu weit davon entfernt, auf alles was des Weibes ist, mit ehrfürchtigem Auge zu sehen. Ehe sie das nicht tun und sich in ihrer *Verschiedenheit* vom Manne, *und zunächst ganz ausschließlich in dieser*, so hingebend und tief wie möglich zu begreifen suchen [...], so lange werden sie auch gar nicht wissen, wie breit und mächtig sie sich im Bau ihres eigenen Wesens auseinander falten können, und wie weit die Grenzen ihrer Welt in Wahrheit sind.« (Andreas-Salomé 1899, S. 27f.)

In den Schriften nach Bekanntwerden mit der Psychoanalyse gibt Lou ihr Bestreben, den Eigenwert des weiblichen, an ihr selbst abgelesenen Erlebens von Weiblichkeit und Sexualität und die Verschiedenheit von der Sexualität des Mannes zu erweisen, nicht auf. Ihre Sprache wird jedoch durch die Aufnahme der Freudschen Terminologie gleichsam »geerdet«, d.h. von der manchmal etwas »philosophisch abgehoben« wirkenden Ausdrucksweise ihrer früheren Aufsätze und Essays – darunter der ausführliche über »Die Erotik« (1910) – auf eine heutzutage besser verständliche Ebene gebracht. Dies bedeutet jedoch *nicht*, dass sie Freuds naturwissenschaftliche und in der Theorie der weiblichen Sexualität einem patriarchalischen Vorurteil verhaftete Sichtweise übernommen hätte.

So ist die Abhandlung »Zum Typus Weib« (1914) als Ergänzung und teilweise auch als Korrektur zu Freuds *Drei Abhandlungen zur Sexualtheorie* (1905) zu verstehen. Zwar hat Lou keine Schwierigkeit, die Sexualität »mit dem Dasein selbst« (Andreas-Salomé 1917, S. 149) beginnen zu lassen und von »erogenen Zonen«, »Libido« und »analer« wie »genitaler« Erotik beim Mädchen und beim Jungen zu sprechen (vgl. Andreas-Salomé 1916, S. 118ff.). Der für Freuds Theorie der weiblichen Sexualentwicklung zentrale Begriff des *»Penisneids«,*[7] an dem sich zahlreiche spätere Kontroversen entzündet haben, taucht bei ihr jedoch nur an einer einzigen Stelle (Andreas Salomé 1921, S. 202) auf. Im Kon-

7 Vom »Penisneid« des jungen Mädchens ist bei Freud erstmals in der 2. Auflage der *Drei Abhandlungen zur Sexualtheorie* die Rede, die 1915 erschien (vgl. Anmerkung des Hrsg. in der *Studienausgabe* zu Freud 1905, S. 100).

text der Stelle geht es nicht um die Unterlegenheit der Frau, sondern um ihre Aktivität als »Erzeugerin, Ernährerin, Erzieherin des Kindes« (ebd.), was eine Überlegenheit dem Mann gegenüber begründet und korrelativ bei diesem ebenfalls entsprechende Neidgefühle hervorruft. Vollends deutlich wird die Differenz zwischen beiden Auffassungen von weiblicher Psychosexualität, wenn man Freuds Ausführungen über die »Umgestaltungen der Pubertät« (Freud 1905, S. 112ff.) beim Mädchen mit der Behandlung der gleichen Thematik bei Andreas-Salomé vergleicht. Während Freud von einer Verschiebung der »Leitzonen« von der Klitoris zur Vagina spricht und in der Schwierigkeit der Umstellung eine der »Hauptbedingungen für die Bevorzugung des Weibes zur Neurose« (Freud 1905, S. 125) sieht, kommt Lou Andreas-Salomé zu einer entgegengesetzten Bewertung, wobei sie die Frage nach der »Leitzone« offenhält. Die Entwicklung des Mädchens in der Pubertät mündet ihr zufolge in einen »Glücksegoismus«, der in einer »Umkehrung des Sexuellen auf sich« begründet sei, während die Entwicklung des Jungen auf eine im aggressiven »Drang nach außen« liegende Opferung des »Selbstbesitzes« hinauslaufe (Andreas-Salomé 1914, S. 95f.). Es ist kaum daran zu zweifeln, dass Lou hier auf ihr eigenes Erleben in der Pubertät Bezug nimmt, das für sie psychisch gesund und in keiner Weise neurotisch war.

Lous Abhandlung über »Narzißmus als Doppelrichtung« (1921), die im Kontext der in der *Psychologischen Mittwoch-Gesellschaft* geführten Diskussionen und der Zusammenarbeit mit Tausk einerseits, der großen, 1914 erschienenen Abhandlung Freuds »Zur Einführung des Narzißmus« (Freud 1914b) andererseits zu sehen ist, offenbart gegenüber Freud eine weit grundsätzlichere, dabei insgesamt *positive Sicht des Narzißmus*. Lou spricht mit Bezug auf ihr eigenes Erleben vom Narzißmus als einer »ichbeglückten Erotik«, die sie schon als kleines Mädchen in doppelter Richtung, im Gespür für sich selbst und zugleich im Herausgefallensein aus »kindfrommer Gläubigkeit« gegenüber dem vertrauten »Einundalles«, erlebt habe (vgl. Andreas-Salomé 1921, S. 196). Psychischer Schmerz im Getrenntsein und Glück im Sichselberfinden sind für sie keine Gegensätze, der Narzißmus ist für sie »wie eine Brücke der Liebe, die zu anderen Wesen, Objekten und Wertesystemen führt« (Appignanesi/Forrester 1996, S. 368). Damit nimmt sich Lou Andreas-Salomé die Freiheit, Freudsche Begriffe und Theorien gemäß ihrem Erleben und ihren weiblichen Wertungen zu modifizieren und auf ihre Weise zu interpretieren, entsprechend dem Motto im *Dank an Freud*:

»Nichts gefällt mir besser, als an Ihrer führenden Leine zu laufen – nur eine richtig lange Leine muß es sein.« (Andreas-Salomé 1931, S. 277.)

Letzte Lebensphase – Würdigung

Seit 1903 lebte Lou Andreas-Salomé mit Friedrich Carl Andreas, der an der Universität eine Professur für orientalische Sprachen erhalten hatte, in Göttingen im »Haus Loufried«; beide bewohnten dort verschiedene Etagen. Die Beziehung war nicht unproblematisch, was sich u.a.darin zeigte, dass F.C. Andreas eine Liaison mit der Haushälterin einging und mit ihr eine Tochter zeugte. Übereinstimmend berichten jedoch alle Biographen, dass es im Alter zu größerer seelischer Gemeinsamkeit zwischen Lou Andreas-Salomé und ihrem Mann gekommen sei. F.C. Andreas starb im Jahr 1930. Danach wurde es einsam um sie, aber sie praktizierte weiter als Analytikerin und es ergaben sich immer noch fruchtbare Kontakte, z.B. zu Ernst Pfeiffer, der später ihren Nachlass betreute und unter anderem ihren Briefwechsel mit Freud herausgab. Während sie bis 1914 viele Reisen unternommen hatte, waren während des Ersten Weltkriegs und in der Zeit danach ihre diesbezüglichen Möglichkeiten sehr begrenzt. Ihre Familie in Russland war nach der Oktoberrevolution zahlreichen – auch finanziellen – Repressalien ausgesetzt und der Kontakt dorthin riss weitgehend ab. Hinzu kamen gesundheitliche Beschwerden. In den letzten Lebensjahren litt sie an Diabetes, Brustkrebs und allmählicher Erblindung. Am 5. Februar 1937 starb Lou Andreas-Salomé. Ihre Bücher wurden von den Nazis konfisziert und vernichtet mit der Begründung, sie habe »jüdische Wissenschaft« unterstützt (vgl. Peters 1974, S. 7f.). Sigmund Freud schrieb in seinem Nachruf auf sie:

»Die letzten 25 Jahre dieser außerordentlichen Frau gehörten der Psychoanalyse an, zu der sie wertvolle wissenschaftliche Arbeiten beitrug und die sie auch praktisch ausübte. Ich sage nicht viel, wenn ich bekenne, daß wir es alle als eine Ehre empfanden, als sie in die Reihen unserer Mitarbeiter und Mitkämpfer eintrat, und gleichzeitig als eine neue Gewähr für den Wahrheitsgehalt der analytischen Lehren. [...] Meine Tochter, die mit ihr vertraut war, hat sie bedauern gehört, daß sie die Psychoanalyse nicht in ihrer Jugend kennen gelernt hatte. Freilich gab es damals noch keine.« (zit. in: Salber 2001, S. 143.)

Viktor von Weizsäcker, der der Psychoanalyse Einlass in die Organmedizin zu verschaffen suchte, jedoch keineswegs zur Freudschen Orthodoxie gerechnet werden kann, war von Lous Schrift *Mein Dank an Freud* (1931) so beeindruckt, dass er einen Briefwechsel mit ihr begann und sie in Göttingen aufsuchte. Er schreibt über sie:

»Ihre Briefe waren von einem Spürsinn ohnegleichen eingegeben, und sie wußte wohl vom ersten Augenblick an, mit wem sie es zu tun hatte und wo meine Nöte ihre Wurzel hatten. Sie konnte mir vielleicht nicht helfen, aber sie verstand den Geist zu lieben und war erfahren in den Welten der Einsamkeit. Ihre auch in jener Schrift an Freud bekundete Freiheit gegenüber dem psychoanalytischen Schulbetrieb, ihre höchst persönliche Umformung der Doktrin kraft eigener Originalität hatten auf mich eine entlastende Wirkung. Man sah hier, daß man das, was wahr ist an einer Lehre, auch in andere Sprachen übersetzen kann. Das Weibliche und die Wärme ihrer Natur empfing ich mit Dank. [...] Der seltene Fall, daß jemand diese Wissenschaft tief genug begriffen [hatte] und doch eine eigene Persönlichkeit geblieben war, ist mir weder vor- noch nachher so hilfreich begegnet wie bei Lou Andreas-Salomé.« (v.Weizsäcker 1977, S. 128.)

Nicht alle äußern sich freilich so positiv. Paul Roazen ist in seiner Monographie über den Konflikt zwischen Freud und Tausk der Meinung, dass in diesem Konflikt Lou eine verhängnisvolle Rolle gespielt habe:

»Lou ist all ihren großen Männern zweifellos nützlich gewesen, eben deshalb, weil sie sich mit dem zerbrechlichen Teil ihrer Persönlichkeit identifizieren konnte, der so sehr der Stützung bedurfte. Aber alle Männer, die sie geliebt haben, mußten schließlich entdecken, dass Lou nicht wirklich etwas von sich gegeben hatte. Lou hatte sie zurückgespiegelt, hatte ihnen in ihrer schöpferischen Not geholfen, als Person aber hatte sie sich im Grunde aus dem Spiel gehalten. Alle ihre großen Männer hatten sie gebraucht, aber jeder ihrer Liebhaber erkannte am Ende, daß sie sich ihm entzogen hatte.« (Roazen 1973, S. 45.)

Diese Stellungnahme macht es nötig, noch einmal auf Lous Liebesbeziehungen einzugehen. Letztendlich geht es dabei um eine Bewertung des *Narzißmus*, den Lou, gestützt auf ihre eigene Lebenseinstellung, grundsätzlich positiv sieht. Scheiterten ihre Beziehungen zu Männern, von denen sie geliebt wurde, an ihrem Narzißmus? Für sie *war* zweifellos der Narzißmus ein zentrales Thema, und nicht nur akademischer Art. Es ist kein Zufall, dass einer ihrer ausführlichsten Briefe an Freud sich mit diesem Thema befasst (vgl. Freud/Andreas-Salomé 1966, S.25 ff.), wie umgekehrt kaum ein Zweifel daran besteht, dass Freud bei der Schilderung des weiblichen Narzißmus, der für ihn, ähnlich wie für Nietzsche, einen Vergleich mit der Katze nahe legt (vgl. Freud 1914b, S. 55), an Lou gedacht haben wird.

Auffällig ist, dass Lou als junge Frau innerlich noch lange an das verinnerlichte *Bild des Vaters* gebunden blieb und zu gleichaltrigen Männern nur ein brüderliches Verhältnis aufbauen konnte. Ein harmonisches Zusammenspiel zwischen ihrer außerordentlichen Intelligenz und Redebegabung, mit der sie in damalige männliche Domänen einbrach, und einer gleichwertigen emotionalen Resonanzfähigkeit scheint sich lange Zeit nicht eingestellt zu haben, so dass sie zwar die Männer kraft ihrer erotischen Ausstrahlung anzog, wirkliche Nähe – in »ganzheitlichem«, das Elementar-Körperliche ebenso wie das Seelisch-Geistige einschließendem Sinn – jedoch nicht zustande kam. In manchen Beziehungen, wie in der zu Freud, blieb das Sexuelle ganz im Hintergrund. Lous Narzißmus, d.h. die von ihr als »glückhaft« empfundene Selbstbezogenheit, war in jüngeren Jahren stärker spürbar. Abgesehen davon, dass meist *sie* es war, die die Beziehung zu ihren Liebhabern beendete, war ihr Narzißmus wenig aggressiv; er wurde außerdem abgemildert durch ihre Empathie. Dafür, dass sie andere Menschen nur zur Bestätigung der eigenen Grandiosität herangezogen und entsprechend ausgenutzt hätte, gibt es in ihrem Leben keine Anhaltspunkte. Insgesamt kann man sagen, dass das, was von den Partnern in ihren Beziehungen als problematisch erlebt wurde, bei der »reifen« Lou Andreas-Salomé als überwunden gelten kann. In der Phase, in der sie als Psychoanalytikerin und Therapeutin tätig war, konnte deshalb auch ihre Fähigkeit voll zum Zug kommen, den anderen »besser zu verstehen, als er sich selbst verstanden hat«, und aus diesem vertieften Verständnis heraus seine persönliche Weiterentwicklung zu fördern.

Sándor Ferenczi

Sándor Ferenczi – Von der analytischen »Technik« zur therapeutischen Beziehung

Sándor Ferenczi (1873-1933) war über lange Jahre der engste, dem Begründer der Psychoanalyse am nächsten stehende Mitarbeiter aus dem Kreis des sogenannten »Geheimen Komitees«, das nach dem »Abfall« der frühen Anhänger Adler, Stekel und Jung gebildet wurde, um »wie die Paladine Karls des Großen das Reich und die Politik ihres Herrn zu hüten« (Brief von E. Jones an Freud vom 7.8.1912, zit. in: Gay 2006, S. 263). Unter den Anhängern und Schülern Freuds galt er als einer der loyalsten und zugleich kreativsten Köpfe. Die hohe Wertschätzung, die Freud für ihn empfand, zeigt sich nicht nur darin, dass er ihn in den Anfangsjahren ihrer Zusammenarbeit häufig als Begleiter und Gesprächspartner auf seine Urlaubsreisen mitnahm – eine Gunst, die er sonst nur Verwandten wie der Schwägerin Minna und seiner Tochter Anna gewährte; sie kommt vor allem darin zum Ausdruck, dass der bei weitem umfangreichste und wissenschaftlich ergiebigste Teil von Freuds Briefwechsel in der Korrespondenz mit Ferenczi[1] besteht. In der polemischen Schrift *Zur Geschichte der psychoanalytischen Bewegung* (1914), in der

1 Der Briefwechsel zwischen Freud und Ferenczi, lange Zeit Desiderat einer vorurteilsfreien Erforschung der Geschichte der psychoanalytischen Bewegung, konnte erst in den Jahren 1993-2005 in einer sechs Teilbände umfassenden Ausgabe im *Böhlau*-Verlag (hrsg. v. E. Brabant u.a.) ediert werden. Über die Umstände, die jahrzehntelang die Veröffentlichung verhinderten, informiert André Haynal in den »Einleitenden Bemerkungen« zu Bd. I/1 (Freud/Ferenczi 1993a, S. 17ff.).

er sich mit den »Abfallbewegungen« auseinandersetzt, zollt Freud seinem Mitarbeiter Ferenczi höchstes Lob:

»Das Österreich geographisch so nahe verbundene, ihm wissenschaftlich so entfremdete Ungarn hat der Psychoanalyse bisher nur einen Mitarbeiter geschenkt, S. Ferenczi, aber einen solchen, der wohl einen Verein aufwiegt.« (Freud 1971, S. 169.)

Stark beeinträchtigt wurde die Bedeutung, die Ferenczi in der Geschichte der Psychoanalyse zweifellos zukommt, allerdings dadurch, dass es in seinen letzten Lebensjahren infolge etlicher von ihm vorgenommener Revisionen an der klassischen Art der Analyse zu erheblichen Differenzen zwischen ihm und Freud gekommen war. Ernest Jones, innerhalb des »Komitees« der schärfste Rivale um die Gunst des Meisters, behauptete in seiner nach dem Zweiten Weltkrieg veröffentlichten Freud-Biographie, bei Ferenczi hätten sich im Zusammenhang mit der Krankheit, an der er schließlich starb, »latente psychotische Tendenzen«, gipfelnd in »paranoiden Vorstellungen und sogar Mordideen« (Jones 1962, Bd. III, S. 212ff.), bemerkbar gemacht. Diese Behauptung, für die es nach heutigen Erkenntnissen keinerlei Grundlage gibt, blieb zwar auch in der damaligen Zeit nicht unwidersprochen; auf Grund der großen Autorität, die Jones in der *Internationalen Psychoanalytischen Vereinigung* besaß, hielt sich in Analytikerkreisen lange jedoch die Auffassung, dass Ferenczis Abweichungen vom klassischen Verfahren letztlich Ausfluss einer persönlichen »Spinnerei« und infolgedessen nicht ganz ernst zu nehmen seien.

Hinzu kam das Schicksal, das Ferenczis *Veröffentlichungen* beschieden war. Voranalytische Aufsätze und Besprechungen aus seiner Feder erschienen größtenteils in ungarischen medizinischen Fachzeitschriften und wurden später nicht wieder publiziert. Unter dem Titel *Bausteine zur Psychoanalyse* konnte er selbst wenige Jahre vor seinem Tod aus den zuvor in psychoanalytischen Zeitschriften und Jahrbüchern erschienenen Aufsätzen zwar noch zwei Bände zusammenstellen; diese waren jedoch bereits Mitte der 30er Jahre vergriffen, »als die Nazis einen großen Teil der Bestände verbrannten« (M. Balint im Vorwort zu Ferenczi 1964, Bd. I, S. 5). Zwei weitere, von Vilma Kovács und Michael Balint herausgegebene Bände erschienen unmittelbar vor Ausbruch des Zweiten Weltkriegs in der Schweiz und konnten deshalb keine große Wirkung entfalten. Eine vierbändige Ausgabe der *Bausteine zur Psychoanalyse* erschien 1964 im Verlag Huber (Bern) und 20 Jahre später als Taschenbuch-Nachdruck in der Reihe *Ullstein Materialien.* Beide Ausgaben sind lange vergriffen. Eine zweibändige Auswahl mit dem Titel

Schriften zur Psychoanalyse wurde von Michael Balint im Jahr 1970 im S. Fischer Verlag in der Reihe *Conditio humana* herausgegeben. Eine Neuauflage erfolgte erst im Jahr 2004 im Psychosozial-Verlag. Dort erschien auch ein dritter, von Helmut Dahmer herausgegebener Band von Ferenczis *Schriften zur Psychoanalyse* mit Aufsätzen und Vorträgen, die in die von Balint besorgte Ausgabe nicht aufgenommen worden waren. Sowohl für die *Bausteine*, als auch für die *Schriften zur Psychoanalyse* gilt, dass sie zwar die wichtigsten Schriften Ferenczis zur Theorie der Psychoanalyse und zur Behandlungspraxis enthalten, jedoch nicht vollständig sind. Erst die von Judith Dupont, der Nachlassverwalterin Balints, edierte französische Ferenczi-Ausgabe (*Oevres Complètes* im Verlag *Payot* 1990ff.) kann Anspruch auf Vollständigkeit erheben.

Mit dem Umstand, dass Ferenczis Schriften im deutschen Sprachbereich nicht sehr bekannt sind, hängt zusammen, dass wir über seine *Biographie,* vor allem über seine Kindheit und Jugendzeit, bisher nur unzureichend unterrichtet sind. Allerdings enthalten seine Briefe an Sigmund Freud, aber auch an *Georg Groddeck,* dem Ferenczi bis zu seinem Tod im Jahr 1933 freundschaftlich verbunden blieb, viele Informationen über seine wissenschaftlichen Ambitionen und die jeweils aktuellen persönlichen Verhältnisse. In ihnen finden sich auch Reflexionen über Ferenczis familiäre Beziehungen, die von ungewöhnlicher Offenheit zeugen. Balints Projekt einer *Ferenczi-Biographie* konnte leider von ihm selbst nicht vollendet werden. Das von Balints Nachlassverwalterin Judith Dupont herausgegebene *Klinische Tagebuch* von 1932 (frz. 1985, dt. 1988) sowie die von André Haynal wissenschaftlich betreute Edition des *Briefwechsels mit Freud* (1993- 2005) stellen inzwischen jedoch neue Dokumente bereit, die wie bei kaum einem anderen Autor aus der psychoanalytischen Bewegung Einblicke in sein Inneres gewähren.

Im Folgenden geht es vor allem darum, Ferenczis Modifikationen der klassischen psychoanalytischen »Technik« als wesentlichen Beitrag zur Entwicklung der *therapeutischen Beziehung* sichtbar zu machen. Seine Biographie ist mit heranzuziehen, weil sie Dispositionen schuf, die ihn für seine »behandlungstechnischen« Neuerungen besonders aufgeschlossen machten.

Elternhaus, Ausbildung und Berufstätigkeit als Psychiater

Sándor Ferenczi wurde am 7. Juli 1873 in der nordungarischen Provinzstadt Miskolc als Sohn eines Buchhändlers und Verlegers geboren. Sein Vater Bernát war ein aus Krakau eingewanderter Jude, der seinen ursprünglichen Namen »Fraenkel« zu »Ferenczi« hatte magyarisieren lassen (vgl. Haynal 2000, S. 47). Mit dieser Namensänderung hatte der Vater nicht seine jüdische Identität aufgeben wollen; vielmehr hatte er sich in jungen Jahren ungarischen Freischärlern angeschlossen, die im Zuge der 1848er-Revolution, die auch das Habsburgerreich erfasste, für liberale Reformen und eine Lostrennung von Österreich kämpften. Die Namensänderung war ein Bekenntnis zu seiner neuen ungarischen Heimat. Nachdem die revolutionäre Bewegung in Ungarn mit Hilfe russischer Truppen niedergeschlagen worden war, ließ sich der Vater zunächst in Eger im Böhmischen, später in Mikolc nieder; die Rückkehr nach Ungarn wurde ihm gestattet, weil er in den revolutionären Truppen keinen führenden Rang bekleidet hatte. Er heiratete im Jahr 1858 und wurde Buchhändler, bald auch erfolgreicher Verleger, wobei er mit den von ihm verlegten Autoren das gegen den österreichischen Obrigkeitsstaat gerichtete Programm fortzuführen suchte (vgl. M. Balint: Einleitung des Hrsg. in: Ferenczi 1970, Bd. I, S. X). Unter den Verlegern, die bei ihm in die Lehre gingen, war unter anderen auch Samuel Fischer, der Begründer des S. Fischer Verlages.

Außer dem Geschäft wurde im Hause Ferenczi auch die Musik gepflegt. Der Vater betrieb nebenher eine Konzertagentur und veranstaltete selbst Konzerte. Sein Haus wurde zum Treffpunkt für ungarische und ausländische Künstler und Intellektuelle. Sándor Ferenczi wuchs also in einem kulturell offenen, für liberale Ideen aufgeschlossenen jüdischen Elternhaus auf. Mehrsprachigkeit gehörte dazu; Ferenczi sprach und schrieb ein ausgezeichnetes Deutsch. Wieweit die *jüdische Religion* in seiner Erziehung eine Rolle spielte – viele aus weiter östlich liegenden Gebieten stammende, ehemals orthodox lebende Juden durchliefen ja nach der Übersiedlung in andere Regionen der k.u.k.-Monarchie einen schwierigen Assimilationsprozess –, ist allerdings nicht überliefert.[2]

2 Die Angaben über Ferenczis Herkunftsfamilie basieren größtenteils auf Michael Balints Einleitung zu Ferenczis *Schriften zur Psychoanalyse* (1970). Mehr ins Detail geht Judith Dupont in der Einleitung zum *Briefwechsel* Ferenczi/Groddeck (frz. 1982, dt. 1986), in denen das von Balint für seine geplante Ferenczi-Biographie gesammelte, aber nicht veröffentlichte Material mit verwendet werden konnte. Auf die Rolle der jüdischen Religion im Elternhaus bzw. bei Ferenczis Vorfahren wird bei beiden nicht Bezug genommen. Immerhin erwähnt J. Dupont, dass die Geburtsurkunden von Sándor Ferenczi und seinen elf Geschwistern vom »Personenstandsregister der israelitischen Kultusgemeinde von Mikolc« zur Verfügung gestellt wurden (a.a.O., S. 19). Also ist zumindest anzunehmen, dass die Familie Ferenczi dieser Kultusgemeinde angehört hat.

Sándor war das achte von insgesamt zwölf Kindern, von denen eine Schwester früh starb; möglicherweise hat dieser Kinderreichtum der Familie mit der jüdischen Tradition zu tun, in der ja große Nachkommenschaft als ein besonderer Segen galt. Sándor musste die Liebe der Eltern mit zahlreichen Geschwistern teilen, was zur Folge hatte, dass er sich ständig benachteiligt und zu kurz gekommen fühlte. Hinzu kam, dass sein Vater, an dem er sehr hing, verstarb, als er 15 Jahre alt war.

Die *Mutter* Rosa, geborene Eibenschütz, stammte aus Krakau und wuchs in Wien auf. Sie war zehn Jahre jünger als der Vater, bekam ihr erstes Kind mit 20 Jahren und muss eine resolute Frau gewesen sein; körperliche Zärtlichkeit war von ihrer Seite nicht zu erwarten. Nach dem Tod des Vaters hatte sie alle Hände voll damit zu tun, die Familie durchzubringen, wobei sie selbst die Buchhandlung und den Verlag fortführte, bis Sándors nächstjüngerer Bruder Károly alt genug war, um das Geschäft zu übernehmen. Sándor Ferenczi schreibt über das durch sie geprägte Familienklima:

»War ich zu anspruchsvoll, oder war meine Mutter – die Mutter von 11 lebenden Kindern, von denen ich das 8. war – zu streng: nach meiner Erinnerung ist es gewiß, daß ich als Kind *zu wenig Liebe und zu viel Strenge* von ihr erfuhr. Sentimentalität, Liebkosungen waren in unserer Familie etwas Unbekanntes. Umso eifriger wurden Gefühle wie: Scheue Achtung vor den Eltern usw. gepflegt. Was anders konnte das Resultat einer solchen Erziehung sein als Hypokrisie? Den Schein wahren, alle ›Unsitte‹ verbergen, war das Wichtigste. So wurde ich eminenter Schüler und geheimer Onanist; verschämt, nie ein böses Wort gebrauchend – und insgeheim mit gestohlenem Geld Prostituierte besuchend.« (Brief an G. Groddeck, Weihnachten 1921, in: Ferenczi/Groddeck 1986, S. 36, Hervorhebung H.J.)

Im Briefwechsel mit Freud erwähnt Ferenczi, seine Mutter sei »bis zum Tode des Vaters streng« und nach seinem damaligen Gefühl »oft ungerecht« gewesen. Er habe Erinnerungen an »Aussetzungsphantasien« und »erbitterte Rachephantasien aus dem 7.-8. Jahre« (Brief an Freud ohne Datum [vermutlich 1912], in: Freud/Ferenczi 1993b, S. 98). Von der Köchin im elterlichen Haushalt sei er im Alter von drei Jahren bei der »mutuellen Berührung« mit seiner nächstälteren Schwester Gizella »ertappt und (bei der Mutter verklagt?) mit dem Küchenmesser bedroht« worden – offensichtlich eine »Kastrationsdrohung« (Brief v. 26.12.1912, a.a.O., S. 179). Deshalb habe er die Schwester nicht leiden können, »obzwar die Mutter behauptet, dass wir uns als Kinder gut vertragen hätten« (ebd.).

Sándor war, wie er selbst sagt, ein »sehr guter« Schüler. Er besuchte das protestantische Gymnasium seiner Heimatstadt und ging, wenige

Monate nach seinem 17. Geburtstag, nach Wien, um dort Medizin zu studieren. Aus der Schulzeit ist überliefert, dass er Gedichte im Stil Heinrich Heines schrieb und sich für die Musik Richard Wagners begeisterte. In Wien wohnte er bei einem Onkel väterlicherseits, er war jedoch, im Gegensatz zu seiner Schulzeit, kein sehr eifriger Student. Balint berichtet, Ferenczi habe oft erzählt, dass er in Wien »ein lustiges Leben geführt« habe (Einleitung des Hrsg. in: Ferenczi 1970, Bd. I, S. XI). Dazu gehörte, wie in der damaligen Zeit in »besseren Kreisen« üblich, wohl auch der Besuch bei Prostituierten.

Sándor Ferenczi beendet gleichwohl sein Studium ohne Zeitverlust und erhält das Doktordiplom im Jahr 1884. Danach leistet er seinen Militärdienst in der österreichisch-ungarischen Armee ab. Nach der Militärzeit zieht er nach Budapest. In den Jahren 1897/98 arbeitet er dort im *St. Rochus-Spital*, ab Juli 1898 wird er Assistenzarzt in der dortigen Prostituierten-Abteilung, dann Sekundarzt an der Neurologisch-psychiatrischen Abteilung des *Elisabeth-Armen-Hauses*. In diesen Jahren kommt er mit dem Elend der unteren sozialen Schichten in Berührung. Im Jahr 1900 eröffnet er eine eigene Praxis als Neurologe. 1904 wird er Leiter des neurologischen Ambulatoriums des Budapester Allgemeinen Krankenhauses und im Jahr 1907 wird er zum neurologischen Sachverständigen des Budapester Gerichtshofes bestellt (vgl. Dahmer 1976, S. 167). Im gleichen Jahr lernt er auch Sigmund Freud kennen.

Während des Ersten Weltkriegs ist Ferenczi zunächst als Regimentsarzt in der Kleinstadt Pápa in Westungarn tätig; 1916 wird er als Neuropsychiater nach Budapest an ein Militärlazarett versetzt. Er behandelt »Kriegneurosen« – die wichtigste Tätigkeit, die Heerespsychiatern zugedacht war, um psychisch kampfunfähige Soldaten wieder für den Einsatz an der Front »verwendungsfähig« zu machen. In den Jahren 1914 und 1916 verbringt er jeweils einige Wochen bei Freud in Wien, um sich von ihm analysieren zu lassen.[3] Im Jahr 1919 erhält er während der kurzlebigen Räterepublik in Ungarn den – international gesehen – ersten

3 Die Angaben von Jones (1962, Bd. II, S. 197f.) und Balint (Einleitung des Hrsg. zu Ferenczi 1970, Bd. I, S. XIIf.) über Ferenczis Analyse bei Freud gehen leicht auseinander. Nach Jones verbrachte Ferenczi in den Jahren 1914 und 1916 »je drei Wochen« in Wien, seine Analyse wurde jedoch beide Male »unverhofft durch Einberufung in den Militärdienst« unterbrochen; nach Balint verwendete er auch seine Urlaubstage als Militärarzt 1915 dazu, um »nach Wien zu fahren und seine Analyse fortzusetzen.« Jones befand sich im Jahr 1913 für einige Zeit bei Ferenczi in Analyse. »Keines der anderen Mitglieder [des sog. ›Geheimen Komitees‹] hatte eine regelrechte Analyse durchgemacht.« (Jones, a.a.O., S. 198.)

Lehrstuhl für Psychoanalyse an der Universität Budapest, der jedoch unter dem Regime des Generals Horthy noch im gleichen Jahr annulliert wird. Danach unterhält er erneut eine psychoanalytische Privatpraxis, die er bis kurz vor seinem Tod im Mai 1933 weiterführt (vgl. M. Balint in: Ferenczi 1970, Bd. I, S. XIIff.)

Frühe Beiträge zur Psychoanalyse

Halten wir zunächst fest: Ferenczi war wie Freud jüdischer Abstammung und er war wie Freud Mediziner mit einer Spezialisierung auf Neurologie und Psychiatrie, die er im Konsens mit der damaligen Forschung als *angewandte Naturwissenschaft* verstand. Auf die Psychoanalyse wird er auf dem Umweg über die *Züricher Schule* der Psychiatrie (Eugen Bleuler und Carl Gustav Jung) aufmerksam, nachdem er zuvor zwar schon Freuds *Traumdeutung* (1900) zu Gesicht bekommen, das Buch jedoch für »nicht wissenschaftlich genug« befunden hat, um es zu besprechen (vgl. M. Balint, a.a.O., S. XI). Die Assoziationsexperimente, die Bleuler und Jung anstellten, um mit der Stoppuhr die Zeit zwischen den gelieferten Stichworten und den ersten Einfällen zu messen, faszinieren ihn dagegen. Eine Zeitlang unternimmt er selbst ähnliche Experimente bei Verwandten und Bekannten. Was jedoch wichtiger ist: Innerhalb kürzester Zeit liest er sich in die bis dahin verfügbare *psychoanalytische Literatur* ein.

Durch Vermittlung von C. G. Jung kommt es am 2.2.1908 zur ersten Begegnung zwischen Ferenczi und Freud in Wien. Freud ist vom 17 Jahre jüngeren Ferenczi offenbar so beeindruckt, dass er ihn einlädt, am für April des gleichen Jahres in Salzburg geplanten ersten *Internationalen Psychoanalytischen Kongreß* teilzunehmen und dort ein Referat zu halten – eine Aufgabe, die Ferenczi mit Bravour erledigt. Sein Vortrag über »Psychoanalyse und Pädagogik« (Ferenczi 1908) markiert den Beginn einer langjährigen fruchtbaren Zusammenarbeit mit Freud, bei der Ferenczi nicht nur auf dem engeren Gebiet der Neurosenlehre und der klinischen Diagnostik weiterführende Theoriebeiträge liefert, sondern auch manche Andeutungen, die sich im Werk Freuds finden, weiter ausführt und auf Gebiete ausdehnt, zu denen dieser nicht explizit Stellung nehmen will. Ein Beispiel liefert schon sein Vortrag auf dem Salzburger Kongreß, in dem Ferenczi u.a. aus Freuds *Drei Abhandlungen zur Sexualtheorie* (1905) Konseqenzen für die Pädagogik zieht. So äußert er zur Sexualerziehung:

»Das heutige Vorgehen, wo man die Kinder in den heftigsten Krisen ihrer sexuellen Entwickelung ohne Stütze und Unterweisung, ohne Erklärung und Beruhigung allein läßt, ist eine Grausamkeit. Die der Intelligenzstufe des Kindes entsprechende sukzessive Aufklärung muß hier Wandel schaffen. Erst wenn die Geheimistuerei in sexuellen Fragen aufhört, wenn man über die Vorgänge im eigenen Körper und in der eigenen Seele richtige Vorstellungen hat, also nur bei Aufmerksamkeitsbesetzung, kann man die sexuellen Affekte wirklich beherrschen und sublimieren. [...]
Die Methoden der Korrektion: Belohnung, Befehl, Strafe, körperliche Züchtigung, bedürfen einer genauen Revision. Hier wird am meisten gesündigt und oft die Keime späterer Neurosen eingeimpft.« (Ferenczi 1908, S. 6.)

Ferenczi plädiert in diesem frühen Vortrag, anders als in seinen späten Empfehlungen zum Vorgehen in der Therapie, nicht für eine »Verzärtelung« (ebd.) der Kinder, sondern für ein dem jeweiligen psychischen Entwicklungsstand angemessenes, auf die kindlichen Bedürfnisse eingehendes *und* die kulturellen Forderungen in verkraftbarer Weise vermittelndes Verhalten der Erwachsenen, womit beim Heranwachsenden eine auf Introspektion beruhende *Selbststeuerung* gefördert werden soll. Nur so könne der Aufspaltung in eine vordergründig entsprechend den hohen Idealen von »Pflichterfüllung, Ehrlichkeit, Schamhaftigkeit, Ehrfurcht vor Autoritäten und den gesetzlichen Einrichtungen usw.« funktionierende und eine hintergründig durch Abwehr »antisozialer und selbstgefährlicher Instinkte« bestimmte, »parasitäre Persönlichkeit« (a.a.O., S. 8f.) entgegen gearbeitet werden.

Ferenczis Überlegungen zur individuellen Neurosenprophylaxe enthalten wichtige Anregungen für die spätere *Psychoanalytische Pädagogik*, die seit 1926 über eine entsprechende Zeitschrift verfügt. Sie artikulieren aber auch Kritik an einer Gesellschaft, die zu »introspektiver Blindheit« erzieht, indem sie die Menschen dazu bringt, »sich selbst [zu] belügen, die in ihrem Inneren sich regenden Gedanken und Gefühle vor sich selbst ab[zu]leugnen« (a.a.O., S. 8). Die Forderung nach *Echtheit und Authentizität*, die für die Humanistische Psychologie generell gilt (vgl. Kollbrunner 1987, S. 382ff.), kann hier später anknüpfen, wenngleich die problematischen Seiten des menschlichen Innenlebens bei Psychologen dieser Richtung weniger hervorgehoben werden.

Von den zahlreichen weiteren Veröffentlichungen Ferenczis aus der Anfangszeit der Zusammenarbeit mit Freud verdienen einige *Beobachtungen aus der Praxis* in unserem Zusammenhang besondere Erwähnung (auf seine späteren Beiträge zur sog. »Technikdebatte« wird noch gesondert eingegangen). Es handelt sich vor allem um den Artikel über »Passagère Symptombildungen während der Analyse« (1912), der durch eine Reihe von komprimierten Beobachtungen und Kommentaren ergänzt wird (vgl. Ferenczi 1964, Bd. II, S. 26ff.). Darin stellt Ferenczi z.B. fest, dass Patienten in bestimmten Gesprächsituationen gähnen oder husten müssen, heftigen Harndrang entwickeln, obwohl sie vor Beginn der Sitzung ihre Blase entleert haben, zum Einschlafen neigen, auf der Couch eine ungewöhnliche Position einnehmen oder beim Aufstehen am Ende der Sitzung Schwindelgefühle entwickeln usw. Die Erklärung, dass es sich hier um »ganz normale« physiologische Erscheinungen handle, wie sie jederzeit auftreten können, genügt ihm als Analytiker nicht. Bei genauerem Nachfragen stelle sich nämlich heraus, dass das Husten wiederholt auftritt, wenn der Patient »etwas verschweigen« will, der Harndrang, wenn ängstigende oder beschämende Erlebnisse in die Nähe des Bewusstwerdens rücken u.a.m. (vgl. a.a.O., S. 21ff). Das passagère Körpersymptom in der Analysestunde ist also ein wichtiges Indiz für emotional besetzte Vorgänge und Erlebnisse in der Vergangenheit bzw. Widerstände in der aktuellen Übertragungsituation, die der Patient nicht verbal zum Ausdruck bringen kann.

Dass »psychogene Körpersymptome« (a.a.O., S. 29) in die Therapie mit einzubeziehen sind und gerade in kritischen Situationen Aufschluss über vorhandene Probleme geben können, ist für die meisten Vertreter der Humanistischen Psychologie und auch für aufgeschlossene Psychoanalytiker heutzutage eine Selbstverständlichkeit. Die wenigsten machen sich jedoch klar, dass Ferenczi, nicht Freud derjenige war, der als erster auf die Bedeutung dieser Symptome hingewiesen und damit zu einer Erweiterung des rein sprachlichen Vorgehens in der Psychotherapie beigetragen hat.

Ferenczis Stellung in der psychoanalytischen Bewegung

Sándor Ferenczi betätigte sich nicht nur als begabter Theoretiker und genau beobachtender Praktiker der Psychoanalyse, sondern auch als ein einfallsreicher Organisator. Auf seine Initiative geht die Gründung der *Internationalen Psychoanalytischen Vereinigung* zurück, die er beim Zweiten Internationalen Psychoanalytischen Kongreß in Nürnberg im Jahr 1910 durch ein Referat »Zur Organisation der psychoanalytischen Bewegung« (Ferenczi 1970, Bd. I, S. 48ff.) vorbereitet. In seinem Vortrag äußert er sich zur Organisationsform des Vereins voll skeptischer Ironie in einer Weise, die die spätere Entwicklung der Psychoanalyse in manchen Aspekten vorwegnimmt:

»Der Präsident ist der Vater, dessen Aussprüche unwiderlegbar, dessen Autorität unverletzbar ist; die anderen Funktionäre sind die älteren Geschwister, die die jüngeren hochmütig behandeln und dem Vater zwar schmeicheln, aber ihn im ersten geeigneten Moment vom Throne stürzen wollen, um sich an seine Stelle zu setzen.« (Ferenczi 1970, Bd. I, S. 52.)

Ferenczi plädiert trotz seiner Bedenken für die Gründung einer Organisation, die »günstige innere Bedingungen zur Arbeit schüfe, aber auch imstande wäre, sich nach außen Achtung zu verschaffen« (a.a.O., S. 54). Die Gründung der *Internationalen Psychoanalytischen Vereinigung*, für die Ferenczi die Statuten ausarbeitet,[4] wird 1910 mit großer Mehrheit beschlossen.

Ferenczi strebt nicht – oder nur unter vielen Bedenken – nach äußerer Macht. Präsident der *Internationalen Psychoanalytischen Vereinigung* wird zunächst Carl Gustav Jung, der in dieser Hinsicht mehr Ehrgeiz entwickelt und als »Kronprinz« und Nicht-Jude Freuds Hoffnungen trägt, der Psychoanalyse breitere Anerkennung im akademischen Bereich zu verschaffen. Als sich wenige Jahre später Jungs »Abfall« abzeichnet, erhält Ferenczi von Freud den Auftrag, in einer kritischen Besprechung von Jungs *Wandlungen und Symbole der Libido* (1912) den Bruch mit der Psychoanalyse deutlich zu machen (vgl. Ferenczi 1964, Bd. I, S. 243ff.). Freud schreibt im Vorfeld der Trennung von Jung an Ferenczi:

»Jung muß sich jetzt in florider Neurose befinden. Wie immer das ausgeht, meine Absicht, Juden und Gojim im Dienst der Psychoanalyse zu verschmelzen, scheint zunächst mißglückt. Sie scheiden sich wie Öl und Wasser.« (Brief vom 28.7.1912, in: Freud/Ferenczi 1993b, S. 117.)

Mit pathologisierenden Etiketten ist Freud bei Konflikten immer gern zur Hand – dieses Mittel wird er später auch gegen Rank und Ferenczi anwenden. Nach der Absetzung von Jung übernimmt Ferenczi jedoch erst einmal über etliche Jahre die Rolle des »Secret Grand-Vizier« (Ferenczi 1999, S. 218), wie sich vor allem bei der Gründung des »Geheimen Komitees« zeigt. Die Idee dazu stammt wiederum von ihm. Ernest Jones schreibt Ende Juli 1912 an Freud:

4 Ferenczis gedruckter Statuten-Entwurf zur Gründung der *Internationalen Psychoanalytischen Vereinigung*, versehen mit handschriftlichen Korrekturen C.G. Jungs, ist im von H. Dahmer hrsg. Ergänzungsband der *Schriften zur Psychoanalyse* (Ferenczi 2005, S. 152f.) im Faksimile abgedruckt.

»Ferenczi, Rank und ich hatten über diese allgemeinen Themen ein kleines Gespräch in Wien. Sie waren über die ganze Züricher Haltung ziemlich enttäuscht und dachten sogar, daß deren Treue zur Sache nicht so wäre, wie sie sein sollte.[...] Einer von ihnen, ich glaube es war Ferenczi, drückte den Wunsch aus, daß eine kleine Gruppe von Männern gründlich von Ihnen analysiert werden könnte, sodaß sie die reine Theorie, unverfälscht durch persönliche Komplexe, vertreten könnten und so einen inoffiziellen inneren Kreis im Verein bilden und als Zentrum dienen könnten, wohin andere (Anfänger) kommen und die Arbeit lernen könnten. Wenn das nur möglich wäre, wäre es eine ideale Lösung.« (Brief von Jones an Freud, zit. in der Einleitung zu Freud/Ferenczi 1993b, S. 19.)

Bald darauf kommt es zur Gründung des »Geheimen Komitees«, dem außer Rank, Ferenczi und Jones noch Karl Abraham, Hanns Sachs und ab 1919 Max Eitingon angehören. Ferenczi spielt in diesem engeren Kreis auf Grund seiner Nähe zu Freud eine besondere Rolle.

Die Nähe zwischen beiden Männern zeigt sich nicht nur in der fachlichen Zusammenarbeit. André Haynal schreibt in der Einleitung zum letzten Band des Briefwechsels:

»Die Jahre des Ersten Weltkriegs und die Nachkriegszeit sind der Höhepunkt in Freuds und Ferenczis Beziehung. Ferenczi ist für Freud Vertrauter, intellektueller Ansprechpartner, Freund, Analysand, Bündnisgenosse, Präsident der Internationalen Psychoanalytischen Vereinigung, kurz, zusammen mit Otto Rank derjenige, der ihm persönlich am nächsten steht. Ferenczi fühlt sich der Wertschätzung und Anerkennung Freuds sicher und vertraut ihm intimste Mitteilungen an. Gleichzeitig engagiert er sich aktiv in der psychoanalytischen Bewegung, in der er eine führende Rolle spielt.« (A. Haynal in: Freud/Ferenczi 2005, S. 9).

Was an dieser Aufzählung auffällt, ist die *Vermischung von Rollen*, die aus heutiger Sicht besser getrennt bleiben sollten. Ähnlich wie wir ein Befremden dabei empfinden, dass Freud seine eigene Tochter Anna analysiert hat, was dazu führte, dass sie ihre Abhängigkeit vom Vater nicht überwinden, ja wahrscheinlich nicht einmal adäquat thematisieren konnte, wird man auch sagen müssen, dass eine schon bestehende Freundschaft und eine therapeutische Beziehung sich »eigentlich« ausschließen. Ferenczi begab sich jedoch zu Freud in die Analyse, *nachdem* aus ihrer engen fachlichen und organisatorischen Zusammenarbeit bereits eine Art Freundschaft geworden war.

Aus der Anrede im Briefwechsel wird deutlich, dass zwischen beiden bei aller freundschaftlichen Nähe doch ein gewisses Gefälle besteht. Freud redet Ferenczi nach relativ kurzer Zeit mit »Lieber Freund« an –

eine Auszeichnung, die er nur wenigen Briefadressaten vorbehält. Ferenczi tituliert Freud jedoch durchwegs als »Lieber Herr Professor«. Freud bleibt für ihn bei aller Freundschaft eine *Autorität,* um deren Anerkennung er sich bemüht und von der er abhängig bleibt. Manche Autoren, wie z.B. der Freud-Biograph Peter Gay, sprechen nicht ohne Berechtigung von einem »unersättlichen Verlangen nach Liebe«, das Ferenczi sein Leben lang umgetrieben und seine Beziehung zu Freud belastet habe (vgl. Gay 2006, S. 215).

Ferenczi äußert gegenüber Freud einmal im Zusammenhang mit der Bitte um »väterlichen Zuspruch« in einer schwierigen emotionalen Situation, dass er »mit der Unabhängigkeit nicht weit gekommen« sei (Brief v. 14.11.1911, in: Freud/Ferenczi 1993a, S. 421). In den beiden folgenden Briefen redet Freud ihn, scherzhaft darauf eingehend, mit »Lieber Sohn« an, er fügt allerdings beim zweiten Mal hinzu: »Bis Sie sich diese Titulatur wieder verbitten!« (a.a.O., S. 426) Ferenczis überstarkes Bedürfnis, geliebt zu werden, war ihm nicht recht. Er hätte sich lieber gewünscht, »daß Sie [Ferenczi] sich aus der infantilen Rolle reißen, als gleichberechtigter Kumpan neben mich hinstellen« (Brief v. 2.10.1910, a.a.O., S. 305). Doch das gelingt Ferenczi nicht.

Es ist aber auch Freud, der ein solches Selbständigwerden Ferenczis, bzw. generalisiert: der »Söhne« allgemein, verhindert. Ausgetragen wird der Vater-Sohn-Konflikt in der Regel in Kontroversen über die *Reinheit der Lehre*, wobei nur Freud selbst, dem »Vater«, das Recht zusteht, psychoanalytische Konzepte je nach Bedarf bzw. tieferer Einsicht abzuändern. Von den Söhnen wird dagegen »volle Unterwerfung« unter die jeweils gültige Lehre verlangt (vgl. Freuds Brief vom 27.10.1912, bezogen auf Stekel, in: Freud/Ferenczi 1993b, S. 140). Bei Jung entlädt sich die Verärgerung über das autoritäre Verhalten Freuds in einem ziemlich »frechen« Brief,[5] dem wenig später der Abbruch der Beziehung folgt. Bei Ferenczi geht die Bindung tiefer. Er leidet in den letzten Lebensjahren massiv unter der durch unterschiedliche Auffassungen über die Rolle des Therapeuten bedingten Entfremdung von Freud, vermeidet jedoch den offenen Bruch und vertraut seine persönlichen Gedanken über die Beziehung zu Freud nur seinem bis 1985 unveröffentlicht gebliebenen

5 »Ich möchte Sie aber darauf aufmerksam machen, daß Ihre Technik, Ihre Schüler wie Ihre Patienten zu behandeln, ein *Mißgriff* ist. Damit erzeugen Sie sklavische Söhne oder freche Schlingel. [...] Sie weisen rund um sich herum alle Symptomhandlungen nach, damit setzen Sie die ganze Umgebung auf das Niveau des Sohnes oder der Tochter herunter, die mit Erröten die Existenz fehlerhafter Tendenzen zugeben.« (Brief Jungs an Freud vom 18.12.1912, in: Freud/Jung 1974, S. 594.)

Klinischen Tagebuch (Ferenczi 1999, S. 218ff.) an; darauf ist später einzugehen.

Aus der noch ungetrübten Anfangszeit der Beziehung zwischen Freud und Ferenczi ist bekannt, dass Freud ihn gern als seinen *Schwiegersohn* gesehen hätte. Eine Heirat mit seiner ältesten Tochter Mathilde wäre nach seiner Vorstellung gewesen (vgl. Jones 1962, Bd. II, S. 74f.). Daraus wurde allerdings nichts, Mathilde heiratete den Handelsagenten Robert Hollitscher. Mit seinem Dank für Ferenczis Glückwunschtelegramm zur Hochzeit seiner Tochter und sein »prunkvoll schönes Geschenk« verbindet Freud das Geständnis, dass er »gerne Sie [Ferenczi] an der Stelle des jungen Mannes gesehen hätte, der, mir seitdem lieb geworden, nun mit meiner Tochter abgereist ist.« (Brief vom 7.2.1909, in: Freud/Ferenczi 1993a, S. 100).

Beziehung zu Gizella Pálos und ihrer Tochter

Auf Grund der spärlichen biographischen Literatur war über Ferenczis Privatleben bis vor einigen Jahren nur bekannt, dass er eine langjährige Beziehung zu einer verheirateten Frau, *Gizella Pálos* (1865-1948), geb. Altschul, unterhielt, die mit ihrem Mann, Géza Palos, in Mikolc wohnte und aus dieser Ehe zwei Töchter, Elma und Magda, hatte. Die Beziehung zwischen Gizella Pálos und Ferenczi beginnt vermutlich im Jahr 1904 oder 1905. Es scheint, dass der Ehemann davon wusste, die Beziehung vielleicht auch geduldet hat, sich aber nicht scheiden lassen wollte. Nach etlichen Jahren willigt er aber doch in die Scheidung ein, wozu ein liberaleres Ehe- und Scheidungsrecht nach dem Ersten Weltkrieg beiträgt – Sándor und Gizella können endlich heiraten. Die Hochzeit findet am 1. März 1919 statt. Géza Pálos stirbt an ihrem Hochzeitstag an einer Herzattacke. Die beiden erfahren davon auf ihrem Weg zum Standesamt (vgl. J. Dupont: Einleitung zu Groddeck/Ferenczi 1986, S. 23).

Ist schon dieser Teil der Geschichte dramatisch genug, so wird sie umso verwickelter und belastender dadurch, dass Ferenczi, wie der erst vor wenigen Jahren veröffentlichte Briefwechsel[6] belegt, auch zu Gizel-

6 Große Teile des Briefwechsels zwischen Ferenczi und Freud waren schon vor der Veröffentlichung dadurch bekannt, dass Ernest Jones in seiner *Freud-Biographie* (Jones 1962) ausgiebig daraus zitiert hat. Ausgespart blieben jedoch die Partien, die sich auf »Frau G.« (so nennen beide Ferenczis langjährige Geliebte) und ihre Tochter bezogen. Die Verzögerung der Edition des Briefwechsel geht u.a. darauf zurück, dass noch lebende

las *Tochter Elma* eine Beziehung eingegangen ist und hierbei Freud als Berater, Supervisor, väterlichen Freund und Berufskollegen mit hineingezogen hat.

Die Ausgangssituation erscheint harmlos und für die damalige Zeit keineswegs problematisch. Ferenczi, der Elma durch seine Beziehung zur Mutter bereits kennt, erfährt, dass die 24jährige nach dem Ende der Beziehung zu einem jungen Mann einen starken »Durchhänger« hat (dies wird natürlich in der Sprache der damaligen Psychiatrie ausgedrückt, sogar von »Dementia praecox« ist die Rede). Er überredet Mutter und Tochter zwecks Diagnosestellung zu einem Besuch beim »Herrn Professor« in Wien. Einige Monate später berichtet er Freud, er habe sich entschlossen, die Tochter selbst »in psychoanalytische Behandlung zu nehmen« (Freud/Ferenczi 1993a, S. 402). Wie in anderen Fällen auch, wird von ihm in Abständen über den Fortgang der Behandlung berichtet, bis Ferenczi gegen Ende des Jahres Freud gestehen muss, die Behandlung habe einen anderen Verlauf als geplant genommen:

»Die kühle Überlegenheit des Analytikers konnte ich Elma gegenüber nicht bewahren, und ich gab mir Blößen, die dann unvermeidlich zu einer Art Annäherung führten, die ich nicht mehr als Wohlwollen des Arztes oder des väterlichen Freundes hinstellen kann. [...]
Vielleicht wurde am Ende mein Blick durch die Leidenschaft getrübt – allenfalls kann ich an Elmas Charakter nichts wahrnehmen, was mich innerlich an der Annäherung gehindert hätte. Erleichtert – und erschwert wird meine Lage durch die unvergleichlich liebenswürdige, unentwegt freundliche und liebevolle Haltung Frau G.s [Gizellas] mir gegenüber – die über alles unterrichtet ist. Ich hege zu ihr die zärtlichsten Gefühle – sie tut mir furchtbar leid.« (Brief Ferenczis v. 3.12.1911, in: Freud/Ferenczi 1993a, S. 428.)

Ferenczi befindet sich, nachdem er die Tochter näher kennen gelernt hat, in einem emotionalen Entscheidungsdilemma zwischen seiner Beziehung zur acht Jahre älteren Gizella und der aufkeimenden Zuneigung zur 14 Jahre jüngeren Elma. Ausschlaggebend scheint mangelnde sexuelle Befriedigung in der Beziehung zur bisherigen Geliebten – bei unvermindert gutem Verstehen auf intellektueller Ebene – zu sein, verbunden mit entsprechend höheren Erwartungen an die Jüngere. Da Elma seine Patientin ist, kann man dies auch so ausdrücken, dass er einer – im analytischen Jargon gesprochen – heftigen *Gegenübertragung* unterliegt,

Betroffene nicht kompromittiert werden sollten; vor allem Anna Freud machte ihren Einfluß in diesem Sinne geltend. Elma Pálos (1887-1970), später verheiratete Laurvik, erklärte sich jedoch mit der Veröffentlichung der sie betreffenden Passagen einverstanden.

die dazu führt, dass er den Plan fasst, sich von Gizella zu trennen und Elma zu heiraten. Dazu will er Freuds »väterlichen Segen« (a.a.O., S. 433) einholen, den er aber nicht erhält. Freud spielt jedoch insofern mit, als er einen Brief an »Frau Gizella« abschickt, in dem er das Verhalten seines Freundes zu erklären und sie auf ein mögliches Ende der Beziehung vorzubereiten versucht, auch wenn er aus analytischen Gründen nicht erwartet, dass die Beziehung zur Jüngeren eine dauerhafte Zukunft haben könnte (vgl. a.a.O., S. 430ff.). Ferenczi bittet Freud, die weitere Behandlung von Elma zu übernehmen, was dieser widerstrebend tut:

»Fragen Sie nicht nach meinen Neigungen und Vorlieben, sondern *verlangen* von mir, daß ich es unternehme, so muß ich natürlich zusagen.« (Brief vom 2.1.1912, in: Freud/Ferenczi 1993b, S. 30.)

Ferenczis Briefe fast das ganze Jahr 1912 hindurch geben Zeugnis von einem quälenden Schwanken zwischen seiner »inneren Stimme«, die ihm sagt, dass er seinen Plan fallen lassen müsse (vgl. a.a.O., S. 60), und Überlegungen, wie das ursprüngliche Vorhaben doch noch realisiert werden könnte, das Ganze untermischt mit Appellen an Freud um moralisch-therapeutische Unterstützung und Selbstanalysen über Zusammenhänge zwischen aktuellen Motiven und Übertragungen aus seiner Kindheit. So bestätigt er z.B. Freuds Vermutung, dass seine – Ferenczis – »Grausamkeit und Härte Frau G. gegenüber infantile Rache an der Mutter sein könnte« (a.a.O., S. 98).

Als Freud nach drei Monaten die Behandlung Elmas abbricht und diese nach Budapest zurückkehrt, übernimmt Ferenczi erneut die weitere Behandlung. Elma gegenüber äußert er, dass »die Ereignisse vor der Analyse nicht einfach ihren Fortgang nehmen können, sondern alles neu beginnen muß« (vgl. Brief an Freud vom 17.4.1912, a.a.O., S. 77). Dabei löst sich seine »Ambitendenz« in dem Konflikt allmählich dahingehend auf, dass er von Elma innerlich wie äußerlich Abstand gewinnt und zu Gizella zurückkehrt, nicht ohne die Schmerzen und Verletzungen zu registrieren, die er ihr zugefügt hat.

Wie häufig bei psychischen Problemen, reagiert Ferenczi auch danach noch längere Zeit mit psychosomatischen Beschwerden, die er auf das »mißlungene Heiratsprojekt« (Brief an Freud vom 8.2.1913, a.a.O., S. 197) zurückführt. Noch etliche Jahre später lässt er in einem Brief an Groddeck durchblicken, wie sehr die Affäre ihn belastet hat. Die Verantwortung schiebt er zumindest teilweise Freud zu:

»Ihr [Groddecks] Brief spornte mich zu einer neuerlichen Anstrengung an; er half mir, mich auch vor meiner Frau, wenn auch nur teilweise, zu demaskieren. Ich erzählte ihr wieder von Unbefriedigung, von unterdrückter Liebe zu ihrer Tochter (die meine Braut hätte sein sollen. Sie war es auch, bis eine etwas abfällige Äußerung Freuds mich dazu bewog, diese Liebe krampfhaft zu bekämpfen, das Mädchen förmlich von mir zu stoßen.)« (Brief an Groddeck, Weihnachten 1921, in: Ferenczi/Groddeck 1986, S. 37.)

Wenn man fragt, was in dieser Angelegenheit möglicherweise »schiefgelaufen« ist, so ist aus heutiger Sicht davon auszugehen – und kein Analytiker, aber auch kein Therapeut anderer Richtung wird es vermutlich bestreiten –, dass Ferenczi schon wegen seiner besonderen *Nähe zu ihrer Mutter* die Behandlung Elmas gar nicht hätte übernehmen, sie vielmehr zu einem anderen Therapeuten hätte schicken sollen. Was heute zum »eisernen Bestand« an Regeln für die Aufnahme einer therapeutischen Beziehung gehört, war damals jedoch keineswegs so klar, wie zahlreiche Beispiele aus der Anfangszeit der Psychoanalyse zeigen. Von sekundärer, aber gleichwohl nicht zu unterschätzender Bedeutung für das Verständnis der Vermischung von privater bzw. familiärer und therapeutischer Sphäre dürfte ferner der Umstand sein, dass es damals noch nicht so viele Therapeuten gab, die aus analytischer Sicht als geeignet für die Behandlung derartiger »Fälle« angesehen werden konnten.

Aber auch wenn man von der quasi-familiären Beziehung Ferenczis zu Elma einmal absieht, legt sein Verhalten *nach* Aufnahme der Behandlung, vorsichtig ausgedrückt, zumindest den Eindruck mangelnder *therapeutischer Reife* nahe. Konkret: Er realisiert nicht, dass es für den Fortgang der Therapie zwar wünschenswert ist, wenn die Analysandin eine *Übertragung* auf ihn entwickelt, dass er sich aber unprofessionell verhält, wenn er selbst mit einer derart starken Gegenübertragung reagiert, dass er sie heiraten will. Im übrigen ist aus dem Briefwechsel nicht ersichtlich, von wem die Initiative zur Intensivierung der analytischen Situation ausgegangen ist. Unklar ist auch, wie weit die körperlich-zärtliche Annäherung tatsächlich reichte. Aus dem Briefwechsel mit Freud geht jedoch klar hervor, dass Ferenczi die bürgerlich-konventionellen Konsequenzen auf sich nehmen wollte, indem er zur Trennung von seiner langjährigen Geliebten und zur Heirat mit Elma bereit war. Es kam dann allerdings anders. Ob er mit Gizella unter diesen Auspizien besonders glücklich sein konnte, wissen wir nicht. Wir wissen nur, dass *beide,* Sándor und Gizella, später bei Georg Groddeck medizinisch-therapeutische Hilfe suchten und mit dem Ehepaar Groddeck befreundet waren (vgl. Martynkewicz 1997, S. 285f.).

Die »Affäre« aus der frühen Zeit der Psychoanalyse, in die Freud mit involviert war, ist geeignet, ein neues Licht auf die spätere Kontroverse mit Ferenczi um die *richtige »Behandlungtechnik«* zu werfen.

Freud reagierte ja, wie wir seit Jones' Freud-Biographie (Bd. III, S. 196ff.) wissen, mit großer Schärfe auf die seiner Meinung nach grenzüberschreitenden Experimente, die Ferenczi gegen Ende der 20er Jahre in der »psychoanalytischen Kur« – wie es damals noch hieß – anstellte. Nach Kenntnis von der Affäre wird aber auch besser verständlich, weshalb Freud in den behandlungstechnischen Schriften (vgl. Freud 1912a; 1912b), die er etwa zeitgleich verfasste und die zumindest teilweise als Reaktion auf die persönliche Verwicklung seines Kollegen zu verstehen sind, so harsch mit der Einstellung des Analytikers umging, dass er vom Vorbild des »Chirurgen« und einer vom Analytiker zu fordernden »Gefühlskälte« (Freud 1912b, S. 175) sprach. Dies war zu einem guten Teil Abwehr gegen das *Ausufern der Gegenübertragung*, wie er es damals bei einem seiner engsten Mitarbeiter erlebte.

Hinzu kam, dass es nicht der erste »Fall« war, in dem ein von ihm geschätzter Kollege die therapeutisch gebotenen Grenzen überschritt und in dem er selbst, Freud, gefordert war, sich um die Bereinigung der Angelegenheit zu bemühen. Vorausgegangen war die Affäre zwischen C.G. Jung und *Sabine Spielrein*, zu der wichtige Details erst in den 70er Jahren des vergangenen Jahrhunderts durch die Auffindung und Veröffentlichung von Spielreins Tagebuch und den zwischen Jung, Freud und Spielrein gewechselten Briefen ans Licht gekommen sind (vgl. Spielrein 1986; Salber 2006, S. 123ff.; Richebächer 2008, S. 127ff.). Im Briefwechsel mit Jung, den er zur damaligen Zeit noch umwarb, erscheint Freud allerdings mehr als Komplize denn als Kritiker Jungs, insofern er primär der »Neurose« der Patientin die Schuld an der Affäre gibt (vgl. Brief vom 9.3.1909, in: Freud/Jung 1974, S. 233). Freud verwendet im übrigen den Terminus »Gegenübertragung« zum ersten Mal in einem Brief an Jung, der sich auf die Spielrein-Affäre bezieht.[7] Es ist mithin gut denkbar, dass die *doppelte* Erfahrung mit ihm nahestehenden Mitarbeitern, die im Verlauf einer psychoanalytischen Behandlung von ihren

7 Die entsprechende Briefpassage verdient zitiert zu werden, da es sich um eine der wenigen Stellen handelt, an denen Freud eine Schwäche zugibt: »Ich selbst bin zwar nicht ganz so hereingefallen, aber ich war einige Male sehr nahe daran [mich in eine Patientin zu verlieben, Einfügung H.J.], und hatte a narrow escape. Ich glaube, nur die grimmigen Notwendigkeiten, unter denen mein Arbeiten stand, und das Dezennium Verspätung gegen Sie, mit dem ich zur Psychoanalyse kam, haben mich vor den nämlichen Erlebnissen bewahrt. Es wächst einem so die nötige harte Haut, man wird der ›Gegenübertragung‹ Herr, in die man doch jedes Mal versetzt wird, und lernt seine eigenen Affekte verschieben und zweckmäßig plazieren.« (Brief Freuds v. 7.6.1909, in: Freud/Jung 1974, S. 255.)

erotischen Gefühlen für eine Patientin so gepackt wurden, dass sie über den Rahmen des therapeutischen Gesprächs hinausgingen, ihn bewogen hat, seine Regeln für die Handhabung der Gegenübertragung, d.h. für den Umgang mit den *eigenen* Gefühlen des Analytikers in der therapeutischen Situation, besonders restriktiv und rigide zu fassen.

Revisionen der psychoanalytischen »Technik«

Etwa bis zum Jahr 1919 praktizierte Ferenczi die Psychoanalyse entsprechend den von Freud aufgestellten Regeln – vielleicht aber auch, weil er aus seiner persönlichen Verwicklung in der Affäre mit Elma Konsequenzen gezogen hatte – mit dem Bemühen um *weitgehende Abstinenz*. So schildert er in einem Vortrag »Zur psychoanalytischen Technik« das Verhalten einer hysterischen Patientin, die ihm mit einer »unerwarteten direkten Attacke« begegnet sei: sie »sprang auf, verlangte geküßt zu werden, wurde schließlich auch handgreiflich« (Ferenczi 1919, S. 44). Auch gegenüber derartigen Vorkommnissen dürfe der Arzt seine »wohlwollende Geduld« nicht verlieren. Entrüstete moralische Zurückweisung sei ebenso wenig am Platze wie das Eingehen auf irgend eine Forderung. Er müsse vielmehr immer und immer wieder auf die »Übertragungsnatur« solcher Aktionen hinweisen, denen gegenüber er sich »ganz passiv« zu verhalten habe (ebd.). Ferenczi vergleicht in diesem Zusammenhang die Rolle des Arztes bzw. Therapeuten mit der eines *Geburtshelfers*, der sich ja auch »möglichst passiv zu verhalten, sich mit der Rolle eines Zuschauers bei einem Naturprozeß zu bescheiden hat« (a.a.O., S. 45). Er fügt allerdings hinzu, dass der Arzt, ebenso wie der Geburtshelfer, in kritischen Momenten »mit der Zange bei der Hand« sein müsse, »um den spontan nicht fortschreitenden Geburtsakt zum Abschluß zu bringen« (ebd.).

Ferenczis anfängliche Ausführungen über die Funktion des Arztes sind, ähnlich wie die schon zitierten Texte Freuds, von einer Orientierung am *naturwissenschaftlich-technischen* Paradigma bestimmt, auch wenn er im erwähnten Vortrag fordert, der Therapeut müsse lernen, seine »Anteilnahme«, die für die Therapie unerlässlich sei, richtig zu »dosieren« (a.a.O., S. 50) und »seine eigene Einstellung dem Kranken gegenüber unausgesetzt zu kontrollieren« (ebd.). Die als »Gegenübertragung« bezeichnete *innere Einstellung* des Arztes zum Patienten, die auch in seinem Verhalten diesem gegenüber sichtbar wird, führt bereits über das naturwissenschaftliche Paradigma hinaus. Anders als beim Modell der Geburtshilfe, bei dem es sich um Beobachtung und ggf. Unterstützung eines »Naturprozesses« handelt – wobei auch hier ein Angst verringernder, allein durch die Anwesenheit gegebener interaktioneller Einfluß der Hebamme bzw. des Arztes auf den »natürlichen« Geburtsvorgang nicht auszuschließen ist –, ist eine *gefühlsmäßige Einstellung* des Therapeuten zum Patienten sowohl im Grundsätzlichen, als auch in der jeweiligen konkreten Situation für den Therapieprozess konstitutiv.

In den folgenden Jahren beginnt Ferenczi, eine *»aktive Technik«* (Ferenczi 1920, S. 62ff.) zu praktizieren. Von einer veränderten Einstellung des Therapeuten gegenüber dem Patienten ist dabei noch nicht die Rede; diese soll vielmehr weiterhin wie bei Freud von »gleichschwebender Aufmerksamkeit« (Freud 1912a, S. 171) und »wohlwollender Geduld« (Ferenczi 1919, S. 45) bestimmt sein. Zur Überwindung stagnierender Phasen in der Therapie, insbesondere bei Angsthysterikern, geht Ferenczi jedoch schon bald dazu über, den Patienten bestimmte *Aufgaben* zu stellen, d.h. in diesem Fall: »sich aus dem sicheren Versteck ihrer Phobie herauszuwagen und sich versuchsweise der Situation auszusetzen, die sie ob ihrer Peinlichkeit ängstlich gemieden hatten« (Ferenczi 1920, S. 66). Von den Erfolgen ermutigt, weitet er das Verfahren auch auf andere Gruppen von Neurotikern aus. Es geht dabei weniger darum, dass der Arzt bzw. Therapeut aktiv wird, vielmehr soll *der Patient* inner- wie außerhalb der Analysestunde etwas für ihn Ungewohntes ausprobieren. Das »aktive« Vorgehen des Arztes besteht darin, unlustvolle Handlungen zu gebieten, lustvolle (wie z.B. »onanieartige Reizung der Genitalien«, ebd.) dagegen zu verbieten. So können in der analytischen Sitzung die »dazugehörigen infantilen Erinnerungen« (a.a.O., S. 71) wesentlich rascher reproduziert und mit Zuhilfenahme des übrigen analytischen Materials (Träume, Assoziationen usw.) bearbeitet werden.

In der wichtigen, zusammen mit Otto Rank verfassten Schrift *Entwicklungsziele der Psychoanalyse* (1924) geht Ferenczi einen Schritt weiter. Er kritisiert auf Grund der mit der »aktiven Technik« gemachten Erfahrungen das bisherige psychoanalytische Verfahren und macht dabei auch vor Freuds Schriften zur Behandlungstechnik nicht Halt. Hatte Freud in seinem Beitrag über »Erinnern, Wiederholen und Durcharbeiten« den Akzent auf das Erinnern gelegt und das Wiederholen in der analytischen Situation als »Agieren« (Freud 1914a, S. 211) verdächtigt, so wird nun gerade das *Wiederholen* als therapeutisch bedeutsam in den Mittelpunkt gerückt, da es sich auch auf Erlebnisse bzw. Widerfahrnisse in der Entwicklung des Patienten erstreckt, die dem sprachlichen Erinnern nicht zugänglich sind. So bleibe dem Patienten kein anderer Weg, als diese Erlebnisse »zu reproduzieren, aber auch dem Analytiker kein anderer, um das eigentlich unbewußte Material zu fassen« (Ferenczi/Rank 1924, S. 7). Ferenczi und Rank ziehen die Konsequenz, »anstatt dem Erinnern dem *Wiederholen* die Hauptrolle in der analytischen Technik zuzuteilen« (a.a.O., S. 8, Hervorhebung H.J.). Allerdings dürfe dies nicht als ein »Verpuffenlassen der Affekte in ›Erlebnissen‹« mißverstanden werden, sondern müsse zu einer »schrittweisen Gestaltung und Auflösung« bzw. »Verwandlung des Reproduzierten in aktuelle Erinnerung« (ebd.) führen. Den damit verbundenen Gegensatz zur bisherigen Art des psychoanalytischen Vorgehens resümieren beide wie folgt:

> »Während man sich früher bemühte, die therapeutische Wirkung als Reaktion auf die *Aufklärung* des Patienten zu erzielen, bestreben wir uns nunmehr, das von der Psychoanalyse bisher erworbene Wissen weit unmittelbarer in den Dienst der Therapie zu stellen, indem wir auf Grund unserer Einsicht die entsprechenden *Erlebnisse* in direkterer Weise *provozieren* und dem Patienten nur dieses ihm natürlich auch unmittelbar evidente Erlebnis erklären.« (Ferenczi/Rank 1924, S. 55f., Hervorhebung H.J.)

Ferenczi kritisiert den »Deutungsfanatismus« (a.a.O., S. 31) bestimmter Vertreter der Psychoanalyse – dies richtet sich gegen die Berliner Schule um Abraham und Sachs –, der übersehe, dass »auch die Deutungstechnik nur eines der Hilfsmittel zur Kenntnis des unbewussten Seelenzustandes des Patienten ist und nicht der Zweck oder gar der Hauptzweck der Analyse« (ebd.). An die Stelle der bisherigen »Symptomanalyse« (a.a.O., S. 32) und das Bestreben, die Symptome zum Verschwinden zu bringen, müsse eine »Analyse der ganzen Persönlichkeit« (ebd.) treten. Gleichsam im Vorbeigehen wird auch die Kontaktvermeidung des Analytikers kritisiert:

> »Die theoretisch geforderte Vermeidung jedes persönlichen Kontaktes außerhalb der Analyse führte meist auch in der Analyse zu einer *unnatürlichen Ausschaltung alles Menschlichen* und damit wieder zur Theoretisierung des analytischen Erlebnisses.« (Ferenczi/Rank 1924, S. 41, Hervorhebung H.J.)

Wie ersichtlich, nehmen Ferenczi und Rank in dieser hoch bedeutsamen kleinen Schrift[8] einige Postulate der Humanistischen Psychologie vor-

8 Die von Rank und Ferenczi verfasste Arbeit ist, im Kontrast zu ihrer Bedeutsamkeit, in einer aktuellen Ausgabe nicht zugänglich. *Entwicklungsziele der Psychoanalyse* (68 S.) erschien 1924 in der Reihe *Neue Arbeiten zur ärztlichen Psychoanalyse* im Internationalen Psychoanalytischen Verlag. Eine Neuauflage erfolgte seither nicht. In den *Bausteinen zur Psychoanalyse* (Bd. I, S. 220ff.) sind nur die von Ferenczi stammenden Kapitel abgedruckt; in die *Schriften zur Psychoanalyse* wurde der Text nicht aufgenommen.

weg: vor allem die Konzentration auf das Erleben im »*Hier und Jetzt*«, das mehr sein soll als ein bloßes Abreagieren der Affekte; ferner das Bestreben, den »*ganzen Menschen*« in den Blick zu bringen und zu behandeln, und schließlich die Bedeutung des menschlichen, nicht nur therapeutisch eingeengten Kontakts. Sie machen ferner auf die Bedeutung von im *vorsprachlichen* Bereich liegenden Erlebnissen, »sozusagen die Gebärdensprache« (a.a.O., S. 7), aufmerksam und stoßen damit in den Bereich präödipaler und präverbaler Störungen vor, für die andere Zugangsweisen als die erinnernde Rede gefunden werden müssen. Für heutige Analytiker und Therapeuten der »humanistischen« Richtung mögen dies inzwischen Selbstverständlichkeiten sein; in der damaligen Zeit wirkten diese Erkenntnisse und Forderungen neuartig und provozierend.

Otto Rank (1886-1939), ein Laienanalytiker – er war gelernter Maschinenschlosser –, dem Freud sein Studium finanziert hatte und dem er lange Zeit ein »väterliches Interesse« entgegengebracht hatte (vgl. Gay 2006, S. 203ff.), fällt bald darauf bei den konservativ eingestellten Mitgliedern des »Geheimen Komitees«, vor allem bei Abraham und Sachs in Berlin, in Ungnade, da er es gewagt hat, in seinem Buch *Das Trauma der Geburt* (1924) die zentrale Bedeutung des Ödipus-Komplexes in Frage zu stellen. Das Geburtstrauma und die Phantasie einer Rückkehr in den Mutterschoß sind nach Ranks Auffassung für die Entstehung von Neurosen primär verantwortlich. Freud reagiert auf diese in der Tat umwälzende Neuerung in der psychoanalytischen Theorie zunächst diplomatisch und besänftigend, da er Ranks Leistungen für die *Internationale Psychoanalytische Vereinigung* und den *Internationalen Psychoanalytischen Verlag* für »unschätzbar, seine Person für unersetzlich« hält (vgl. Gay, a.a.O., S. 532). Rank reist zweimal in die USA, wo er in Vorträgen seiner abweichenden Ansicht, dass nicht der Vater, sondern »im Gegenteil die Mutter« die entscheidende Person in der Kindheit sei, breiten Raum gibt; außerdem stellt er auf Grund seiner »neuen« Methode eine wesentlich verkürzte Therapiedauer in Aussicht. Seine Auffassungen lösen kontroverse Diskussionen aus. Nach Ranks Rückkehr aus den USA schwenkt Freud allmählich in seiner Meinung über ihn um, zumal auch eine von ihm selbst veröffentlichte therapeutische Fallgeschichte, die Analyse des »Rattenmanns«, von Rank kritisiert worden ist. Auch Ferenczi löst sich von Rank, indem er die früher gemeinsam vertretene Auffassung, nicht das intellektuelle Erinnern, sondern das affektiv lebendige Wiederholen sei der entscheidende Schritt in der Therapie, in der nun von Rank vorgelegten Fassung kritisiert. Er wirft ihm einen »Rückfall in die voranalytische Betrachtungsweise« (Ferenczi 1964, Bd. II, S. 120) vor und spricht, bezogen auf Ranks Kritik an der Fallgeschichte Freuds, von einer »Unverfrorenheit« (Freud/Ferenczi 2005, S.

95). Die Solidarisierung mit Freud und dem analytischen »Mainstream« bei der Trennung von Rank verhindert jedoch nicht, dass er einige Zeit später selbst in die Schusslinie gerät.

Den Ausgangspunkt bildet ein Umdenken Ferenczis bzgl. der »aktiven« Technik. Diese arbeitete ja mit Ge- und Verboten gewissermaßen »gegen den Strich« (Ferenczi 1920, S. 75), d.h. gegen das Lustprinzip, indem sie wesentlich aus *Versagungen* bestand. In einem selbstkritischen Vortrag über »Kontraindikationen der aktiven Psychoanalytischen Technik«, den er auf dem *IX. Internationalen Psychoanalytischen Kongreß* in Bad Homburg (1925) hält, berichtet Ferenczi von etlichen Fehlschlägen, die er zunächst darauf zurückführt, dass der *Zeitpunkt* für derartige Interventionen falsch gewählt war, d.h. das Ich des Patienten war noch nicht genügend gestärkt, eine positive Übertragung hatte sich noch nicht in ausreichendem Maße entwickelt und deshalb verstärkte seine Aufforderung, das Gegenteil des Gewohnten zu tun, nur den Widerstand, bis hin zum drohenden Abbruch der Therapie durch den Patienten. Ferenczi scheut sich nicht, vor versammeltem Auditorium zuzugeben, dass er nur durch volles Einbekennen seines »Irrtums« und mit einer ziemlichen »Einbuße an Ansehen« (Ferenczi 1926, S. 102) in einem solchen Fall den Patienten habe behalten können – ein im Kreis von Analytikern seltenes Eingeständnis. Im Weiterdenken der von ihm selbst formulierten Einwände kommt er dazu, nicht mehr von *Geboten* und *Verboten* zu sprechen, da diese Ausdrücke dazu verleiten, dass der Arzt »in allzu getreuer Wiederholung der elterlich-kindlichen Situation seinen Willen den Patienten mit Gewalt aufdrängt oder sich gar sadistische Schullehrerallüren gestattet« (a.a.O., S. 103). Er sei deshalb von starren Ge- und Verboten abgerückt, mache stattdessen *Vorschläge*, für die er das Einverständnis des Patienten einhole, und sei bemüht, bei Schwierigkeiten ein Verfahren von »elastischer Nachgiebigkeit« (ebd.) zu praktizieren.

Man könnte einwenden, dass Ferenczi sich diese Schwierigkeiten hätte ersparen können, wenn er von vornherein auf die aktive Technik verzichtet und sich auf das von Freud empfohlene Verfahren des Assoziierens, Deutens usw. beschränkt hätte. Doch dieser Einwand trifft nicht den Kern der Sache. In der »klassischen« Psychoanalyse besteht ja ein *starkes Gefälle* zwischen dem »analysierten« Therapeuten, der seine Probleme »im Griff« hat, und dem Patienten, der Hilfe sucht, weil er mit seinen Problemen nicht klarkommt. Dieses Gefälle wird durch das analytische Setting (Couch usw.) repräsentiert bzw. verstärkt. Bei Ferenczi ist, im Gegensatz dazu, eine starke Bereitschaft erkennbar, *sich selbst* zu erkennen zu geben und zugleich den Patienten in seinen Entwicklungsmöglichkeiten zu fördern (z.B. durch geeignete Vorschläge, was er tun oder »ausprobieren« könnte), ihn also, modern gesprochen, als Partner in einem *wechselseitigen Dialog* (vgl. Friedman 1987, S. 175ff.) ernst zu nehmen. Der Unterschied zwischen ihm und Freud wird besonders greifbar im Bemühen, das *Autoritätsgefälle* abzubauen, z.B. durch das Eingestehen von Fehlern. Bei Ferenczi überwiegt, obwohl er auch ein hervorragender Wissenschaftler ist, das Interesse an der *therapeutischen Beziehung*. Dies zeigt sich in der weiteren Entwicklung, die ihn in einen zunehmenden Konflikt mit Freud bringt.

In seinem Vortrag beim *XI. Internationalen Psychoanalytischen Kongreß* (1929) in Oxford über »Fortschritte der Psychoanalytischen Technik«[9] rekapituliert Ferenczi die Entwicklung der Psychoanalyse, wie er sie aus nächster Nähe mitverfolgt hat. Zunächst stellt er fest, das »höchstgradig emotionelle, hypnotisch-suggestive Verhältnis« zwischen Arzt und Patient zur Zeit der kathartischen Methode habe sich allmählich zu einer »Art endlosem Assoziationsexperiment, also einem größtenteils intellektuellen Prozeß« abgekühlt (Ferenczi 1930, S. 259). Der Ausbau der Ichanalyse seit Freuds Abhandlung *Das Ich und das Es* (1923) habe zudem die Psychoanalyse in einen Prozess verwandelt, der zu einer »möglichst restlosen Einsicht in die Topik, Dynamik und Ökonomie der Symptombildung, bei genauer Verfolgung der Energieverteilung zwischen dem Es, dem Ich und dem Über-Ich des Patienten« (a.a.O., S. 261), führen soll. Das Verhältnis zwischen Arzt und Patient habe sich damit immer mehr einem »Schüler-Lehrer-Verhältnis« (ebd.) angeglichen und die Emotionalität sei auf der Strecke geblieben. Um dem abzuhelfen, habe er die Kollegen aufgefordert, ihre Analysanden »zu größerer Freiheit und freierem Auslebenlassen der Aggressivität dem Arzt gegenüber« (ebd.) anzuhalten, sich selbst jedoch »größerer Demut dem Patienten gegenüber« zu befleißigen, indem man »eventuell begangene Fehler« zugebe, was die analytische Beziehung deutlich belebt und »positivere Erfolge« (a.a.O., S. 261) gezeitigt habe. So habe er nun neben das Prinzip der Versagung das »*Prinzip der Gewährung*« (a.a.O., S. 263, Hervorhebung H.J.) gestellt. Beides hat für ihn grundsätzliche Bedeutung:

»Es muß zugegeben werden, daß die Psychoanalyse eigentlich mit zwei einander entgegengesetzten Mitteln arbeitet: sie schafft Spannungssteigerung

9 Ferenczi veröffentlichte den Vortrag im Jahr 1930 unter dem Titel »Relaxationsprinzip und Neokatharsis« (zuerst in der *Internationalen Zeitschrift für Psychoanalyse*, wieder abgedruckt in: Ferenczi 1970, Bd. II, S. 257-273).

durch die Versagung und Relaxation durch Gewährung von Freiheiten.« (Ferenczi 1930, S. 263f.)

Die Folgen der Einführung des *Prinzips der Gewährung* sind weitreichend und sie überwiegen bald das Versagensprinzip. Denn erstens wird dem Patienten nicht nur gestattet, er wird vielmehr dazu angehalten, auf frühere Entwicklungsstufen zu »*regredieren*«, wie seit Freud dieses Phänomen genannt wird; dazu muss der Therapeut »ein Klima schaffen, in dem er und sein Patient die Regression in gemeinsamem Erleben tolerieren können« (M. Balint, zit. nach Haynal 2000, S. 89f.). Zweitens impliziert die Regression die »Wiederholung früherer traumatischer Erlebnisse« (Ferenczi 1930, S. 261) und damit kommt auch in der Theorie »das ursprünglich *Traumatische* in der ätiologischen Gleichung wieder zu erhöhter Bedeutung« (a.a.O., S. 268, Hervorhebung H.J.). Drittens rückt der Therapeut in seinem Rollenverständnis ab von der fordernden, gebietenden, in der Übertragung mächtigen *Autorität des Vaters*, an der der Patient seine ödipalen Konflikte abarbeiten kann, und nimmt stattdessen die Rolle der nährenden, schützenden, bedingungslos liebenden *Mutter* wahr. Damit ist es gestattet, den »zärtlichkeitshungrigen kindlichen Anteil der Persönlichkeit zu befriedigen, nicht aber jenen, dem es gelungen ist, der Entwicklungshemmung zu entgehen und erwachsen zu werden« (a.a.O., S. 271). Die Förderung der Mutterübertragung schließt auch ein starkeres Moment von realer Befriedigung mit ein. Es gibt allerdings nach Ferenczi eine klare Grenze: Austausch von Zärtlichkeiten ist in der Regression zulässig, Sexualität in ihrer entwickelten Form bleibt tabu.

Ferenczi kommt mehr und mehr zur Überzeugung, der Analytiker müsse dem Patienten den *Mangel an Liebe ersetzen*, den er in der Kindheit erlitten habe. In seinem Festvortrag zu Freuds 75. Geburtstag in der *Wiener Psychoanalytischen Vereinigung* mit dem Titel »Kinderanalysen mit Erwachsenen« (1931) sagt er dazu:

»Das Verfahren, das ich meinen Analysanden gegenüber anwende, kann man mit Recht eine *Verzärtelung* nennen. Mit Aufopferung aller Rücksichten auf eigene Bequemlichkeit gibt man den Wünschen und Regungen, soweit als irgend möglich, nach. Man verlängert die Analysestunde, bis eine Ausgleichung der vom Material angeregten Emotionen erreicht ist; man läßt den Patienten nicht allein, bevor die unvermeidlichen Konflikte in der analytischen Situation durch Aufklärung der Mißverständnisse und Rückführung auf die infantilen Erlebnisse in versöhnlichem Sinne gelöst sind. Man verfährt also etwa wie eine *zärtliche Mutter*, die abends nicht schlafen geht, ehe sie alle schwebenden kleinen und großen Sorgen, Ängste, bösen Absichten, Gewissensskrupel mit dem Kinde durchgesprochen und in beruhigendem Sinne erledigt hat.« (Ferenczi 1931, S. 503f., Hervorhebung H.J.)

Ferenczis Nachgiebigkeit geht so weit, dass er die Analysestunden verdoppelt, die Patienten bzw. Patientinnen besucht, anstatt auf Besuchen in der Praxis zu bestehen, auch Sonntags Analysestunden gibt und Patient(inn)en auf Ferienreisen mitnimmt (so im »Fall« R.N., vgl. Ferenczi 1999, S. 147). Schließlich lässt er sich sogar darauf ein, in der *»mutuellen Analyse«* (a.a.O., S. 146) die Rollen von Analytiker und Analysand(in) zeitweilig zu vertauschen. Im erwähnten Fall (R.N.) behauptet die Patientin, sie spüre Hassgefühle bei ihrem Therapeuten und »ihre Analyse werde nie fortschreiten, wenn ich [Ferenczi] mich nicht entschließe, die in mir versteckten Gefühle durch sie analysieren zu lassen« (a.a.O., S. 148). Nach einiger Zeit willigt er ein. Zu seiner Überraschung zeigt sich, dass die Patientin Recht hat: Hinter oberflächlicher Freundlichkeit steckt bei ihm »tatsächlich und innerlich« (a.a.O., S. 149) *Hass*: Hass auf die dominante Patientin, die so viel von ihm fordert, und dahinter Hass auf die Mutter, die Liebe von ihm durch Drohungen zu erpressen suchte. Die Aufdeckung seiner Gegenübertragung durch die Patientin führt zu einem Fortschritt in der Therapie: Er selbst muss nicht mehr seine aggressiven Gefühle durch übertriebene Freundlichkeit kaschieren und die Patientin fängt an, ihre übertriebenen Ansprüche an ihn zurückzuschrauben, nachdem sie die Grenzen seiner »Leistungsfähigkeit« (ebd.) erkannt hat. Die in diesem Fall erreichte Verbesserung der therapeutischen Beziehung durch Wegfall der Angst und mehr Ehrlichkeit auf Seiten des Therapeuten wirkt sich auch auf seine sonstigen Therapien aus. Ferenczi notiert als Resultat in sein *Klinisches Tagebuch*:

> »Weniger Schläfrigkeit in den Stunden, mehr menschliches Interesse für alle, aufrichtig gefühlvolles Eingreifen in den analytischen Prozeß, wenn notwendig.« (Ferenczi 1999, S. 149.)

Die *mutuelle Analyse* – Überlegungen hierzu und seine Erfahrungen damit vertraut er nur seinem im letzten Lebensjahr geführten *Klinischen Tagebuch*[10] an – ist bei Ferenczi der Endpunkt einer Entwicklung, die von vornherein darauf angelegt ist, Vertrauen in die *Eigenkräfte* des Patienten zu setzen, was sich schon an seinen Vorschlägen in der »aktiven« Technik zeigt. Sie zielt ebenso darauf ab, das *hierarchische Gefälle* zwi-

10 Das in deutscher Sprache geführte Tagebuch (die Notizen reichen vom 7. Januar bis zum 2. Oktober 1932) wurde von Gizella Ferenczi im Jahr 1939 an Michael Balint übergeben, der es mit nach England nahm und zu edieren beabsichtigte. Es konnte aber erst im Jahr 1985 in einer französischen Ausgabe im Verlag Payot (hrsg. von J. Dupont) erscheinen. Die deutsche Ausgabe wurde erstmals 1988 im S. Fischer Verlag veröffentlicht.

schen Therapeut und Klient abzubauen und einen von Angst und »Hypokrisie« (Ferenczi 1999, S. 173) freien *Dialog* zwischen Therapeut und Patient zu fördern. Mit diesen Forderungen, die er unter großem persönlichen Einsatz einzulösen bereit ist, legt er nicht nur eine kritische Sonde an das Verhalten vieler Kollegen aus der Zunft der Analytiker, er liefert auch Anregungen und Stichworte für die Humanistische Psychologie, die unter anderen Bezeichnungen – vor allem: psychisches »Wachstum« des Klienten, »Echtheit« und »Authentizität« in der Beziehung – etliche Zeit später aufgegriffen wurden.

In seinem nicht für eine Veröffentlichung vorgesehenen *Klinischen Tagebuch* setzt sich Ferenczi mit Freud auseinander, indem er dessen mangelnde Offenheit gegenüber den Patienten und die fehlende Bereitschaft, eine Gegenseitigkeit der Beziehung zuzulassen, kritisiert. Ansatzpunkt seiner Kritik ist ein in der Tat problematischer, wenig »humanistischer« Ausspruch Freuds, den dieser anscheinend gegenüber »einzelnen Vertrauten« (a.a.O., S. 249) getan hat:

> »[...] man lernte von ihm [Freud] und von seiner Art Technik verschiedenes, das das Leben und die Arbeit bequemer machte: die ruhig unemotionelle Zurückgezogenheit, das ungestörte Sich-stützen auf das eigene Besserwissen und die Theorien, das Suchen und Finden des Mißerfolgs im Patienten, anstatt zum Teil in uns selber.– Die Unehrlichkeit in der Handhabung der Technik für seine eigene Person, der Rat, die Patienten nichts von Technik erfahren zu lassen und schließlich die einzelnen Vertrauten mitgeteilte pessimistische Ansicht: die Neurotiker sind ein *Gesindel, nur gut, uns finanziell zu erhalten und aus ihren Fällen zu lernen*, die Psychoanalyse als Therapie sei wertlos.« (Ferenczi 1999, S. 249, Hervorhebung H.J.)

Wir wissen nicht, wann und aus welcher Situation heraus Freud einen derartigen Ausspruch getan hat; daher wäre es riskant, ihn als typisch für seine *generelle* Einstellung zum Patienten und zu den Chancen der Therapie zu nehmen. Dass Ferenczi jedoch nicht aus Mißgunst oder übelwollender Kritiksucht hier etwas erfindet und Freud in den Mund legt, was dieser so nicht gesagt hat, geht allein schon daraus hervor, dass er den Ausspruch – mit leichten Varianten in der Formulierung[11] – in seinem nachgelassenen Tagebuch dreimal zitiert (a.a.O., S. 142, 171, 249). Der Ausspruch passt am ehesten in Freuds Altersperiode, in der pessi-

11 Eine Variante lautet: »›Die Patienten sind ein Gesindel.‹ Die Patienten sind sind nur gut, um uns leben zu lassen und sie sind Stoff zum lernen. Helfen können wir ihnen ja nicht.« (Ferenczi 1999, S. 142). Der erste Teil ist als wörtliches Zitat Freuds gekennzeichnet.

mistische Äußerungen, mit veranlasst durch seine fortschreitende Krebserkrankung, zunahmen. Und er passt auch zu der durch eigene Aussagen Freuds und Einschätzungen ehemaliger Patienten gestützten Feststellung, dass Freud »kein eigentlicher ›Heiler‹« war, sondern in seinen Analysen mehr dem Interesse des »Wissenschaftlers« (Roazen 1976, S. 145) nachging. Wichtig in unserem Zusammenhang ist, dass Ferenczi den Ausspruch Freuds zum Anlass nimmt, um seine eigene Position dagegen zu setzen. Die Aussage, man könne den Patienten nicht helfen, ist für ihn »therapeutischer Nihilismus« (a.a.O., S. 142) und die distanzierende Einstellung gegenüber dem Patienten, die in ihm eher ein Objekt der Forschung als einen Partner in einem gemeinsam getragenen Erkenntnis- und Heilungsprozess sieht, ist der Punkt, an dem er »das Mitgehen verweigerte« (a.a.O., S. 249). Ferenczi versteht sich zwar auch als Wissenschaftler, im Kontakt zum Patienten sieht er sich jedoch vor allem als Therapeut, der bestrebt ist,

»[...] in Menschlichkeit und Natürlichkeit, mit Wohlwollen und frei von persönlichen Vorurteilen, an der Erkenntnis und dadurch als Helfer zu arbeiten.« (Ferenczi 1999, S. 249.)

Differenzen und Zerwürfnis mit Freud – Nachwirkungen

Die von Ferenczi vollzogenen Revisionen der therapeutischen Praxis, denen auch Änderungen oder zumindest Schwerpunktverschiebungen innerhalb der psychoanalytischen Theorie entsprachen, führten, wie kaum anders zu erwarten, zu einer *wachsenden Entfremdung* zwischen ihm und Freud. Der Focus des Konflikts schien – eine Ansicht, zu der Jones' Zitate aus dem Briefwechsel beitrugen – vor allem in den »kleinen erotischen Befriedigungen« zu liegen, die neuerdings bei Ferenczi erlaubt sein sollten. So schickte Freud an Ferenczi am 13. Dezember 1931 den berühmten Brief über die »Technik des Kusses« (Freud/ Ferenczi 2005, S. 272ff.; vgl. Jones 1962, Bd. III, S.197f.), in dem er auf sarkastische Weise seine Befürchtungen, aber auch seine massive Kritik an Ferenczi äußerte. Ehe darauf im Einzelnen eingegangen wird, ist jedoch festzuhalten, dass es sich hier um ein Teil- oder Folgeproblem einer veränderten Schwerpunktsetzung handelte, die – ähnlich wie Ranks Theorie über das Geburtsrauma – das psychoanalytische System an einer ganz zentralen Stelle betraf. Indem Ferenczi die Rolle des Analytikers in der Übertragung zur *gewährend-fürsorglichen Mutter* hin verschiebt und sich mit frühen Traumatisierungen befasst, rüttelt er gleichsam an der bis dahin in Analytikerkreisen unangefochtenen Zentralstellung des Ödipuskomplexes, mithin am patriarchalischen System.

Aus Sicht der »klassischen« Analyse bedeutete dies nicht nur eine gravierende Revision der psychoanalytischen Theorie, sondern auch einen praktischen Rückschritt: Ferenczi schien, wenn er von der *Realität früher Traumatisierungen* ausging, auf die Anfänge der analytischen Theoriebildung zurückzufallen, in denen Freud noch davon ausgegangen war, dass den Berichten der Hysterikerinnen über stattgefundene »Verführung« realer sexueller Missbrauch durch Erwachsene – meist die Väter – zu Grunde liege. Die Ödipus-Theorie hatte ja Freuds frühe Theorie zur Entstehung der Neurosen abgelöst, indem sie mit der Realität nicht in Einklang zu bringende *Triebwünsche und Phantasien des Kindes* als Ursprung neurotischer Konflikte ansah. Damit wurde sie jedoch blind für den tatsächlich stattfindenden (und heutzutage noch fast täglich in den Zeitungen nachzulesenden) Missbrauch an Kindern, die sich nicht wehren können. Ferenczi plädiert in seinen späten Arbeiten und in seinem Tagebuch ganz entschieden für das Ernstnehmen der *Leiden der Opfer*. Dies tut er vor allem in seinem letzten, brillant argumentierenden Vortrag beim XII. *Internationalen Psychoanalytischen Kongreß* in Wiesbaden (1932), der unter dem etwas ominösen Titel »Sprachverwirrung zwischen den Erwachsenen und dem Kind«[12] einige Jahre nach seinem Tod von seinen Schülern veröffentlicht wurde; die »offiziellen« psychoanalytischen Publikationsorgane druckten den Vortrag auf Drängen Freuds nicht ab. Ferenczi kommt auf Grund seiner – wie er sagt – »intimeren« Kenntnisnahme von Erfahrungen der Opfer und seiner Bereitschaft, schonungslos Irrtümer in der bisherigen Sichtweise zuzugeben, in diesem Vortrag zu folgender Aussage:

»Vor allem wurde meine schon vorher mitgeteilte Vermutung, daß das Trauma, speziell das *Sexualtrauma*, als *krankmachendes Agens* nicht hoch genug angeschlagen werden kann, von neuem bestätigt. Auch Kinder angesehener, von puritanischem Geist beseelter Familien fallen viel öfter, als man es zu ahnen wagte, wirklichen Vergewaltigungen zum Opfer. Entweder sind es die Eltern selbst, die für ihre Unbefriedigtheit auf diese pathologische Art Ersatz suchen, oder aber Vertrauenspersonen, wie Verwandte (Onkel, Tanten, Großeltern), Hauslehrer, Dienstpersonal, die Unwissenheit und Unschuld der Kinder mißbrauchen. Der naheliegende Einwand, es handele sich um hysterische

12 Der ursprüngliche, über den Inhalt des Vortrags besser informierende Titel lautete: »Die Leidenschaften der Erwachsenen und deren Einfluss auf Charakter- und Sexualentwicklung der Kinder« (Ferenczi 1964, Bd. III, S. 511).

Lügen, wird leider entkräftet durch die Unzahl von Bekenntnissen dieser Art, von Sichvergehen an Kindern, seitens Patienten, die sich in Analyse befinden.« (Ferenczi 1932, S. 517, Hervorhebung H.J.)

Ferenczi lenkt das Augenmerk auf das *interaktive* Element zwischen Erwachsenen und Kindern und befasst sich speziell mit der Psychodynamik der Verarbeitung derartiger Traumatisierungen beim Kind – etwa der pathologischen »Frühreife« oder dem Zwang, »Unordnung in der Familie« zu schlichten und sich selbst die Schuld am Geschehenen zu geben (a.a.O., S. 522f.). Sein Vortrag kann damit als bahnbrechend für die heutige, differenziertere Sicht der Missbrauchsthematik in der Psychoanalyse angesehen werden. In der damaligen Zeit fiel Ferenczi damit jedoch bei Freud und den Kollegen des »Geheimen Komitees« endgültig in Ungnade.

Vor dem Hintergrund dieser umfassenderen Thematik, bei der Ferenczi im übrigen auch auf den wichtigen Unterschied zwischen dem »*Zärtlichen* der kindlichen Erotik« und dem »*Leidenschaftlichen* in der Erotik der Erwachsenen« hinweist (a.a.O., S. 524, Hervorhebung H.J.), ist der bereits erwähnte Konflikt, der sich an der »Technik des Kusses« festmacht, zu sehen. Ausgelöst wird der Konflikt durch das Verhalten einer

»[...] Dame, die meiner Passivität ›gehorchend‹, sich mehr und mehr Freiheiten erlaubte und mich gelegentlich auch küßte. Da dies ohne Widerstreben, als etwas in der Analyse Zulässiges gestattet und höchstens theoretisch kommentiert wurde, machte sie nur so nebstbei in einer Gesellschaft von Patienten, die von anderen analysiert wurden, die Äußerung: ›Ich kann Papa Ferenczi küssen, so oft ich will‹.« (Ferenczi 1999, S. 41.)

Dies kommt Freud zu Ohren, woraufhin er am 13.12.1931 an Ferenczi schreibt:

»Dagegen sehe ich, daß die Differenz zwischen uns sich auf ein Kleinstes, ein Detail der Technik zuspitzt, das eine Erörterung wohl verdient. Sie haben kein Geheimnis daraus gemacht, daß Sie ihre Pat. küssen und sich von ihnen küssen lassen; auch hatte ich dasselbe schon von meinen Patienten (via Clara Thompson)[13] gehört. [...]

13 Clara Mabel Thompson (1893-1958), amerikanische Psychoanalytikerin, befand sich zwischen 1929 und 1933 bei Ferenczi in (Lehr-)Analyse. Soweit wir wissen, war sie selbst die »Dame«, die den von Ferenczi erwähnten Ausspruch tat. In den USA war sie Mitarbeiterin von H.S. Sullivan, setzte ihre Lehranalyse bei Erich Fromm fort und gründete zusammen mit

Wir haben in der Technik bisher den Satz festgehalten, daß erotische Befriedigungen dem Patienten zu versagen sind. Sie wissen auch, daß, wo ausgiebige Befriedigungen nicht zu haben sind, die geringfügigeren Liebkosungen sehr gut deren Rolle übernehmen, im Liebesverhältnis, auf der Bühne usw.
Nun malen Sie sich [aus], was die Folge der Veröffentlichung Ihrer Technik sein wird. Es gibt keinen Revolutionär, der nicht von einem noch Radikaleren aus dem Feld geschlagen würde. Soundso viele unabhängige Denker in der Technik werden sich sagen: Warum beim Kuß stehen bleiben? Gewiß erreicht man noch mehr, wenn man das ›Abtätscheln‹ dazunimmt, das ja auch noch keine Kinder macht. Und dann werden Kühnere kommen, die den weiteren Schritt machen werden zum Beschauen und Zeigen, und bald werden wir das ganze Repertoire des Demiviergetums und der petting-parties in die Technik der Analyse aufgenommen haben, mit dem Erfolg einer großen Steigerung des Interesses an der Analyse bei Analytikern und Analysierten. Der neue Bundesgenosse wird aber leicht zuviel von diesem Interesse für sich selbst in Anspruch nehmen, die Jüngeren unter unseren Kollegen werden es schwer finden, in den angeknüpften Beziehungen an dem Punkt stehen zu bleiben, wo sie ursprünglich wollten, und Godfather Ferenczi wird vielleicht auf die belebte Szenerie blickend, die er geschaffen hat, sich sagen: Vielleicht hätte ich mit meiner Technik der Mutterzärtlichkeit doch vor dem Kuß haltmachen sollen.« (Freud/Ferenczi 2005, S. 272f.)

Ferenczi, dem nichts ferner liegt, als in der Therapie die Patientinnen zu sexuellen Handlungen zu animieren, fühlt sich von Freud gründlich missverstanden und zu Unrecht gemaßregelt. Er antwortet 14 Tage später mit dem Versuch, auf Freuds Bedenken einzugehen:

»Ich halte Ihre Angst, daß ich mich zu einem zweiten Stekel entwickle, [für] unbegründet. ›Jugendsünden‹, Verfehlungen, wenn sie überwunden und analytisch durchgearbeitet sind [dies bezieht sich vermutlich auf Freuds Vorhaltung im vorab zitierten Brief, dass ihm – Ferenczi – ›die Neigung zu sexueller Spielerei mit Pat. in voranalytischer Zeit nicht fremd‹ gewesen sei, H.J.], können einen sogar weiser und vorsichtiger machen als Leute, die solche Stürme nicht durchmachten. [...] Nun glaube ich, daß ich fähig bin, eine milde, passionslose Atmosphäre zu schaffen, die zum Ausbrüten auch des bisher Versteckten sich eignet.« (Brief v. 27.12.1931, in: Freud/Ferenczi 2005, S. 275.)

Der Riss, der zwischen ihm und Freud eingetreten ist, lässt sich jedoch trotz aller Versuche, im brieflichen Verkehr zum früheren freundlichen Umgangston zurückzufinden, nicht mehr kitten. Er wird besonders deutlich beim Besuch, den Ferenczi bei der Anreise zum Wiesbadener Kon-

ihm, Sullivan und und Frieda Fromm-Reichmann das *William Alanson White Intitute* in New York (vgl. Funk 1999, S. 117).

greß im September 1932 Freud in Wien abstattet. Ferenczi schildert diese Begegnung, die ihre letzte sein sollte, im Kreis seiner Schüler später so: Er habe seine Behandlungsmethode noch einmal ausführlich dargelegt und betont, der Analytiker müsse sich »mit all seinem Geschick und Takt, mit Liebe und Güte und ohne Furcht« um die Therapie des Patienten bemühen. Alles, was er tue, müsse er »offen und in absoluter Ehrlichkeit« tun. Darauf fährt er fort:

»Der Professor hörte sich meine Darstellung mit wachsender Ungeduld an und erklärte mir schließlich warnend, daß ich mich auf eine schiefe Ebene begeben hätte und in entscheidenden Dingen von den herkömmlichen Gebräuchen und Techniken der Psychoanalyse abweiche. Ein solches Nachgeben gegenüber den Sehnsüchten und Wünschen des Patienten, so echt sie sein mögen, müsse den Patienten in viel größere Abhängigkeit vom Analytiker bringen. Der Analytiker könne diese Abhängigkeit nur zunichte machen, wenn er sich gefühlsmäßig völlig abschalte. Von unerfahrenen Analytikern gehandhabt, werde meine Methode, meinte der Professor, nicht der Ausdruck der elterlichen Hingabe sein, sondern leicht zu sexuellen Entgleisungen führen.« (Mitteilung von *Izette de Forest*, zur fraglichen Zeit Schülerin und Vertraute von Ferenczi, in: Fromm 1959a, S. 77.)

Der Bruch zwischen Freud und Ferenczi wird damit besiegelt, dass Freud nicht, wie sonst üblich, die Hand des Freundes zum Abschied drückt, sondern wortlos aus dem Zimmer geht. Wenige Monate später stirbt Ferenczi an einer perniziösen Anämie.

Ernest Jones, der Biograph Freuds, hat die These verbreitet, Ferenczi habe sich zuletzt in einem Wahnzustand befunden und Freud eine Feindseligkeit unterstellt, die gar nicht vorhanden gewesen sei. Er schreibt:

»Freud empfand nur Traurigkeit und Bedauern, als er sah, wie sein Freund, ganz von sich selbst absorbiert, sich von ihm zurückzog; und gegenüber dem, was er und wir alle als regressive Irrtümer Ferenczis ansahen, nahm er die Haltung eines Freundes ein, der, solange nur die Hoffnung bestand, sich aufs äußerste bemühte, ihn davon abzubringen.« (Jones 1962, Bd. III, S. 212.)

Nach Darstellung von Jones ist Freud der nach wie vor um Verständnis bemühte Freund, der Ferenczi zwar von seinen angeblich verschrobenen Ideen abbringen will, ihm aber bis zuletzt freundlich gesonnen bleibt, während Ferenczi immer mehr in Wahnvorstellungen verfällt und seine eigenen aggressiven Impulse auf Freud projiziert:

»Gegen das Ende hatte er [Ferenczi] Ausbrüche von paranoiden Vorstellungen und sogar Mordideen, denen am 24. Mai [1933] der plötzliche Tod folgte. Das war das tragische Ende einer brillierenden, liebenswerten und bedeutenden Persönlichkeit, eines Menschen, der 25 Jahre lang Freuds engster Freund gewesen war. Die lauernden Dämonen, gegen die Ferenczi seit Jahren mit großer innerer Not erfolgreich gekämpft hatte, wurden schließlich seiner Herr, und wir lernten aus dieser schmerzlichen Erfahrung wiederum, wie schrecklich ihre Macht sein kann.« (Jones, a.a.O., S. 214.)

Kurz nachdem der III. Band von Jones' Freud-Biographie erschienen war, trat Erich Fromm zur Ehrenrettung von Ferenczi an, indem er die den Abweichungen von Freud zu Grunde liegende Intention Ferenczis klar benannte:

»Ferenczi war von der unpersönlichen Haltung des Analytikers, der nach Freuds Vorstellungen wie ein Spiegel zu sein hat, abgekommen und hatte sich für eine menschliche und liebevolle Einstellung zum Patienten entschieden. (Daß Ferenczi dabei mütterliche oder mütterlich-väterliche Wärme, nicht erotische oder sexuelle Liebe meinte, versteht sich von selbst.)« (Fromm 1959a, S. 75.)

Schon zuvor hatte Fromm in einem Aufsatz, der sich mit dem »Parteifanatismus« (Fromm 1958, S. 27) der Freudschen Orthodoxie auseinandersetzt, die Darstellung von Jones heftig kritisiert. Jones lege »keinerlei Beweise oder ein Zeugnis für Ferenczis Psychose oder die heftigen ›Ausbrüche von paranoiden Vorstellungen und sogar Mordideen‹« vor. Seine Behauptungen seien eher »Erzeugnisse eines Wunschdenkens, das motiviert wird durch jahrelange persönliche Eifersucht und das Bestreben, Freud die Kritik zu ersparen, gegen Männer, die ihm tief ergeben waren, unfreundlich und schroff gewesen zu sein« (a.a.O., S. 31). Fromm stützte sich dabei auf Schilderungen von *Izette de Forest* und *Clara Thompson*, die Ferenczi noch in den letzten Monaten seines Lebens erlebt und keinerlei Anzeichen einer Psychose bei ihm festgestellt hatten.[14] Später äußerte sich auch *Michael Balint* in ähnlicher Weise; er

14 *Clara Thompson*, die Ferenczi noch am Vortag seines Todes besucht hatte, schrieb nach Erscheinen des III. Bandes von Jones' Freud-Biographie an Fromm: »What I believe is that in the last two months of his [Ferenczi's] life there was some organic mental deterioration. That is, he showed memory defects and forgetfulness characteristic of organic brain disease, but I think it was minimal and a part of the death picture. To try to push it back into preceeding years and explain his thinking by this is to say the least – criminal. I think he was a disturbed man and some of his procedures could be criticized, but I do not believe they were evidence of psychosis […]. Certainly he was never maniacal and homicidal. To call his

musste allerdings, weil er als Flüchtling in London lebte, auf Jones und die durch ihn beeinflusste Meinung des psychoanalytischen Mainstreams Rücksicht nehmen. So dauerte es nach Ferenczis Tod fast 50 Jahre, bis die von Jones in die Welt gesetzte Behauptung, Ferenczi sei am Ende seines Lebens geistig krank gewesen, als eindeutig widerlegt gelten konnte.

In seinem aus dem letzten Lebensjahr stammenden *Klinischen Tagebuch*, das keinerlei Anzeichen einer wahnhaften Entwicklung erkennen lässt, in dem er vielmehr mit brillanter Schärfe und schonungsloser Offenheit nicht nur Probleme thematisiert, die die Therapie seiner Patient(inn)en betreffen, sondern auch Selbstanalyse betreibt, gibt sich Ferenczi in autobiographischem Rückblick Rechenschaft über seine Beziehung zu Freud:

»[...] landete ich in ›Liebedienerei‹ bei einem starken Mann, – blieb unselbständig. Neuer Schub nach Erfahren von Psychoanalyse 1) Enthusiasm, eigene Arbeit, viel Originalität 2) Buchstäbliche Unterordnung (Secret Grand-Vizier – Ambivalenz.) Teilweise Lösung von dem Enthusiasm – schon in Amerika I. Doch höchstens Schweigen, Improductivität. Letzte Enttäuschung: *›Er liebt Niemanden, nur sich und sein Werk‹* (und läßt Niemanden originell werden) nach Berlin, Paris. – Die Libidoloslösung gestaltete ›revolutionäre‹ technische Neuerungen: Aktivität, Passivität, Elasticität. Rückkehr zum Trauma (Breuer). Als *Gegensatz zu Freud* entwickelte ich zu besonderer Stärke die *Fähigkeit zur Humility* und zum Schätzen des unverdorbenen Kindes (Patienten) klaren Blick. Schließlich gestattete ich sogar ihnen 1) die volle Einsicht in meine Schwächen (Analyse mit R.N.) 2) in meine erlogene Superioritität.« (Aufzeichnung vom 19.7.1932, in: Ferenczi 1999, S. 218f., Hervorhebung H.J.)

---

belief that Freud was treating him badly, paranoid, is obviously to deny the facts.« (unveröffentlichter Brief v. 5.11.1957, Erich Fromm-Archiv Tübingen.)

Izette de Forest bemühte sich, Berichte von Familienangehörigen und der Ärztin zu bekommen, die Ferenczi während seiner letzten Erkrankung betreut hatten. Sie erhielt unter anderem ein Schreiben von *Elma Laurvik*, das sie an Fromm weiterleitete. Dort hieß es: »I think I am right by stating that he [Ferenczi] had a pale complexion [Gesichtsfarbe] the last year of his life and he was wondering why, because he felt no discomforts. Would we have consulted a doctor right at that time, his fatal illness could have been checked. But anyhow, both Mrs. Erdös [die Ärztin] and I remember that mentally he was as normal during his last year, months, as before.« (unveröffentlichter Brief v. 6.12.1957, Erich-Fromm-Archiv Tübingen.)

Diese Passage zeigt, dass Ferenczi zwar noch einige Monate vor seinem Tod seine Abhängigkeit von Freud konstatiert, sich ihm gegenüber aber auch abgrenzt und seine eigene Position behauptet, die vor allem auf den Abbau des Autoritätsgefälles und eine *gleichwertige Begegnung mit dem Patienten* abzielt. Das macht ihn zu einem kreativen und undogmatischen Reformer der klassischen Psychoanalyse und zum Impulsgeber für weiter reichende therapeutische Ansätze, die in der Humanistischen Psychologie zum Tragen gekommen sind.

Georg Groddeck

Georg Groddeck – Pionier der Psychosomatik und »wilder Analytiker«

Georg Groddeck (1866-1934) war zehn Jahre jünger als Sigmund Freud. Als er in der Zeit vor Beginn des Ersten Weltkriegs erstmals dessen Schrift *Zur Psychopathologie des Alltagslebens* (1904) und *Die Traumdeutung* (1900) in die Hand bekam, fand er die Parallelität zu seinen eigenen Ideen, die er in langjähriger ärztlicher Behandlung von chronisch Erkrankten entwickelt hatte, so »erschütternd«, dass er die Bücher erst einmal nicht zu Ende lesen konnte (vgl. Groddeck/Freud 1970, S. 12). Er überwand jedoch einige Jahre später seine aus verletztem Narzißmus resultierenden Rivalitätsgefühle und suchte fortan die Nähe des Meisters. Der Kontakt zwischen Groddeck und Freud begann im Jahr 1917 und dauerte mit späteren Unterbrechungen bis zu Groddecks Tod im Jahr 1934. Seine Briefe unterzeichnete er als Freuds »ergebener«, »dankbarer« oder »getreuer Schüler« (vgl. a.a.O., S. 59ff.). Dies bedeutete jedoch nicht, dass Groddeck seine *eigenen*, aus der ärztlichen Praxis erwachsenen Ideen zur »psychoanalytischen Behandlung organischer Leiden« (Groddeck 1917, S. 19) aufgegeben hätte. Aus diesem Grund ist er auch keiner psychoanalytischen Orthodoxie zuzurechnen. Beim im Jahr 1920 in Den Haag stattfindenden VI. *Internationalen Psychoanalytischen Kongreß*, auf dem zuvor heftig über die Notwendigkeit einer psychoanalytischen, mit Diplom abzuschließenden Ausbildung gestritten worden war, eröffnete er seinen frei gehaltenen Vortrag – er hatte das Manuskript im Hotel liegen lassen – mit den Worten: »Ich bin ein wilder Analytiker« (vgl. Martynkewicz 1997, S. 268.). Dies wurde fortan zum geflügelten Wort für Groddeck und seine Behandlungsweise, die sich nicht über den Leisten einer allgemein verbindlichen psychoanalytischen »Technik«, wie sie Freud in seinen behandlungstheoretischen Schriften festzuschreiben suchte, schlagen ließ.

Innerhalb der *psychoanalytischen Bewegung* war und ist Georg Groddeck umstritten. Die Spaltung begann schon unter den ersten Anhängern Freuds, von denen Ferenczi sich nach anfänglicher Skepsis zu einem entschiedenen Anhänger Groddecks wandelte. Ferenczis eigene therapeutische Entwicklung ist, wie Fromm treffend bemerkt, »nur durch den starken Einfluß, den Groddeck auf ihn ausgeübt hat, zu verstehen« (Fromm 1935, S. 131). Auf der Gegenseite gehörte Karl Abraham, ebenso wie Ernest Jones, bald zu den schärfsten Kritikern Groddecks. An Freud schrieb Abraham nach dem Homburger Kongreß 1925, von den dort gehaltenen Vorträgen sei nur ein einziger »wirklich schlecht« gewesen, nämlich der Groddecks, der »bei seinem ersten Auftreten so sprühend gedankenreich erschien und dieses Mal von einer unsäglichen Plattheit und Eintönigkeit war« (Freud/Abraham 1965, S. 365). Er wirft Groddeck vor, zu sprunghaft und assoziativ vorzugehen; seine wissenschaftliche Beweisführung sei mangelhaft. Freud und Ferenczi nehmen den »gescheit-närrischen Menschen« (Brief Freuds v. 14.8.1925, in: Freud/Ferenczi 2005, S. 49f.) jedoch gegen derartige Vorwürfe in Schutz.

Die Sympathie, die Freud trotz inhaltlicher Differenzen, auf die noch näher einzugehen sein wird, für Groddeck empfand, die Freundschaft mit Ferenczi und das wohlwollende Verständnis, auf das Groddeck auch bei Otto Rank, Ernst Simmel und Karen Horney traf, konnten freilich nicht verhindern, dass er vom Gros der in der *Internationalen Psychoanalytischen Vereinigung* organisierten Analytiker bestenfalls als eigenwillige Randfigur wahrgenommen wurde. Dieser Eindruck entstand vor allem dadurch, dass Groddeck seine theoretischen Beiträge zur Psychoanalyse zum Teil in novellistischer Form publizierte und dass er auf den psychoanalytischen Kongressen mit sehr persönlichen, die Intimsphäre berührenden Informationen an die Öffentlichkeit trat. Erich Fromm, der Groddeck durch seine erste Frau Frieda Fromm-Reichmann kennen lernte, schreibt über ihn:

> »Infolge des Mangels an rationaler und wissenschaftlicher Neigung gibt es keine, die Bedeutung seiner Persönlichkeit auch nur annähernd wiedergebende literarische Hinterlassenschaft. Seine [Groddecks] Bedeutung war vor allem eine persönliche.« (Fromm 1935, S. 131.)

Unbestritten gehört Georg Groddeck zu den frühen Pionieren der heutigen *psychosomatischen Medizin.* Auch wenn deren wissenschaftliche

Etablierung durch Lehrstühle an den Universitäten hauptsächlich erst in die Zeit nach dem Zweiten Weltkrieg fällt, so wurde sie doch durch bedeutende Neurologen und Internisten wie Viktor von Weizsäcker oder medizinisch ausgebildete Psychoanalytiker wie Felix Deutsch und Franz Alexander schon zuvor grundgelegt. Mit diesen etwas jüngeren Kollegen lässt sich Georg Groddeck allerdings, was wissenschaftliche Diagnostik und Systematik angeht, kaum vergleichen. Seine Begabung liegt auf anderem Gebiet. Fromm sieht in Groddeck eine »Persönlichkeit von genialer psychologischer Intuition«, die ihrer Denkart nach eher zu den »romantischen Vorläufern der Psychoanalyse wie Carus und Bachofen« gehöre, aber keinen Anspruch auf Wissenschaftlichkeit erhebe. Man könne ihn geradezu als »Verächter der Wissenschaft« (a.a.O., S. 130) ansehen – wobei unter »Wissenschaft« in erster Linie die im 19. Jahrhundert entstandene *naturwissenschaftliche Medizin* zu verstehen ist. Mit psychologischer Intuition ging Groddeck an die Behandlung somatisch erkrankter Patienten heran. Zugleich verfügte er über die Fähigkeit, seine Erfahrungen als behandelnder Arzt, aber auch tiefenpsychologische Reflexionen über eigene Reaktionen und Verhaltensweisen in humoristisch-provokativer Art an die Hörer (z.B. bei Vorträgen in seiner Privatklinik) bzw. Leser zu bringen. Dies – und nicht zuletzt die Behandlungserfolge, die sich herumsprachen – garantierte seinem Sanatorium bis in die frühen Dreißiger Jahre des vergangenen Jahrhunderts einen regen Zulauf.

Dass Georg Groddeck hier als Wegbereiter der *Humanistischen Psychologie* dargestellt wird, obwohl er primär in die Geschichte der Medizin und der Psychoanalyse zu gehören scheint, hat vor allem zwei Gründe: Zum einen spielt ein psychosomatisches Verständnis von Gesundheit und Krankheit, wie Groddeck es vertrat, auch im »ganzheitlichen« Ansatz der Humanistischen Psychologie eine zentrale Rolle (vgl. Kollbrunner 1987, S. 223ff.). Zum andern steht Groddeck in einem direkten Bezug zu Therapeutinnen und Therapeuten, die nach der Emigration in die USA die Entstehung der Humanistischen Psychologie gefördert haben: Vor allem ist hier *Frieda Fromm-Reichmann* zu nennen, die als Schülerin Groddecks betrachtet werden kann, speziell was den Umgang mit »schwierigen« Patienten betrifft; durch sie kam Erich Fromm mit ihm in Kontakt (vgl. Hoffmann 1995, S. 14; Siebenhüner 2005, S. 49ff.). Sodann muss *Karen Horney* erwähnt werden, die seit dem Berliner Psychoanalytischen Kongress von 1922 mit Groddeck befreundet war und später in den USA mit Fromm und Sullivan eng zusammenarbeitete (vgl. Rubins 1983, S. 75ff.). Schließlich ist nachgewiesen, dass auch *Laura Perls* mit Groddeck bekannt war und ihn sehr schätzte, auch wenn sie ihn in ihren Schriften und den veröffentlichten Interviews nicht ausdrücklich erwähnt.[1] Daher ist auch bei der Entstehung der Gestalttherapie ein Einfluss Groddecks anzunehmen.

Etliche Veröffentlichungen von Greorg Groddeck sowie Aufzeichnungen aus dem Nachlass, darunter seine 1926 begonnenen »Lebenserinnerungen«, sind in verschiedenen Sammelbänden im *Limes-Verlag* erschienen. Zahlreiche Vorträge wurden nur in Groddecks Privatzeitschrift *Arche* veröffentlicht bzw. befinden sich noch im Nachlass.[2] Es existieren mehrere biographische Arbeiten (u.a. Will 1987; Martynkewicz 1997), aus denen sich ein einigermaßen zutreffendes Bild seiner Persönlichkeit, seiner Auffassungen und seiner Arbeitsweise ergibt. Eine auf 15 Bände angelegte Werkausgabe erscheint seit 1986 im Verlag *Stroemfeld/Roter Stern.*

Soziale Herkunft, Familienbeziehungen und Schulzeit

Georg Groddeck wird 1866 in Bad Kösen an der Saale als jüngster Sproß einer Arztfamilie geboren. Die Familie des Vaters, zu der Ratsherren, Kaufleute und Reeder gehörten, war ursprünglich in Danzig ansässig. Sein Großvater Karl August Groddeck gehörte zu den Honoratioren der Stadt: Er war Justizrat, Abgeordneter der konservativen Partei in der Preußischen Nationalversammlung und bekleidete etliche Jahre das Amt des Danziger Oberbürgermeisters. Nach dem Ausscheiden aus dem Amt zog er nach Berlin und heiratete eine 40 Jahre jüngere Frau. Seinen Lebensabend verbrachte er bei den Groddecks in Bad Kösen (vgl. Martynkewicz 1997, S. 42). Georgs Vater *Carl Theodor Groddeck* (1826-1885) studierte Medizin in Berlin und promovierte im Jahr 1849, kurz

---

1 Hildegund Heinl, Mitbegründerin des *Fritz Perls Instituts*, berichtet in einem Vortrag über »Groddeck und die Integrative Leibtherapie«, sie habe durch eine Freundin von Laura Perls erfahren, dass diese Groddeck »in Baden-Baden aufgesucht und auch in Berlin gesehen« habe. Laura Perls habe von Groddeck »voller Bewunderung und Hochachtung« gesprochen (Heinl 1986, S. 180). Wiltrud Krauss-Kogan (Frankfurt/M.) bestätigt in einem Telefonat, Laura Perls habe in Gesprächen mit ihr erwähnt, dass sie Groddeck und Ferenczi während ihrer psychoanalytischen Ausbildung am *Süddeutschen Institut für Psychoynalyse* persönlich kennengelernt habe; über beide habe sie sich »sehr anerkennend« geäußert.

2 Ein umfangreiches, jedoch unvollständiges Verzeichnis der Schriften und nachgelassenen Manuskripte Georg Groddecks befindet sich in: Will 1987, S. 186-197.

nach der gescheiterten demokratischen Revolution, mit einer Dissertation, die den Aufsehen erregenden Titel trug: »De Morbo Democratico, Nova Insaniae Forma« (*Die demokratische Krankheit, eine neue Wahnsinnsform*, 1850). Allein der Titel zeigt schon, dass es sich eher um ein politisches Pamphlet als um einen Beitrag zur medizinischen Wissenschaft handelt. Groddeck senior versucht darin, in Anlehnung an eine damals bekannte Arbeit über die »Tanzwut« als »Volkskrankheit im Mittelalter«, das liberal-demokratische Denken als ansteckende Geisteskrankheit hinzustellen. Der akademische Senat der Berliner Universität lehnte die Arbeit zunächst ab; erst auf Intervention des damaligen preußischen Innenministers konnte die Promotion stattfinden. Bei der öffentlichen Disputation ergab sich ein großer Andrang von Menschen, die den »Erfinder des Demokraten-Wahnsinns« verspotteten, und es kam zu tumultartigen Szenen, aber der Vater erhielt den Doktortitel. Noch im Alter erzählte er »mit großer Freude, wie alles hergegangen sei«, und er war »nicht wenig stolz auf diesen großen Moment seines Lebens« (Groddeck 1926a, S. 336).

Carl Theodor Groddeck arbeitete nach der Promotion einige Jahre als Choleraarzt und ließ sich, nachdem er 1852 die aus Schulpforta stammende *Caroline* (abgekürzt: *Lina*) *Koberstein* geheiratet hatte, 1855 in Bad Kösen als Badearzt nieder. Dies war für ihn ein mutiger Schritt, da er in diesem Metier nicht sehr bewandert war, aber er hatte damit zunächst Erfolg. Bereits seit Anfang des 19. Jahrhunderts wurden die in Kösen vorhandenen Solequellen für Kurzwecke genutzt. Seit die Kleinstadt über Elektrizität und einen Eisenbahnanschluss verfügte, stieg die Zahl der Kurgäste beträchtlich an und die Investitionen, die Groddeck senior anfangs mit geliehenem Geld getätigt hatte, begannen sich auszuzahlen. Mit späteren Aktivitäten war er dagegen weniger erfolgreich: Als in den sog. »Gründerjahren« nach dem Krieg gegen Frankreich (1870/71) der Kurbetrieb zunächst starken Aufwind bekam, beschloss man, aus dem kleinen Kurort Kösen ein weltberühmtes Bad, ein »Nizza an der Thüringer Pforte«, zu machen. Groddeck senior verspekulierte sich mit Grundstückskäufen und Plänen für eine große Villenanlage und verlor in der nachfolgenden Wirtschaftskrise sein gesamtes Kapital. Sein Wohnhaus und das angeschlossene Sanatorium wurden versteigert und er musste mit der Familie in eine Mietwohnung umziehen, in der er eine schlecht gehende ärztliche Praxis betrieb. 1883 versuchte er es noch einmal mit einem Umzug nach Berlin, wo er hoffte, mit Hilfe des ältesten Sohnes und der Tochter wieder eine Art Sanatoriumsbetrieb eröffnen zu können. Auch dieses Vorhaben scheiterte. Carl Theodor Groddeck praktizierte danach noch einmal kurze Zeit als Armenarzt und starb, selbst völlig verarmt, im Jahr 1885.

Obwohl sich die Familiengeschichte Georg Groddecks, was die väterliche Seite betrifft, kaum als Erfolgsstory, sondern eher als Geschichte eines *sozialen Abstiegs* darstellt, macht er dem Vater daraus keinen Vorwurf. Im Gegenteil: Er nimmt ihn gegen mögliche Vorwürfe in Schutz und sieht im Misslingen der Pläne des Vaters eine Voraussetzung dafür, dass er selbst dessen Werk als Arzt fortsetzen und vollenden kann, ja er deutet das väterliche Scheitern im Hinblick auf diesen Zweck. So schreibt er in seinen »Lebenserinnerungen«:

»Seit Jahrhunderten hatten die Groddecks in Danzig gesessen, gehörten dort zu den Geschlechtern, mein Vater war mit allen Wurzeln seines Wesens Sohn dieser Stadt, das hat mich jeder Tag seines Lebens gelehrt; er paßte nicht in die kleinliche Umgebung der Dreitausendseelenstadt [Bad Kösen]. Und nicht genug an diesem Verlassen seiner Heimat, er tat etwas, wozu ihm jedes Geschick fehlte: er kaufte eine Badeanstalt, ein Solbad. Das Unternehmen war wohl von Anfang an dem Untergang geweiht, mein Vater hatte weder Kapital, noch war er Geschäftsmann, er war nur Arzt, in einem weit höheren Grade, als ich es jemals gewesen bin. [...]
So mag es mit meinem Vater gewesen sein: sein Genie war groß, aber er *brauchte das Mißlingen, um seinem Sohne das Wirkungsfeld frei zu lassen*, und so schuf er sich das Mißlingen in diesem törichten Unternehmen.« (Groddeck 1926a, S. 397, Hervorhebung H.J.)

In Groddecks autobiographischen Aufzeichnungen finden wir eine Idealisierung des Vaters, die in eine weitgehende *Identifizierung* mit ihm mündet. Letztere zeigt sich nicht nur in der Entscheidung für den gleichen Beruf, sondern auch in der Nachahmung persönlicher Eigenheiten, in »Haltung, Blick. Bewegung, Sprechweise, bestimmten Redewendungen« (a.a.O., S. 393). Obwohl das Verhalten des Vaters teilweise skurrile Züge trägt – so pflegte er im Sommer bei strahlendem Sonnenschein mit einem groß und bunt gemusterten Regenschirm auf die Straße zu gehen –, zeigt Georg doch »ehrfürchtige Bewunderung« für ihn und zweifelt nie an seiner »Unfehlbarkeit« (ebd.). Die spezielle Auffassung des Arztberufs, für die der Vater prägend ist, wird uns noch beschäftigen.

Die Mutter, *Lina Groddeck, geb. Koberstein* (1825-1892), war die Tochter des hochangesehenen Literaturhistorikers August Koberstein, der durch eine mehrbändige *Geschichte der deutschen Nationalliteratur* bekannt geworden war und in Schulpforta, einer über die Landesgrenzen hinaus angesehenen Ausbildungsstätte mit Internatsbetrieb, unterrichtete. Zu seinen Schülern hatte u.a. Friedrich Nietzsche gehört, der häufig im Hause Koberstein verkehrte und dort auch Carl Theodor Groddeck und seine Doktorarbeit über den »demokratischen Wahnsinn« kennen lernte – Groddeck senior hatte das Elaborat seinem künftigen Schwiegervater gewidmet (vgl. Will 1987, S. 21). Im Gegensatz zu den stramm konservativen Groddecks war August Koberstein jedoch ein Mann von eher liberaler Gesinnung; 1848 hatte er für die Paulskirche kandidiert. Der Heirat seiner Tochter mit Carl Theodor Groddeck konnte er nur mit großen Bedenken zustimmen.

Lina Groddeck war eine gebildete Frau, die auf ihr Elternhaus stolz war, sich in Gesellschaft Anerkennung zu verschaffen wusste und ihrem Mann gegenüber immer auf eine gewisse Selbständigkeit pochte. Georg Groddeck schreibt über sie:

»Meine Mutter war, so altmodisch sie sich auch gab und so verächtlich sie auch über Frauenemanzipation dachte und sprach, im tiefsten Herzen modern, sie wollte etwas leisten. Von Kindheit an muß ihr diese Idee im Kopf gesteckt haben. Es war ihr nicht genug, Gehilfin des Mannes zu sein, was ja auch bei der starken Betonung des Geistigen in ihrem Elternhause nicht verwunderlich war. Als junges Mädchen hatte sie den Gedanken, Sängerin zu werden. [...] Dann heiratete sie und wurde Hausfrau und die beste Mutter, die Gottes Sonne jemals beschienen hat. Aber sie blieb trotz aller Liebe zu ihrem Ehemann, trotz der sechs Kinder, die sie ihm gebar, Lina Koberstein, verheiratete Groddeck.« (Groddeck 1926a, S. 396.)

Georg Groddeck ist der Jüngste von sechs Kindern, von denen das erste schon kurz nach der Geburt stirbt. Er wächst mit vier älteren Geschwistern, drei Brüdern und einer Schwester, in Bad Kösen auf. Die engste Verbindung hat er in der Kindheit zu seiner Schwester, die wie die Mutter Lina, d.h. Caroline, heißt, unverheiratet bleibt und später in seinem Sanatorium *Marienhöhe* in Baden-Baden den Pensionsbetrieb leitet. Dazwischen liegen allerdings Jahre der Trennung, in denen sich die Geschwister voneinander entfremdet haben. Am wichtigsten bleibt für ihn der älteste Bruder Carl, der später in Berlin ein angesehener Journalist wird. Carl übernimmt nach dem Tod des Vaters die Rolle des Mentors und väterlichen Freundes, und Georg überträgt die »freigewordene Leidenschaftlichkeit im Bewundern« vom Vater auf den Bruder, das nunmehrige Oberhaupt der Familie; an diesem persönlichen Beispiel erläutert er später das Phänomen der *Übertragung* (vgl. Groddeck 1923, S. 66).

Trotz des überschwänglichen Lobes im oben angeführten Zitat (»die beste Mutter, die Gottes Sonne je beschienen hat«) ist hinsichtlich der *Beziehung zur Mutter* Skepsis angebracht. Georg Groddeck war nämlich als Kind auf Grund seiner großen, abstehenden Ohren eher hässlich zu nennen und bei der Mutter stand er, im Vergleich zu den drei älteren

Brüdern, emotional nicht an erster Stelle. In seinen »Lebenserinnerungen« erwähnt er, dass seine Mutter ihn nicht genährt habe, da schon bei ihrem ersten Kind ihre Milchdrüsen »von einer Eiterung zerstört« worden seien (Groddeck 1926a, S. 276). Er war etwas schwerfällig von Begriff und nach der ersten Zeit, in der seine Fragen und Antworten noch als drollig empfunden wurden, wurde er von den Brüdern oft ausgelacht. Als Konsequenz behielt er seine Meinung meist für sich und zog sich innerlich zurück.

Wie in Familien des gehobenen Bürgertums üblich, gab es bei den Groddecks in der Zeit, als der Badebetrieb noch florierte, junge weibliche Kräfte als »Stütze der Hausfrau« (ebd.); mit einer davon hatte er im Alter von vier Jahren die erste, ihm erinnerliche erotische Erfahrung:

»Ich sehe mich auf einem Tisch stehend, vor mir zwei Frauengestalten, die eine im braunen Kleid, frisch und lebendig, während die andere nur dabei ist, obwohl ich ihr Kind bin, und von der Braunen strömt der seltsame Duft des Weibes zu mir, so daß ich ihn jetzt noch wahrzunehmen glaube. Sie zieht mich aus und fragt: ›Was willst Du werden, Pat?‹ [›Pat‹ war Groddecks Kosename in der Familie, H.J.] – ›Kaiser will ich werden, und du sollst meine Kaiserin sein.‹ Sie lacht und zieht mich an sich heran, und ich fühle die weichen Formen. – Damals mag ich wohl etwas über vier Jahre alt gewesen sein. So früh war der Traum, Mann der Mutter zu werden, schon verflogen, und alles Begehren galt einer Fremden.« (Groddeck 1926a, S. 276.)

Obgleich Georg Groddeck die Mutter, was die Jahre seiner Kindheit betrifft, als lebensfroh schildert, erscheint sie in dieser Szene als emotional blass und wenig zugewandt. Man kann sich fragen, ob der von ihr häufig zu hörende, an die Adresse des Jüngsten gerichtete Spruch: »Große Ohren befähigen und verpflichten zu großen Leistungen«, den Groddeck in einem Vortrag erwähnt (vgl. Siefert 1986, S. 55), primär als Anerkennung oder als Forderung gemeint ist. Groddeck versteht den Spruch jedenfalls als Ausdruck der mütterlichen Hoffnung, dass »sich ihr hässliches Entlein irgendwann einmal zum Schwan entwickeln würde.« (ebd.) Als ein Hinweis auf Defizite an emotionaler Zuwendung und eine insgesamt wenig glückliche Kindheit ist jedoch sein öffentliches Bekenntnis, dass er lange Zeit Bettnässer war,[3] zu werten.

3 Groddeck schockierte mit dieser Mitteilung die meisten Zuhörer beim VI. *Internationalen Psychoanalytischen Kongreß* in Den Haag (1920), für die eine solche Offenheit in persönlichen Dingen absolut ungewohnt war. Ein kleinerer Kreis, darunter auch Ferenczi und Freud, hörte dagegen »amüsiert zu« (Martynkewicz 1997, S. 269).

Wie auf Grund der Herkunft mütterlicherseits nicht anders zu erwarten, verbringt Georg Groddeck, wie auch die älteren Brüder, seine Gymnasialzeit an der damaligen Eliteschule *Schulpforta*. In deren Internatsbetrieb gibt es eine strenge Hierarchie, Zwang zur Pünktlichkeit und Disziplin – Dinge, die ihm von zu Hause nicht unbedingt vertraut sind, mit denen er jedoch zu leben und die er bei mancher Gelegenheit auch geschickt zu umgehen lernt. Er erlernt die Sprachen Latein und Griechisch, später auch Hebräisch, und macht sich mit klassischen Texten von Goethe, Schiller und Shakespeare vertraut; nebenher liest er weniger »hohe« Literatur. Sein Traum ist es, bei einer der jährlichen Theateraufführungen der Schule eine tragende Rolle zu bekommen, aber dazu langt es nicht. Nach anfänglich guten Noten sacken seine Leistungen ab; die Versetzung in die jeweils höhere Klasse schafft er nur mit Mühe. Auch sein Verhalten ändert sich. Sein Biograph schreibt: »Aus dem stillen, langweiligen Schüler wird immer mehr der ungehorsame, aufsässige Schüler, der weniger mit seinen Leistungen auffällt als mit den Streichen, die er den Lehrern spielt.« (Martynkewicz 1997, S. 56.) Die Einträge ins Strafbuch häufen sich. Die Obersekunda muss er wiederholen. In der letzten Gymnasialklasse kommt er nach einem Trinkgelage und nächtlicher Abwesenheit vom Internat nur knapp an einer disziplinarischen Entlassung aus der Schule vorbei. Schließlich »schafft« er aber doch das Abitur, mit besseren Noten als erwartet. Man entlässt ihn mit der Ermahnung im Zeugnis, »an seiner sittlichen Ausbildung gewissenhaft zu arbeiten« (a.a.O., S. 68).

Georg Groddeck war also kein Musterschüler. Zu seinem auffälligen Verhalten am Ende der Schulzeit trugen auch die *sich auflösenden Familienverhältnisse* bei: Die Brüder waren inzwischen ausgezogen und versuchten andernorts beruflich Tritt zu fassen. Die Mutter konnte sich mit dem sozialen Abstieg nicht abfinden; ihre Depressivität in späteren Jahren umschreibt Groddeck mit den Worten: »Sie litt trotz allen Sinns für Schönheit und Heiterkeit am Leben.« (Groddeck 1926a, S. 395.) In langen hartnäckigen Kämpfen, »bei denen sich beide Eheleute immer weiter voneinander entfernten« (a.a.O., S. 398), hatte sie sich vom Vater getrennt und suchte als Gesellschafterin in einer anderen Stadt etwas Geld zu verdienen. Die Schwester Lina betätigte sich als Kindermädchen »bei einer verwitweten Jüdin mit tausend Kindern in Kösen« (a.a.O., S. 389). Der einzige Mensch, den er bei Besuchen zu Hause noch antrifft, ist sein Vater, der nach dem gescheiterten Sanatoriumsprojekt in Berlin resigniert nach Kösen zurückgekehrt ist und sich angewöhnt hat, »stundenlang irgendwo zu sitzen, stumm die Menschen zu beobachten und wie die andern ein Glas nach dem anderen zu trinken« Von ihm lernt Groddeck junior, möglichst langsam und kunstvoll eine

Zigarre zu rauchen. Beide sitzend dabei schweigend nebeneinander (vgl. a.a.O., S. 392).

Diese Entwicklung, die auch in einer Suchtkarriere hätte enden können, nimmt nochmals eine positive Wendung, als der Vater sich aufrafft, in Berlin eine *Kassenzulassung* zu beantragen, die er auch erhält. Den Sohn nimmt er nach dem Abitur in seine Sprechstunde mit; stillschweigend ist dabei ausgemacht, dass Groddeck junior sich nicht, wie zunächst vorgehabt, zum Pädagogen, sondern zum Arzt ausbilden lässt. Die Patienten des Vaters sind diesmal keine vornehmen Kurgäste, sondern ganz gewöhnliche Leute, eine »Menge von Bäckern, Maurern und andern Arbeitern« (a.a.O., S. 401), die in die Sprechstunde strömen, um sich in die unter Bismarck vor kurzem erst eingeführte Krankenversicherung aufnehmen zu lassen. Mit dem Auftrag, Krankengeschichten und Verordnungen aufzuschreiben, erhält Groddeck junior vom Vater Anschauungsunterricht, wie man als Arzt mit den Menschen umgeht. Über dieses erste medizinische »Praktikum« schreibt er später:

»Das war denn eine ganz vergnügliche Sache für mich; mein Vater unterhielt sich gern meist mit den Leuten, fragte nach ihrem Leben und ihren Meinungen, kurz ich bekam einen kleinen Einblick in das Treiben der Arbeiter und die Kämpfe zwischen Unternehmern und denen, die damals nur als Hände des Unternehmens betrachtet wurden; so wichtig das für meine menschliche Ausbildung war, so wirkte doch etwas anderes viel stärker auf mich, obwohl ich es zur [damaligen] Zeit wenig zu schätzen wußte: Ich lernte die ärztliche Tätigkeit nicht an Kranken, sondern an Gesunden kennen. Das ist von unschätzbarem Wert für mich gewesen.« (Groddeck 1970, S. 401.)

Für den aus großbürgerlichen Verhältnissen stammenden Georg Groddeck wird diese Erfahrung in mehrfacher Hinsicht prägend: Obwohl er später fast ausschließlich mit Menschen aus »gehobenen« Gesellschaftsschichten zu tun hat, verachtet er nie die Probleme der sogenannten »einfachen Leute«. Er sieht Krankheit und Gesundheit als abhängig von den *realen Lebensverhältnissen* und erkennt, dass man als Arzt, um Zugang zu den gesundheitlichen Problemen zu bekommen, *mit den Menschen reden* muss.

Als der Vater die Kassenpraxis eröffnet, ist er, ohne dass beide es zunächst wahrhaben wollen, bereits ein schwerkranker Mann: Ein in der Jugend erworbener Herzfehler macht sich bei ihm immer stärker bemerkbar; nach einem Schlaganfall muß er die Praxis aufgeben und siecht langsam dahin. Da er über keinerlei Rücklagen verfügt, kann er dem Sohn kein Studium finanzieren. Die einzige Möglichkeit, eine ärztliche Ausbildung zu erhalten, besteht bei den *Militärischen Bildungsanstalten*;

die Ausbildungskosten werden hierbei später »abgedient«. Nach dem Tod des Vaters stellt sich jedoch heraus, dass er versäumt hat, Groddeck junior für die Ausbildung anzumelden. Das erledigt nun die Mutter. Und Georg Groddeck hat zusätzliches Glück: Für die privaten Kosten des Studiums hat ein Dr. Meinert aus Dresden, der den Vater nicht einmal persönlich kennt, sondern »nur seine Taten« (a.a.O., S. 407), bei früheren Patienten des Vaters eine Sammlung veranstaltet, die nun dem Sohn zugute kommt. Unter diesen Auspizien beginnt Georg Groddeck in Berlin mit dem Medizinstudium.

Ausbildung und ärztliche Praxis: Psychosomatik vs. Organmedizin

Von 1885 bis 1889 absolviert Georg Groddeck eine medizinische Ausbildung an der *Berliner Universität.* Mit Aufnahme des Studiums verpflichtet er sich, nach dem Abschluß acht Jahre lang als Militärarzt zu dienen. So wird er später u.a. an das *II. Königliche Füsilier-Regiment* in Brandenburg an der Havel und an die *Unteroffiziers-Vorschule* in Weilburg an der Lahn abkommandiert (vgl. Will 1987, S. 29).

Über die Zeit als Militärarzt gibt es nur wenige Äußerungen von Groddeck; er empfindet das Reglement, dem er beim Militär unterworfen ist, als ein ähnlich enges Korsett wie die Haus- und Schulordnung im früheren Internat. Umso wichtiger wird für ihn die Zeit der medizinischen Ausbildung, in der er noch relativ frei studieren und seine Schwerpunkte setzen kann. Vom Vater her, der als Kur- und Badearzt eine diätetische Medizin pflegte, viel von »Anwendungen« hielt und das Mittun der Kranken forderte, ist er auf eine gewisse Skepsis gegenüber der *naturwissenschaftlichen Medizin*, die der zweiten Hälfte des 19. Jahrhunderts Triumphe feiert, indem sie Krankeitsursachen isoliert und operativ bzw. medikamentös behandelt, eingestimmt. Nun wird er an der Berliner Universität mit genau dieser naturwissenschaftlichen Denkweise konfrontiert. Zu seinen Lehrern gehören Hermann Helmholtz und Emil Du Bois-Reymond, zwei Koryphäen der *empirischen Physiologie*, die auch Ernst Brücke vertritt, an dessen Wiener Institut Sigmund Freud bis 1882 gearbeitet hat. Die empirische Physiologie wird im 19. Jahrhundert zur Grundlage der naturwissenschaftlichen Medizin. Sie entthront die romantische Naturphilosophie, die die Einheit von Natur und Geist postulierte und die Isolierung einzelner Krankeitsursachen im Körper ablehnte. Für Helmholtz, Du Bois-Reymond und Brücke ist der Körper nichts anderes als eine komplizierte biochemische Maschine. Ähnlich sieht es der berühmte Vertreter der anatomischen Pathologie Rudolf Virchow, der in jahrelanger Forschung mit dem Mikroskop die *Zellularpathologie* begründet hat. Auch ihn lernt Groddeck in Berlin kennen.

Soweit Äußerungen aus dieser Zeit überliefert sind, absolviert Groddeck das naturwissenschaftliche Medizinstudium pflichtgemäß ohne große Begeisterung, aber er eignet sich immerhin solide Kenntnisse in der Organmedizin an. Du Bois-Reymond schätzt er sogar als Persönlichkeit von bedeutendem Rang, die über ihr enges Fachgebiet hinausragt, während er Virchow wegen seiner politischen Ambitionen ablehnt (vgl. Martynkewicz 1997, S. 78f.). Die wichtigste persönliche Entdeckung, die er im späteren Verlauf des Studiums macht, ist jedoch ein medizinischer Außenseiter, der für ihn bald zur neuen Vaterfigur wird: *Ernst Schweninger* (1850-1924).

Schweninger hatte sich mit 25 Jahren in München für pathologische Anatomie habilitiert; er wurde wenige Jahre später berühmt als *Leibarzt Bismarcks*, der um 1880 herum schwer erkrankt war. Nachdem sich die bekanntesten Medizinprofessoren des Reiches vergebens um ihn bemüht hatten – u.a. war bei ihm Leberkrebs diagnostiziert worden –, schaffte es Schweninger mit streng einzuhaltenden physikalischen und diätetischen Maßnahmen, Bismarcks Gesundheit wieder herzustellen. Er hatte richtig erkannt, dass es sich bei dessen Erkrankung nicht um die Pathologie einzelner Organe, sondern um funktionelle Störungen handelte, die mit der Lebensweise des Patienten – u.a. zu üppiges Essen und zu wenig Bewegung – zusammenhingen. Mit der Überzeugungkraft seiner Person brachte er seinen berühmten, aber im Umgang mit Ärzten schwierigen Patienten dazu, eine speziell auf ihn zugeschnittene Diät einzuhalten; auf Schweninger geht die Erfindung des »Bismarck-Herings« zurück. Weil er ihn als seinen Leibarzt in Berlin halten will, verschafft Bismarck Schweniger 1884 eine Professur an der Berliner Universität und macht ihn zum Direktor der *Dermatologischen Poliklinik* der Charité, wo er bald einen Kreis begeisterter Studenten um sich schart. Zu ihnen gehört nun auch Georg Groddeck.

Was Groddeck an Schweninger fasziniert, ist die Auffassung, dass der Arzt es nicht mit Krankheiten, sondern immer mit *Kranken* zu tun hat, die eine *individuelle Behandlung* brauchen. Dementpechend lehnt Schweninger allgemeine Diagnosen und standardisierte Behandlungsmethoden ab. Wichtig ist für ihn, dass der Arzt dem Kranken Respekt entgegen bringt, da nur der Kranke selbst mit Unterstützung des Arztes die Heilung herbeiführen kann, ferner dass er den Grundsatz befolgt: *Nil nocere*, d.h. keinen Schaden anrichten, »Zurückhaltung üben im Verordnen schwerwiegender Therapiemaßnahmen« (Will 1987, S. 24). Dabei soll der Arzt für *jedes Individuum* »Nutzen und Schaden, allgemeine und spezielle (locale) Ernährung, Circulation, Blutverteilung und tausenderlei andere Dinge vorurteilsfrei und immer wieder prüfen und das Beste behalten« (Zitat Schweninger, ebd.). Das sind Grundsätze, mit denen Groddeck sich voll identifizieren kann und die ihm zugleich helfen, sich den trockenen Stoff des naturwissenschaftlichen Medizinstudiums anzueignen, ohne an seiner Berufung zum Arzt zu zweifeln.

Groddeck promoviert 1889 bei Schweninger mit einer Dissertation *Über das Hydroxylamin und seine Verwendung in der Therapie der Hautkrankheiten.* Sowohl Doktorand als auch Doktorvater bezwecken mit dieser Arbeit, zu einigen gewichtigen Autoritäten in der Ärzteschaft, die das neue Mittel wärmstens empfohlen haben, auf Konfrontationskurs zu gehen. Nachdem Groddeck nämlich in etlichen Tests die Unwirksamkeit des Hydroxylamin festgestellt hat und deshalb die Dissertation aufgeben will, besteht Schweninger aus demselben Grund auf der detaillierten Veröffentlichung der negativen Untersuchungsergebnisse. Ihm liegt daran, die rein naturwissenschaftlichen Diagnose- und Behandlungsmethoden zu kritisieren – ein Unternehmen, mit dem er wie Groddeck sich zahlreiche Feinde machen, da ihre Auffassungen im Gegensatz zu den herrschenden Tendenzen in Medizin und Pharmakologie stehen.

Bemerkenswert sind die Thesen, die Groddeck, wie damals üblich, bei seiner Promotion öffentlich zu verteidigen hat, da sie Überzeugungen formulieren, die zum Ausgangspunkt für sein späteres ärztlich-therapeutisches Handeln werden:

»1.) Viele Krankheiten sind das *Produkt der Lebensweise* des Menschen. Will man sie heilen, so muß man die Lebensweise des Patienten ändern, da man die Krankheit selbst nur in den wenigsten Fällen durch sogenannte Specifica angreifen kann.
2.) In der Therapie der Hautkrankheiten kommt es weniger auf die Wahl des Mittels als auf die *Art der Anwendung* desselben an.
3.) Die *geistige Ueberlegenheit* über den Patienten ist mit der wichtigste Faktor zum Gelingen einer Kur.« (zit. in: Will 1987, S. 27.)

Die erste These impliziert, dass die Erkrankung immer mehr ist als der Organbefund; sie hat mit dem *ganzen Menschen und seiner Lebensweise* zu tun – einschließlich seiner Psyche und seines sozialen Umfelds. Dies gilt naturgemäß auch für den Heilungprozess. In der zweiten These geht es um die Individualisierung der Behandlung und um den, der das »Mittel« anwendet, also zugleich immer auch um den *ärztlich-therapeutischen Bezug*. In der dritten These ist gefordert, dass der Arzt hierbei die Führung übernehmen soll; es geht um seine *aus Erfahrung stammende Autorität.* Diesen Satz wird Groddeck später abändern in dem

Sinne, dass der Arzt »Diener des Kranken, sein ausführendes Organ im Prozeß der Heilung« (Will 1987, S. 26) zu sein hat.

Nach Groddecks Promotion sucht Schweninger ihn als Assistenten zu behalten, doch das gelingt vorerst nur für ein Jahr. Groddeck muss erst seinen Dienst als Militärarzt ableisten. Danach kehrt er wieder zu Schweninger zurück. Ein Jahr lang leitet er dessen Berliner Sanatorium und zieht dann nach Baden-Baden, wo Schweninger ebenfalls eine private Kurklinik unterhält. In dieser Zeit lernt er *Else Neumann,* geschiedene *von der Goltz,* kennen, die er 1896 heiratet. Als »rechte Hand« von Schweninger kommt er mit den Spitzen der Gesellschaft in Kontakt. Nach den ärmlichen Verhältnissen zu Beginn seines Studiums ist er jetzt arriviert.

Im März 1900 eröffnet Groddeck in Baden-Baden mit Ehefrau Else und Schwester Lina ein eigenes kleines Sanatorium mit 15 Plätzen, die *Kurklinik Marienhöhe*. Die dort angewandten Methoden – u.a. eine Massage, bei der der Arzt »in ganzer Person« auf den Leib des Patienten einwirkt, indem er die Knie in seine Magengrube presst, um Druck auf das Zwerchfell auszuüben (vgl. Will 1987, S. 30) – und die damit erzeugten Heilungserfolge machen Groddeck berühmt. Er bekommt Zulauf von Patienten aus ganz Europa und hält Vorträge im In- und Ausland. Sein Sanatorium floriert, nicht zuletzt weil er über eine starke persönliche Ausstrahlung verfügt. Die meisten Gäste und Patienten sind weiblichen Geschlechts. Er nimmt sich Zeit für sie, indem er sich geduldig ihre Sorgen anhört, aber auch bei den Massagen handfest zupackt, Diäten und Bäder verordnet und Empfehlungen für die Lebensweise nach der Kur gibt. Es ist diese Mischung von »Unerschrockenheit und Empathie« (Martynewicz 1997, S. 157), die seine Anziehungskraft ausmacht, die bei manchen aber auch zu einer Art von Abhängigkeit führt. Denn sie tendieren dazu, immer wiederzukommen, ihre Aufenthalte auszudehnen und sich nur noch in der Nähe des »Herrn Doktor« wohlzufühlen.

In einem Buch mit dem eigenwilligen Titel *Nasamecu – Natura sanat, medicus curat. Der gesunde und kranke Mensch gemeinverständlich dargestellt* (1913)[4] hat Groddeck sein damaliges Verständnis von der Rolle des Arztes, wie es durch sein Vorbild Schweninger geprägt wurde, schriftlich fixiert:

»Der Arzt, wenn anders er seinen Aufgaben gewachsen sein soll, muß von Natur mit einer guten Dosis *Selbstvertrauen* ausgerüstet sein, und sein Selbst-

4 Zitiert wird nach dem mit verändertem Titel versehenen Wiederabdruck: *»Die Natur heilt..«. Die Entdeckung der Psychosomatik* (Groddeck 1976).

vertrauen wächst durch den Beruf, das liegt im Wesen dieses Berufs. So steht er denn als *geborner und erzogner Führer* der verantwortungsscheuen Masse gegenüber.
Das tritt auf allen Lebensgebieten hervor, besonders aber in der Art der Krankenbehandlung. Sie ist in hohem Grade eine *psychische Behandlung* geworden. Kaum ein Wort ist so Schlagwort unsrer Tätigkeit geworden, wie das Wort Suggestion, ja es ist auf Lebensbeziehungen verwendet worden, die ganz außerhalb der ärztlichen Tätigkeit liegen und auf die es nicht mehr paßt. Die Medizin hat auch, wie bekannt, eigne Spezialitäten geschaffen, in denen Suggestion und ihr Geschwisterkind Hypnose methodisch betrieben werden. Es liegt mir fern, diesen Behandlungsmethoden die Berechtigung abzusprechen, nur soll man nicht vergessen, daß die Suggestion, oder besser das psychische Übergewicht des Arztes über den Kranken Voraussetzung *jeder* Behandlung ist, und daß es weniger auf die Methode der Behandlung als auf die *Persönlichkeit des Arztes* ankommt.« (Groddeck 1976, S. 129; Hervorhebung H.J.)

Hier wird erkennbar, dass Groddeck zwischen somatischer und psychischer Behandlung keine klare Grenze zieht, ja dass er beide ineinander übergehen lässt. Er assoziiert die Rolle des Arztes, wenn er sich mehr mit der psychischen Seite befasst, allerdings mit dem Einsatz von *Suggestion und Hypnose,* wie dies bei Freud während seiner Tätigkeit als Nervenarzt der Fall gewesen war, ehe er die Psychoanalyse entwickelte. Dass die suggerierten bzw. in Hypnose zutage geförderten »Lösungen« nicht von Dauer sind, weil sich ihr Zustandekommen mehr der Initiative des Arztes als des Patienten verdankt, war ein wesentlicher Grund, diese Methoden aufzugeben. Groddeck sieht jedoch richtig, dass die Persönlichkeit des Arztes bzw. Therapeuten für die *heilende Beziehung* eine zentrale Rolle spielt, auch wenn er sie hier noch in einem nicht-analytischen Sinn versteht.

In seinem Buch von 1913 ist eine gegen die *Psychoanalyse* gerichtete Passage enthalten, für die sich Groddeck zu Beginn der späteren Korrespondenz bei Freud entschuldigt hat: Er habe die Psychoanalyse damals »nur vom Hörensagen« gekannt und sein »Angriff« sei aus einer »gleichsam divinatorischen Neidstellung heraus« (Groddeck/Freud 1970, S. 11f.) erfolgt. Wenn man die Passage genauer liest, dann zeigt sich ein charakteristisches Schwanken. So spricht Groddeck zwar vom »gefährlichen Gift« der Psychoanalyse, erkennt jedoch gleichzeitig an, dass Freud »unsere Kenntnisse des Seelenlebens in hohem Maße bereichert hat« (Groddeck 1976, S. 108f.). Allerdings sieht er die Gefahr, dass der Patient, indem er dem Therapeuten Einblick in sein Inneres verschafft, seine Persönlichkeit »einem Anderen preis[gibt]« (a.a.O., S. 109) und sich damit vom Analytiker abhängig macht. Ein zweiter Einwand richtet sich gegen den *sexuellen Inhalt* der analytischen Gespräche und ein dritter gegen die Psychoanalyse als *Gesellschaftsspiel* (vgl. a.a.O., S. 110).

Ein Teil dieser Einwände ist durchaus nachvollziehbar – so wurde die Psychoanalyse, nachdem sie größere Verbreitung gefunden hatte, in manchen Kreisen tatsächlich zu einer Art Gesellschaftssspiel, bei dem jeder, der sich dazu dazu berufen fühlte, analytische »Deutungen« zum Besten gab. Dagegen mutet es seltsam an, dass Groddeck die Betonung der *Sexualität* kritisiert, indem er der Psychoanalyse vorwirft, den »Schmutz, der in den Tiefen des Geschlechtslebens ruht«, mit »Wonne« aufzurühren (a.a.O., S. 110), denn ausgerechnet er selbst versäumt später keine Gelegenheit, auf die verborgene sexuelle Symbolik von Gegenständen, Worten und Handlungen hinzuweisen. Dabei liegt ihm nichts ferner als eine moralisierende Bewertung der Sexualität, wie sie an dieser Stelle noch mit Händen zu greifen ist.

Offensichtlich benötigte Groddeck einige Zeit, bis er die Erkenntnisse der Psychoanalyse so assimilieren konnte, dass er nichts mehr abzuwehren brauchte, auch nicht die Tatsache, dass ihm Freud in manchem zuvorgekommen war. Da er selbst über seine Art der Krankenbehandlung einen eigenen Zugang zum Psychischen gefunden hatte und schon eine »gestandene Persönlichkeit« war, als er begann, sich mit Freuds Psychoanalyse zu befassen, bewahrte er ihr gegenüber aber auch seine Unabhängigkeit.

Groddeck und die Psychoanalyse – »Das Buch vom Es«

Groddecks engere Beziehung zur Psychoanalyse datiert zwischen 1917 und 1923. Die Eckpunkte werden markiert durch zwei Schriften: Einmal handelt es sich um einen Artikel über *Psychische Bedingtheit und psychoanalytische Behandlung organischer Leiden* (1917), den Groddeck in Buchform drucken lässt. Darin schreibt er, er sei durch seine »physikalisch-therapeutische Tätigkeit bei chronisch körperlich Kranken« zu der Einsicht gekommen, dass die Psychoanalyse auch »auf körperliche Leiden« (Groddeck 1917, S. 31) Anwendung finden müsse. Diese Einsicht habe sich ihm gegen seinen Willen »aufgedrängt« (ebd.) Die Beispiele die er anführt, entstammen überwiegend der eigenen Krankengeschichte. Ehe er den Artikel veröffentlicht, schickt er Freud einen längeren Brief, in dem er ihn um eine Stellungnahme bittet, ob er sich mit seiner Auffassung von psychischer Behandlung organischer Erkrankungen »Psychoanalytiker« nennen dürfe. Freud reagiert auf seinen Brief mit den berühmt gewordenen Sätzen:

»[...] ich muß Anspruch auf Sie erheben, muß behaupten, daß Sie ein prächtiger Analytiker sind, der das Wesen der Sache unverlierbar erfaßt hat. Wer erkennt, daß Übertragung und Widerstand die Drehpunkte der Behandlung sind, der gehört nun einmal rettungslos zum wilden Heer.« (Brief v. 5.6.1917, in: Groddeck/Freud 1970, S. 20.)

Den zweiten Eckpunkt bildet Groddecks umfangreiche Arbeit *Das Buch vom Es* (1923), in dem er in Briefform einer fiktiven Freundin die psychoanalytische Sichtweise nahezubringen sucht. Zwischen den beiden Eckpunkten liegen einige kleinere Veröffentlichungen, die Groddeck in psychoanalytischen Zeitschriften erscheinen lässt, und die als »psychoanalytischer Roman« deklarierte Arbeit *Der Seelensucher*, die Groddeck, nachdem er das Manuskript vergeblich anderen Verlagen angeboten hat, mit Unterstützung von Freud und Ferenczi 1920 gegen einigen Widerstand im *Internationalen Psychoanalytischen Verlag* drucken lassen kann. Hauptakteur in diesem Roman ist ein gewisser »Thomas Weltlein«, der autobiographische Züge von Groddeck trägt. Freud prognostiziert, dass »das Buch nicht nach jedermanns Geschmack sein wird« – womit er recht behält[5] –, denn: »So viel gescheite freimütige und übermütige Gedanken verträgt man nicht leicht.« (Brief v. 8.2.1920, in: Groddeck/Freud 1970, S. 35.) Wir können den Roman jedoch übergehen, da die Ideen, die Groddeck hier seinem »Helden« in den Mund legt, an anderer Stelle prägnanter formuliert sind.

Im *Buch vom Es* schildert Groddeck ausführlich, wie er zur *Psychoanalyse* gekommen ist. Nicht die Lektüre Freuds oder ein Kontakt mit Analytikern habe ihn auf die Spur gebracht, sondern die Erfahrung mit einer Patientin, die er »Frl. G.« nennt. Sie hatte eine »solide ›organische‹, also wirkliche« Erkrankung und galt schon als »Todeskandidatin« (Groddeck 1923, S. 265). Vom ersten Moment der Behandlung an war klar, dass sie in Groddeck *die Mutter* sah. Die massive Übertragung erschütterte sein bisheriges, am Vorbild seines eigenen Vaters und Schweningers orientiertes Verständnis von der Rolle des Arztes, denn nun war es ihm nicht länger möglich, »als kraftvoller, gütiger Vater autoritative, unfehlbare, väterliche Suggestion zu treiben« (a.a.O., S. 266). Vielmehr musste er lernen, die *Übertragung anzunehmen*, d.h. »so zu werden«, wie die Kranke »mich brauchte«, aus einem »aktiv eingreifenden Arzt ein passives Werkzeug« zu werden (a.a.O., S. 267). Dies sei ihm an-

5 Oskar Pfister schrieb z.B. an Freud: »Groddeck [...] schillert zwischen Wissenschaft und Belletristik. Sie selbst sagen, die Tendenz sei eine entschieden wissenschaftliche, dann aber ist mir die Verwurstelung mit Witzeleien unangenehm.« (Freud/Pfister 1963, S. 84.)

fangs nicht leicht gefallen. Die neue Rolle des Arztes besage, Abschied zu nehmen von der Vorstellung, dass *er* wisse, was »gut« für den Patienten sei, vielmehr hinzusehen und hinzuhören, was der *Patient/die Patientin* im Tiefsten »braucht«, den »Es-Stimmen des Selbst und des Nebenmenschen zu lauschen und ihnen zu folgen« (ebd.).

Und noch etwas lernt Groddeck von seiner Patientin, nachem er sich mit seiner Rolle als »Mutter-Arzt« (a.a.O., S. 269) angefreundet hat und über die Massage ein tragfähiger Kontakt zu Stande gekommen ist: Er sieht bei ihr, dass nicht nur die *Worte* für etwas anderes stehen – die Patientin hatte nämlich trotz ihrer »ansehnlichen« Intelligenz nur einen eingeschränkten Wortschatz, der sie zwang, alltägliche Dinge wie z.B. »Stuhl« oder »Schrank«, umständlich zu umschreiben. Er erfährt in der Be-Handlung auch, dass der *Körper* etwas ausdrücken will, d.h. er lernt, »in dem, was man physische organische Krankheit nennt, das *Symbol* zu suchen« (a.a.O., S. 269f., Hervorhebung H.J.). Dieser Schritt ist für die Therapie von großer Bedeutung, denn er führt über die rein organisch-kausale Betrachtungsweise weit hinaus.

Groddeck wendet den Symbolbegriff später auch auf die Interpretation von Kunst und Literatur an, wobei fast immer eine sexuelle Komponente ins Spiel kommt (vgl. Groddeck 1933). Zur Zeit seiner Annäherung an die Psychoanalyse »entdeckt« er das Symbolisieren jedoch vor allem in der ärztlichen Behandlung somatisch erkrankter Patienten. Die Erkrankung will dem Menschen etwas »sagen«, sie drückt etwas aus und hat für ihn einen »Sinn«, den der Kranke aber noch nicht kennt, wenn er das erste Mal zur Behandlung kommt. Es ist Aufgabe des Arztes und Therapeuten, den Patienten beim Kennenlernen der ihm eigenen, lebensgeschichtlich erworbenen *Symbolsprache seines Körpers* zu unterstützen. In Verbindung mit der somatischen Behandlung (durch Massage etc.) kann der Arzt verstehen und dem Patienten als Deutung zurückgeben, was die Symbolisierung »sagen« will:

»Die Gewalt, mit der mich diese Einsicht in die Symbole umänderte, muß ungeheuer gewesen sein, denn sie trieb mich schon in den ersten Wochen meiner Lehrzeit dazu, in der organischen Veränderung des menschlichen Äußeren, in dem was man physische organische Krankheit nennt, das *Symbol* zu suchen. Daß das psychische Leben ein *fortdauerndes Symbolisieren* sei, war mir so selbstverständlich, daß ich ungeduldig die sich aufdrängenden Massen neuer, für mich neuer Gedanken und Gefühle wegdrängte und in toller Hast die Wirkung des Symbolzeigens in Organerkrankungen verfolgte.« (Groddeck 1923, S. 269f., Hervorhebung H.J.)

Was »hinter« der Symbolsprache des Körpers steckt und den Verlauf des Krankheits- wie des Gesundungsprozesses gleichermaßen bestimmt, nennt Groddeck das »Es«. Dieser Begriff ist oft mißverstanden worden, da man davon ausging, dass Freud ihn in *Das Ich und das Es* (1923) von Groddeck »übernommen« habe, und ihn deshalb im Freudschen Sinne verstand. Dies ist jedoch falsch. Freud hat in Wirklichkeit einen ganz anderen Begriff vom »Es«. In seinem zweiten »topischen« Modell von Es, Ich und Über-Ich erhält das Es einen klar umrissenen Platz als der Bereich der Leidenschaften, der Triebe und des »Verdrängten« (vgl. Freud 1923, S. 293). Freuds »Es« ist auf das Psychische begrenzt.[6] Bei Groddeck ist das »Es« jedoch wesentlich weiter gefasst. Es ist »die allgemeine Lebenskraft des Organismus, Inbegriff der psychisch-somatischen Energie« (Will 1987, S. 119). Groddeck vermeidet sorgfältig, sich zur näheren Bestimmung irgendwelcher anderweitig gebräuchlicher, etwa entwicklungsbiologischer, physikalischer oder chemischer Begriffe zu bedienen. Das »Es« ist für ihn eine fast mythische Größe, die alles umfasst, was der Trennung von Psychischem und Somatischem, Bewusstem und Unbewusstem, Äußerem und Innerem im Menschen vorausliegt. Es ist ständig wirksam und doch nicht zu fassen. Groddeck versucht es so zu umschreiben:

»Das Es ist das tiefste Wesen des Menschen. Es vollführt alles, was mit und in und durch den Menschen geschieht, es läßt ihn entstehen, gibt ihm all seine Organe und Lebensmöglichkeiten, hilft ihm aus dem Mutterleib ans Licht des Tages, tut alles, was scheinbar der Mensch tut, nach eigenem nie fehlgreifendem Ermessen, schafft Sprechen, Atmen, Schlafen, Werk und Freude und Ruhe und Liebe und Leid, stets mit richtigem Urteil, stets zweckmäßig und mit dem vollem Erfolg, und tötet den Menschen, wenn er lange genug gelebt hat.« (Groddeck 1926b, S. 189f.)

Eine viel zitierte Aussage Groddecks lautet: »Der Mensch wird vom Es gelebt« (zit in: Will 1987, S. 119). Freud hat behauptet, dass Groddeck sein »Es« von Nietzsche entlehnt habe, »bei dem dieser grammatikalische Ausdruck für das Unpersönliche und sozusagen Naturnotwendige in unserem Wesen durchaus gebräuchlich ist.« (Freud 1923, S. 292.) Groddeck hat dem nicht ausdrücklich widersprochen, da ihm die Gedankenwelt Nietzsches schon durch seinen Großvater vertraut war. Eine

6 Vgl.das bekannte Schema in *Das Ich und das Es* (Freud 1923, S. 293), das auch im Briefwechsel mit Groddeck in einer Handzeichnung Freuds auftaucht (Groddeck/Freud 1970, S.53) und später von Freud noch einmal aufgegriffen wird (vgl. Freud 1933, S. 515).

direkte Beeinflussung durch Nietzsche ist damit allerdings nicht nachzuweisen. Abgesehen von einem beiläufigen Wortspiel, in dem Nietzsche das »Ich denke« der Erkenntnistheorie seit Descartes durch »*Es* denkt« ersetzt,[7] findet sich kaum ein Beleg für die These, dass Groddecks »Es« aus dem Arsenal Nietzsches stammen könnte. In seiner positiven Unbestimmtheit geht das »Es« viel eher auf die romantische Naturphilosophie zurück. Die dynamische Fassung und die zentrale Stellung, die das »Es« bei Groddeck erhält, sind jedoch seine genuine Leistung.

Beziehung zu Freud, Ferenczi und den »Südwestdeutschen«

Im gleichen Jahr wie *Das Buch vom Es* erscheint Freuds Abhandlung *Das Ich und das Es* (1923), in der Groddecks »Es« einen andersartigen, enger begrenzten Sinn erhält. Dass Freud sich zwar auf ihn beruft, ihn zugleich jedoch *um-* bzw. in seinen Augen *miss*interpretiert, löst bei Groddeck eine nachhaltige Verstimmung aus. Auch Freud, der sich von Groddecks unkonventionellen Beiträgen anfangs fasziniert gezeigt hat, geht danach auf Distanz, ohne dass es jedoch zu einem offiziellen Bruch kommt. Abgesehen von einem Vortrag über »Das Es und die Psychoanalyse«, den Groddeck beim IX. *Internationalen Psychoanalytischen Kongreß* (1925) in Bad Homburg hält und der bei Abraham und anderen Vertretern der Freudschen »Orthodoxie«, wie erwähnt, durchfällt (vgl. Freud/Abraham 1965, S. 365),[8] tritt Groddeck bei den Kongressen der *Internationalen Psychoanalytischen Vereinigung* in den kommenden Jahren nicht mehr in Erscheinung. Seine Vorträge und Aufsätze veröffentlicht er vorwiegend in einer von ihm selbst herausgegebenen Zeitschrift, der »Arche«. Einen späteren Versuch, noch einmal bei einem Internationalen Psychoanalytischen Kongreß zu reden, unternimmt er im Jahr 1934; der Kongreß findet in Luzern in der Schweiz statt. Zwischen Anna Freud, die inzwischen in der *Internationalen Psychoanalytischen Vereinigung* eine führende Rolle innehat, und Ernest Jones kommt es im

7 »*Es* denkt; aber daß dies ›es‹ gerade jenes alte berühmte ›Ich‹ sei, ist, milde geredet, nur eine Annahme, eine Behauptung, vor allem keine ›unmittelbare Gewißheit‹«. (Nietzsche 1886, S. 580f.)

8 Groddeck sprach anscheinend ohne Manuskript. In seiner Hauszeitschrift *Die Arche* veröffentlichte er später den Vortragstext zusammen mit einer Kritik am »damaligen (wie heutigen) Kongreßwesen« (vgl. Groddeck 1966, S. 148ff.).

Vorfeld zu einem brieflichen Austausch, in dessen Verlauf Jones sich zu Groddecks geplantem Vortrag, den er noch nicht kennt, in folgender Weise äußert:

»[...] my impression is it may be more than nonsense, the kind of thing that makes everybody who listens uncomfortable because one does not feel sure that the author is quite in his right mind.« (Brief Jones' an Anna Freud v. 12.4.1934, zit. in: Freud 1996, S. 301.)

Freud, der Ähnliches denkt, schreibt nach Groddecks Tod an Jones:

»Das Gerücht sagt, daß Groddeck zuletzt wegen psychischer Störungen interniert war. Die Parte [Marie Bonaparte] teilte mit, daß er in Zürich gestorben ist; was hatte er in Z[ürich] zu suchen? War er also im Burghölzli?« (Brief Freuds an Jones v. 16.6.1934, zit. in: Freud 1996, S. 301.)

Wir finden hier erneut, bei Jones wie bei Freud, die problematische Tendenz, Vertreter abweichender Positionen, die mit dem psychoanalytischen »Mainstream« nicht konform gehen, am Ende für geistig unzurechnungsfähig zu erklären. Dem »Gerücht« konnte als Sachinformation nur zu Grunde liegen, dass Groddeck in die Schweiz gereist war, um dort auf Einladung der *Schweizerischen Psychoanalytischen Gesellschaft* einen Vortrag »Über das Sehen« zu halten, der am 2.6.1934 auch stattfand. Frieda Fromm-Reichmann hatte die Einladung arrangiert, um Groddeck dazu zu bringen, sich wegen seiner Erregungszustände, die im Zusammenhang mit Diabetes und schmerzhaften Herz-Kreislaufproblemen auftraten, ins Sanatorium von Medard Boss in Schloß Knonau bei Zürich aufnehmen zu lassen (vgl. Martynkewicz 1998, S. 350; Hoffmann 1995, S. 14). Es kann jedoch keine Rede davon sein, dass er dort »wegen psychischer Störungen interniert« war. Im besagten Sanatorium starb Georg Groddeck wenige Tage später.

Bei Freud tritt nach 1923, als ihm klar wird, dass Groddeck eine andere Art von Psychoanalyse betreibt und sich nie zu einem konformen Anhänger seiner Auffassungen entwickeln wird, eine merkliche Abkühlung der Beziehung ein. Schon zuvor, am Beginn des Briefwechsels, hatte er zwar mit Interesse zur Kenntnis genommen, dass Groddeck in der Anwendung der Psychoanalyse über den Bereich des Psychischen hinausging, zugleich aber gerügt, dass er sich von seiner »schönen Basis aus« auf das Gebiet der »Mystik« begebe, indem er sich auf »philosophische Theorien« festlege, die »nicht an der Reihe sind« (Brief v. 5.6.1917, in: Groddeck/Freud 1970, S. 21). Nun erklärt er 1926 in *Hemmung, Symptom und Angst*:

»Zahlreiche Stimmen betonen eindringlich die *Schwäche des Ichs gegen das Es*, des *Rationellen gegen das Dämonische* in uns, und schicken sich an, diesen Satz zu einem Grundpfeiler einer psychoanalytischen ›Weltanschauung‹ zu machen. Sollte nicht die Einsicht in die Wirkungsweise der Verdrängung gerade den Analytiker von so extremer Parteinahme zurückhalten?
Ich bin überhaupt nicht für die Fabrikation von Weltanschauungen. Die überlasse man den Philosophen, die eingestandenermaßen die Lebensreise ohne einen solchen Baedeker, der über alles Auskunft gibt, nicht ausführbar finden.« (Freud 1926, S. 241, Hervorhebung H.J.)

Diese Passage, in der Freud den Adressaten nicht explizit nennt, wird zu Recht als massive Kritik an Groddeck aufgefasst. Sie zeigt jedoch, dass Freud von Groddeck wenig verstanden hat – letztlich wohl, weil beide dem Leben auf verschiedene Weise gegenüber stehen. Ein Satz wie: »Wo Es war, soll Ich werden« (Freud 1933, S. 516), für Freud therapeutisches Programm und zugleich eigenes »Glaubensbekenntnis«, wäre für Groddeck undenkbar, und zwar deswegen, weil er vor dem Es *keine Angst* hat. Freud sieht dagegen im Es etwas *Bedrohliches*, das vom Ich unter Kontrolle gebracht werden soll. Obwohl er sich als Wissenschaftler und Therapeut mit dem Unbewussten, dem Verdrängten, den Trieben und dem Bereich des Irrationalen befasst, bleibt er in seiner Einstellung ein Rationalist. Groddeck hingegen vertritt die Auffassung, dass der Mensch sich mit diesem »dunklen« Bereich anfreunden und vertraut machen, ihn mit seinem »bewussten« Leben integrieren soll – was nicht heißt, jedem Impuls nachzugeben und auf die Vernunft zu verzichten. Für ihn hat das »Es« überhaupt nichts Bedrohliches, weil der Mensch aus ihm lebt. Man sollte allerdings nicht den Fehler begehen, dem »Es« irgendeine Art von metaphysischer Existenz zuzuschreiben.

Es ist nicht zuletzt die hier gespürte Fremdheit, die Freud vor allen persönlichen Annäherungsversuchen Groddecks zurückschrecken lässt. Auch wenn er bis zum *Buch vom Es* Groddecks Ideen anregend findet und seine Veröffentlichungen im *Internationalen Psychoanalytischen Verlag* protegiert, legt er keinen großen Wert auf persönlichen Kontakt mit dem Sanguiniker. Nur bei den psychoanalytischen Kongressen, an denen Freud bis zu seiner Krebserkrankung teilnimmt, kommt es zur Begegnung. Ein späterer Besuch von Groddeck und seiner Frau in Wien verläuft unbefriedigend, da Freud zuvor am Gaumen operiert worden ist. Es wirkt fast tragisch, wenn Groddeck, nachdem er von Freuds Krebserkrankung erfahren hat, die dieser mit den Worten kommentiert: »Ich weiß, daß es der Anfang vom Ende ist«, ihm in der Überzeugung, dass es »unheilbare Krankheiten für mich nicht gibt«, eine Behandlungsmöglichkeit in seinem Sanatorium anbietet, worauf Freud jedoch nicht eingeht (vgl. Groddeck/Freud 1970, S. 92f.). Hier stehen Hoffnung und Ermutigung gegen momentanen Pessimismus, den Freud in bewundernswerter Konzentration auf sein Werk immer wieder besiegt. Freud vertraut nur der Operationskunst der Ärzte, die ihm in seiner Situation als das einzig Verlässliche erscheint. Groddecks Behandlungsmethode ist ihm zu unsicher. Er konnte Groddecks Einladung jedoch auch aus psychologischen Gründen nicht annehmen. Abgesehen von der fortbestehenden Rivalität, hätte er sich einer derart intensiven psychosomatischen Behandlung, wie sie Groddeck praktizierte, auch deshalb nicht anvertrauen können, weil dabei zwangsläufig auch sein *Liebesdefizit* (vgl. Kollbrunner 2001, S. 145ff.) zur Sprache gekommen wäre. In die Position des psychosomatisch behandlungsbedürftigen Krebskranken konnte und wollte er sich jedoch nicht begeben.

Anders als Freud, entwickelt *Ferenczi* sehr bald eine herzliche, wenn auch etwas einseitige freundschaftliche Beziehung zu Groddeck. Nachdem er dessen Arbeit über *Die psychische Bedingtheit und psychoanalytische Behandlung organischer Leiden* (1917) und den *Seelensucher* (1921) wohlwollend besprochen hat (vgl. Ferenczi 1964, Bd. IV, S. 123ff., 149ff.) und noch etwas skeptisch zum ersten Mal zu Groddeck nach Baden-Baden gefahren ist, notiert er beim Abschied ins Gästebuch:

»Kam zu lehren und wurde belehrt;
schied ganz begeistert, halb bekehrt.«
(zit. in: Will 1987, S. 66.)

In den folgenden Jahren fährt Ferenczi immer wieder, manchmal auch mit seiner Ehefrau Gizella, zur »Kur« in Groddecks Sanatorium, was sich auf seine nicht sehr robuste, häufig mit psychosomatischen Beschwerden reagierende Konstitution positiv auswirkt. Die beiden Paare – Ferenczi und Gizella, Groddeck und seine zweite Ehefrau Emmy, geb. Voigt, die er 1923 geheiratet hat – sind befreundet, man besucht sich gelegentlich und es kommt auch zum wissenschaftlich-therapeutischen Austausch, bei dem allerdings Ferenczi größere Bereitschaft zeigt, Einflüsse Groddecks aufzunehmen, als umgekehrt. So schreibt er im Juni 1923 im gleichen Brief, in dem er voller Betroffenheit Groddeck von Freuds Krebserkrankung berichtet:

»Schon jetzt kann ich Dir aber sagen, daß ich als besonderes Verdienst Deiner Betrachtungsweise hinzustellen geneigt bin [in einer geplanten Besprechung von *Das Buch vom Es*, die nie erschienen ist, H.J.], daß Du nie aufhörtest, neben dem Vater auf die *exorbitante Bedeutung der Mutter* hinzuweisen.« (Brief v. 9.6.1923, in: Ferenczi/Groddeck 1986, S. 62, Hervorhebung H.J.)

Die Theorieentwicklung Ferenczis, der einige Jahre nach Rank ebenfalls dazu kam, die Bedeutung der Mutter für die ersten Lebensjahre wesentlich stärker hervorzuheben und damit die Bedeutung des Ödipuskomplexes zu relativieren, stand gewiss, wenn auch nicht ausschließlich, unter dem Einfluss Groddecks, wie ja seine Revisionen der Behandlungstechnik (»aktive« Therapie, Regressionstherapie etc.) durch die Art, wie er Groddeck als Therapeuten erlebte, mit angeregt wurden. Darüber hinaus darf vermutet werden, dass er bei Groddeck, einem sehr männlichen Therapeuten voller Vitalität, origineller Phantasie und Lebensfreude, seine eigenen Energien aufladen und zugleich jenes »Mütterliche« finden konnte, dessen Mangel ihm in seiner eigenen Vita schmerzlich bewusst war.

Im Briefwechsel zwischen Freud und Ferenczi spiegelt sich nach 1923 Freuds zunehmende Distanz gegenüber Groddeck. Nach dem kurzen Besuch Groddecks in Wien Ende im November 1925 differenziert Freud noch zwischen der Persönlichkeit und der wissenschaftlichen Leistung, wobei er bezeichnenderweise auf Groddecks *therapeutische* Leistung nicht eingeht:

»Groddeck war gerade zu meiner schlechtesten Zeit hier, ich sah ihn nur einmal eine Stunde lang. Persönlich mag ich ihn sehr, aber wissenschaftlich ist er wohl nicht brauchbar, mit dem psychischen Einfluß aufs Organische und dem Es hat er sich verausgabt, und für [die] Ausarbeitung einer Idee ist er nicht der richtige Mann.« (Brief v. 1.12.1925, in: Freud/Ferenczi 2005, S. 67.)

Spätere Äußerungen Freuds über Groddeck an Dritte klingen nur noch ironisch, während im spärlich gewordenen brieflichen Kontakt die Fassade einer freundschaftlichen Beziehung, manchmal gelockert mit etwas Witz, gewahrt bleibt. So telegrafiert Freud an Groddeck zu dessen 60. Geburtstag:

»Mein Ich und mein Es beglückwünschen Ihr Es zur vollendeten Tat und hoffen, daß es seinem unerforschlichen Ratschluß gefallen wird, sich eine lange heitere Lebensfrist zu gönnen.« (Groddeck/Freud 1970, S. 109.)

An Ferenczi schreibt Freud dagegen wenige Monate später:

»Ihren Freund Groddeck gönne ich Ihnen gerne, aber er treibt in letzter Zeit allzu viel Schabernack und Unsinn, das ›Es‹ ist ihm zu Kopf gestiegen.« (Brief v. 25.3.1927, in: Freud/Ferenci 2005, S. 13.)

Dies bleibt Freuds Meinung über Groddeck bis zum Ende, d.h. bis zur Annahme, er sei vor seinem Tod manifest psychotisch geworden.

Ein positiver Kontakt Groddecks innerhalb der psychoanalytischen Bewegung, der sich hielt und in den Jahren vor der Machtergreifung der Nationalsozialisten noch intensivierte, bestand dagegen zur »Südwestdeutschen Arbeitsgemeinschaft für Psychoanalyse«, aus der 1929 das *Süddeutsche Institut für Psychoanalyse* in Frankfurt am Main hervorging. Zu dieser Arbeitsgemeinschaft gehörten *Karl Landauer* (ein jüdischer Analytiker, der sich für die Anwendung der Psychoanalyse auf psychotische Patienten interessierte, mit Kurt Goldstein zusammenarbeitete und den Kontakt zum *Institut für Sozialforschung* knüpfte; er starb 1945 im KZ Bergen-Belsen); *Siegfried Fuchs* (er floh 1933 nach London, änderte dort seinen Namen in S.H. Foulkes und gehörte zu den Mitbegründern der analytischen Gruppentherapie); *Clara Happel* (Lehranalytikerin von Fritz Perls und Mitarbeiterin an Ausbildungsinstituten in Berlin und Hamburg; sie emigrierte in die USA, fasste dort nicht richtig Fuß und beging 1945 Suizid); *Heinrich Meng* (er engagierte sich für die psychoanalytische Pädagogik, erhielt in der Nazizeit in der Schweiz einen Lehrstuhl für Psychohygiene und trug nach dem Zweiten Weltkrieg durch das *Psychoanalytische Volksbuch* zur Wiedereinbürgerung der Psychoanalyse in Deutschland bei), schließlich *Erich Fromm* und *Frieda Fromm-Reichmann* (über beide wird ausführlicher im Kapitel über Erich Fromm berichtet).

Den engsten Kontakt zu Georg Groddeck unterhielt Frieda Fromm-Reichmann, in deren »Therapeutikum« in Heidelberg manche Treffen der Arbeitsgemeinschaft stattfanden, zu denen sie Groddeck einlud und bei denen er als eine Art »Supervisor« bei der Beprechung schwieriger Patienten fungierte. Bei Treffen des Kreises in Groddecks Sanatorium *Marienhöhe*, an denen gelegentlich auch Analytiker aus der Schweiz teilnahmen, übernahm sie die Rolle der Gastgeberin (vgl. Siebenhüner 2005, S. 61, 154f.)

Man kann davon ausgehen, dass Groddecks Einfluss auch bei den übrigen Mitgliedern der Südwestdeutschen Arbeitsgemeinschaft bzw. des späteren *Süddeutschen Instituts für Psychoanalyse* nicht gering war. Zumindest lernten sie hier eine Spielart der Psychoanalyse kennen, die sich von der Psychoanalyse »strenger« Observanz, wie sie an den Ausbildungsinstituten in Wien und Berlin gelehrt wurde, in etlichen Punkten unterschied (Verzicht auf die Couch, persönliches Sicheinbringen des Analytikers, Körperkontakt etc.). Wieweit sie diese Art, die Psychoanalyse zu praktizieren, nur als ein Zugeständnis der »Orthodoxen« an Groddeck sahen, das auf ihn beschränkt war – er war ja »gelernter« Kur- und Badearzt –, oder wieweit sie ihn zum Vorbild für die eigene Praxis nahmen, wissen wir nicht bis in letzte Einzelheiten.[9] Sicher ist nur, dass Groddecks Persönlichkeit bei allen, die ihn näher kannten, d.h. die ihn nicht nur bei seinen Vorträgen vor der *Internationalen Psychoanalytischen Vereinigung,* sondern auch in den Supervisionssitzungen und bei der Behandlung von Patienten bzw. »am eigenen Leibe« erlebten, einen nachhaltigen Eindruck hinterliess.

Groddeck als Arzt und Therapeut – sein »Humanismus«

Obwohl das Wort »Humanismus« im Zusammenhang mit therapeutischem Handeln bei Groddeck selbst nicht verwendet wird, wird man sagen können, dass er unter den frühen Analytikern am ehesten dem Ideal eines »humanistischen« Therapeuten nahe kommt. Erich Fromm ist in dieser Hinsicht ein wichtiger Gewährsmann, was umso mehr zählt, als er bei »orthodoxen« Analytikern ausgebildet war, sich selbst um eine wissenschaftliche Fundierung der Psychoanalyse bemühte und politisch als Jude, der zur Emigration aus Deutschland gezwungen war, auf anderem Boden stand als der Nichtjude Groddeck.[10] Fromm hatte vermutlich Georg Groddeck vor Augen, als er in den 40er Jahren das Wort »humanistisch« in Psychoanalyse und Therapie einzuführen begann (vgl. Fromm 1947, S. 10ff.). Seine Äußerungen über ihn sind voller Anerkennung:

»Von allen Psychoanalytikern, die ich in Deutschland kennen gelernt habe, war meiner Meinung [nach] keiner, der so viel Wahrheit, Originalität, Mut und außerordentliche Freundlichkeit besaß wie er. Er durchdrang das Unbewußte seiner Patienten, und doch verletzte er sie nie. [...] Auch wenn ich nie sein

9 Georg Groddeck wurde anscheinend auch bei den »Südwestdeutschen« unterschiedlich eingeschätzt. Von Karl Landauer ist die Äußerung überliefert, Groddeck sei »paranoisch« gewesen, womit er »hoffentlich doch zu weit geht« (Notiz Abrahams v. 13.4.1925, zit. in Freud/Ferenczi 2005, S. 40). Heinrich Meng schätzte ihn dagegen sehr; er übernahm von Groddeck die Auffassung einer »psycho-physischen Verbundenheit« und sprach in Anlehnung an ihn von »Organpsychosen« (vgl. Federn/Meng 1957, S. 99).

10 Groddeck begrüßte anscheinand in völliger Verkennung der politischen Lage die Machtergreifung Hitlers, in dem er einen »Erlöser« sah, und wollte mit Hitler reden; er war jedoch kein Anhänger der Nazi-Partei. Dies geht aus Äußerungen in seinem letzten Lebensjahr hervor (vgl. Martynkewicz 1997, S. 347ff.; Hoffmann 1995, S. 14).

Schüler war, so beeinflußten seine Lehren mich doch mehr mehr als die anderer Lehrer. Er war von solcher Größe, daß die Mehrheit der deutschen Analytiker unfähig war, ihn wertzuschätzen, und er war ein zu stolzer Mann, um wohlgefällig und populär zu sein.« (Brief Fromms an S. Grossman vom 12.11.1957, zit. in: Funk 1999, S. 62.)
»Hier spricht ein Mann , der in jedem Satz zeigt, daß für ihn die Sexualität wie alles Triebhafte überhaupt keine Spur des Sündhaften oder Verbotenen an sich hat. Bei ihm fehlt die versteckte Prüderie, die für Freud so typisch ist. Seine Haltung zum Patienten war nicht weich, aber voller Humanität und echter Freundlichkeit. Für ihn war der Patient der Mittelpunkt, und der Analytiker hatte ihm zu dienen.« (Fromm 1935, S. 131.)

Das Zitat benennt einige Kriterien, die das Attribut »humanistisch« für die Person und für die Art, wie Groddeck mit den Patienten umging, angebracht erscheinen lassen, und zwar nicht erst, nachdem er als »wilder Psychoanalytiker« praktizierte:

- Der *Patient* steht im Mittelpunkt, und der Therapeut hat ihm zu dienen.
- Der Therapeut begegnet dem Patienten mit grundsätzlicher Akzeptanz und *Wertschätzung der Person* (erkennbar an seiner nicht wertenden Einstellung zur Sexualität und an »echter« Freundlichkeit).
- Er verhält sich *ehrlich und authentisch* (Mut zur »Wahrheit«, nicht nur bzgl. dessen, was er beim Patienten »sieht«, sondern auch in seinen Selbstäußerungen.)
- Er respektiert die *Eigenart und Integrität* des Anderen und wirkt *nie verletzend*, auch wenn er unangenehme Wahrheiten sagt und »hinter« die Fassade schaut.

Aus dem, was spätere Psychologen und Psychotherapeuten für die Humanistische Psychologie und Therapie postulieren, lassen sich noch weitere Kriterien an Groddecks Art der Behandlung verifizieren:

- Er richtet die Aufmerksamkeit nicht sosehr auf Defizite, sondern ist Anhänger einer »Gesundheits- und Wachstums-Psychologie« (Maslow 1985, S. 15).
- Er arbeitet im »Hier und Jetzt« (L. Perls 2005a, S. 107).
- Er geht auf besonders intensive Art – durch Berühren und Massage – in Kontakt, indem er sich selbst als sein »eigenes Instrument« benutzt (vgl. Polster 1983, S. 31, 140).
- Er baut auf die *Selbstheilungskräfte* des Menschen und vermittelt »Vertrauen zum eigenen Organismus« (Rogers 1973, S. 124).

Der Brückenschlag zu therapeutischen Ansätzen der Gegenwart soll hier jedoch nicht überstrapaziert werden. Georg Groddeck gehört in *seine* Zeit, in der er allerdings eine Ausnahmeerscheinung war: ein »biophiler« Mensch von besonderer Ausstrahlung, mit feinem Gespür für alles, was bei Patienten, die sich ihm anvertrauten, leibseelisch der Fall war, und großer Bereitschaft zur Zuwendung. Sein Lebenswerk kann neben dem Freuds bestehen, auch wenn er das, was er als Arzt und Therapeut leistete, mehr poetisch umschrieb als wissenschaftlich begründete.

Die Anerkennung, die Georg Groddeck, von wenigen Ausnahmen abgesehen, unter den Medizinern und Psychoanalytikern versagt blieb, wurde ihm eher von Schriftstellern und Künstlern zuteil. So schreibt *Ingeborg Bachmann* über ihn:

»Groddecks erste und kühnste Vermutung hat sich als richtig erwiesen, es gibt keine Krankheit, die nicht vom Kranken produziert wird, auch keinen Beinbruch, keinen Nierenstein. Es ist eine Produktion, wie eine künstlerische, und die Krankheit bedeutet etwas.« (zit. in: Funk 1999, S. 63.)

Lawrence Durrell, der wesentlich dazu beitrug, dass Groddecks Schriften nach dem Zweiten Weltkrieg in Deutschland wieder einen Verleger fanden, zieht folgendes Fazit:

»Wenn auch sein [Groddecks] Beitrag zur Psychoanalyse unbestreitbar ist, wäre es doch nicht fair, seine Forschungen auf dies Teilgebiet zu beschränken, wenngleich er sein ganzes Arbeitsleben in der Klinik verbrachte und seine Schriften ohne großes Interesse für ihr weiteres Schicksal verfaßte. Doch wäre es gleichfalls falsch, ihn als Philosophen zu zeichnen, der mit einem Zollstock jede menschliche Aktivität mißt. Der gemeinsame Faktor seines ganzen Werkes ist die Lehre vom Es, die weit genug ist, alle Äußerungen menschlichen Lebens zu umfassen: weder beengt noch begrenzt noch versteift sie die Objekte, auf die sie fixiert ist. Mit anderen Worten widerstand Groddeck dort, wo er mit dem Leben zu tun hatte, einer künstlichen Moral und zog es vor, dem Leben die unumschränkten Rechte einer Unbekannten einzuräumen, aus der das Individuum möglicherweise eine Gleichung für den Alltag abzuleiten imstande wäre; und damit hat er eine Botschaft nicht nur für Ärzte, sondern genauso für Künstler, für Kranke nicht weniger als für Gesunde. Man kann ihn am besten interpretieren, wenn man seine Lehre vom Es (vermittels der wahrfalschen Ambivalenz, auf die er so großen Wert legte), sowohl als Wahrheit wie auch als poetische Fiktion gelten lässt.« (Durrell 1961, S. 289.)

Wilhelm Reich

Wilhelm Reich – Körpertherapie, Sexualität und politisches Engagement

Wilhelm Reich (1897-1957) gehörte in den letzten Jahren der Weimarer Republik zu den viel gelesenen und diskutierten Autoren aus dem Umkreis der Psychoanalyse, zumal er in diesen Jahren auch sexualaufklärerische und politische Arbeit betrieb. Mit dem Beginn der Nazi-Herrschaft und der erzwungenen Emigration, die ihn über Dänemark, Schweden und Norwegen schließlich in die USA führte, verschwand er jedoch in Deutschland nahezu völlig aus dem Blickfeld – ein Zustand, der auch nach dem Zweiten Weltkrieg beim mühsamen Wiederaufbau psychoanalytischer Ausbildungs- und Forschungsinstitute anhielt, bis ihn die revoltierenden Studenten der 68er-Generation wiederentdeckten. Schriften wie *Die Funktion des Orgasmus* (1927), *Charakteranalyse* (1933) und *Dialektischer Materialismus und Psychoanalyse* (1929) fanden in den späten Sechziger Jahren, da nicht im Buchhandel erhältlich, in Form von nicht legitimierten Reprints unter der studentischen Jugend massenhafte Verbreitung. Wilhelm Reich avancierte damit neben Herbert Marcuse, dem »philosophischen« Interpreten der Psychoanalyse aus der Frankfurter Schule, zum Hauptvertreter einer Lesart von Psychoanalyse, die in der *Befreiung der Sexualität* ein wirksames Vehikel gesellschaftlicher Veränderung, ja einer Revolution sah. Eben dies – die Utopie einer mittels Befreiung der Sexualität emanzipierten Gesellschaft – war jedoch der Grund, weswegen Wilhelm Reich schon in der Zeit vor der Emigration bei Freud und seinen Anhängern, auch bei solchen, die sich eher dem »linken« Lager zurechneten, in Misskredit geraten war.

Die Differenzen mit Freud und der »orthodoxen« Psychoanalyse führten dazu, dass Wilhelm Reich ohne offizielle Begründung kurz vor dem XIII. Internationalen Psychoanalytischen Kongress 1934 in Luzern aus der *Internationalen Psychoanalytischen Vereinigung* ausgeschlossen wurde. Dies war ein bis dahin einzigartiger Vorgang, den Jones in seiner Freud-Biographie beschönigt und verfälscht, wenn er schreibt: »An diesem Kongreß trat Wilhelm Reich aus der Vereinigung aus.« (Jones 1962, Bd. III, S. 229.) Reich trat eben nicht aus eigenem Entschluss aus der Vereinigung aus. Sachliche Gründe dafür, dass sich die Vertreter des psychoanalytischen Mainstreams von ihm trennten, kann man allenfalls darin sehen, dass Reichs weitere Entwicklung schon damals absehbar war. Sie führte dazu, dass er die Psychoanalyse, die ja immer noch als »Redekur« verstanden wurde, zunächst in *Vegetotherapie* transformierte und sie in seiner späteren *Orgon-Forschung* vollends hinter sich ließ (vgl. Boadella 1983, S. 125ff.). Den eigentlichen Ausschlag gaben jedoch hochgradig emotional besetzte Meinungsunterschiede, die das Verhältnis von *Wissenschaft und Politik* betrafen (vgl. Laska 1981, S. 61ff.). Ein engagiertes Eintreten für sexualpolitische Ziele in enger Anbindung an die Kommunistische Partei, wie Reich es zur damaligen Zeit praktizierte, war nach Freuds Ansicht unverträglich mit der von ihm verfochtenen Abstinenz, die sich auch auf parteipolitische Aktivität bezog. Gerade letztere Meinungsverschiedenheit war es jedoch, die in den Jahren der 68er-Revolte zu Reichs Wiederentdeckung führte. Es war die spezifische Verbindung von *Marxismus und Psychoanalyse*, auf der seine damalige Attraktivität beruhte, und zwar nicht nur in der Theorie, die ja verschiedene Spielarten zuließ (so z.B. bei Fenichel, Bernfeld und Fromm),[1] sondern vor allem in der sich revolutionär verstehenden *Lebenspraxis* (z.B. der Kommune I), die sich u.a. auf Wilhelm Reich berief, um Wechsel der Sexualpartner in der Gruppe und eine sehr freizügige Sexualaufklärung und -praxis in der Kindererziehung zu rechtfertigen.

Im Unterschied zu anderen jüdischen Autoren, die während des Dritten Reiches zur Emigration aus Europa gezwungen waren, erfolgte die Wiederentdeckung von Wilhelm Reich seit dem Ende der Sechziger Jahre des vorigen Jahrhunderts, wie ersichtlich, nicht erst auf dem »Umweg« über die USA. Die Studentenbewegung griff vielmehr *unmittelbar*

1 Vgl. den Wiederabdruck von Texten der genannten Autoren im von H.P. Gente hrsg. Sammelband *Marxismus – Psychoanalyse – Sexpol*, der auf Texte Reichs mit der Begründung verzichtet, dass sie »inzwischen in zahlreichen sozialistischen Reprints Verbreitung gefunden haben« (Einleitung des Hrsg. in: Gente 1970, S. 10).

auf die verschollenen bzw. verschollen geglaubten Schriften aus den 20er und frühen 30er Jahren zurück, mit denen sie allerdings nur ein schmales Segment aus Reichs umfangreichem Schrifttum[2] rezipierte. Maßgeblich für die Auswahl war das spezifische Interesse an der Synthese von *Psychoanalyse und Dialektischem Materialismus*, die Reich in einer bestimmten Phase seines Lebens angestrebt hatte. Nach der Emigration ging Reichs Begeisterung für den Marxismus, den er 1929 bei einer Reise in die Sowjetunion kennen gelernt und wegen seiner Aufgeschlossenheit für eine fortschrittliche Sexualgesetzgebung und -erziehung zunächst begrüsst hatte (vgl. Boadella 1983, S. 75ff.), jedoch rapide zurück. Dazu trugen einerseits Erfahrungen mit der Massenpsychologie des Faschismus, dem die »Linke« in der Weimarer Republik wenig entgegen zu setzen hatte, andererseits das Erstarken reaktionärer Tendenzen in der Sowjetunion und nicht zuletzt die politischen »Säuberungen« unter dem autoritären, menschenverachtenden Regime Stalins in der Sowjetunion bei. In den USA, in die Reich im Jahr 1939 mit einem Lehrauftrag an der *New School of Social Research* aus Norwegen einreisen konnte, entwickelte er sich immer mehr zum entschiedenen Antikommunisten, bis es kurz vor seinem tragischen Ende im Zuchthaus von Lewisburg/Pennsylvania soweit kam, dass er hinter dem in der Presse gegen ihn veranstalteten Kesseltreiben eine Verschwörung Moskaus vermutete (vgl. a.a.O., S. 292).

Worin der spezifische Beitrag Wilhelm Reichs zur *Humanistischen Psychologie* besteht, ist nicht leicht zu sagen. An den Treffen der *American Academy of Psychotherapists* nahm er nicht selbst, sondern nur sein Schüler Alexander Lowen[3] teil. Reich ging in den USA keine Kontakte mehr zu Analytikern und anderen therapeutischen Gruppierungen ein,

2 Für den *heutigen* Stand der Reich-Rezeption ist charakteristisch, dass zwar nahezu alle Aufsätze und Schriften, die der sog. »psychoanalytischen Zeit« Reichs zuzuordnen sind, ebenso wie die späteren »orgonomischen« Schriften neu aufgelegt wurden (in Ausgaben des S. Fischer-Verlags und bei Kiepenheuer & Witsch), dass jedoch die z.Zt. der Studentenbewegung viel diskutierte Abhandlung »Dialektischer Materialismus und Psychoanalyse« (1929) nur noch als Reprint in Antiquariaten zu finden ist.

3 Alexander Lowen (geb. 1910 in New York) lernte Wilhelm Reich im Jahr 1940 an der *New School for Social Research* in New York kennen und befand sich von 1942 bis 1945 bei ihm in »vegetotherapeutischer« Analyse. 1956 gründete er in New York ein *Institut für Bioenergetische Analyse*. Ruth Cohn erwähnt, dass er bei den Treffen der *American Academy of Psychotherapists* (AAP) in den 60er Jahren seine Methode mit den Teilnehmern praktizierte (Farau/Cohn 1984, S. 273).

sondern suchte seine eigene »orgonomische« Forschung zu entwickeln und an junge amerikanische Ärzte weiterzugeben. Da es sich hierbei um *biophysikalische* Experimente und Theorien handelte, fallen sie, streng genommen, nicht mehr in den Bereich der Psychologie. Für Reich ist jedoch charakteristisch, dass er sich an derartige Fachgrenzen nicht hielt. In seinen Augen war die Orgonforschung nur eine konsequente Fortsetzung früherer Versuche, dem Geheimnis des Lebens auf die Spur zu kommen, und er selbst zog von den »sexuologischen« Anfängen bis zur späteren »Anwendung« der Orgontheorie in der Krebsforschung eine durchgehende Linie.

Es ist jedoch nicht von jedem, der sich mit Reichs Denken auseinandersetzen will, zu verlangen, dass er die »Anerkennung der kosmischen Orgon-Energie« (Reich 1977a, S. 21) auch auf seine eigenen Fahnen schreiben muss – denn damit würde er zum Jünger statt zum kritischen Referenten. Es muss m.a.W. möglich sein, Teile des Reichschen Œuvre, die einen höheren Grad von Plausibilität aufweisen, von anderen, bei denen das nicht der Fall ist, zu trennen. Wir werden uns deshalb mit der »Entdeckung des Orgons« bei Reich nicht weiter befassen, sondern uns auf die früheren Phasen seines Denkens beschränken, wenngleich zu vermuten ist, dass für manche Anhänger der Humanistischen Psychologie, die von der »Allverbundenheit des Universums« (Kollbrunner 1987, S. 150) überzeugt sind, die Existenz einer kosmischen Bio-Energie kein Problem ist, sie also gerade diesen Teil des Reichschen Œuvre attraktiv finden.

Nach diesen Vorüberlegungen sollen einige Fragen gestellt werden, mit denen im Folgenden an Reich herangegangen wird. Wie kam es dazu, dass er der *Sexualität* eine derart dominierende Stellung zuwies, wie sie in seinem Gesamtwerk zum Ausdruck kommt? Was waren die tieferen Gründe für den *Konflikt mit Freud* und der Mehrzahl der Psychoanalytiker? Und schließlich: Wieweit ist in Reichs »Charakteranalyse« und deren Weiterentwicklung zu körperbezogenen Therapiemethoden ein Beitrag zur *Humanistischen Psychologie* zu sehen?

Es liegt auf der Hand, dass damit Reichs Wiener und Berliner Jahre bis zur Machtergreifung der Nazis in den Focus gerückt werden, allerdings nicht sosehr unter dem Vorzeichen der theoretischen Synthese von Psychoanalyse und Dialektischem Materialismus, sondern der *therapeutischen Praxis.* In Konzentration auf diesen Teil von Reichs Biographie soll verdeutlicht werden, dass er mit seinen Erweiterungen der Psychoanalyse ein *humanistisches* Anliegen verfolgte, auch wenn er selbst als »materialistischer« Naturwissenschaftler die Rede von einem »Humanismus« vermutlich als »bürgerlich-idealistisch« weit von sich gewiesen hätte. Vorgeschaltet wird ein Abschnitt über Reichs *Kindheit und Ju-*

gend, deren Zusammenhang mit dem späteren Werk bisher kaum die nötige Beachtung gefunden hat.

Zur Quellenlage ist zu bemerken, dass die Neuauflage von Veröffentlichungen Reichs seit den 70er und 80er Jahren einen ausreichenden Einblick in sein Schaffen gibt, auch wenn die im engeren Sinn politischen Beiträge (vor allem aus der *Sex-Pol-Zeitung* 1931ff.) bisher nicht wieder ediert wurden. Es existieren mehrere aufschlussreiche Biographien, u.a. von Reichs dritter Ehefrau Ilse Ollendorf-Reich (engl. 1969, dt. 1975) und von David Boadella (engl. 1980, dt. 1983). Neben den Erläuterungen zum Entstehungskontext und zur Veränderung seiner Sichtweise, die Reich späteren Auflagen seiner Bücher[4] neu hinzufügte, sind autobiographische Zeugnisse des »frühen« Wilhelm Reich, die unter dem Titel *Passion of Youth* von Mary Boyd Higgins, der Direktorin des *Wilhelm Reich Infant Trust*, im Jahr 1988 aus dem Nachlass herausgegeben wurden, von besonderem Interesse. Die Arbeiten der Spätphase bleiben hier dagegen außer Betracht.

Beziehung zum Vater, Suizid der Mutter und »frühreife« Sexualität

Wilhelm Reich wurde 1897 in Dobzau/Dobrzcynica, einem kleinen Ort im östlichen Teil Galiziens, der damals zu Österreich gehörte, als erstes Kind jüdischer Eltern geboren. Er hatte einen drei Jahre jüngeren Bruder namens Robert; eine Schwester, die ein Jahr nach ihm zur Welt kam, starb kurz nach der Geburt. Sein Vater, *Léon Reich*, pachtete kurze Zeit nach Wilhelms Geburt mit finanzieller Unterstützung von einem Onkel der Mutter ein größeres landwirtschaftliches Anwesen in Jurinetz in der Bukowina (heute zur Ukraine gehörig), auf dem hauptsächlich Rinderzucht betrieben wurde; später konnte er das Gut kaufen. Hier wuchs Wilhelm Reich zusammen mit seinem Bruder auf.

4 Reich veröffentlichte die *Charakteranalyse* (1933) in der 2. Auflage (1944) unverändert, in der 3. Auflage (1948) fügte er Ausführungen über »Die emotionelle Pest« (Reich 2006, S. 330ff.) und »Von der Psychoanalyse zur Orgonbiophysik« (S. 387ff.) neu hinzu. Bei dem Buch *The Discovery of the Orgone. The Function of the Orgasm* (1942, dt. 1969) handelt es sich nicht um eine übersetzte 2. Auflage von *Die Funktion des Orgasmus* (1927), sondern um einen völlig neu verfassten Text, der sich inhaltlich am ehesten als »wissenschaftliche [Auto]-Biographie« (Vorwort von Mary Boyd Higgins in: Reich 1972b, S. 9) charakterisieren lässt.

In seinen autobiographischen Aufzeichnungen, die er mit 22 Jahren verfasste, schildert Reich das Leben in der Familie und die Verhältnisse im Betrieb als »absolut hierarchisch und patriarchalisch« (Reich 1994, S. 13). Sein Vater habe sich als »Chef« von den ukrainischen Bauern, die auf dem Hof als Arbeiter beschäftigt waren, und von den größtenteils jüdischen Angestellten in der Verwaltung abgrenzen müssen. Er habe dies getan, indem er darauf drang, dass in der Familie nur Deutsch gesprochen wurde. Den Söhnen war jeglicher Umgang mit Kindern aus dem Dorf sowie der Gebrauch des Jiddischen verboten. Letzteres galt als »unfein«, die Äußerung eines jiddischen Ausdrucks »brachte schwere Strafe ein« (ebd.) Der Vater wird als ein »ziemlich brutaler, jähzorniger Mann« beschrieben, der den am Hof Beschäftigen und der Familie gegenüber eine »feudale Haltung« an den Tag gelegt habe (Ollendorf-Reich 1975, S. 22). Er ging gerne auf die Jagd und nahm später die Söhne dahin mit (es gibt ein Jugendfoto von Wilhelm Reich in einer Jagdgesellschaft; noch in den USA besaß er eine Schusswaffensammlung, auf die er stolz war). Insgesamt hatte Reich junior in der Kindheit jedoch unter den jähzornigen Ausbrüchen des Vaters und der Isolation von gleichaltrigen Kindern aus der Umgebung zu leiden. Er revanchierte sich, indem er als Heranwachsender ähnlich heftig wie der Vater regierte. »Du benimmst dich genau wie Vater« war ein geflügeltes Wort, das unter den Brüdern »fast einer Beleidigung gleichkam« (a.a.O., S. 23).

Im Unterschied zur Vaterbeziehung, die man als autoritär-abhängig und durch Sadismus des Vaters geprägt bezeichnen muss, war Reichs Beziehung zu seiner Mutter durch positive Anhänglichkeit gekennzeichnet. *Cecilia Reich, geb. Roniger* stammte aus dem Teil der k.u.k.-Monarchie, der später zu Rumänien kam. Ilse Ollendorff, die sich bemühte, nach Reichs Tod überlebende Verwandte ausfindig zu machen, die Auskunft über die Familie geben konnten, schreibt über Reichs Mutter:

»Ihren Bildern nach zu urteilen, war die Mutter eine sehr anziehende Frau, aber sie scheint von ihrem Mann unterdrückt worden zu sein. Man erzählt von ihr, daß sie nicht sehr gebildet und intelligent, aber eine gute Hausfrau war. Ihre eigene Mutter, Großmutter Roniger, hat sie immer nur ›das Schaf‹ genannt.« (Ollendorff-Reich 1975, S. 22f.)

Zwischen den beiden Brüdern Wilhelm und Robert – letzterer starb schon mit 26 Jahren an Tuberkulose – gab es *Konkurrenz um die Liebe der Mutter*, die nach Reichs Erinnerung schon bei der Geburt des Jüngeren einsetzte. Wilhelm – oder wie er sich selbst nannte und von anderen genannt wurde: »Willi« – habe sich als Kind eine Schwester und keinen Bruder gewünscht (Ollendorf-Reich 1975, S. 23). Hier spielte sicher der

Wunsch nach einem Ersatz für die verstorbene Schwester mit. Nach der Version, die Reich in seinen nachgelassenen Jugenderinnerungen gibt, soll er »nach dem Bruder schlagen gewollt und dabei gerufen haben: ›Ich brauche keinen Bruder!‹« (Reich 1994, S. 18). Später wetteiferten die Brüder darum, wer im Reiten und Jagen der »Bessere« sei. Nach Schilderungen von Freunden, die beide während des Studiums in Wien erlebten, sei Robert als »eine schwache Kopie von [Wilhelm] Reich« erschienen (Ollendorf-Reich 1975, S. 23).

Eine wichtige Ergänzung zu dem, was bisher über Reichs Kindheit bekannt war, liefert er in seiner frühen Autobiographie, wenn er schreibt,

»[...] daß Mutter nach der Geburt meines Bruders lange Zeit, ich glaube, mit Unterbrechungen zwei Jahre, in Bädern verbrachte, ich also keine Gelegenheit zu innigerem Kontakt mit ihr hatte« (Reich 1994, S. 18).

Diese Äußerung legt die Vermutung nahe, dass in der fraglichen Zeit ein zärtlich-mütterlicher Kontakt für den jungen »Willi« eher bei einer *fürsorglichen Ersatzmutter,* z.B. der »alten Köchin Soscha [...], die immer nur seine Lieblingsspeisen gekocht« habe (Ollendorf-Reich 1975, S. 23), als bei der leiblichen Mutter zu finden war. Der zeitweilige Ausfall als Bezugsperson könnte auf Grund des mütterlichen »schlechten Gewissens« dazu beigetragen haben, dass sich in der späteren Kindheit zwischen ihm und der Mutter eine besonders enge Bindung entwickelte.

Ehe weiter auf die Beziehungen innerhalb der Familie eingegangen wird, scheint es sinnvoll, einen Blick auf die Rolle der *jüdischen Religion* in der Familie zu werfen.

Beide Eltern waren *assimilierte Juden,* d.h. sie hatten die rituelle Glaubenspraxis abgelegt, waren jedoch nicht, wie es bei manchen Juden aus Opportunitätsgründen der Fall war, zum christlichen Glauben übergetreten. Der Vater bezeichnete sich als »Freigeist«; die Söhne erhielten keinerlei religiöse Erziehung. Die Betonung des Deutschen als Konversations- und Bildungssprache in der Familie diente der Abgrenzung vom traditionsverbundenen, Jiddisch sprechenden und zugleich schichtmäßig inferioren Umfeld. Ilse Ollendorff erwähnt allerdings, dass die Familie von Reichs Vater einen »berühmten weisen Rabbi« zu ihren Angehörigen gezählt habe (a.a.O., S. 22). Nach Reichs eigenen Angaben war dies mit hoher Wahrscheinlichkeit sein Großvater, der als »sehr weiser Mann« gerühmt wurde. Er erzählt dazu folgende charakteristische Geschichte:

»Auch er [der Großvater väterlicherseits] war ein Freigeist, ein ›Denker‹, als solcher von den orthodoxen Juden scheu betrachtet, doch von den ukrainischen Bauern sehr geschätzt. Er führte ein Landwirtshaus, doch eigentlich überließ er die geschäftlichen Angelegenheiten seiner Frau. Er selbst las viele Bücher, beriet die Bauern, half den Frauen, so gut er konnte, mit Ratschlägen. Er war, wie man sagte, ›Kosmopolit‹ und ›gütiger Menschenfreund‹. Er hielt sich zwar an die jüdischen Regeln, doch nur, um kein Aufsehen zu erregen. Bei einem Besuch zur Zeit des Sühnetages, an dem der orthodoxe Jude fastet, erhielt ich, damals etwa sechs Jahre alt, den Auftrag, ihn aus dem Bethaus zum Essen zu holen. Man vergaß, mir einzuschärfen, daß ich es nur leise sagen dürfe. Es gab einen Skandal, und ich wurde vom Vater verprügelt.« (Reich 1994, S. 14.)

Wir sehen in diesem Beispiel erneut, wie im Osten der früheren k.u.k.-Monarchie innerhalb von zwei Generationen die jüdische Orthopraxie an Lebensbedeutung verlor, das damit verbundene Familienethos jedoch keineswegs restlos abgestorben war.

Mit der Isolation der Familie auf dem landwirtschaftlichen Gut des Vaters war ein Umstand verbunden, der zu tragischen Verwicklungen und letztlich zur *familiären Katastrophe* führen sollte: Wilhelm Reich ging nicht zusammen mit anderen Kindern aus der Nachbarschaft zur Schule, sondern wurde von Hauslehrern unterrichtet, die ihn auf den Besuch des Gymnasiums in der nächstgrößeren Stadt Czernowitz vorbereiten sollten. Zu einem von diesen Hauslehrern ging die Mutter eine sexuelle Beziehung ein, was nach der Entdeckung durch den Vater zu massiven Eifersuchtsszenen, Psychoterror und körperlichen Misshandlungen führte, ohne dass eine tragfähige Lösung des Konflikts gefunden werden konnte. Im Verlauf dieses Familiendramas *brachte sich die Mutter schließlich mit Gift um* und der Vater blieb als ein seelisch gebrochener Mann zurück.

Reich war damals 11½ – 12 Jahre alt. Er schildert die Einzelheiten der Familientragödie in seinen nachgelassenen autobiographischen Aufzeichnungen, die einen Versuch darstellen, das Geschehene zu bewältigen, indem er es sich »von der Seele schreibt«. Wie sich bei einem Textvergleich herausstellt, handelt aber auch Reichs früher Aufsatz »Über einen Durchbruch der Inzestschranke in der Pubertät« (1920), in dem er angeblich über den »Fall« eines »intelligenten, tüchtigen jungen Mannes in den 20er Jahren«, berichtet, der mit Minderwertigkeitsgefühlen und Grübelsucht zu ihm in Therapie gekommen sei,[5] in Wirklichkeit

5 Der Aufsatz erschien in der *Zeitschrift für Sexualwissenschaft*, Bd.7 (1920), wieder abgedruckt in: Reich 1977b, S. 78ff. Die dort angeblich aus

von ihm selbst. Dort gibt er folgende Persönlichkeits- und Familienanamnese:

»Von seinem Vater war er [d.h. Reich selbst, H.J.] sehr streng erzogen worden, mußte immer mehr leisten als die anderen, um den Ehrgeiz seines Vaters, der nach tüchtigen Kindern ging, zu befriedigen, hing seit frühester Kindheit mit inniger Zärtlichkeit an der Mutter, die ihn oft vor tätlichen Ausschreitungen des Vaters schützte. Die Ehe der Eltern war insofern keine glückliche, als die Mutter unter seines Vaters Eifersucht ›schrecklich zu leiden‹ hatte; er hatte schon als Fünf- bis Sechsjähriger häßliche Eifersuchtsszenen mit angesehen, es sei auch oft zu Tätlichkeiten seitens des Vaters gekommen, bei denen er sich immer als zur ›Mutter gehörig‹ gefühlt hatte. Leicht begreiflich, da er selbst so sehr unter der Knute stand und die Mutter innigst liebte. Sexuell frühreif, schon mit 5 Jahren hatte es für ihn ›keine Geheimnisse‹ gegeben [er hatte, wie er im Tagebuch berichtet, den ›Geschlechtsakt‹ zwischen dem damaligen Stubenmädchen und dem Kutscher belauscht, was in ihm ›erotische Empfindungen von mächtiger Stärke‹ hervorgerufen hatte, Einfügung H.J.], und auch körperlich stark, vollführte er mit 11½ Jahren mit dem Stubenmädchen, allerdings von ihr dazu bewogen, den ersten Koitus. Vom 14. bis 18. Lebensjahr Onanie-Periode, abwechselnd mit Gelegenheitskoitus, im 15. Lebensjahre erste Äußerungen ganz geringer Minderwertigkeitsgefühle. Seit dem 21. Lebensjahr Verstärkung derselben mit Depressionszuständen.« (Reich 1920, S. 79f.)

Eine Schlüsselfunktion bei der Entstehung der späteren Depressionszustände, die in die Zeit seines Studiums in Wien fallen, kommt der Ehebruch- und Eifersuchtsgeschichte zwischen den Eltern zu, die mit dem Suizid der Mutter endet – und nicht zuletzt Reichs *eigener Rolle* in diesem Drama. Er spielt als Pubertierender *nolens volens* mit und das Ganze endet für ihn mit nicht auflösbaren Schuldgefühlen. Alle Einzelheiten zu schildern, würde hier zu weit führen; der Leser sei auf Reichs mit moralisierenden Kommentaren durchsetzte Jugendaufzeichnungen[6] ver-

---

einem »Brief« des Klienten zitierten Passagen stimmen größtenteils wörtlich mit den persönlichen Aufzeichnungen in Reichs Tagebuch überein.

6 Ein Beispiel: »Gleich in der ersten Nacht (ich hatte gespannt kein Auge geschlossen) hörte ich Mutter vom Bette steigen und – der Ekel schnürt mir die Kehle!! – durch unser Zimmer, nur mit dem Schlafgewand bekleidet, auf Fußspitzen schlüpfen. Bald hörte ich die Türe seines [des Hauslehrers] Zimmer gehen und nicht vollkommen schließen, dann Ruhe. Ich sprang vom Bett und schlich nach; frierend und zähneklappernd vor Angst, Schreck und Kälte schlich ich mich bis an die Türe heran, die nur angelehnt war, und lauschte. O gräßliche Erinnerung, die mir das Anden-

wiesen. Einige zentrale Aussagen, in denen Reich seine eigene Rolle beschreibt, seien jedoch zitiert: Solange das Verhältnis der Mutter mit dem Hauslehrer vom Vater unentdeckt bleibt, spielt Reich junior »fortwährend *Aufpasser* und *Verfolger*, aber auch *Verteidiger* zu gleicher Zeit gegen etwaige Überraschungen von Vaters Seite« (a.a.O., S. 80). Anfangs überwiegt bei ihm der Ekel, allmählich gewöhnt er sich jedoch daran, die Szene zu belauschen, und erotische Gefühle gewinnen bei ihm die Oberhand:

»So beschäftigte mich einmal der Gedanke, hineinzustürzen und von der Mutter (Pfui!) den Koitus zu verlangen mit der Drohung, ich würde es Vater erzählen.
In den letzten Tagen ging ich dann regelmäßig meinerseits zum Stubenmädchen.« (Reich 1920, S. 82.)

Die eigenen inzestuös-sexuellen Wünsche beim Beobachten des Koitus der Mutter mit dem Hauslehrer, deren Befriedigung er auf das Zusammensein mit dem Stubenmädchen verschiebt, veranlassen Reich, nachdem er angefangen hat, sich mit der Psychoanalyse zu beschäftigen, die erlebten Szenen mit ihrer inneren Dynamik unter der Überschrift »*Durchbruch der Inzestschranke in der Pubertät*« als angebliche »Fall«-Darstellung zu veröffentlichen. Dass er jedoch nicht nur unbeteiligter Beobachter, sondern zugleich lustvoll-ängstlicher »Mitspieler« beim Geschehen im elterlichen Haus ist, macht seine *persönliche Verstrickung* aus. Als der Vater schließlich Verdacht schöpft, in rasender Eifersucht die Mutter als »Hure« beschimpft und von den Söhnen Auskunft verlangt, verrät ihm Wilhelm schließlich voller Angst das Verhältnis der Mutter mit dem Hauslehrer, was monatelanges Martyrium, mehrere Suizidversuche und schließlich den *Tod der Mutter* zur Folge hat. Der Vater kann ihr nicht verzeihen, sich aber auch nicht von ihr trennen.

Reichs Vater stirbt im Jahr 1914. Nach Familienberichten soll ihn nach dem Suizid seiner Frau nur der Gedanke an seine beiden Söhne davon abgehalten haben, seinem Leben gleich ein Ende zu setzen. Aber er trug indirekt zu einem frühen Tod bei, indem er »stundenlang in kaltem Wasser im Teich stand, während er zu fischen vorgab« (Ollendorf-Reich 1975, S. 25). So zog er sich eine Lungenentzündung zu, die sich zu einer Tuberkulose auswuchs, an der er starb. Wilhelm Reich hat ihn noch in

ken an die Mutter in den Staub zerrt, ihr in mir ruhendes Bild immer von neuem mit Dreck und Unflat beschmutzt!« (Reich 1920, S. 81f.; vgl. nahezu textidentisch Reich 1994, S. 43f.)

die Klinik begleitet und in Wien begraben. Seine Jugendaufzeichnungen, die von der Familie handeln, enden mit den Sätzen:

»Ich habe weder das Grab meiner Mutter noch meines Vaters je wiedergesehen. Ich zählte siebzehn Jahre.« (Reich 1994, S. 69.)

Offensichtlich hat Wilhelm Reich während seines Studiums in Wien (1918-1922) versucht, die aus der eigenen »Frühreife«, d.h. der sexuellen Triebdynamik, den Inzestwünschen und Schuldgefühlen gegenüber der toten Mutter sowie aus dem unterdrückten Hass auf den Vater resultierende Problematik in einer persönlichen Analyse zu bearbeiten. Das ist ihm jedoch nicht gelungen; er bricht die Analyse bereits nach vier Wochen ab, weil der Widerstand zu groß ist (vgl. Reich 1920, S. 79). Wie sein Tagebuch aus der Zeit belegt, flüchtet er sich in zahlreiche teils oberflächliche, teils ernsthaftere Frauengeschichten und beschließt, sich dem Problem von der *wissenschaftlichen* Seite zu nähern. Ein privat organisiertes »Studentenseminar für Sexuologie« und der Eintritt in die *Wiener Psychoanalytische Gesellschaft*, in die er sich 1920 mit einem Vortrag über »Libidokonflikte und Wahngebilde in Ibsens ›Peer Gynt‹« einführt (vgl. Reich 1977b, S. 19ff.), markieren den Beginn einer zunächst erfolgversprechenden wissenschaftlichen Karriere, in der das Thema »Sexualität« eine zentrale Rolle spielt. Es wäre verfehlt, wenn man Reichs Fixierung auf dieses Thema nur aus einem rein theoretischen Interesse erklären wollte. Dahinter steht vielmehr seine persönliche *Verstrickung in das Familiendrama* mit der nicht zu verleugnenden sexuellen Komponente. Seine frühen Liebesdefizite sucht er in der Pubertät durch Sexualisierung seiner Beziehungswünsche zu kompensieren und das desaströse Ende des Familiendramas wird durch den »Verrat« eines Geheimnisses eingeleitet, bei dem wiederum die verbotene und zugleich übermächtige Sexualität eine zentrale Rolle spielt. Freuds Lehre, die der Sexualität so hohe Bedeutung beimisst und zugleich wissenschaftliche Erkenntnis verspricht, erscheint dem jungen Wilhelm Reich vermutlich wie eine Fackel, die Licht in das Dunkel seines eigenen, mit der Sexualität verwobenen Gefühlschaos bringen kann.

Beiträge zur Psychoanalyse: »orgastische Potenz« und Widerstand

Nach dem Ersten Weltkrieg, den er als junger Leutnant in der österreichischen Armee mitgemacht und überlebt hat, beginnt Reich in Wien, nahezu mittellos, mit dem Studium. Er schreibt sich zunächst für ein

Jurastudium ein, wechselt aber noch während des ersten Semesters zur Medizin, mit Schwerpunkt Psychiatrie. Den Lebensunterhalt verdient er sich, indem er jüngeren Mitstudenten den Stoff, den er selbst gerade gelernt hat, einpaukt. Das private »Studentenseminar für Sexuologie«, das im Januar 1919 gegründet wird, entspringt einem Wunsch der Studenten, sich über Sexualwissenschaft, die in der medizinischen Ausbildung als eigenes Fach nicht vorkommt, genauer zu informieren. Die Idee dazu scheint ursprünglich zwar nicht auf Reich zurückzugehen, er übernimmt in diesem Kreis jedoch schon bald eine führende Rolle, indem er über die bis dahin vorliegenden sexualwissenschaftlichen Erkenntnisse berichtet. Einige seiner in diesem studentischen Arbeitskreis gehaltenen Referate erscheinen in der *Zeitschrift für Sexualwissenschaft*;[7] dort veröffentlicht er als erstes die als »Fallbericht« getarnte Darstellung seiner eigenen pubertären Sexualkonflikte.

Um Literatur für das Seminar zu beschaffen, trifft sich Reich mit einigen Professoren der medizinischen Fakultät, dazu mit den »abtrünnigen« ehemaligen Freud-Anhängern Alfred Adler und Wilhelm Stekel und schließlich mit Freud selbst. Er schreibt über die erste Begegnung:

»Den entschieden stärksten und dauerhaftesten Eindruck machte Freuds Persönlichkeit. [...] Freud war anders, vor allem einfach im Auftreten. Die anderen spielten im Gehaben irgendeine Rolle, den Professor, den großen Menschenkenner, den distinguierten Wissenschaftler. Freud sprach mit mir wie ein ganz gewöhnlicher Mensch und hatte brennend kluge Augen. Sie durchdrangen nicht die Augen des anderen in seherischer Pose, sondern schauten bloß echt und wahrhaft in die Welt. Er erkundigte sich nach unserer Arbeit im Seminar und fand sie sehr vernünftig. Wir hätten recht, meinte er. Es wäre bedauerlich, dass man der Sexualität gar kein oder nur falsches Interesse entgegenbringt [...] Freud sprach rasch, sachlich und lebhaft. Seine Handbewegungen waren natürlich. Ironie klang durch alles hindurch. Ich war ängstlich gekommen und ging froh und glücklich weg.« (Reich 1972b, S. 36.)

Reich ist nicht nur privat und in der Theorie – besonders auf Grund der *Drei Abhandlungen zur Sexualtheorie* (1905), die 1914 schon in dritter Auflage erschienen sind – von Freud begeistert. Er beginnt bereits im gleichen Jahr 1919, in dem er Freud kennen gelernt hat, eigene Analysen durchzuführen, wobei er sich zunächst eng an Freuds behandlungstechnische Ratschläge hält. 1920 wird er Mitglied der *Wiener Psychoanalyti-*

7 Es handelt sich um die Beiträge »Über einen Fall von Durchbruch der Inzestschranke in der Pubertät« (1920), »Der Koitus und die Geschlechter« (1921) und »Trieb- und Libidobegriffe von Forel bis Jung« (1922), wieder abgedruckt in: Reich 1977b, S. 78ff.

schen Vereinigung, 1921 heiratet er Annie Pink, eine Medizinstudentin, die sein Interesse an der Psychoanalyse teilt und später selbst Psychoanalytikerin wird. 1922 schließt er sein Medizinstudium nach der Mindeststudienzeit von vier Jahren ab und promoviert mit Bestnote in fast allen Fächern. Im gleichen Jahr wird er unter Eduard Hitschmann Erster Klinischer Assistent an der von Freud ins Leben gerufenen *Psychoanalytischen Poliklinik* in Wien; dabei handelt es sich um ein Ambulatorium für nicht zahlungsfähige Klienten vorwiegend aus der sozialen Unterschicht (vgl. Laska 1981, S. 134). Zugleich übernimmt er einen Teil der Ausbildung am Wiener *Seminar für Psychoanalytische Therapie*, der Ausbildungsstätte für angehende Psychoanalytiker. Auf seine Initiative geht die Gründung eines *Technischen Seminars* zurück, dessen Direktor er von 1924 bis 1930 wird. Auch an der Poliklinik werden seine Verdienste durch die im Jahr 1928 erfolgte Beförderung zum Vizedirektor anerkannt. Allerdings ist außer ihm kaum jemand von den Psychoanalytiker-Kollegen bereit, die unbezahlte und schwierige Arbeit am Ambulatorium über einen längeren Zeitraum zu leisten.

Auf Grund seiner psychiatrischen Ausbildung während des Studiums an der Wiener Universitätsklinik, seiner therapeutischen Erfahrung aus der eigenen Privatpraxis und der Tätigkeit an der Psychoanalytischen Poliklinik gehört Wilhelm Reich in den frühen 20er Jahren zu den führenden Köpfen der jüngeren Analytikergeneration. Mit der Übernahme der Leitung des *Technischen Seminars* am Wiener psychoanalytischen Ausbildungsinstitut bekleidet er dazu eine Stellung, die es ihm zeitweilig sogar erlaubt, einen »bestimmenden Einfluss auf die theoretische und praktische Entwicklung der Psychoanalyse auszuüben« (Boadella 1983, S. 40).

In seiner klinischen Arbeit als Psychoanalytiker kommt er in diesen Jahren immer mehr dazu, in der nicht vorhandenen bzw. eingeschränkten *»orgastischen Potenz«* den »Schlüssel zur Frage der neurotischen Libidostörung« (Reich 1977b, S. 219) zu vermuten. Bei der Suche nach den Ursachen neurotischer Erkrankung und den Kriterien für mögliche Behandlungserfolge legt er sich immer mehr auf dieses Kriterium fest. Reich geht im Konsens mit den psychoanalytischen Kollegen davon aus, dass neben den prägenitalen Formen der Befriedigung, die Freud in den *Drei Abhandlungen* der Erreichung des »normalen« Sexualzieles als »Vorlust« zugeordnet hatte (vgl. Freud 1905, S. 116), die *genitale* Stufe im Zentrum der Sexualtheorie stehen müsse. Neu ist jedoch seine Feststellung, dass auch eine »intakte Genitalfunktion« noch keineswegs besage, dass nicht doch eine »neurotische Libidostörung« (Reich 1977b, S. 215) vorliegen könne. Er behauptet sogar, dass letzteres *in der Regel* der Fall sei, obwohl die betroffenen Patientinnen und Patienten von »normalem« Sexualverkehr berichteten. Bei näherer Befragung habe sich nämlich herausgestellt, dass sie aus den verschiedensten Gründen nicht in der Lage waren, die charakteristischen Phasen der Erregung bis zur Klimax, die unwillkürlichen Muskelkontraktionen des Beckenbodens und die nachfolgende Entspannung zu erleben und sich »mit der gesamten affektiven Persönlichkeit zeitweise auf das genitale Erleben einzustellen« (Reich 1927, S. 27).

Den Zusammenhängen zwischen der orgastischen Potenz und ihrer Behinderung durch die »psychoneurotischen Schicksale der Genitallibido« (a.a.O., S.98ff.), der »Abhängigkeit des Destruktionstriebes von der Libidostauung« (a.a.O., S. 152ff.), d.h. der Entstehung destruktiv-sadistischer Neigungen aus einem nicht befriedigenden Sexualleben, sowie schließlich den Deformationen der Sexualität durch die *bürgerliche Sexualmoral*, die »in die natürlichen Geschlechtsbeziehungen jenen verderblichen Hauch von Niedrigkeit hineinträgt durch die Erklärung, der Geschlechtsakt sei etwas Schmutziges und Tierisches« (a.a.O., S. 165), geht Reich in seinem ersten Buch aus der Zeit, in der er sich noch eindeutig als Psychoanalytiker versteht, genauer nach. Schon der Titel *Die Funktion des Orgasmus* (1927) wirkt leicht provozierend.

Reich widmet dieses Buch seinem »Lehrer Professor Sigmund Freud in tiefer Verehrung«. Freud selbst ist davon jedoch keineswegs begeistert. »So dick?« soll er gefragt haben, als Reich ihm das Manuskript überreicht (vgl. Laska 1981, S. 58). Nach mehr als zwei Monaten – was ungewöhnlich ist, weil Freud im allgemeinen sehr rasch zu einer herausgeberischen Entscheidung kommt – geht das Manuskript aber doch an den *Internationalen Psychoanalytischen Verlag*, in dem es 1927 gedruckt erscheint. An Lou Andreas-Salomé schreibt Freud einige Monate später:

»Wir haben hier einen Dr. Reich, einen braven, aber impetuösen jungen passionierten Steckenpferdreiter, der jetzt im genitalen Orgasmus das Gegengift jeder Neurose verehrt. Vielleicht könnte er aus Ihrer Analyse der K.[...] in etwas Respekt vor der Komplikation des Seelischen lernen.« (Brief vom 9.5.1928, in: Freud/Andreas-Salomé 1966, S. 191.)

Hier finden wir in sarkastisch zugespitzter Form ausgedrückt, welche Bedenken Freud hat und was bei ihm eine zunehmende Distanzierung von Reich veranlasst: Die Orgasmustheorie ist nach seiner Meinung untauglich als universales Erklärungs- und Heilmittel der Neurosen; die Art, wie Reich sie vertritt, ist darüber hinaus impetuös und bedrängend. Bei aller Anerkennung klinischer Verdienste des »braven« jungen Mitarbeiters muss Freud deshalb auf Abstand achten.

Anhänger Reichs weisen mit Recht darauf hin, dass dieser mit der These vom sexuellen Charakter der Neurosen und mit seiner Kritik an der bürgerlichen Sexualmoral eigentlich nur Positionen verficht, die Freud in der Anfangszeit der Psychoanalyse ebenfalls vertreten hatte. Er verficht sie allerdings in radikalisierter Form, indem er Freuds vorsichtige Frage, »ob unsere ›kulturelle‹ Sexualmoral der Opfer wert ist, die sie uns auferlegt« (Freud 1908a, S. 32), durch ein Plädoyer für die »analytische *Beseitigung* der genitalen Hemmungen« (Reich 1927, S. 197, Hervorhebung H.J.) ersetzt und sich im Konflikt zwischen Kultur und Individuum voll auf die Seite der unterdrückten Triebnatur des Individuums schlägt.

Freuds kritische Äußerungen zur Verdrängung der Sexualität und ihrer Bedeutung in der Ätiologe der Neurosen, deretwegen er noch zu Beginn des Jahrhunderts heftig angefeindet worden war, hatten sich zudem mit wachsender Anerkennung der Psychoanalyse und der Verschiebung des Interesses hin zur Ich-Psychologie, die in *Das Ich und das Es* (1923) erkennbar wurde, stark abgeschwächt. Bei den Sitzungen des engeren Kreises der *Wiener Psychoanalytischen Vereinigung,* die in Freuds Wohnung stattfanden, kam es deshalb zu erregten Diskussionen zwischen ihm und Reich, in deren Verlauf Freud gesagt haben soll: »Die Kultur geht vor!« (vgl. Laska 1981, S. 60.) Reich äußerte später die Ansicht, Freuds Schrift über *Das Unbehagen in der Kultur* (1930) sei »in den erwähnten Kulturdiskussionen« entstanden zur »Abwehr« seiner eigenen »aufblühenden Arbeit und der von ihr ausgehenden ›Gefahr‹« (Reich 1972b, S. 157). Er sah den »bürgerlichen Kulturphilosophen« Freud im Widerstreit mit dem Naturwissenschaftler.

Eine zweite Konfliktlinie zeichnete sich in den von Reich geleiteten *technischen Seminaren* ab. Diese verlangten von den Teilnehmern eine hohe Bereitschaft, sich in ihrem therapeutischen Vorgehen offen zu zeigen und dabei auch in Frage stellen zu lassen, wobei Reich mit eigenem Beispiel voranging. In den Fallschilderungen – heute würde man sagen: Supervisionen – ging er mit Genauigkeit und Energie der Frage nach, wie der angehende Analytiker auf die während der Analyse auftretenden *Widerstände* reagierte. Freud hatte ja die »Lehren vom Widerstand und der Verdrängung, vom Unbewußten, von der ätiologischen Bedeutung des Sexuallebens und der Wichtigkeit der Kindheitserlebnisse« als »Hauptbestandteile des psychoanalytischen Lehrgebäudes« bezeichnet (Freud 1971, S. 68). Insbesondere die von ihm so genannte »negative therapeutische Reaktion«, d.h. die Tatsache, dass manche Patienten auf die analytische Behandlung nicht mit einer Besserung, sondern einer Verschlimmerung ihres Leidens reagierten, stellte ein großes Problem dar. Viele Analytiker gaben sich zufrieden, wenn die Analyse unter dem

Vorzeichen einer milden positiven Übertragung gewisse Resultate zu erbringen schien, waren aber enttäuscht, wenn eine durchgreifende Besserung ausblieb oder gar eine Verschlechterung eintrat. Freud neigte dazu, im Inneren des Patienten eine unbewusste Kraft anzunehmen, die sich der Gesundung widersetzt, und diese mit dem seit 1920 hypothetisch angenommenen »Todestrieb« bzw. einem *primären Masochismus* (vgl. Freud 1920, S. 263) in Verbindung zu bringen. Reich konnte dagegen nachweisen, dass in den Fällen, in denen ein hartnäckiges Festhalten des Patienten an seiner Neurose vorzuliegen schien, kein originäres Leidensbedürfnis vorlag, dass vielmehr die *Widerstandsanalyse* nicht weit genug vorangetrieben worden war. Boadella schreibt dazu:

> »Es gelang Reich, anhand klinischer Beispiele mit zunehmender Plausibilität zu zeigen, daß die Widerstände sich in der Übertragungssituation in Gestalt einer latenten Feindseligkeit, eines verborgenen Argwohns und Mißtrauens gegenüber dem Analytiker äußerten. Er legte dar, daß jeglicher auf die Lösung der infantilen Konflikte des Patienten zielende Interpretationsversuch zum Scheitern verurteilt war, wenn man diese Schicht latenter negativer Einstellungen nicht so lange unnachgiebig durcharbeitete, bis der Patient sich ihrer bewußt wurde (und sie unmittelbar als Wut gegen oder Angst vor dem Analytiker erlebte).« (Boadella 1983, S. 42.)

Reich ging davon aus, dass jeder Patient erst einmal aggressiv reagieren müsse, wenn seine bisherigen, überwiegend unbewussten Kontakt- und Verhaltensmuster in Frage gestellt würden. Aggressionen gegen den Analytiker gehörten zwangsläufig zur Therapie und waren aufschlussreich für ein besseres Verständnis des Patienten. Seine Arbeit mit den Patienten und im technischen Seminar lief darauf hinaus, auch *verdeckte* Formen des Widerstandes bewusst zu machen. Patienten, die ein sehr förmliches Verhalten oder seine übermäßig freundliche, vertrauensselige Haltung an den Tag legten, forderte er z.B. auf zu überprüfen, ob sie damit nicht ein grundlegendes Misstrauen zudecken wollten. Wenn die Patienten bei der Schilderung schmerzlicher oder peinlicher Erlebnisse wenig Emotionen zeigten, wies er auf die Diskrepanz zwischen dem Inhalt der Gespräche und den äußeren Reaktionen hin. Das »innere Lächeln« (Reich 1933, S. 49) bei manchen narzißtisch Gestörten war für ihn ein Indiz, dass den Patienten nichts wirklich erreichte; hier musste mit viel Gespür die Abwehrstruktur aufgedeckt und ein Zugang zum Inneren des Patienten gefunden werden.

Auf Reichs Vorschlag studierten die Teilnehmer an seinem Seminar erst einmal ein Jahr lang die *Widerstände* ihrer Patienten, anstatt sie durch Belehrung, Ermahnung und gutes Zureden möglichst rasch beseitigen zu wollen. Dies verfolgte den Zweck, an tiefere Schichten heranzukommen und so ein besseres Verständnis und intensiveren Kontakt zwischen Analytiker und Patient zu ermöglichen. Von hier führte der Weg zu Reichs zweitem größeren Werk aus der analytischen Zeit, der *Charakteranalyse* (1933). Mit diesem Werk, das auch von Autoren gelobt wird, die Reich insgesamt kritisch gegenüber stehen, leistete er einen »gewichtigen Beitrag zur psychoanalytischen Theorie und Therapie« (Rattner 1990, S. 279). Von Freuds Neuroseverständnis und der »klassischen« Form der Analyse entfernte er sich in diesen Jahren jedoch immer mehr.

Charakteranalyse – Auseinandersetzung mit Freud

Die Widerstandsanalyse, die zwar von Freud gefordert, aber von den meisten seiner Schüler nicht genügend tief angesetzt und vorangetrieben wurde, führte Reich zwangsläufig zur Analyse des *Charakters*. Dieser Begriff war von Freud in einem Beitrag über »Charakter und Analerotik« (1908) in die Psychoanalyse eingeführt und von Karl Abraham in den *Psychoanalytischen Studien zur Charakterbildung* (1924) erweitert, d.h. auch auf die »orale« und »genitale« Entwicklungsstufe ausgedehnt worden (vgl. Abraham 1971, Bd. I, S. 184ff.). Den *genitalen Charakter*, der den von neurotischen Deformationen freien Menschentypus kennzeichnen soll, beschreibt Reich folgendermaßen:

»Wie der genitale Charakter in keiner Weise steif und krampfhaft ist, so auch nicht in den Formen seiner Sexualität. Da er befriedigbar ist, ist er zur Monogamie ohne Zwang oder Verdrängung fähig, aber er ist bei rationaler Begründung auch schadlos fähig zum Wechsel des Objekts [gemeint: des Partners bzw. der Partnerin, Einfügung H.J.] oder zur Polygamie. Er klebt nicht an seinem Sexualobjekt aus Schuldgefühl oder moralischen Rücksichten, sondern er hält es aus seinem gesunden Verlangen nach Lust fest: weil es ihn befriedigt. Er kann polygame Wünsche ohne Verdrängung bezwingen, wenn sie in Widerspruch zu seiner Beziehung zum geliebten Objekt stehen; aber er ist auch imstande, ihnen nachzugeben, wenn sie ihn allzu sehr stören. Den dadurch entstehenden Konflikt erledigt er in realitätsentsprechender Weise.
Neurotische Schuldgefühle sind kaum vorhanden. Seine Sozialität beruht nicht auf verdrängter, sondern sublimierter Aggression und auf seiner Eingeordnetheit in die Realität. Das bedeutet aber nicht, daß er sich der Realität immer beugt; im Gegenteil, gerade der genitale Charakter vermag infolge seiner der heutigen gesellschaftlichen Situation widersprechenden Struktur – ist doch unsere Kultur durchaus moralisch-antisexuell – sie zu kritisieren und zu ver-

ändern; seine geringe Lebensängstlichkeit bewahrt ihn vor Konzessionen an die Umwelt, die seiner Überzeugung widersprechen.« (Reich 1933, S. 193.)

Es ist kein Zufall, dass Reich hier in der Er-Form spricht und damit einer *männlichen Phantasie* Ausdruck verleiht. Polygame Wünsche mögen ja bei Männern verbreitet sein – aber gelten sie ebenso für das andere Geschlecht, und was heißt: ihnen nachzugeben und die dabei auftretenden Konflikte »in realitätsentsprechender Weise« zu erledigen?

Im alltäglichen Sprachgebrauch werden mit »Charakter« bestimmte moralische Eigenschaften, aber auch im Verhalten des Erwachsenen sich zeigende Haltungen, Eigentümlichkeiten und Gewohnheiten bezeichnet. Spezifische Charakterzüge, wie z.B. Sparsamkeit, Geiz, Pedanterie oder Versorgungsmentalität, hartnäckiger Rededrang usw., werden in der Psychoanalyse auf die *Libidoentwicklung im Kindesalter* zurückgeführt. Reich nimmt diese Überlegungen auf, fragt aber zugleich nach der Rolle, die der Charakter im psychischen »Haushalt« des Erwachsenen spielt. Seine Theorie läuft darauf hinaus, dass der Charakter der »Vermeidung von Unlust, der Herstellung und Aufrechterhaltung des psychischen (wenn auch neurotischen) Gleichgewichts und schließlich der Aufzehrung verdrängter oder der Verdrängung entgangener Triebquantitäten« (Reich 1933, S. 66) dient. Was den letzteren Punkt angeht, d.h. die Anerkennung einer mit messbaren *Triebquantitäten* rechnenden Libidotheorie, steht Reich voll in der frühen Freudschen Tradition.[8]

Durch die Einführung des psychischen Instanzenmodells war allerdings die Aufmerksamkeit der Analytiker inzwischen von der Triebdynamik ab- und auf die verdrängenden, kontrollierenden Instanzen und ihre Funktionen, die Anna Freud später in *Das Ich und die Abwehrmechanismen* (1936) beschrieb, hingelenkt worden. Indem Reich die Widerstandsformen in der Therapie zum Gegenstand der Analyse macht und diese in das Instanzenmodell integriert, strebt er eine *erweiterte psychoanalytische Persönlichkeitstheorie* mit zusätzlichen Differenzierungen – u.a. »passiv-femininer«, »phallisch-narzißtischer« und »masochistischer« Charakter (vgl. a.a.O., S. 100ff.) – an. In therapeutischer Hinsicht folgt er der von Rank und Ferenczi ausgegebenen Devise, es gehe nicht darum, in der Analyse

8 Einen andersartigen Ansatz bietet Erich Fromm, der im Anhang zu *Escape from Freedom* (1941, dt. 1945) die psychoanalytischen Charaktertypen *historisch verankert,* d.h. mit dem jeweiligen Stand der ökonomisch bedingten Sozialverhältnisse zusammenbringt und von der ursprünglich auch von ihm vertretenen Libidotheorie ablöst (vgl. Fromm 1941, S. 379ff.). Gleichwohl ist der »frühe« Fromm auch von Reich beeinflusst.

»[...] die Symptome zum Verschwinden zu bringen, was ja jede Suggestivmethode leicht erreichen kann, sondern darum, ihre Wiederkehr zu verhindern, d.h. das Ich des Kranken widerstandsfähiger zu machen. Dazu bedarf es eben einer Analyse der ganzen Persönlichkeit.« (Ferenczi/Rank 1923, S. 32, Hervorhebung H.J.)

Die Symptome sind nach Reich aus der Charakterstruktur des Analysanden abzuleiten bzw. in umgekehrter Perspektive: Der Sinn der Symptome ergibt sich erst aus der Gesamtpersönlichkeit des Betreffenden. Für deren Verständnis bilden die in der Analyse auftretenden *Widerstände* erste Anhaltspunkte. Isolierte und vor allem zu frühe Deutungen von Symptomen »bringen« deshalb nichts. Reich kommt zu dem Schluss, dass der Analytiker

»[...] in der *Analyse der Widerstände* nicht früh genug eingreifen, in der *Deutung des Unbewußten*, von den Widerständen abgesehen, nicht zurückhaltend genug sein kann. Gewöhnlich wird umgekehrt verfahren: Man pflegt einerseits allzu großen Mut in der Sinndeutung zu zeigen und andererseits ängstlich zu werden, sobald sich ein Widerstand einstellt.« (Reich 1933, S. 55, Hervorhebung H.J.)

Damit kritisiert Reich ein seiner Meinung nach allzu vorsichtiges, auf Deutung sprachlicher Inhalte sich beschränkendes Verhalten, bei dem zu wenig darauf geachtet wird, was sich im »Hier und Jetzt« – wie es später in der Humanistischen Psychologie[9] heißen wird –, d.h. im aktuellen Kontakt zwischen Analytiker und Analysand abspielt. Er bedient sich zwar noch der »klassischen« Terminologie, wenn er von Übertragung und Gegenübertragung, Widerstand usw. spricht; dabei geht es ihm jedoch um eine andere Bewertung, nämlich darum, den *Widerstand als Form des Kontakts* zu sehen und durch Arbeit am Widerstand auf einer tieferen Ebene mit der Persönlichkeit des Analysanden in Kontakt zu treten.

In einem Vortrag »Zur Technik der Charakteranalyse«, den er beim X. *Internationalen Psychoanalytischen Kongreß* in Innsbruck (1927) hält und später in den Text der *Charakteranalyse* (1933) übernimmt,

9 Ruth Cohn erwähnt in der *Gelebten Geschichte der Psychotherapie* (Farau/Cohn 1984, S. 299), dass ihr das Prinzip »Here and Now« erstmals Mitte der 40er Jahre in den USA durch einen Sonderdruck von Fritz Perls bekannt geworden sei. Dabei ist zu berücksichtigen, dass Perls in den frühen 30er Jahren Analysand bei Reich war und von ihm manches übernahm. Möglicherweise geht das Prinzip des »Hier und Jetzt« auf Reich zurück.

spricht Reich erstmals von der »charakterlichen Panzerung« (Reich 1933, S. 57) bzw. dem *charakterlichen »Panzer«* (a.a.O., S. 62). Dieser Terminus ist im Werk Reichs von zentraler Bedeutung. An ihm dokumentiert sich nämlich der Übergang von der Psychoanalyse als einem sprachlich deutenden zu einem *körperbezogen-interaktiven* Verfahren, das Reich in den späten 20er Jahren zu praktizieren beginnt. Über die damit gemachten Erfahrungen referierte er einige Jahre später in einem Vortrag mit dem Titel »Psychischer Kontakt und vegetative Strömung« beim XIII. *Internationalen Psychoanalytischen Kongreß*, der 1934 in Luzern stattfand. Der Umgang mit Reich bei diesem Kongreß blieb zwar äußerlich freundlich, hinter dem freundlichen Umgangston verbarg sich bei den meisten Teilnehmern jedoch eisige Ablehnung. Kurz zuvor war Reich nämlich aus der *Internationalen Psychoanalytischen Vereinigung* ausgeschlossen worden. Von den sonstigen bei dem Kongreß auftretenden Rednern – darunter Otto Fenichel, der mit ihm seit der Studienzeit in Wien befreundet war – wurde er totgeschwiegen (vgl. Boadella 1983, S. 117f.).

Die Gründe für die Zuspitzung in der Beziehung zur Psychoanalyse, die mit Reichs »Ausstoßung« aus der *Internationalen Psychoanalystischen Vereinigung* endete, waren komplexer Natur. Neben dem, was als politische »Radikalisierung« bei ihm wahrgenommen wurde, ging es vor allem um methodische Differenzen: Während Reich in der Gesamtheit der Charakterwiderstände, die sich in der Analyse bemerkbar machen, zunächst den »in der *psychischen Struktur* chronisch konkretisierten Ausdruck narzißtischer Abwehr« (Reich 1933, S. 65, Hervorhebung H.J.) sah, kam er über die Feststellung, dass sich die Charakterwiderstände mehr in der *Körperhaltung* und der Art, *wie* der Patient spricht und handelt, als in dem, *was* er sagt, zeigen, zur Entdeckung der »muskulären Panzerung« (Reich 2006, S. 485), die nicht mehr »durch Psychoanalyse, Zureden, Suggestion beliebiger Art noch Beten oder Gymnastik« (ebd.), sondern nur durch die Verstärkung der entsprechenden Körperhaltung, vertieftes Atmen und »Be-Handlung« durch den Therapeuten aufgelöst werden kann. Nachdem die Verbindung zum vegetativen Nervensystem hergestellt war, bezeichnete Reich sein Verfahren als »charakteranalytische Vegetotherapie«. Alexander Lowen, der dieses Verfahren Anfang der 40er Jahre »am eigenen Leibe« in der Therapie bei Reich kennen lernte, fasst die Weiterentwicklung der Charakteranalyse folgendermaßen zusammen:

»Die Erhellung der Charakterstruktur und die Demonstration ihrer funktionalen Übereinstimmung mit der Körperhaltung waren wichtige Fortschritte auf dem Weg zum Verständnis des menschlichen Verhaltens. Er [Reich] führte das Konzept der orgastischen Potenz als Kriterium für emotionale Gesundheit ein, was es zweifellos ist [...]. Er vergrößerte unser Wissen von den körperlichen Prozessen, indem er die Bedeutung der unwillkürlichen Reaktionen des Körpers herausarbeitete. Und er entwickelte eine relativ wirksame Methode zur Behandlung von Störungen im emotionalen (unwillkürlichen) Lebensbereich des einzelnen.« (Lowen 1979, S. 23.)

Sieht man von der bei Reich und Lowen behaupteten Zentralstellung der »orgastischen Potenz« als Hauptkriterium für seelische Gesundheit einmal ab – diese Auffassung erschien ja Freud und vielen Analytikern als überzogen –, dann ist Reichs »Entdeckung« des Charakterpanzers und der Übergang von den psychischen Charakterwiderständen zu deren körperlichen Manifestationen eine noch *innerhalb* der Psychoanalyse sich vollziehende, auch mit Ferenczis und Groddecks Beobachtungen und ihren veränderten Verfahren kompatible Erweiterung, die nicht zwangsläufig zu Reichs Ausschluss aus der *Internationalen Psychoanalytischen Vereinigung* hätte führen müssen. Entsprechende therapeutische Methoden wurden, abgesehen von Reichs eigener »vegetotherapeutischer« Charakteranalyse, allerdings erst in der *Gestalttherapie* bei Fritz Perls und in der *Bioenergetik* von Alexander Lowen entwickelt.

Der Ausschluss Reichs aus der Internationalen Psychoanaytischen Vereinigung hat noch einen weiteren, teils persönlichen, teils sachlich-systematischen Grund: Reich lehnte Freuds *Todestriebhypothese* ab. Dass er dies mit sorgfältiger klinischer Beweisführung gegen die Existenz eines »primären Masochismus« (Reich 1933, S. 236ff.) tat, brachte die ohnehin schon bestehende Abneigung des Begründers der Psychoanalyse gegen Reich auf einen Höhepunkt. In *Jenseits des Lustprinzips* (1920) hatte Freud zwar, bezogen auf das damals in der psychoanalytischen Theoriebildung »neue« Konzept des Todestriebs, von einer »weitausholenden Spekulation« gesprochen, die nicht gesichert sei und die ein jeder »nach seiner besonderen Einstellung würdigen oder vernachlässigen« könne (Freud 1920, S. 234). Er erwartete jedoch von seinen Schülern, dass sie sich dieser Spekulation anschlossen. Reich tat dies explizit nicht, vielmehr kritisierte er Freud, weil er mit der »Verlegung der Herkunft des Leidens aus der Außenwelt, aus der Gesellschaft, in die Innenwelt« (Reich 1933, S. 240) von seiner ursprünglichen Lehre abgewichen sei. »Schuld« am Elend der Menschen ist nach Reich die repressive Gesellschaft mit ihrer vorwiegend religiös begründeten Sexualmoral.

Reichs Ausführungen über den »masochistischen Charakter« in der *Charakternalyse* (Reich 1933, S. 236ff.), denen eine entsprechende Veröffentlichung in der *Internationalen Zeitschrift für Psychoanalyse*[10] voraufgeht, enthalten einen unverhohlenen Angriff auf Freuds Todestrieb-Hypothese, den dieser ihm persönlich übel nimmt. Freud kann die Veröffentlichung des Artikels zwar nicht verhindern, er verlangt jedoch, dass Reichs Aufsatz mit einer redaktionellen Vorbemerkung versehen werden soll, in der auf Reichs Mitgliedschaft in der kommunistischen Partei hingewiesen wird. Damit sollte wohl angedeutet werden, dass die Kritik an der Todestrieb-Theorie ein »Bestandteil der kommunistischen Lehre« (Boadella 1983, S. 92) sei. Nachdem ihm die sozialistische Ärztegruppe in Berlin diese Idee ausgeredet hat, lässt Freud den Artikel von Reich zusammen mit einer Gegendarstellung von Siegfried Bernfeld (»Die kommunistische Diskussion um die Psychoanalyse und Reichs ›Widerlegung der Todestriebshypothese‹«)[11] erscheinen. Das Fatale ist allerdings, dass Bernfeld in seinem umfangreichen Artikel auf Reichs *klinische* Argumente gar nicht eingeht. In seiner Replik auf Bernfeld (abgedruckt in: Gente 1970, S. 112f.) greift Reich die »Verschiebung der klinischen Fragen des Todestriebs ins Politische« an und äußert die Hoffnung, »daß sich ein sachlicherer Kritiker finden wird, der nicht durch politisches Schwanken getrübt ist.« Seine klinischen Argumente gegen die Annahme eines primären Masochismus gelten bis heute als unwiderlegt (vgl. Laska 1981, S. 54f.).

Für die spätere Humanistische Psychologie ist die Annahme, dass das menschliche Leben wie alles Leben auf »Wachstum« und nicht im Kern seiner Existenz bereits auf Selbstzerstörung angelegt ist, von fundamentaler Bedeutung. Von den hier behandelten Autoren hat sich vor allem Erich Fromm in seinem Spätwerk *Anatomie der menschlichen Destruktivität* (1973) mit der Freudschen Todestrieb-Hypothese auseinandergesetzt. Er ersetzt den Freudschen Dualismus von Lebens- und Todestrieb durch den Gegensatz zwischen einem »lebensfördernden« und einem »lebensfeindlichen« Syndrom von Charakterzügen und spricht im gleichen Sinne auch von einem Gegensatz zwischen »biophilen« und »nekrophilen« Tendenzen (vgl. Fromm 1964, S. 179ff.). Der entscheidende Unterschied zur Auffassung Freuds liegt darin, dass nach Fromm beide Tendenzen nicht gleichrangig sind. Vielmehr gilt die Biophilie, d.h. »Liebe zum Leben und allem Lebendigen« (Fromm 1973, S. 331),

10 W. Reich: »Der masochistische Charakter. Eine sexualökonomische Widerlegung des Todestriebes und des Wiederholungszwanges«, in: *Int. Ztschr. f. Psychoanalyse*, 18. Jg. (1932).

11 Bernfelds Artikel erschien ebenfalls zuerst in der *Int. Ztschr. f. Psychoanalyse,* 18. Jg (1932); er ist wieder abgedruckt in: Bernfeld 1969, Bd. 2, S. 507ff. und Gente 1970, S. 81ff.

bei ihm als ursprüngliche, dem *Leben selbst* innewohnende Tendenz, während die Nekrophilie als Folge eines gehemmten oder vereitelten Wachstums und seelischer Verkrüppelung, kurz: als »Folge ungelebten Lebens« (a.a.O., S. 332) anzusehen ist. Dem entspricht, dass auch Fromm, wie Reich, zu der klinischen Feststellung kommt, ein *primärer* Masochismus, bei dem das Leiden selbst das Ziel ist, sei auszuschließen (vgl. Fromm 1941, S. 308).

Sozialmedizin, Psychoanalyse und Marxismus

Wilhelm Reich war, wie bereits erwähnt, seit 1922 am Wiener Psychoanalytischen Ambulatorium tätig. Im Jahr 1929 gründete er die *Sozialistische Gesellschaft für Sexualberatung und Sexualforschung*, die, verteilt auf die Wiener Stadtbezirke, sechs Sexualberatungsstellen für Arbeiter und Angestellte unterhielt. Diese Beratungsstellen, die Reich zusammen mit vier jungen, analytisch interessierten Ärzten und drei Geburtshelfern betrieb, waren täglich zwei Stunden lang »für jedermann geöffnet, der Hilfe, Unterstützung, Rat und Information über Erziehungsfragen, Eheprobleme, Geburtenregelung, sexuelle Probleme und Sexualerziehung brauchte« (Büntig 1977a, S. 396). Sie hatten regen Zulauf. Ihr Schwerpunkt lag bei Problemen, die die *Sexualität* betrafen, insbesondere bei Jugendlichen und Frauen. Man muss dazu berücksichtigen, dass damals – etwas vereinfachend ausgedrückt – die »Pille« noch nicht erfunden war und Fragen der Empfängnisverhütung, des Schwangerschaftsabbruchs etc. gerade bei Frauen aus unteren sozialen Schichten von hoher Brisanz waren, während Jugendlichen ein Recht auf Sexualität vor der Ehe überhaupt abgesprochen wurde. Reich griff diesen Notstand auf, d.h. er machte die Dinge öffentlich und tat etwas dagegen, indem er z.B. kostenlos Kondome an Jugendliche ausgab. Damit setzte er sich vielen Anfeindungen aus. Wolf E. Büntig schreibt dazu:

»Reich machte sich unzählige Feinde und setzte nicht nur seinen Ruf, sondern seine ärztliche Existenz aufs Spiel, indem er Probleme anpackte und Thesen vertrat, die heute, vierzig Jahre später [der Beitrag stammt aus dem Jahr 1977, H.J.], allmählich öffentlich diskutiert werden dürfen, zu seiner Zeit jedoch absolut verpönt waren. Unverheiratete und Jugendliche in seinen Kliniken zu beraten, galt als absolut unmoralisch, war doch sexuelles Erleben der Ehe vorbehalten. Während viele Ärzte jener Zeit die Rechtmäßigkeit eines Schwangerschaftsabbruchs aus medizinischen Gründen erwogen, z.B. wenn die Schwangerschaft ein klares Risiko für die Gesundheit oder das Leben von Mutter und Kind bedeutete, trat Reich dafür ein, daß soziale, ökonomische und charakterologische Faktoren ein gleiches Gewicht haben sollten. Jede Frau, die gegen ihren Willen schwanger geworden war, sollte das Recht auf Schwangerschaftsabbruch haben. Vorehelicher Geschlechtsverkehr, vor allem unter Jugendlichen, war ein besonders heißes Eisen. Zu einer Zeit, als Schwangerschaftsverhütung innerhalb der Ehe noch heftig umstritten war, propagierte Reich den freien Zugang zu Empfängnisverhütungsmitteln für Jugendliche, und zwar nicht nur, um das kleinere von zwei Übeln, nämlich Schwangerschaft bei Jugendlichen, zu vermeiden, sondern um den Heranwachsenden durch Verminderung der Angst vor den Konsequenzen einer sexuellen Beziehung größere Chancen zu geben zu testen, ob sie zueinander paßten – also letztlich, um Neurosen zu verhüten.« (Büntig 1977a, S. 396f.)

In der *Psychoanalytischen Poliklinik für Mittellose*, in der Reich insgesamt acht Jahre arbeitet und wo er die treibende Kraft ist, kommen nicht nur sexuelle Probleme zur Sprache, hier wird vielmehr versucht, mit einer nicht zahlungsfähigen Klientel von »schwierigen« Patienten in einem umfassenderen Sinn psychoanalytisch-psychiatrisch zu arbeiten. Dabei wird Reich unmittelbar mit der *psychosozialen Misere der unteren sozialen Schichten* konfrontiert.

In späteren autobiographischen Aufzeichnungen schildert Reich seine damaligen sozialpsychiatrischen Erfahrungen:

»Das psychoanalytische Ambulatorium wurde eine Fundgrube von Einsichten in das Getriebe der Neurosen unbemittelter Menschen [...] Die Sprechstunden waren überfüllt. Es kamen Industriearbeiter, kleine Angestellte, Heimarbeiter, Studenten und Bauern vom Lande. Der Ansturm war so groß, daß wir uns nicht zu helfen wußten, besonders als die Poliklinik im Publikum bekannt wurde. [...].
Nach den sozialen Lebensverhältnissen der Kranken pflegte man weder in der Psychiatrie noch in der Psychoanalyse zu fragen. Daß es Armut und Not gab, wußte man. Aber das gehörte irgendwie nicht zur Sache. In der Poliklinik hatte man damit unausgesetzt zu ringen. Oft mußte zuerst soziale Hilfe geleistet werden. Breit klafft mit einem Male der *Unterschied zwischen Privatpraxis und Ambulanzpraxis.*
Nach etwa zweijährigem Betrieb wurde klar, daß die *individuelle Psychotherapie nur sehr begrenzten Sinn hat.* Nur ein Bruchteil der seelisch Kranken konnte in Behandlung kommen. Von diesem Bruchteil verlor man wieder Hunderte Stunden Arbeit wegen der ungelösten technisch-therapeutischen Fragen in Mißerfolgen. Es blieb ein kleiner Rest übrig, der die Mühe lohnte. Die Psychoanalyse machte nie ein Hehl aus der Praxismisere.
Dazu kamen Fälle, die zu beobachten man in der Privatpraxis keine Gelegenheit hatte, Fälle, die schwerste seelische Zerrüttung völlig außerhalb der Gesellschaft stellte. Die psychiatrische Diagnose dafür pflegte ›Psychopathie‹, ›moral insanity‹ oder ›schizoid Degenerierte‹ zu lauten. Schwere ›erbliche Belastung‹ galt als die einzig wesentliche Ursache. Ihre Symptome ließen sich in

keine der bekannten Kategorien einordnen. Zwangshandlungen, hysterische Dämmerzustände, Mordphantasien und -impulse rissen sie völlig aus dem Arbeitsleben heraus. Doch diese bei Wohlhabenden sozial recht harmlosen Privatspleens hatten bei den Armen einen grotesken und gefährlichen Zug. Die moralischen Hemmungen waren infolge materieller Not derart zusammengebrochen, daß die kriminellen und perversen Impulse zur Tat drängten. [...] Drei Jahre lang hatte ich überwiegend solche schweren Fälle ambulatorisch zu betreuen. In der Psychiatrie machte man kurzen Prozeß mit ihnen. Sie kamen auf die schwere Abteilung und blieben so lange, bis sie sich beruhigten. Dann wurden sie entlassen, oder sie kamen in die Irrenanstalt, sobald eine Psychose ausbrach. Sie stammten fast ausschließlich aus Arbeiter- und Angestelltenkreisen.« (Reich 1972b, S. 62ff.)

Aus dieser Schilderung, die eine weniger bekannte Seite der vielfältigen Aktivitäten Reichs erhellt, wird vor allem dreierlei deutlich. Erstens: Reich sieht die psychischen Probleme der Klienten im Ambulatorium in engem Zusammenhang mit ihrer *sozialen und materiellen Situation.* Zweitens: Die psychischen Störungen, die er bei der sozialen Unterschicht feststellt, sind im Schnitt wesentlich *gravierender* als bei den »neurotischen« Mittelschicht-Patienten in der Privatpraxis; sie reichen bis in den Bereich der Psychosen, bis zu Dissozialität und Kriminalität. Drittens: Auch in diesen schwierigen Fällen ist Reich bestrebt, die Klienten nicht in die Psychiatrie abzuschieben, wo man »kurzen Prozeß« mit ihnen macht, sondern sie *psychoanalytisch-therapeutisch* zu behandeln .

Bei der Nähe zur sozialen Unterschicht, die Reich bewusst sucht, ist es nicht verwunderlich, dass er auch mit entsprechenden Organisationen in Kontakt kommt. Im Juli 1927 tritt er der *»Arbeiterhilfe«* bei, einer der Kommunistischen Partei Osterreichs angeschlossenen Medizinergruppe; damit wird er Mitglied der KPÖ. Den unmittelbaren Anlass dazu bildet eine Revolte in ärmeren Stadtteilen Wiens, ausgelöst durch Freisprüche der Justiz für Militaristen, die bei einer Massendemonstration wahllos in die Menge geschossen und zwei Menschen getötet hatten. Im Verlauf der Revolte wird der Justizpalast niedergebrannt, ungefähr hundert Menschen kommen zu Tode und an die tausend werden verletzt (vgl. Boadella 1983, S. 65). Reich ist dabei teilweise Augenzeuge. Durch seinen Parteibeitritt solidarisiert er sich mit den Menschen, die unter der Niederschlagung der Revolte zu leiden haben. Die Übernahme irgendwelcher Funktionen in der – im übrigen wenig einflussreichen – Kommunistischen Partei Österreichs liegt ihm jedoch fern.

Allerdings beginnt er nun, sich mit der *Theorie des Marxismus* auseinanderzusetzen, die bis dahin kaum eine Rolle für ihn gespielt hat. Vor der Medizinischen Studentenvereinigung der Wiener Universität hält er erstmals einen Vortrag über die Beziehung zwischen marxistischer Gesellschaftstheorie und Psychoanalyse (vgl. Boadella, a.a.O., S. 66) und verfasst die in der 68er-Studentenrevolte zu Ruhm gekommene Abhandlung »Dialektischer Materialismus und Psychoanalyse«, die 1929 in der parteioffiziellen Zeitschrift *Unter dem Banner des Marxismus* erscheint.

Die theoretische Leistung dieser Abhandlung ist vielfach überschätzt worden, auch wenn anzuerkennen ist, dass Reich mit ihr eine Diskussion zwischen zwei Wissenschafts- und Handlungsbereichen angestoßen hat, die sich damals völlig fremd und z.T. ablehnend gegenüber standen. In seinen Ausführungen bemüht sich Reich, die Theorie der Psychoanalyse, die ihm wesentlich vertrauter ist, in die rasch angeeignete Sprache des Dialektischen Materialismus zu übersetzen und damit die Kompatibilität beider Theorien zu erweisen. Dabei stützt er sich hinsichtlich der Psychoanalyse vor allem auf die als »chemischer Prozeß im Organismus« begriffene Libido und ihre »Widerspiegelung« im Bewusstsein als »körperlicher und seelischer Drang nach Sexualbefriedigung« (Reich 1929, S. 12f.). Auf Seiten des Marxismus stehen die parteioffiziell anerkannte Naturdialektik bei Engels und die Erkenntnistheorie in Lenins Schrift *Materialismus und Empiriokrizismus* Pate für die angestrebte Synthese (vgl. a.a.O., S. 12), nicht dagegen der Historische Materialismus bei Marx, von dem aus es näher gelegen hätte, die wechselseitigen Beziehungen zwischen der psychischen Struktur, einschließlich der Äußerungsformen der Libido, und den sozio-ökonomischen Transformationen im Kapitalismus als *historische* Zusammenhänge aufzuzeigen, wie dies Erich Fromm[12] wenige Jahre später unternahm. Wir finden bei Reich unter anderem die wie ein Anbiederungsversuch an den parteioffiziellen Marxismus wirkende Behauptung, dass die Entwicklung der Gesellschaft und »aller übrigen, auch der natürlichen Phänomene«, nicht durch eine »den Dingen innewohnenden Entwicklungstendenz«, also evolutionär, sondern »aus einem *inneren Widerspruch*, aus Gegensätzen, die in der Materie vorhanden sind«, d.h. »dialektisch«, zu erklären sei (a.a.O., S. 22), dazu die bekannte Formel von der *Dialektik* als »Negation der Negation« (ebd.). Dem entspricht der Versuch, psychoanalytische Grundtatsachen und Begriffe wie Trieb und Verdrängung, Lust und Unlust, narzißtische Liebe und Objektliebe in diesem Sinne ebenfalls als

12 Die einschlägige Abhandlung Fromms über »Über Methode und Aufgabe einer analytischen Sozialpsychologie. Bemerkungen über Psychoanalyse und historischen Materialismus« (1932) und der »Sozialpsychologische Teil« aus den *Studien über Autorität und Familie* (1936) sind in der *Fromm-Gesamtausgabe* (Bd. I) sowie in: Gente 1970, S. 129ff. und 251ff. abgedruckt.

»dialektische« zu erweisen (a.a.O., S. 23ff.). Schließlich bekräftigt Reich das Zusammenwirken der beiden Denk- und Handlungssysteme in der herbeizuführenden sozialen Revolution:

»Da die Psychoanalyse, unverwässert angewendet, die bürgerlichen Ideologien untergräbt, da ferner die sozialistische Ökonomie die Grundlage der freien Entfaltung des Intellekts und der Sexualität [?] ist, hat die Psychoanalyse eine Zukunft nur im Sozialismus. [...]
Die Psychoanalyse kann aus sich heraus keine Weltanschauung entwickeln, kann also auch keine Weltanschauung ersetzen; aber sie bringt eine Umwertung der Werte mit sich, sie zerstört in ihrer praktischen Anwendung beim Einzelnen die Religion, die bürgerlichen Sexualideologien und befreit die Sexualität. Das sind aber gerade die ideologischen Funktionen des Marxismus. Dieser stürzt die alten Werte durch die ökonomische Revolution und die materialistische Weltanschauung; die Psychoanalyse tut das gleiche, oder sie könnte das gleiche tun, psychologisch. Aber da sie in der bürgerlichen Gesellschaft gesellschaftlich wirkungslos bleibt, kann sie diese Wirkung erst *nach vollzogener sozialer Revolution* erzielen.« (Reich 1929, S. 40.)

Reichs im Stil einer Propagandaschrift verfasste »Synthese« von Dialektischem Materialismus und Psychoanalyse und seine damit verbundene sozio-sexuelle Revolutionstheorie sind aus heutiger Sicht sicher nicht als seine bedeutendste Leistung zu betrachten, zumal sich die zu seiner Zeit und später während der Studentenrevolte Ende der 60er Jahre des vergangenen Jahrhunderts damit verbundenen Hoffnungen nicht – oder in anderer Weise als erwartet – erfüllt haben. Dagegen ist es unbestreitbar Reichs großes Verdienst, dass er in Verbindung mit den angestrebten Sexualreformen die Psychoanalyse für *untere soziale Schichten* geöffnet und sich in der Zeit, die er in Österreich und Deutschland verbrachte, unermüdlich für deren Probleme und die Verbesserung ihrer sozialen Lage eingesetzt hat. Im Gegensatz zu Freud, der Menschen aus der sozialen Unterschicht gern abwertend als »Gesindel«[13] bezeichnet, beweist Reich damit ein starkes *soziales* und zugleich *humanistisches* Engagement.

13 Im Brief an seine Braut vom 29.8.1883, in dem er die aufgeschobene Bedürfnisbefriedigung in der (eigenen) sozialen Mittelschicht dem andersartigen Verhalten beim »Volk« und bei den »Armen« gegenüberstellt, heißt es z.B.: »Das Gesindel lebt sich aus und wir entbehren.« (Freud 1988, S. 42.)

Von Wien nach Berlin

Da sich Reich in Wien in Analytikerkreisen und vor allem von Freud zu wenig anerkannt fühlt, zieht er im Jahr 1930 mit seiner Familie, d.h. Ehefrau Annie und den beiden Töchtern Eva und Lore, nach Berlin. Berlin ist in diesen Jahren unbestritten nicht nur das politische, sondern auch das kulturelle Zentrum der Weimarer Republik. Dort ist man für seine Ideen zur »Sexualökonomie« und den Brückenschlag zwischen Marxismus und Psychoanalyse wesentlich aufgeschlossener.

Der Berliner Psychoanalytischen Gesellschaft gehört damals bereits eine Reihe marxistischer bzw. linksorientierter Analytiker an: *Siegfried Bernfeld,* ein Therapeut und Pädagoge, der von der Jugendbewegung herkommt und nach dem Ersten Weltkrieg das jüdische »Kinderheim Baumgarten« aufgebaut und geleitet hat (vgl. Bernfeld 1969, Bd. I, S. 84ff.), ist als Analytiker zugleich überzeugter Sozialist; er hat bereits 1926 einen Aufsatz über »Sozialismus und Psychoanalyse« veröffentlicht (abgedruckt in: Gente 1970, S. 11ff.). *Ernst Simmel*, der in Berlin ein eigenes psychoanalytisch orientiertes Sanatorium leitet und zugleich Vorsitzender des *Berliner Sozialistischen Ärztebunds* ist, lädt Reich im November 1930 zu einem Referat über Neurosenprophylaxe ein, das begeistert aufgenommen wird (vgl. Boadella 1983, S. 81). *Otto Fenichel*, der mit Reich seit der Studienzeit in Wien befreundet ist, liefert eine wohlwollende Besprechung zu Reichs Arbeit »Dialektischer Materialismus und Psychoanalyse« (abgedruckt in: Gente 1970, S. 31ff.). Zu der Zeit ist er noch ein begeisterter Anhänger von Reichs Theorien; ab 1934 wird er allerdings sein erbitterter Gegner, indem er für die Verbreitung des Gerüchts sorgt, Reich sei schizophren (vgl. Laska 1981, S. 63). *Karen Horney*, die seit 1919 in Berlin eine psychoanalytische Praxis unterhält und zur Stammdozentenschaft des Berliner Ausbildungsinstituts gehört (vgl. Rubins 1983, S. 69ff.), ist von Reich stark beeindruckt. Das gleiche gilt für *Erich Fromm*, der um 1929/30 seine Lehranalyse bei Hanns Sachs abschließt und in Berlin eine eigene Praxis eröffnet, zugleich aber auch zum Kern des marxistisch orientierten Kreises um Max Horkheimer am *Institut für Sozialforschung* in Frankfurt am Main gehört (vgl. Funk 1983, S. 54ff.). Schließlich ist unter den Analytiker-Kontakten jener Jahre noch *Fritz Perls* zu erwähnen, der mit seiner »klassischen« Lehranalyse nicht klarkommt und sich auf Karen Horneys Anraten daraufhin zu Reich in Therapie begibt – doch das gehört in ein späteres Kapitel.

Wilhelm Reich wird in Berlin von den Analytiker-Kollegen zwar freundlicher als in Wien aufgenommen, die erhoffte Lehrbefugnis am Berliner *Psychoanalytischen Ausbildungsinstitut* wird ihm jedoch von

Max Eitingon, dem Vorsitzenden, mit der Begründung verweigert, seine »Charakteranalyse« entferne sich zu sehr von der »offiziellen« Linie. In seiner Privatpraxis hat er jedoch bald so regen Zulauf, dass er nicht alle Analysekandidaten aufnehmen kann. Außerdem machen ihn seine Vorträge in intellektuellen Kreisen, aber auch bei der Arbeiterschaft bald stadtbekannt.

Als ordentliches Mitglied der Kommunistischen Partei gehört Reich in dieser Zeit in Berlin zum »Roten Block«, einer etwa 20 Mitglieder zählenden Schriftsteller- und Künstlerkolonie, zu der bekannte Größen zählen: u..a. Alfred Kantorowicz als »Politischer Leiter« und Arthur Koestler als »Agitpropleiter« (vgl. Boadella 1983, S. 84). Er hält an der *Marxistischen Arbeiterschule* Kurse über »Marxismus und Psychologie« und über »Sexualkunde« ab (a.a.O., S. 83) und gründet mit dem Segen der Kommunistischen Partei den *Deutschen Reichsverband für Proletarische Sexualpolitik*, einen Zusammenschluss etlicher Verbände, die für eine linksgerichtete Sexualpolitik eintreten, entsprechende Beratungsstellen unterhalten und bei der Gründung 20.000, nach kurzer Zeit dagegen bereits 40.000 Mitglieder zählen (a.a.O., S. 86). Das von Reich entworfene, bei der Gründungsversammlung in Düsseldorf beschlossene Programm enthält sieben Forderungen:

»1. Kostenlose Ausgabe von Verhütungsmitteln an jene, die sie auf normalem Wege nicht erhalten konnten; intensive Aufklärung über Möglichkeiten der Empfängnisverhütung und Geburtenkontrolle, um der Notwendigkeit von Abtreibungen vorzubeugen.
2. Völlige Aufhebung der bestehenden Abtreibungsverbote; kostenlose Schwangerschaftsunterbrechung in öffentlichen Krankenhäusern; finanzielle Hilfen für Schwangere und junge Mütter.
3. Abschaffung der rechtlichen Unterscheidung zwischen Verheirateten und Ledigen; Abschaffung des Tatbestands ›Ehebruch‹, Scheidungsfreiheit. Ausschaltung der Prostitution durch Umerziehung; wirtschaftliche und sexualökonomische Reformen, um die Ursachen der Prostitution zu beseitigen.
4. Vermeidung von Geschlechtskrankheiten durch eine umfassende Sexualaufklärung und vor allem durch die Förderung sexuell gesunder anstelle promiskuöser Geschlechtsbeziehungen.
5. Verhinderung von Neurosen und sexuellen Problemen durch eine lebensbejahende Erziehung; Ausarbeitung sexualpädagogischer Grundsätze; Errichtung therapeutischer Kliniken.
6. Unterweisung von Ärzten, Lehrern, Sozialarbeitern usw. in allen relevanten Fragen der Sexualhygiene.
7. Ersetzung der Strafen für sexuelle Vergehen durch therapeutische Behandlung; Vorbeugung gegen Sexualverbrechen durch verbesserte Erziehungsmethoden und durch Schaffung der wirtschaftlichen Grundlagen für ihre Ver-

wirklichung. Schutz von Kindern und Jugendlichen vor Verführung durch Erwachsene.« (zit. in: Boadella 1983, S. 86f.)

In der Folgezeit unternimmt Wilhelm Reich viele Reisen quer durch Deutschland, um Vorträge zu halten und die einzelnen Untergliederungen des Vereins bei der Gründung von Beratungsstellen zu unterstützen. Insbesondere bei den »proletarischen« Jugendlichen kommt sein Programm gut an. Seine Broschüre *Der sexuelle Kampf der Jugend* (1932), die nicht nur Informationen zur sexuellen Aufklärung, sondern auch ein Kapitel über »Die soziale Revolution als Vorbedingung der sexuellen Befreiung« (Reich 1932, S. 66ff.) enthält, findet massenhafte Verbreitung. Als der Druck sich verzögert, gründet Reich einen eigenen *Verlag für Sexualpolitik* (Sexpol) und gibt die Broschüre zusammen mit einem Buch über den *Einbruch der Sexualmoral* (1932), in dem er die Forschungen von Bronislaw Malinowski bei den Trobriandern zur Bestätigung seiner Kritik an der Sexualunterdrückung in der kapitalistischen Gesellschaft heranzieht,[14] selbst heraus. Auch Annie Reich beteiligt sich mit einem Ratgeber für junge Mütter (»Wenn dein Kind dich fragt«) und einem Aufklärungsbuch für 8-12jährige an der Kampagne.

Diese Aktivitäten finden ein abruptes Ende, als die Kommunistische Partei, die zunächst den Vertrieb der vier Schriften unterstützt hat, ihre weitere Verteilung verbietet mit der Begründung, dass sie der »korrekten, revolutionären Erziehung von Kindern und Heranwachsenden widersprechen« (Büntig 1977a, S. 401). Der *Deutsche Reichsverband für Proletarische Sozialpolitik* wird aufgelöst. Für die Kommunisten ist Reich untragbar geworden. Für die Nazis gilt er aber immer noch als »Sexualbolschewist«. Nach dem Reichtagsbrand am 27.2.1933 werden in Deutschland alle Funktionäre der Kommunistischen Partei, derer man habhaft werden kann, verhaftet. Reich flieht nach Wien und von dort kurze Zeit später nach Dänemark. Seine Frau Annie trennt sich von ihm und bleibt mit den Töchtern in Wien. Nach sechs Monaten wird ihm die Aufenthaltserlaubnis in Dänemark entzogen; es beginnt eine Odyssee durch verschiedene europäische Hauptstädte auf der Suche nach einem Exil. Schließlich kommt er nach Schweden (Malmö), wo er aber auch nicht lange bleiben kann, und von dort nach Norwegen (Oslo), wo man ihm Arbeitsmöglichkeiten für seine elektrophysikalischen Versuche bietet. 1939 emigriert er nach einer Pressekampagne, die in Norwegen gegen ihn angezettelt worden ist, in die USA: zunächst nach New York an

14 Eine erweiterte Auflage des Buches erschien 1971 auf englisch, in deutscher Übersetzung unter dem Titel *Der Einbruch der sexuellen Zwangsmoral* (1972).

die *New School of Social Research*, später nach Rangeley/Maine, wo er die Forschungsstätte »Orgonon« gründet. Mit dem Beginn der Emigration endet der Zeitraum, über den hier zu berichten ist.

Wilhelm Reich – Versuch einer Würdigung

Als vorläufiges Resumé können wir festhalten: Wilhelm Reich gehört in seinen jungen Jahren im Wien der 20er Jahre des vorigen Jahrhunderts zu den *herausragenden Persönlichkeiten der Psychoanalyse*. Er fällt jedoch im Kreis um Freud durch eine gewisse Radikalität auf, mit der er die naturwissenschaftliche Libidotheorie als biologische *Orgasmustheorie* ins Zentrum rückt bzw. zu Ende denkt. Zugleich weigert er sich, von Freud vollzogene Veränderungen der Psychoanalyse, vor allem die stärkere Betonung der Notwendigkeit kultureller Triebunterdrückung, mitzumachen. Aus der Tätigkeit am Psychoanalytischen Ambulatorium erwächst Reichs *sexualpolitisches Engagement* und sein – sowohl theoretisches als auch praktisches – Interesse am Marxismus, das ihn in Wien und später in Berlin in vielfältiger Weise tätig werden lässt. Sein Verdienst besteht darin, dass er nicht nur praktische *Beratung in Sexualfragen* durchführt und auf diesem Gebiet Verbesserungen fordert, die damals »radikal« erschienen, heute jedoch teils erfüllt sind, teils immer noch kontrovers diskutiert werden (z.B. beim Schwangerschaftsabbruch), sondern dass er auch unter schwierigen Bedingungen *klinisch-therapeutische Arbeit mit Unterschicht-Klienten* leistet.

Was die analytische Behandlungsmethode betrifft, führt Reich sowohl in seinen Einzeltherapien, als auch in seinen Supervisionen im Rahmen der Analytiker-Ausbildung über die Widerstands– und Charakteranalyse ein gegenüber der »klassischen« Methode *aktiveres Verfahren* ein, das tiefere Schichten der Psyche in Verbindung mit körperlichen Verspannungen und Blockierungen des Patienten erreichen kann. Letztere werden als Niederschlag lebensgeschichtlicher – für Reich: libidogeschichtlicher – Erfahrungen gesehen. Über seine zeitweiligen Schüler Fritz Perls und Alexander Lowen geht dieses Verfahren in die späteren Therapiemethoden der *Gestalttherapie* und der *Bioenergetik* ein.

Betrachtet man diese sachliche Bilanz, die knapp zwei Drittel des Lebens von Reich umfasst, dann müsste ihm eigentlich ein Ehrenplatz in der Geschichte der Psychoanalyse zugewiesen werden. Doch was geschah tatsächlich? Aus der *Internationalen Psychoanalytischen Vereinigung* wurde er ausgeschlossen, viele ehemalige Anhänger seiner Ideen wurden zu seinen Gegnern und in analytischen Kreisen wurde sein Name totgeschwiegen. Auch heutzutage wird Wilhelm Reich in der umfangreichen Freud-Biographie von *Peter Gay*, die als »Biographie für unsere Zeit«[15] deklariert wird, nicht einmal erwähnt.

Manche, die damals von Freunden zu erbitterten Gegnern wurden, wie z.B. Otto Fenichel, erklärten Reich für geisteskrank. Rattner (1990, S. 301) spricht von der »Geschichte einer Paranoia« und noch in jüngerer Vergangenheit wurde von psychoanalytischen Autoren die Behauptung aufgestellt:

»Wenn die Psychose von Reich auch erst nach 1934 manifest ist [...], so muß man doch feststellen, daß sie tatsächlich schon seit langem latent vorhanden war.« (B. Grunberger/J. Chasseguet-Smirgel: *Freud oder Reich?* (1979), zit. in: Laska 1981, S. 139.)

Man kann natürlich vermuten – und Reich selbst sah es gegen Ende seines Lebens so –, dass sich alle Welt gegen ihn verschworen habe, um seine Erkenntnisse zu unterdrücken, aber es ist kaum anzunehmen, dass es nicht auch an der Person *Wilhelm Reich* gelegen hat, dass es zu dieser Zuspitzung kam. Ohne Reich zum Objekt psychiatrischer Diagnostik zu machen, soll daher versucht werden, auf Grund des uns Bekannten einige zusammenfassende Hypothesen zur Person und zu Reichs *lebensgeschichtlichen Themen* zu bilden.

Ilse Ollendorf-Reich macht in ihrer Darstellung auf ein biographisches Detail aufmerksam, das in der Literatur über Reich meist übersehen wird, in unserem Zusammenhang jedoch aufgegriffen werden muss. Ein wichtiger Grund für die Übersiedlung von Wien nach Berlin war für ihn nicht nur, dass er sich dort größere Akzeptanz unter den Analytiker-Kollegen und bessere politische Wirkungsmöglichkeiten erhoffte, sondern auch, dass er sich dort *einer Analyse unterziehen* wollte. Ob er mehr von anderen dazu gedrängt wurde oder aus eigener Überlegung diesen Entschluss fasste, wissen wir nicht. Wahrscheinlich spielte beides eine Rolle. Über Reichs letzte Zeit in Wien schreibt seine Frau jedenfalls:

»Er fühlte, dass eine persönliche Analyse unumgänglich notwendig wurde, und auf Anraten Freuds und einiger anderer Kollegen beschloß er, nach Berlin zu gehen, wo der Psychoanalytiker Radó zugestimmt hatte, ihn für eine Analyse anzunehmen. So zog Reich Ende September 1930 nach Berlin.« (Ollendorff-Reich 1975, S. 42.)

15 P. Gay: *Freud – Eine Biographie für unsere Zeit.* 2. Aufl. Frankfurt/M.: Fischer 2006. (1. Aufl. 1989)

Sándor Radó (1890-1972) kam aus der *Ungarischen Psychoanalytischen Vereinigung*; er befand sich seit 1922 in Berlin und war Mitglied des Unterrichtsausschusses am dortigen Ausbildungsinstitut. 1931 erhielt er das Angebot, in New York ein Ausbildungsinstitut nach dem Berliner Modell einzurichten, was er umgehend auch tat – d.h. für Reichs Analyse stand er nicht mehr zur Verfügung. Ilse Ollendorff-Reich schreibt weiter:

»Annie Reich hat Radó kritisiert, daß er Reich kommen ließ, denn zu der Zeit, als er die Abmachung mit Reich traf, wußte er bereits, daß er innerhalb von sechs Monaten in die Vereinigten Staaten gehen würde. Ihrer Ansicht nach ließ er Reich mitten in einer Depression und mit einer unabgeschlossenen Analyse zurück. Sie glaubt, daß dies weiter zu Reichs ›zersetzendem Prozeß‹ beitrug.« (Ollendorff-Reich, ebd.)

Spätestens an dieser Stelle werden wir stutzig. Reich beginnt eine Analyse, diese wird nach relativ kurzer Zeit abgebrochen, dringt also nicht zu den tieferen Problemen durch, und Reich befindet sich nach dem Urteil seiner damaligen Ehefrau in einer Depression. Klingt das Ganze nicht sehr nach einer Wiederholung? Der fiktive junge Mann, der während seines Medizinstudiums angeblich zu ihm in Behandlung geschickt wurde – der niemand anders war als er selbst –, litt ja auch an »in starkem Maße vorhandenen Depressionszuständen« (Reich 1920, S. 78). Damals bildeten die Depressionszustände die *Indikation* für seine Therapie, jetzt sind sie anscheinend eine *Folge* der abgebrochenen Analyse, aber lässt sich das so genau abgrenzen, ist dieser Unterschied wirklich so wichtig? Wichtiger scheint die Frage, ob die Diagnose von Annie Reich tatsächlich zutrifft und wie sie zu vereinbaren ist mit dem anscheinend sehr erfolgreichen Auftreten Reichs in Berlin und mit seiner rastlosen Aktivität.

Seine damalige Frau Annie bekam sicher mehr mit von Reichs Innenleben als die Menschen, die seine Vorträge hörten und nur die glänzende Außenseite erlebten. Seine Biographin Ilse, Reichs dritte Ehefrau, die über die damalige Zeit mit Annie, seiner ersten Frau, gesprochen hat, ehe sie ihr Buch schrieb, findet den Widerspruch zwischen äußerer erfolgreicher Aktivität und innerer depressiver Befindlichkeit »befremdlich« (Ollendorf-Reich 1975, S. 42). Aber es ist kein Widerspruch: Reich hat sich geradezu in seine vielfältigen Aktivitäten gestürzt, um seine depressiven Zustände zu bekämpfen. Und das ist ihm weitgehend gelungen.

Weiter ergibt sich die Frage, wie es zu diesen depressiven Zuständen kam bzw. was die *Probleme* waren, die in den beiden gescheiterten Therapien nicht bearbeitet werden konnten. Nach allem, was wir über Reichs *Familiengeschichte* wissen, für deren tiefreichende emotionale Bedeutung die spät veröffentlichten Aufzeichnungen aus seiner Jugendzeit eine überzeugende Bestätigung liefern, können die »Probleme, denen er nicht ins Auge sehen konnte« (Ollendorff-Reich 1975, 25), sich nur auf den *Suizid der geliebten Mutter*, an dem er sich eine erhebliche Mitschuld geben musste, beziehen. Dabei spielte, wie aus Reichs Aufzeichnungen klar hervorgeht, die *eigene sexuelle Lust* des pubertierenden Jungen eine zentrale Rolle. Offensichtlich gelang es Reich, seine Familientragödie erfolgreich zu verdrängen, oder besser gesagt: Er suchte einen Weg, sie über seine Tätigkeit als *Wissenschaftler und Therapeut* für sich in immer neuen Anläufen zu bearbeiten. Allerdings wurde er nie damit fertig. Dieser Umstand erklärt vielleicht, in Verbindung mit der Situation des Exilierten, die Rastlosigkeit, mit der er im späteren Leben von Land zu Land, von Experiment zu Experiment, von einer Theorie zur jeweils umfassenderen – aber auch immer phantastischeren – Theorie fortschreitet.

Für die Zeit, die wir hier dargestellt haben, fällt das gesteigerte Interesse, das Reich der (»reifen« männlichen, heterosexuell gepolten) Sexualität mit ihrem Höhepunkt im Orgasmus entgegenbringt, ins Auge. Man könnte geradezu von einer *Apotheose der Sexualität* als elementarer Naturkraft sprechen. Mit dieser Formulierung soll die tatsächliche große Bedeutung der Sexualität, die nachgewiesen zu haben ein bleibendes Verdienst der Psychoanalyse ist, freilich nicht negiert werden. Später wird die *Orgon-Energie* bei Reich zur Lebensenergie schlechthin, die er in seinem gefährlichen »Oranur«-Experiment[16] der Leben zerstörenden Energie des Urans, der Atombombe entgegen stellen will. Könnte es nicht sein, dass Reichs Auffassung von der Sexualität als einem über-

16 Reich wollte um die Jahreswende 1950/51, d.h. zu einer Zeit, als die Atomwaffenversuche der USA sich auf einem Höhepunkt befanden, die positiv-lebenserhaltende Wirkung der »Orgon-Energie« in Bezug auf Radioaktivität testen. Ihm wurden zwei Milligramm Radium zu Verfügung gestellt, die er dazu verwandte, eine größere Anzahl Ratten einer begrenzten radioaktiven Strahlung auszusetzen. Als die Tiere in den »Orgon-Akkumulator« gebracht wurden, trat nicht der erhoffte Effekt ein, dass die radioaktive Strahlung zurückging, sondern im Gegenteil: die Werte stiegen um ein Vielfaches an. Die meisten Tiere starben und zahlreiche Mitarbeiter, auch Reich selbst, seine Ehefrau Ilse Ollendorff -Reich und die Tochter Eva, die Reich bei seinen Experimenten unterstützten, litten noch jahrelang an den Folgen der erhöhten Strahlung (vgl. Ollendorff-Reich 1975, S. 140ff.).

wältigenden Naturgeschehen einen Versuch darstellt, sich selbst von der Schuld am Tod der Mutter freizusprechen? Und könnte nicht auch der Kampf gegen die lebensbedrohliche Wirkung des Urans ein Versuch sein, den Tod der Mutter – d.h. der realen Mutter und der Mutter Erde in symbolisch erweiterter Bedeutung – zu verhindern bzw. ungeschehen zu machen?

Es wäre gewiss verlockend, Reichs unvollständige Selbstdiagnose anhand der vielen Indizien, die seine Lebensgeschichte anbietet, zu ergänzen und aufzuzeigen, was eine Therapie evtl. bei ihm hätte leisten können. So wie es aussieht, hat er selbst einen anderen Weg beschritten: nämlich den, *sich selbst* zu helfen, indem er *anderen* als sozial und politisch engagierter Therapeut und Wissenschaftler geholfen hat. Die Beurteilung dessen, was er tatsächlich geleistet hat, tendiert inzwischen, was die hier dargestellte Phase seines Lebens betrifft, hin zu dem Konsens, dass Reich wertvolle Beiträge zur analytischen *Therapie und Sozialpsychiatrie* geliefert hat. Was die spätere Zeit angeht, bewegt man sich jedoch immer noch zwischen den beiden Extremen einer weitgehend kritiklosen Nachbeterei und völliger Verwerfung seiner »wissenschaftlichen« Experimente als Scharlatanerie.

Den Abschluss sollen zwei Zitate eines späteren Autors bilden, der wie Reich ein unkonventioneller, politisch engagierter Psychiater war:

»Ob man mit diesem oder jenem Detail seiner Theorie übereinstimmt oder nicht: es ist nicht zu leugnen, daß Reich ein hervorragender Kliniker mit ungewöhnlich weitem Horizont war, Seine Fallgeschichten mit schizoiden und schizophrenen Patienten sind für jeden lehrreich, der auf diesem Gebiet arbeitet. Den Dreck, in dem wir alle stecken – sei er nun hysterisch, zwanghaft, psychosomatisch oder das Leben des homo normalis – verstand Reich wie kaum ein anderer.« (R.D. Laing, zit. in: Laska 1981, S. 140.)

»Noch immer schwebt zwar der Geist Wilhelm Reichs – lächerlich, bedrohlich, mitleiderregend, je nach Projektion – ›ausgesperrt‹ vor den Mauern der psychiatrischen und psychoanalytischen Orthodoxie, aber es hat den Anschein, als sei bei den jüngeren Menschen aller Altersstufen ein Prozeß der Neubewertung im Gang. Selbst seine späteren Arbeiten zur Biophysik, wie er es nannte, können nicht mehr so leichthin ins Kuriosenkabinett verwiesen werden wie noch vor einigen Jahren. Je genauer ich die Dinge, über die Reich sprach, aus erster Hand kennen lernte, desto ernster nehme ich sie.« (R.D. Laing, Klappentext in: Boadella 1983.)

Erich Fromm

Erich Fromm – Analytische Sozialpsychologie und humanistische Psychoanalyse

Erich Fromm – mit vollem Namen *Erich Seligmann Pinchas Fromm* (1900-1980) – gehört zu jener Generation jüdischer Wissenschaftler, die während des Dritten Reiches zur Emigration aus Deutschland gezwungen waren und die auf dem Umweg über die USA in den 50er und 60er Jahren in der damaligen Bundesrepublik einen gewissen Bekanntheitsgrad erlangten. Bekannt und wohl auch einigermaßen berühmt wurde Fromm in Deutschland vor allem durch zwei Bestseller: *Die Kunst des Liebens* (1956) und *Haben oder Sein* (1976). In den USA wurde er dagegen schon mit seinem während des Zweiten Weltkriegs veröffentlichten Buch *Escape from Freedom* (1941, dt. 1945), das auch ein Kapitel über »Die Psychologie des Nazismus« enthielt, auf einen Schlag weithin bekannt. Er gehörte dort seither zur »linken« Intelligenz, indem er nicht nur zu psychologischen Themen, sondern auch zu Fragen der nationalen und internationalen Politik, wie z.B. zum nuklearen Wettrüsten in der Zeit des Kalten Krieges, klar Stellung bezog. Fromm war m.a.W. über lange Jahre in den USA bereits so etwas wie eine »moralische Instanz«, ehe er in Deutschland mit *Haben oder Sein* (1976) zu einer Leitfigur der Alternativbewegung avancierte. Erich Fromm starb im Jahr 1980 wenige Tage vor seinem 80. Geburtstag in der Schweiz, nachdem er nach der Emeritierung an der *Nationalen Autonomen Universität* in Mexiko auch seinen dortigen Wohnsitz aufgegeben hatte. Er hinterließ ein umfangreiches, größtenteils zuerst in englischer Sprache geschriebenes Werk. Dass die Anschauungen, die er vertrat, weiter lebendig bleiben, ist vor allem der seither erschienenen *Erich Fromm Gesamtausgabe*[1] zu verdanken.

Da es hier nicht darum gehen kann, das Gesamtwerk Erich Fromms mit all seinen Aspekten zu beleuchten, wird bei der zu treffenden Auswahl vor allem auf die weniger bekannte Frühphase, d.h. die Zeit vor und kurz nach der Emigration aus Deutschland, Akzent gelegt. In diesem Zusammenhang soll vor allem auf seine Verwurzelung in der *jüdischen Familientradition*, seine Stellung in der Geschichte der *Psychoanalyse*, einschließlich der Differenzen zu Freud, und seine von den späteren Hauptvertretern der sog »Frankfurter Schule«, Horkheimer und Adorno, weitgehend totgeschwiegene Rolle in der *frühen »Kritischen Theorie«* näher eingegangen werden. Die Fromm-Rezeption der 70er und 80er Jahre des vorigen Jahrhunderts, die von der 68er-Zeit ihren Ausgang nahm und in der Ökologie- und Alternativ-Bewegung verstärkt aufgegriffen wurde, wird dagegen nur kursorisch behandelt, da sie sich relativ zeitnah vollzogen hat und noch einigermaßen bekannt ist.

Fromms Psychologie stützt sich auf die *Psychoanalyse*, d.h. auf die grundlegenden Erkenntnisse Sigmund Freuds, vor allem auf die Bedeutung des Unbewussten. Sie geht jedoch, wie Fromm in einem zu seinem 75. Geburtstag in Locarno gehaltenen Vortrag über »Die Bedeutung der Psychoanalyse für die Zukunft« (1975) ausgeführt hat, in einem Dreischritt über Freud hinaus. An erster Stelle steht der »gewissenhafte Nachvollzug der Entdeckung«, dann folgt die »Einschränkung durch Einordnung in zeitbedingte Denk- und Ausdrucksweisen«, und schließlich kommt es zur »kreativen Erweiterung in heutige Erkenntnishorizonte« – so resumiert Hans Jürgen Schultz Fromms damaliges Referat (vgl. Schultz 2002, S. 211). Entsprechend diesem Dreischritt hat sich Fromm auch schon in früheren Beiträgen zur Psychoanalyse gegenüber Freud verhalten. Er ist kein »orthodoxer« Psychoanalytiker. Aber ebenso wenig ist er jemand, der die Erkenntnisse Freuds für gering achtet. Wohl mit keinem seiner Vorgänger hat sich Fromm so intensiv auseinander gesetzt wie mit Freud.

Erich Fromm gehört zur zweiten Generation der frühen Analytiker. Freud selbst hat er zwar nicht persönlich kennen gelernt – was zeitlich durchaus möglich gewesen wäre –, aber er hat bei einem von Freuds engsten Mitarbeitern aus dem sog. »Geheimen Komitee«, Hanns Sachs, seine abschließende Lehranalyse absolviert und er stand mit Georg Groddeck und Sándor Ferenczi in Verbindung. Später hat er, neben zahl-

1 *Erich Fromm Gesamtausgabe*, hrsg. von R. Funk. 12 Bde. Stuttgart: Deutsche Verlagsanstalt (Bd. I-XII) und München: Deutscher Taschenbuch Verlag (Bd. I-X, ohne Schriften und Vorträge aus dem Nachlass).

reichen Aufsätzen, auch zwei *Bücher über Freud* verfasst (Fromm 1959a; 1979). Den Kern seiner eigenen Theorie und therapeutischen Praxis hat er als »humanistische Psychoanalyse« (Fromm 1955, S. 5) bezeichnet. Darin kommt eine engere Bindung an die Psychoanalyse zum Ausdruck, als sie bei anderen Vertretern der Humanistischen Psychologie anzutreffen ist (vgl. Quitmann 1991, S. 238ff.).

Vor allem in zwei Punkten unterscheidet sich Fromms Version der Psychoanalyse von der Freuds. Erstens: Die »mechanistische« Trieb- oder Libidotheorie, die von einem ursprünglich isolierten Individuum ausgeht, wird bei ihm durch eine *Beziehungstheorie* ersetzt, die den Menschen von Anfang an zu den »Mitmenschen, der Natur und sich selbst« (Fromm 1947, S. 41) in Verbindung setzt. Zweitens: Während Freud aus seiner Selbstanalyse und seinen therapeutischen Erfahrungen mit Patientinnen im Wien des ausgehenden 19. Jahrhunderts sehr rasch generelle Folgerungen zieht, konstatiert Fromm eine starke Zeitgebundenheit solcher Erfahrungen. Mehr noch: Er stellt fest, dass die *ökonomisch-gesellschaftlichen Verhältnisse* die Art des Erlebens, Fühlens und Denkens – und vor allem dessen unbewusste Seite – in starkem Maße prägen und dass dieser Einfluss kontinuierlichem Wandel unterliegt. Fromms Anwendung der Psychoanalyse greift damit weiter aus: Ihr zentrales Thema sind die gesellschaftlich geprägten Anteile der menschlichen Psyche, die er als *social character* (dt.: »Gesellschafts-Charakter«, vgl. Fromm 1941, S. 379) bezeichnet. Mit der Verbindung von Psychoanalyse und marxistischer Gesellschaftstheorie in der *Analytischen Sozialpsychologie* geht Fromm über Freud hinaus, indem er eine sozialwissenschaftliche und zugleich gesellschaftskritische Betrachtungsweise in die Psychologie einbringt. Eine ähnliche Sensibilität für die unterschwelligen, aber höchst wirksamen sozio-ökonomischen Bedingungen und Tendenzen, unter deren Einfluss sich die Psyche verändert, ist von kaum einem der sozialwissenschaftlich engagierten Psychoanalytiker nach Freud erreicht worden.

Man könnte noch eine dritte Erweiterung nennen, mit der Fromm über Freud hinausgeht: In seinem Spätwerk spricht er von »*transtherapeutischen* Apekten der Psychoanalyse« (Fromm 1969, S. 68, Hervorhebung H.J.). Hier geht es nicht mehr um Therapie als Heilung neurotischer Störungen bzw. psychischer Erkrankungen, sondern um ganzheitliches Wachstum der Persönlichkeit, das auch die *spirituelle Dimension* einschließt. Mit dieser Erweiterung der Psychoanalyse gehört er eindeutig der »humanistischen« Richtung in der Psychologie an, die sich in den 50er und 60er Jahren des vergangenen Jahrhunderts in den USA zu etablieren begann.

Erich Fromm ist als einziger Sohn orthodox-jüdischer Eltern im Jahr 1900 in Frankfurt am Main geboren. Über sein Elternhaus, seine Erziehung und das Umfeld, in dem er aufwuchs, hat er sich in den von ihm selbst veröffentlichten Schriften relativ spät und nur an einer einzigen Stelle (Fromm 1962, S. 39ff.) geäußert. Wir können uns jedoch auf Grund etlicher Interviews, die Fromm in seinem letzten Lebensjahrzehnt gegeben hat, und mit Hilfe des im *Erich-Fromm-Archiv* vorhandenen Nachlasses, aus dem Rainer Funk zwei Bildbiographien (Funk 1983; 1999) zusammengestellt hat und den auch Jürgen Hardeck für seine Werkbiografie (Hardeck 2005) verwenden konnte, ein einigermaßen zutreffendes Bild von seiner Kindheit und Jugend machen. Eine wirklich umfassende Fromm-Biographie steht bis jetzt noch aus.[2]

Die Familie – jüdische Wurzeln

Zu den Vorfahren Erich Fromms gehörten bedeutende jüdische Rabbiner. Sein Vater *Naphtali Fromm* (1869-1933), genannt »Nef«, litt zeitlebens darunter, dass er kein Schriftgelehrter war, sondern den Lebensunterhalt für sich seine Familie als Weinhändler verdienen musste. Die Großeltern väterlicherseits stammten aus Unterfranken. Fromms Urgroßvater Seligmann Bär Bamberger, der »Würzburger Raw«, besuchte die Talmud-Hochschule in Fürth, die im 19. Jahrhundert eine Hochburg des orthodoxen Judentums gegen das Reformjudentum und dessen Assimilationsbestrebungen war. Er unterrichtete später an der »Jüdischen Lehrerbildungsanstalt« in Würzburg und wurde – gegen den Widerstand der Reformer – Vorsitzender der dortigen jüdischen Gemeinde. Über ihn waren zahlreiche Geschichten im Umlauf, darunter folgende, die Fromm gern erzählte:

> »Er hat, wie das damals üblich war, einen kleinen Laden in Wiesenbronn (bei Würzburg) gehabt, in dem er die meiste Zeit saß und den Talmud studierte. Kam ein Kunde herein, wurde er etwas ärgerlich und sagte: ›Gibt es hier gar keinen anderen Laden wie den meinen? Sie sehen doch, ich bin beschäftigt.‹« (Interview mit Guido Ferrari 1980, zit. in: Funk 1999, S. 9.)

2 Lawrence J. Friedman (Bloomington/USA) arbeitet derzeit an einer detaillierten Fromm-Biographie. Über die Schwierigkeiten, die sich u.a. daraus ergeben, dass viel biographisches Material aus der Frühzeit verloren ging, hat Friedman bei einer Tagung der *Internationalen Erich-Fromm-Gesellschaft* im Herbst 2005 in der Schweiz berichtet (Friedman 2006).

In einem anderen Interview erzählt Fromm, dass der Urgroßvater das Angebot bekommen habe, etwas mehr zu verdienen, wenn er drei Tage im Monat verreisen würde. Er fragte seine Frau: »Meinst du, ich sollte das tun und mehr als drei Tage im Monat versäumen zu studieren?« Sie antwortete: »Um Gottes willen nicht, was denkst du« (obwohl sie das Geld dringend nötig gehabt hätte) – und es kam nicht in Frage (vgl. Fromm 1986, S. 124).

Die Mutter *Rosa Fromm, geb. Krause* (1876 – 1959), stammte aus Posen. Auch unter ihren Vorfahren befanden sich bedeutende Talmud-Lehrer. Fromms Großonkel Ludwig Krause, ein Bruder des Großvaters mütterlicherseits, der in Posen eine Zigarrenfabrik betrieben hatte, verbrachte seinen Lebensabend bei den Fromms in Frankfurt. Von ihm erhielt der junge Erich den ersten Bibel- und Talmud-Unterricht. Über seine Lektüre der jüdischen Bibel schreibt Fromm:

»So langweilte mich die Geschichte von der Eroberung Kanaans durch die Hebräer, ja sie stieß mich ab. Mit den Geschichten über Mordechai und Esther wußte ich nichts anzufangen, und auch das Hohelied wußte ich – zu dieser Zeit – noch nicht zu schätzen. Doch die Geschichte vom Ungehorsam Adams und Evas, von Abrahams Ringen mit Gott um die Rettung der Bewohner von Sodom und Gomorrha, von Jonas Sendung nach Ninive und viele andere Details der Bibel faszinierten mich. Am allermeisten aber bewegten mich die Schriften der Propheten Jesaja, Amos und Hosea, und zwar nicht sosehr wegen ihrer Warnungen und ihrer Prophezeiung des Untergangs, sondern wegen ihrer Verheißung des Jüngsten Tages, wo die Völker ›Pflugscharen aus ihren Schwertern und Winzermesser aus ihren Lanzen‹ schmieden werden (Jes. 2,4); wo die Verheißung gilt: ›Man zieht nicht mehr das Schwert, Volk gegen Volk, und übt sich nicht mehr für den Krieg‹ (Jes. 2,4); wo alle Völker Freunde werden, ›denn das Land ist erfüllt von der Erkenntnis des Herrn, so wie das Meer mit Wasser gefüllt ist‹ (Jes. 11,9).« (Fromm 1962, S. 40.)

Fromm erwähnt diese Geschichten von seinen jüdischen Vorfahren und von seiner frühen Bibel- und Talmudlektüre, um zu erklären, dass sein Lebensgefühl auf Grund der Tradition, in der er aufwuchs, eigentlich »das des vormodernen Menschen« (Fromm 1986, 124) gewesen sei. Es war das Lebensgefühl aus einer Welt, in der das Geldverdienen nicht so wichtig, sondern eher etwas peinlich war – genau so erlebte er es bei seinem Vater –, in der man selbstverständlich den Sabbat feierte, die Speisegebote einhielt und regelmäßig in die Synagoge ging. In die jüdische Gemeinde in Frankfurt, die vor dem Ersten Weltkrieg mit etwa dreißigtausend Angehörigen ca. acht Prozent der damaligen Einwohnerzahl ausmachte (vgl. Hardeck 2005, S. 11), war die Familie fest integriert. Der Vater gehörte zum Vorstand der Synagoge Unterlindau und war zugleich Delegierter im »Preußischen Landesverband Jüdischer Gemeinden«. Fromm junior hatte als Jugendlicher vor, nach Litauen zu gehen, um dort an einer Hochschule den Talmud zu studieren. Das war den Eltern jedoch zu weit und so unterblieb es; hätte es in Frankfurt und Umgebung eine Talmud-Hochschule gegeben, wäre eine derartige Entscheidung für sie in Ordnung gewesen.

Im Unterschied zu anderen hier behandelten Therapeuten stammte Erich Fromm aus einem sehr religiösen Elternhaus. Beide Eltern hatten sich zwar äußerlich an das nichtjüdische Umfeld assimiliert, sie nahmen jedoch aktiv am Leben der jüdischen Gemeinde teil und lebten noch in der jüdischen Tradition. Auch wenn sich Fromm junior später vom orthodoxen Judentum löste, so blieben doch bestimmte Grundüberzeugungen – vor allem dass geistige Interessen wichtiger sind als Geldverdienen und dass es auf ein brüderliches Zusammenleben ankommt (vgl. Johach 2008, S. 34ff.). – für ihn bestimmend. Er hat sich nach einer Phase, in der die Religionskritik bei ihm im Vordergrund stand, eingehend auch wieder mit der hebräischen Bibel befasst (vgl. Fromm 1966a) und seine Psychologie mit einem humanistischen Religionsverständnis verbunden. Vor allem aber ist seine Kapitalismuskritik, zu der sich Ansätze schon in seiner Dissertation über *Das jüdische Gesetz* (1922) finden, nicht zu verstehen ohne ein Gespür für den Gegensatz zwischen der modernen Welt und dem Wertesystem, das er mit der jüdischen Tradition in sich aufgenommen hatte. Als einen gravierenden Einschnitt erlebte Fromm freilich schon den Ersten Weltkrieg, bei dessen Ausbruch er gerade 14 Jahre alt war. Später war es vor allem die erzwungene Emigration aus Deutschland kurz nach der Machtergreifung Hitlers, die ihn erneut auf seine jüdische Identität verwies.

Über seine Eltern schreibt Erich Fromm im von ihm selbst veröffentlichten Werk nur einen einzigen Satz:

»Warum ich ein so großes Interesse für die Frage entwickelte, warum die Menschen sich gerade so und nicht anders verhalten, dafür mag der Hinweis hilfreich sein, dass ich das einzige Kind eines ängstlichen und launischen Vaters und einer zu Depressionen neigenden Mutter bin.« (Fromm 1962, S. 39.)

In den mündlichen Interviews, die als Fernsehaufzeichnungen, Tonbandmitschnitte und Transkripte zugänglich sind, wird er etwas deutlicher:

»Ich litt unter dem Einfluß eines pathologisch ängstlichen Vaters, der mich mit seiner Angst übermannte und gleichzeitig kaum Leitlinien vorgab und keinerlei positiven Einfluß auf meine Ausbildung hatte. [...] Er hat mir überhaupt nichts beigebracht und war an meiner eigenen Entwicklung desinteressiert [...] Er verwöhnte mich, und ich lernte kaum Disziplin. Er hätte es lieber gehabt, wenn ich immer ein Kleinkind von drei Jahren geblieben wäre. [...] Er mochte mich als kleines Kind, aber er war eifersüchtig auf alle Freunde, die ich hatte.« (Interview mit G. Khoury, zit. in: Funk 1999, S. 17 und 19.)

Als Beleg für die pathologische Ängstlichkeit des Vaters führt Fromm an, dass er als Junge oft das Haus nicht verlassen durfte, aus Angst, er könne sich erkälten – ein Verhalten, das man sonst eher überfürsorglichen Müttern zuschreibt. Als besonders krasses Beispiel erwähnt er, dass der Vater am Tag seiner mündlichen Doktorprüfung eigens nach Heidelberg gekommen sei, »weil er fürchtete, ich würde das Rigorosum nicht bestehen und könnte mir das Leben nehmen« (a.a.O., S. 17). Dabei bestand er die Prüfung mit »Sehr gut«. Aber der Vater übertrug seine eigenen Minderwertigkeitsgefühle auf ihn. Er war von zwei Brüdern flankiert, die Arzt und Jurist waren, also akademische Berufe hatten; Fromms Vater betrieb dagegen, wie erwähnt, nur einen Weinhandel. Als Geschäftsmann war er nicht glücklich und auch nicht sehr erfolgreich; sein Interesse am Geldverdienen wurde gebremst durch die jüdische Tradition. Das Einkommen reichte gerade, dass die Familie einigermaßen sorgenfrei leben konnte.

Fromm hätte sich lieber einen nicht unbedingt geschäftstüchtigeren, aber doch selbstbewussteren Vater gewünscht. Er suchte sich deshalb Ersatzväter – und fand sie auch: in *Nehemia Anton Nobel*, dem Rabbiner der Synagoge am Börneplatz in Frankfurt, in seinem Doktorvater *Alfred Weber*, bei dem er in Heidelberg Soziologie studierte und promovierte (im übrigen der einzige Nichtjude, auf den der junge Fromm große Stücke hielt), und vor allem in *Salman B. Rabinkow*, mit dem er während des Studiums in Heidelberg den Talmud studierte und über soziologische Fragen diskutierte. Rabinkow kam aus dem Chassidismus und vertrat einen religiösen Sozialismus. Er lebte, was er lehrte, und er überzeugte durch seine Person. Fromm äußerte später über ihn:

»Rabinkow beeinflußte vielleicht mein Leben mehr als jeder andere Mensch. Seine Ideen blieben in mir immer lebendig, wenn auch in anderen Vorstellungen und Begriffen.« (zit. in: Funk 1999, S. 54.)

Schwierig war auch das Verhältnis Erich Fromms zu seiner Mutter. Rainer Funk, Herausgeber der Schriften Fromms und selbst Psychoanalytiker, charakterisiert ihr Verhalten als »narzißtisch vereinnahmend« (Funk 1983, S. 21), da sie ihre eigenen Wunschvorstellungen, unter anderem den Wunsch nach einer Tochter, auf den Sohn projizierte. Sie ließ ihn z.B. als Mädchen fotografieren und wollte aus ihm einen großen Pianisten machen. Fromm berichtet in einem Interview:

»Auch meine Mutter war nicht wirklich an mir interessiert. Sie träumte von einer Pianistenkarriere von mir. Darum bekam ich – wie die meisten Kinder – Klavierunterricht, der allerdings mit dem Kriegsausbruch 1914 endete. Meiner Mutter größter Wunsch war, daß ich ein zweiter Paderewski würde [Paderewski war ein damals berühmter Klaviervirtuose, Komponist und Politiker, der 1919 polnischer Ministerpräsident wurde, H.J.]. Mein größter Wunsch bestand darin, Violine zu spielen, doch weiß Gott aus welchen Gründen, vermutlich wegen Paderewski, war ich dazu verurteilt, Klavier zu spielen.« (Interview mit G. Khoury, zit. in: Funk 1999, S. 23.)

Fromm war heilfroh, als der Klavierunterricht bei dem halbtauben Klavierlehrer endete. Seine Abneigung gegen das Klavierspielen hielt er sein Leben lang bei, obwohl er Musik sehr mochte und gern chassidische Lieder sang.

Problematischer noch als die Bevormundung in puncto Musik war, dass die Mutter mit unterschwelligen Vorwürfen und mit Abwertung des Vaters den jungen Erich auf ihre Seite zu ziehen suchte. Sie war stark an ihre eigene Familie gebunden und »liebte mich eigentlich nur in dem Maße, als ich ein Krause war, welches ihr Familienname war. Und alles an mir war gut, was typisch Krause war, und alles schlecht, was Fromm war.« (Interview mit G. Khoury, zit. in: Funk 1983, S. 21.) Vor allem ihre Depressionen waren ein wirksames Mittel, um bei ihrem Sohn Erich Unterstützung einzufordern. So zum Spielball des »unbewußten Hasses zwischen den Eltern« (R. Funk, ebd.) gemacht, hatte Fromm als Junge oft das Gefühl, er müsse für die Mutter gegen den Vater Partei ergreifen, bis er allmählich anfing, das Spiel zu durchschauen. Die Fotos, auf denen Erich Fromm zusammen mit seinen Eltern zu sehen ist, deuten darauf hin, dass zwischen ihm und dem Vater eine engere und herzlichere Beziehung bestand als zur Mutter.

Fromm konnte in der Familienkonstellation, aus der er kam – er war ja Einzelkind und deshalb den elterlichen Launen besonders ausgesetzt – im Alter auch eine Chance sehen: In einer »sehr neurotischen Familie« aufgewachsen zu sein, habe ihm erst ermöglich, sich »mehr bewußt zu werden, was eigentlich die Irrationalitäten menschlichen Verhaltens darstellen« (Interview mit G. Ferrari, zit. in: Funk 1999, S. 16). Das ist, mit Blick auf seine Berufswahl als Psychoanalytiker, retrospektiv aus der Weisheit des Alters heraus gesprochen. Für den jungen Erich Fromm ist eher davon auszugehen, dass er mit den elterlichen Werten sehr identifiziert war und sich infolgedessen als Eiferer für die jüdische Religion betätigte. Aus der Zeit seines Studiums ist das von seinem Freund Ernst Simon geprägte Scherzwort überliefert: »Mach mich wie den Erich Fromm, dass ich in den Himmel komm«. Auch ist nachgewiesen, dass er eine Zeitlang ein begeisterter Anhänger der zionistischen Jugendbewegung war (vgl. Hardeck 2005, S. 17). Was die Beziehung zu den Eltern angeht, ist zwar einerseits anzunehmen, dass ihn die häusliche Atmosphäre mit ihren unterschwelligen Spannungen belastete. Andererseits verbot ihm jedoch die von der jüdischen Religion verlangte Pietät gegenüber den Eltern, offen gegen beide oder gegen einen Elternteil aufzubegehren. Es kostete ihn jedenfalls große Mühe, sich aus der problematischen Konstellation und Enge des Elternhauses zu befreien.

Auffällig ist, dass sich Fromm zum Schicksal seiner Familie in der Nazizeit nirgends geäußert hat. Es wäre jedoch falsch, daraus zu schließen, dass sie vom Holocaust nicht betroffen gewesen wäre oder dass Erich Fromm sich für ihr Schicksal nicht interessiert hätte. Zwar starb sein Vater bereits 1933 und seine Mutter, die bis zur Reichspogromnacht im November 1938 in Deutschland geblieben war, konnte schließlich über England in die USA entkommen. Etliche entferntere Verwandte Fromms, vor allem von mütterlicher Seite, kamen jedoch durch Deportation und Einlieferung in die Vernichtungslager um. Erich Fromm versuchte von den USA aus seinen Verwandten zu helfen, wo er konnte.[3]

Studium und therapeutische Ausbildung – Beziehung zu Frieda Fromm-Reichmann

Nach dem Abitur an der Wöhlerschule in Frankfurt, das er im letzten Kriegsjahr 1918 ablegte – er lernte dort neben Latein auch Französisch und Englisch, was ihm später sehr zustatten kam –, schrieb sich Erich Fromm zunächst an der Universität Frankfurt für ein Jurastudium ein. Nach zwei Semestern wechselte er jedoch an die Universität Heidelberg, um nach zwei weiteren Semestern offiziell »Nationalökonomie« zu studieren – das Fach Soziologie, das ihn am meisten interessierte, gab es noch nicht als eigene Disziplin. Wir wissen nicht, was den Anstoß zu diesem Studienfachwechsel gab. Möglicherweise hatte er bereits in Frankfurt im Kreis um Nehemia Anton Nobel, in dem sich nach Aussage seines Freundes Leo Löwenthal in die jüdische Atmosphäre »auch Philosophie, etwas Sozialismus, etwas Psychoanalyse und auch etwas Mystizismus einmischte« (Löwenthal 1980, S. 18), die Anregung empfan-

3 Rainer Funk ist diesen Zusammenhängen in seinem Beitrag »Erleben von Ohnmacht im Dritten Reich« (Funk 2005) im einzelnen nachgegangen.

gen, sein Studium breiter anzulegen. Anhand des Studienbuchs ist jedenfalls nachgewiesen, dass Fromm neben Übungen zum BGB und Handelsrecht auch Vorlesungen zur Geschichte der Philosophie und Psychologie, zur Wirtschafts- und Kulturgeschichte und zur Allgemeinen Volkswirtschaftslehre belegte (vgl. Funk 1999, S. 50ff.). Er verfügte auf Grund seines Studiums über ein umfassendes *kultur- und sozialhistorisches Wissen*, auf das er in seinen späteren Schriften immer wieder zurückgreifen konnte. Was er dagegen nie in Erwägung zog, war ein Medizinstudium. Fromm gehörte damit zum anfänglich großen Kreis von »Laienanalytikern«, die Sigmund Freud noch für eine wesentliche Bereicherung der Psychoanalyse hielt, während sie später in den USA auf Grund ihrer fehlenden medizinisch-psychiatrischen Ausbildung große Schwierigkeiten bekamen.

Neben dem Universitätsstudium, das er im Jahr 1922 bei Alfred Weber mit einer Dissertation über den sozialen Zusammenhalt des Diaspora-Judentums durch *Das jüdische Gesetz* abschloss, betrieb Fromm in Heidelberg unter Anleitung von Salman B. Rabinkow weiter seine judaistischen Studien, wobei Rabinkow Fromms Interesse am Chassidismus nachhaltig förderte, ihn bei seiner Dissertation unterstützte und mehr als andere dazu beitrug, dass Fromm seinen eigenen Fähigkeiten traute und dass aus dem verunsicherten, aber lernbegierigen Jüngling allmählich ein selbstbewusster junger Mann wurde.

Im Jahr 1920 lernte Fromm in Frankfurt, wo seine Eltern wohnten, über Golde Ginsburg, mit der er kurzzeitig verlobt war, die elf Jahre ältere *Frieda Reichmann* kennen. Durch sie wurde er mit der Psychoanalyse bekannt, die sich noch in der Entwicklung befand und, wie Löwenthal (1980, S. 26) sagt, damals »außerordentlich esoterisch« war. Man muss sich vor Augen halten, dass z.B. Freuds metapsychologische Abhandlung über *Das Ich und das Es*, die das bis heute grundlegende psychoanalytische Strukturmodell der Psyche formulierte, erst 1923 veröffentlicht wurde. Das Bekanntwerden mit der Psychoanalyse erfolgte bei Fromm und anderen – auch Löwenthal – jedoch nicht durch Lektüre, sondern durch persönliche Beziehungen zu Menschen, die von dieser neuen Methode gehört hatten und sie, meist ohne langwierige Ausbildung, selbst praktizierten.

Frieda Reichmann (1889-1957) war die Tochter eines jüdischen Bankiers. Sie war in Königsberg in streng jüdischer Tradition aufgewachsen, hatte dort Medizin studiert und sich auf Psychiatrie spezialisiert. 1914 promovierte sie bei Kurt Goldstein, einem der führenden Neurologen der Zeit, und arbeitete bis 1920 bei ihm als Assistentin. Sie vertrat Goldstein zeitweilig an der Psychiatrie in Königsberg, nachdem er in Frankfurt eine ordentliche Professur erhalten hatte, und folgte ihm

1918 dorthin (vgl. Hoffmann 1995, S. 6). Nach dem Ersten Weltkrieg gründete Goldstein in Frankfurt ein »Institut zur Erforschung der Folgeerscheinungen von Hirnverletzungen«. Er nahm gestaltpsychologische Ansätze auf und ging in seiner Arbeit mit den Patienten von einem »ganzheitlichen« Konzept des menschlichen Organismus[4] aus (vgl. Quitmann 1991, S. 71ff.), wodurch er sich von der Psychiatrie seiner Zeit unterschied. Frieda Reichmann lernte von ihm, dass man auch mit Psychotikern respektvoll umgehen kann, indem man sich bemüht, sie zu verstehen. 1920 ging sie als Assistenzärztin zu J.H. Schultz, der als Begründer des Autogenen Trainings bekannt geworden ist, an die Privatklinik »Weißer Hirsch« in Dresden. Dort kam sie in Berührung mit der Psychoanalyse und fasste den Entschluss zu einer analytischen Ausbildung. 1923 unterzog sie sich bei Hanns Sachs in Berlin einer Lehranalyse. Nachdem Erich Fromm sie in Dresden einige Male besucht hatte, beschlossen beide, in Heidelberg ein Haus zu kaufen und dort ein psychoanalytisches »Therapeutikum« einzurichten. Eine Besonderheit bestand darin, dass die jüdischen Festtage, Gebetszeiten und Speiserituale in diesem Haus streng eingehalten wurden, da Frieda aus einer strenggläubigen Familie stammte. »Witzbolde« – so drückt es Gershom Scholem in seinen Jugenderinnerungen aus – bezeichneten die Einrichtung deshalb als »Torapeutikum« (Scholem 1993, S. 197), was auf die enge Verbindung von Therapie und rituellem Judentum anspielte.

Einer der ersten »Patienten«, die Frieda analysierte, war Erich Fromm, aber auch dessen Freunde, wie z.B. Leo Löwenthal, der inzwischen mit Golde Ginsburg liiert war, »mussten« auf die Couch. Alle Besucher und selbst die Hausangestellten hatten sich in Friedas »Therapeutikum« einer Psychoanalyse zu unterziehen. In einem 1954 in den USA geführten Interview sagt sie, auf diese Zeit zurückblickend:

»Unbeschreiblich, wie wir das Ding aufgebaut haben. Da sitze ich mit einem Patienten in einem Zimmer und analysiere ihn; als ich mich umschaue, muß ich feststellen, daß wir noch Vorhänge für diesen Raum brauchen. Sobald das nächste Honorar hereinkam, mußte ich gehen und Vorhänge kaufen. Auf diese

4 Die wichtigste Veröffentlichung Goldsteins ist *Der Aufbau des Organismus* (Haag 1934). Goldstein emigrierte 1935 in die USA und praktizierte u.a. in New York. Sein Buch erschien übersetzt unter dem Titel *The Organism. A Holistic Approach to Biology derived from Pathogical Data in Man* (New York 1939). Ruth Cohn schreibt über ihn: »Kurt Goldstein wurde auch in New York als bedeutender Psychiater geehrt und hat auch mir als Nicht-Medizinerin in neurologischen Fällen Beistand gegeben.« (Brief vom 13.8.1998 an den Verf.)

Weise haben wir das Haus so langsam in Schuß gebracht. Dann ließen wir die Analysanden zur Finanzierung ihrer Analyse im Haus arbeiten. Ich analysierte die Haushälterin und auch den Koch, und man kann sich vorstellen, was passierte, wenn diese in einer Phase des Widerstands waren! Es war eine wilde Geschichte, weshalb wir sie später auch wieder aufgaben. Erich und ich hatten eine Liebesaffäre. Wir waren nicht verheiratet und niemand sollte von unserer Liebesbeziehung erfahren.« (Fromm-Reichmann, zit. in: Funk 1999, S. 60.)

Das »Therapeutikum« existierte bis 1927. Aus der »analytischen« Beziehung zwischen Frieda Reichmann und Erich Fromm ergab sich die besagte »Liebesaffäre«, bei der neben echter Zuneigung vermutlich von beiden Seiten auch unaufgelöste Übertragungen – bei Erich Fromm wohl die Suche nach einer verständnisvollen, ihn nicht vereinnahmenden Mutter – im Spiel waren. Sie besprachen die Angelegenheit mit Karl Landauer und dieser riet zur Fortsetzung der Analyse bei einem anderen Analytiker. Erich Fromm und Frieda Reichmann heirateten ohne jüdisches Ritual am 16. Juni 1926 – am Hochzeitstag von Fromms Eltern. Ehe das »Therapeutikum« aufgelöst wurde, kam es allerdings noch zu einer gewichtigen Entscheidung: Beide »gingen am Pesachfest in einen Park in Heidelberg und aßen [gesäuertes] Brot«, so schildert es Frieda Fromm-Reichmann (vgl. Funk 1999, S. 61). Sie entschieden sich damit für die Psychoanalyse und gegen die rituellen Gebote des Judentums. Die Verbindung von analytischer Therapie und jüdisch-orthodoxer Lebenspraxis war bei beiden durch den aufklärerischen Geist der Psychoanalyse zersetzt worden.

Spätestens 1926 stand für Erich Fromm fest, dass er Psychoanalytiker werden wollte, also setzte er seine Psychoanalyse zum Zweck der Ausbildung zunächst bei Wilhelm Wittenberg in München, dann bei Karl Landauer in Frankfurt und schließlich bei Hanns Sachs in Berlin fort. 1930 wurde er außerordentliches Mitglied der *Deutschen Psychoanalytischen Gesellschaft* und eröffnete in Berlin eine eigene Praxis.

In der Psychoanalyse wurde damals neben der Traumanalyse vor allem die von Freud empfohlene »Technik« der freien Assoziation mit der Couch als Arbeitsinstrument in weitgehender Abstinenzhaltung praktiziert – d.h. der Therapeut gab von sich selbst wenig preis; er beschränkte sich auf die Interpretation des vom Analysanden angebotenen »Materials« und die Arbeit am »Widerstand«. Fromm empfand dies als wenig förderlich, zumal häufig auch der Blickkontakt während der Analysestunde vermieden wurde. Zu seinen Lehranalytikern entstand keine intensivere Beziehung und auch am Berliner Ausbildungsinstitut ergaben sich – außer zu Karen Horney – keine engeren persönlichen Kontakte, obwohl er dort mit Dozenten wie Siegfried Bernfeld, Otto Fenichel und

Wilhelm Reich zusammentraf, die wie er selbst an »linker« Gesellschaftstheorie interessiert waren. Die wichtigsten Anregungen zur Revision der »orthodoxen« psychoanalytischen Behandlungsmethode empfing Fromm dagegen von zwei Analytikern, die er außerhalb seiner psychoanalytischen Ausbildung kennen gelernt hatte: von Georg Groddeck und Sándor Ferenczi.

Georg Groddeck war, wie bereits erwähnt, ärztlicher Leiter des Sanatoriums »Marienhöhe« in Baden-Baden und Sándor Ferenczi kam bis zu seinem frühen Tod 1933 jedes Jahr dorthin zur Behandlung. Beide vertraten ein mehr annehmendes, aktiv auf den Patienten eingehendes Verständnis von Psychoanalyse. Frieda Fromm-Reichmann, die mit Groddeck schon länger bekannt war, vermittelte den Kontakt zur *Südwestdeutschen Arbeitsgemeinschaft für Psychoanalyse*, der auch Erich Fromm angehörte, und so ergab sich für ihn wiederholt Gelegenheit, mit Groddeck und Ferenczi zusammenzutreffen. Ein Beleg hierfür findet sich in einem Brief Ferenczis, der am 19. August 1927 aus Baden-Baden an Freud schreibt, er erwarte

»[...] für nächsten Sonntag den angesagten Besuch der ›Südwestdeutschen‹ (Landauer, Happel, vielleicht Meng, Herr und Frau Dr. Fromm-Reichmann). Mit mir und Groddeck zusammen wird es eine ganz stattliche Zahl werden. – Frau Dr. Fromm-Reichmann kommt von Heidelberg wöchentlich einmal zu mir herüber. Sie ist eine kluge, analytisch äußerst begabte Person.« (Freud/Ferenczi 2005, S. 160.)

Vor allem die Art, wie Groddeck die Leiden der Patienten psychosomatisch verstand und behandelte, machte auf Erich Fromm einen tiefen Eindruck. Hinzu kamen die Gespräche mit Ferenczi, dessen Überzeugung, dass »ohne Sympathie keine Heilung« (Ferenczi 1999, S. 265) möglich sei, Fromm teilte. Er empfand Ferenczi als »gütig« und »voll produktiver Phantasie« (Fromm 1935, S. 131) und verteidigte ihn auch später gegen alle Anfeindungen der Freudschen Orthodoxie. In einem Interview aus den späten 70er Jahren äußerte er sich folgendermaßen über Groddeck und Ferenczi:

»Beide waren keine Intellektuellen. Im Unterschied zu den meisten Analytikern, die bevorzugt die Zeit mit Theoretisieren verbrachten, waren Groddeck und Ferenczi Menschen, die sich empathisch auf jene einlassen konnten, die sie verstehen wollten und die in sich selbst fühlten, was ihnen die sogenannten Patienten erzählten. Sie waren von großer Menschlichkeit. Für sie war der Patient kein Objekt, sondern ein Partner.« (Interview mit G. Khoury, zit. in: Funk 1999, S. 64.)

Für Frieda Fromm-Reichmann und Erich Fromm wurde Georg Groddeck auch persönlich als Therapeut wichtig. Als sich abzeichnete, dass die Ehe auseinander gehen würde und Fromm an Tuberkulose erkrankte, sagte ihm Groddeck auf den Kopf zu, dass seine Erkrankung zugleich Ausdruck des Wunsches und der Schwierigkeit war, sich von seiner Frau zu trennen (vgl. Funk 1999, S. 63). Nachdem Fromm dann in die Schweiz gefahren war, um seine Tuberkulose auszukurieren, half Georg Groddeck Frieda, die schwierige Zeit der Trennung zu überstehen. Auf ihre »menschliche« Art, mit Psychotikern umzugehen, hatte Groddeck großen Einfluss; sie entwickelte später in *Chestnut Lodge* in den USA ein modifiziertes analytisches Konzept für die Therapie schizophrener Patienten (vgl. Siebenhüner 2005, S. 154ff.).

Über Groddeck äußerte Fromm in den späten 70er Jahren in einem Interview:

»Er war ein Mann von einer ungeheuer direkten Einsicht in das, was er sah. Er hatte keine wissenschaftliche Sprache, weil es die Dinge, die er behandelte, auch kaum wissenschaftlich auszudrücken gibt. Er hat nicht die Spekulationen mitgemacht, die [bei den Psychoanalytikern] in Berlin üblich waren. [...] Wenn ein Mann einen dicken Bauch hatte, dann sagte er, ›der will eben schwanger sein‹. Nun, das war nicht wissenschaftlich ausgedrückt, aber wahrscheinlich viel wahrer als irgend eine Konstruktion, die die Berliner Psychoanalytiker gemacht hätten und die auf den Ödipuskomplex hinausgelaufen wäre.« (Interview mit G. Ferrari, zit. in: Funk 1983, S. 59.)

Der persönliche Eindruck, den Groddeck und Ferenczi bei Fromm hinterliessen, und die theoretischen Bedenken, die er unter dem Einfluss der Mutterrechtstheorie Bachofens gegen die in seinen Augen »patrizentrisch-autoritären« (Fromm 1935, S. 135) Tendenzen Freuds entwickelte, führten dazu, dass er die Zentralstellung des Ödipus-Komplexes in Frage zu stellen begann und nach einigen Jahren die Couch aufgab. Nach der Emigration in die USA war es vor allem die Zusammenarbeit mit Karen Horney und Harry Stack Sullivan, die Fromm dazu brachte, eine »neo-psychoanalytische« Theorie zu vertreten (vgl. Chrzanowski 1977, S. 498ff.). Eine eigene therapeutische »Schule« zu begründen, lag jedoch stets außerhalb seiner Interessen.

Einer von Fromms späteren mexikanischen Studenten, die er zu Psychoanalytikern ausbildete, schreibt über ihn:

»Schon am Anfang unserer Begegnung betonte unser Lehrer Fromm Freuds wahre Gründe, die Couch zu benützen [z.B. dass er vom Patienten nicht ›angestarrt‹ werden wollte, Einfügung H.J.]. Er bestand immer wieder darauf, daß eine Psychoanalyse von Anfang an eine nicht-entfremdete Beziehung sein muß, denn genau das ist ihr Ziel: Verdrängung und Entfremdung rückgängig zu machen. Deshalb muß sie ein bedeutungsvoller *Dialog von Angesicht zu Angesicht* sein, bei dem kein Subjekt der Dyade sich vor dem anderen verstecken muß. Wenn wir einander gegenüber sitzen, teilen wir uns sowohl verbal als auch nicht-verbal mit. Eines Tages sagte Fromm: ›Das *Hier und Jetzt der Begegnung* zwischen Patient und Analytiker ist nicht beschränkt. Wenn diese Begegnung während der analytischen Sitzung stattfindet und wenn die beiden miteinander sprechen, gibt es in der ganzen Welt nichts Wichtigeres als ihr Gespräch – und zwar ebenso für den Patienten wie für den Analytiker.‹« (Silva García 1992, S. 15, Hervorhebung H.J.)

Aus dieser Schilderung wird deutlich, dass einige Interaktionspostulate der Humanistischen Psychologie – vor allem dass ein Dialog auf Augenhöhe zwischen »*Ich und Du im Hier und Jetzt*« (Friedman 1987, S. 137, Hervorhebung H.J.) stattfinden soll – bereits bei Fromm in die therapeutische Praxis umgesetzt wurden, auch wenn er an den Treffen der *American Academy of Psychotherapists* in den 60er Jahren des vorigen Jahrhunderts, bei denen die wichtigsten Vertreter der Humanistischen Psychologie und Therapie zusammenkamen, selbst nicht teilnahm.

Mitarbeit am »Institut für Sozialforschung«: Psychoanalyse als kritische Sozialpsychologie

Von 1929 bis 1939 war Fromm Mitarbeiter am *Institut für Sozialforschung,* das bis 1933 in Frankfurt am Main, danach kurzzeitig in Genf und ab 1934 in New York und später in Los Angeles seinen Sitz hatte. Da Max Horkheimer, seit 1930 Direktor des Instituts, sowie sämtliche Mitarbeiter Juden waren, die dem Marxismus nahestanden, war das Institut zur Emigration aus Deutschland gezwungen; wegen »staatsfeindlicher Bestrebungen« wurde es im Juli 1933 aufgelöst (vgl. die Verfügung des Berliner Geheimen Staatspolizeiamts, in: Horkheimer 1995a, S. 112).

Das *Institut für Sozialforschung* hatte sich zum Ziel gesetzt, den »Zusammenhang zwischen dem wirtschaftlichen Leben der Gesellschaft, der psychischen Entwicklung der Individuen und den Veränderungen auf den Kulturgebieten« (Horkheimer 1931, S. 43) im Sinne eines »interdisziplinären Materialismus« (Bonß/Schindler 1982, S. 45) empirisch-theoretisch zu untersuchen. Als die am besten geeignete Art von Psychologie erschien Horkheimer die *Psychoanalyse*, die er zu Beginn seiner Lehrtätigkeit bei Karl Landauer in Frankfurt kennen gelernt hatte; er hatte sich eine Zeitlang analysieren lassen, um seine Hemmungen beim freien Vortrag zu verringern. Als Vertreter der Psychoanalyse im interdisziplinären Konzept des Instituts wurde Erich Fromm von Horkheimer unter Vertrag genommen. Fromm war ihm von Karl Landauer empfohlen worden, nachdem bereits Leo Löwenthal erste Kontakte vermittelt hatte.

Erich Fromm war für diese neue Aufgabe bestens qualifiziert, da er nicht nur psychoanalytisch, sondern auch soziologisch ausgebildet war; außerdem hatte er 1929 das von Karl Landauer geleitete *Frankfurter Psychoanalytische Institut* mitbegründet, das eng mit dem *Institut für Sozialforschung* verbunden war. So wurde er für Horkheimer »der einzige ihn theoretisch anregende« und für »lange Zeit der theoretisch wichtigste« Mitarbeiter des Instituts (Wiggershaus 1986, S. 179, 304). Zu konstatieren ist allerdings, dass Fromm zu den Diskussionen im Kreis um Horkheimer nicht nur von seiner Seite Gewichtiges beitrug, sondern dass er in diesem Kreis auch neue Anregungen empfing. Vor allem erweiterte er seine historischen und ökonomischen Kenntnisse. Neben der ökonomischen Geschichtsauffassung des Historischen Materialismus, die sozusagen die Basisthorie des Horkheimer-Kreises bildete, wenn auch ein Marxismus, wie ihn Lukács in *Geschichte und Klassenbewusstsein* (1923) vertrat, etlichen Mitarbeitern näher stand, »entdeckte« Fromm in jenen Jahren Bachofens Schrift über *Das Mutterrecht* (1861), die ihm dazu diente, die »patrizentrische Struktur« (Fromm 1934, S. 108) der Gesellschaft, in der Freud seine Theorie vom Ödipuskomplex entwickelt hatte, in Frage zu stellen. Vor allem aber ist Fromms Konzept einer *Analytischen Sozialpsychologie*, das er in seinem programmatischen ersten Beitrag in der *Zeitschrift für Sozialforschung* entwickelte (Fromm 1932, S. 37ff.), nicht ohne die Zusammenarbeit im engeren Kreis um Horkheimer zu denken, in dem neben Löwenthal auch Pollock und Marcuse eine zentrale Rolle spielten, Adorno dagegen noch nicht.[5]

5 Eine Groborientierung über den weiteren Kreis der Mitarbeiter, die zur frühen »Kritischen Theorie« gehörten, vermitteln v.Reijen/Schmid Noerr 1988. Zum engeren Kreis zählt Wiggershaus (1986, S. 55ff.) mit Recht dagegen nur fünf Mitglieder: Horkheimer, Fromm, Pollock, Löwenthal, Wiesengrund-Adorno und Marcuse. Dabei ist zu beachten, dass Adorno anfänglich keineswegs die Position einnahm, die er während der 50er und 60er Jahre des vergangenen Jahrhunderts neben Horkheimer innehatte. Zwar war er schon im ersten, programmatischen Heft der *Zeitschrift für Sozialforschung* (1932), das noch in Deutschland erscheinen konnte, mit einem Aufsatz vertreten (»Zur gesellschaftlichen Lage der Musik«); er stieß jedoch erst 1938 zum Kernkreis des Instituts in New York (bzw. später Los Angeles), nachdem er sich zuvor in Oxford aufgehalten hatte. Im Briefwechsel mit Horkheimer ist gut zu verfolgen, wie er Fromms Positi-

In seinem programmatischen Aufsatz von 1932 definiert Fromm die intendierte Synthese von Psychoanalyse und Historischem Materialismus in der *Analytischen Sozialpsychologie* folgendermaßen:

»Die Psychoanalyse [...] fragt nach den den Mitgliedern einer Gruppe gemeinsamen seelischen Zügen, und sie versucht, diese gemeinsamen seelischen Haltungen aus gemeinsamen Lebensschicksalen zu erklären. [...] Analytische Sozialpsychologie heißt also: die *Triebstruktur*, die libidinöse, zum großen Teil unbewußte Haltung einer Gruppe aus ihrer *sozial-ökonomischen Struktur* heraus zu verstehen.« (Fromm 1932, S. 42, Hervorhebung H.J.)

Fromm spricht hier noch von »Triebstruktur« und »libidinöser Haltung«, d.h. er benutzt die Terminologie der Freudschen Trieb- und Libidotheorie, was er einige Jahre später unter dem Einfluss der »interpersonalen Theorie« Harry Stack Sullivans[6] aufgibt. Fromm lernte Sullivan einige Zeit nach der Emigration über Frieda Fromm-Reichmann, die seit 1931 von ihm getrennt lebte, ihm aber weiterhin freundschaftlich verbunden blieb, und Clara Thompson kennen. Auf Sullivans Einladung hin erhielt er eine Professur für Sozialpsychologie an der *Washington School of Psychiatry,* die er noch während seiner Zugehörigkeit zum *Institut für Sozialforschung*, das an der Columbia University in New York angesiedelt war, antrat. Clara Thompson hatte sich einer Analyse bei Ferenczi unterzogen und so ergab sich auch im »neuen« Umfeld der USA eine Kontinuität zur Weiterentwicklung der Psychoanalyse in Europa (vgl. Funk 1999, S. 106f.).

In einem lange verschollenen, erst 1991 von Rainer Funk im Nachlass Fromms in der *New York Public Library* aufgefundenen »grundsätzlichen Aufsatz« formulierte Erich Fromm im Jahr 1937 seine Abweichung von der Freudschen Triebtheorie, indem er die Psychoanalyse in den Kontext einer anders gearteten, nicht von physiologischen Bedürfnissen des Einzelnen ausgehenden Anthropologie stellt:

on etwa ab 1935 (nach Erscheinen von Fromms Aufsatz über »Die gesellschaftliche Bedingtheit der psychoanalytischen Therapie«) zu unterminieren trachtete – was ihm schließlich auch gelang.

6 Harry S. Sullivan (1892-1949) widmete sich nach dem Medizinstudium der Psychoanalyse und begründete 1936 die *Washington School of Psychiatry*, deren »Ableger« in New York sich später in *William Alanson White Institute* umbenannte. Seine »interpersonale« Theorie hatte großen Einfluss auf die Weiterentwicklung der Psychoanalyse in den USA (vgl. Chrzanowski 1977, S. 485ff.).

»Der *Lebensprozeß*, in den die physiologischen Bedürfnisse als ein Moment eingehen, *nicht die Physiologie*, bildet die materielle Basis, aus der die psychische Struktur des Menschen verstanden werden muß. [...]
Die *Verschiedenheit der Produktions- und Lebensweise* der verschiedenen Gesellschaften beziehungsweise Klassen führt zur Herausbildung verschiedener, für diese Gesellschaft typischer Charakterstrukturen. Die einzelnen Gesellschaften unterscheiden sich nicht nur durch die Verschiedenheit in der Produktionsweise und ihrer sozialen und politischen Organisation, sondern auch dadurch, daß ihre Menschen bei allen individuellen Unterschieden eine typische Charakterstruktur aufweisen. Wir wollen diese den ›*sozial typischen Charakter*‹ nennen.« (Fromm 1937, S. 154, 163; Hervorhebung H.J.)

Fromms »grundsätzlicher Aufsatz«, der ursprünglich zur Veröffentlichung in der *Zeitschrift für Sozialforschung* vorgesehen war, fiel in der Besprechung mit den Institutskollegen durch und verschwand danach unter Fromms Papieren. Die darin ausgesprochene Kritik an Freud und der Libidotheorie begründete einen tiefgreifenden Dissens zwischen Fromm und den übrigen Institutsmitgliedern, die Fromm vorwarfen, seine Preisgabe der Libidotheorie führe zu einer »Schwächung der psychoanalytischen Konzeption« und zu einer »Verminderung der sozialen Substanz der Psychoanalyse« (Marcuse 1969, S. 239), indem sie eine unkritische Anpassung des Individuums an die Gesellschaft impliziere.

Nach Adorno und Marcuse, die in ihren späteren Veröffentlichungen den »Revisionismus« Fromms attackieren, bildet die menschliche Triebstruktur, vor allem die Sexualität mit ihrer »polymorph-perversen Veranlagung« (Freud 1905, S. 97), ein widerständiges Potential gegen den gesellschaftlichen Anpassungszwang. Sie halten Freuds Sexual- und Libidotheorie – egal ob empirisch zutreffend oder nicht – aus theoretischen Gründen für unverzichtbar, da sie einen Eckpfeiler ihrer Argumentation für die Unversöhnbarkeit zwischen den Glücksansprüchen des Individuums und der »abscheulichen Ordnung« (Adorno 1964, S. 74) der vom Tauschprinzip beherrschten Gesellschaft bildet. Fromm hingegen gibt die Libidotheorie auf, weil sie mit den *Erfahrungen der Analyse* nicht übereinstimmt.[7] Seine Kritik an Freuds Libidotheorie hindert ihn jedoch nicht daran, weiterhin den Einfluss der sozio-ökonomischen Struktur der Gesellschaft auf die *Charakterbildung* zu untersuchen, d.h. sein Interesse an der Zusammenführung von Psychoanalyse und ökonomischer Ge-

---

7 Seine diesbezügliche Kritik exemplifiziert Fromm u.a. am von Freud behaupteten Zusammenhang zwischen Sparsamkeit und frühkindlicher Stuhlentleerung beim sog. »analen Charakter« (vgl. Fromm 1937, S. 147ff.).

schichtsauffassung zu verfolgen und dabei eine kritische, vom Marxismus beinflusste Haltung einzunehmen. Die meisten Varianten des Sozialcharakters, die er in seinen späteren Schriften beschreibt, vor allem die *Marketing-Orientierung* sowie die gesellschaftlich erzeugten *narzißtischen* und *nekrophilen* Tendenzen, beurteilt er als negativ und destruktiv. Die positiven Charakterorientierungen, die er dagegen setzt – »produktive Liebe und produktives Denken« (Fromm 1947, S. 71) bzw. »Sein« anstelle von »Haben« (Fromm 1976, S. 333ff.) – bilden für ihn eher die Ausnahme als die Regel. Es ist daher völlig verfehlt, wenn Fromm aus Sicht der Frankfurter Schule vorgeworfen wird, er vertrete eine Ideologie der Anpassung.

Adorno hat bekanntlich in den *Minima moralia* den aperçuhaft zugespitzten Satz geäußert: »Es gibt kein richtiges Leben im falschen« (Adorno 1964, S. 42), und Herbert Marcuse hat in seiner Kontroverse mit Fromm in den 50er Jahren ebenfalls den hier bestehenden Gegensatz hervorgehoben:

»Er [Fromm] spricht von der produktiven Verwirklichung der Persönlichkeit, von Fürsorge, Verantwortung und Respekt vor den Mitmenschen, von produktiver Liebe und Glück – als könnte der Mensch tatsächlich all das in einer Gesellschaft ausüben, die Fromm selbst als völlig ›entfremdet‹ und von den Konsum-Beziehungen des ›Markts‹ beherrscht darstellt – und dabei geistig gesund und voller ›Wohlgefühl‹ bleiben.« (Marcuse 1969, S. 254.)

Bei Adorno und Marcuse wird jedoch ein Schwarz-Weiß-Gegensatz behauptet, wo in der Realität Zwischentöne vorherrschen und dynamische Verschiebungen möglich sind. Die Psychoanalyse soll ja – hier ist Fromm mit Freud einer Meinung – Einsicht in unbewusste Strebungen und Motive verschaffen *und* zugleich – hier geht Fromm über Freud hinaus – hinterfragen, was gesellschaftlich als »normal« gilt, um den Einzelnen in die Lage zu versetzen, sich den herrschenden Trends zu verweigern und eine andere Lebenspraxis zu beginnen. Dies geschieht nicht durch einen einmaligen Akt, sondern erfordert beständige Selbstüberprüfung und innere wie äußere Auseinandersetzung, gerade wenn es darum geht, die »Pathologie der Normalität« (Fromm 1955, S. 12ff.) zu durchbrechen. Fromm schätzt allerdings die Chance, dass dies gelingen kann, wesentlich höher ein als seine ehemaligen Kollegen vom *Institut für Sozialforschung*, deren Position letztlich – zumindest gilt das für Adorno – in Negativismus endet[8]. Dass Fromm ein positiveres, »huma-

8 Hierzu als Beleg ein Zitat Adornos, in dem er die *Psychoanalyse* kommentiert: »Wie die Leute durchweg zu wenig Hemmungen haben und nicht zu

nistisches« Menschenbild hat und die Möglichkeiten zur Veränderung optimistischer sieht, hängt wohl letztlich damit zusammen, dass Einflüsse des Judentums und damit auch des Messianismus bei ihm nachhaltigere Spuren hinterließen als bei den übrigen Emigranten der frühen Frankfurter Schule.

Fromm beendete im Jahr 1939 seine Mitarbeit im *Institut für Sozialforschung*, wofür einerseits die geschilderten theoretischen Differenzen, andererseits persönliche Antipathie zwischen ihm und Adorno, die sich »einfach überhaupt nicht leiden konnten« (Hardeck 2005, S. 57), maßgebend waren. Aus dem Briefwechsel mit Max Horkheimer (1995b, S. 654ff.) sind die näheren Umstände, unter denen die Zusammenarbeit endete, ersichtlich. Danach erhielt Erich Fromm infolge eines finanziellen Engpasses, der auch andere Mitarbeiter betraf, ab Oktober 1939 kein Gehalt mehr und schied mit einer Abfindung, über deren Höhe gestritten wurde, aus dem *Institut für Sozialforschung* aus. Dies bedeutete auch das Ende der Freundschaft mit Leo Löwenthal, der der Mehrheit der Institutsmitglieder folgte und Fromms »positive« Wendung zu einem humanistischen Menschenbild nicht mitmachen wollte. Über der Entfremdung von den Weggenossen der 30er Jahre sollte man jedoch nicht vergessen, dass Fromms Psychoanalyse des »Gesellschafts-Charakters«, die auch im Zentrum seines späteren Werkes steht, ihre Wurzeln in der interdisziplinären Zusammenarbeit am *Institut für Sozialforschung* hat und in ihrer Intention stets »kritische Theorie« geblieben ist (vgl. Bierhoff 1993, S. 44f.). Fromm kritisierte allerdings die Terminologie Horkheimers, weil letzterer schon von Anfang an nicht den Mut besessen habe, von der »Marxschen Theorie« zu sprechen, und weil er die verschleiernde Redeweise nach der Rückkehr nach Deutschland beibehielt.[9]

---

viele, ohne doch darum ein Gran gesünder zu sein, so müßte eine kathartische Methode, die nicht an der gelungenen Anpassung und dem ökonomischen Erfolg ihr Maß findet, darauf ausgehen, die Menschen zum *Bewußtsein des Unglücks, des allgemeinen und des davon unablösbaren eigenen*, zu bringen und ihnen die Scheinbefriedigungen zu nehmen, kraft derer in ihnen die abscheuliche Ordnung nochmals am Leben erhält« (Adorno 1964, S. 74, Hervorhebung H.J.). Sosehr Fromm dem ersten Teil des Satzes zustimmen würde, so wäre doch das »Bewußtsein des Unglücks« für ihn kein Therapieziel.

9 »Horkheimer wird jetzt als Schöpfer der Kritischen Theorie bezeichnet, und man schreibt über die Kritische Theorie, als wenn sie ein neues, von Horkheimer entdecktes Konzept wäre. Soweit ich weiß, ist die ganze Sache ein Witz, weil Horkheimer Angst davor hatte, von der Marxschen Theorie zu sprechen. Er benutzte allgemein die Aesopische Sprache und

Humanistische Psychoanalyse – Fromm als Therapeut

In den nach der Emigration in die USA veröffentlichten Schriften – u.a. *Escape from Freedom* (1941), *Man for Himself* (1947) und *The Sane Society* (1955) – entwickelt Fromm die Analytische Sozialpsychologie über den am *Institut für Sozialforschung* gewonnenen Ansatz hinaus weiter, indem er zum einen die psychoanalytischen Erkenntnisse von der Bedeutung der ersten Lebensjahre für die Genese von Charakterorientierungen und neurotischen Deformationen der Persönlichkeit *beziehungstheoretisch* reformuliert, zum andern eine konsequent *historische*, die Veränderungen im Bereich des »ökonomischen und gesellschaftlichen Systems« (Fromm 1941, S. 383) berücksichtigende Perspektive einnimmt. Neu gegenüber dem frühen Ansatz ist, dass Fromm nun ausdrücklich erklärt, die Psychologie könne »weder von der Philosophie und der *Ethik* noch von der Soziologie und den *Wirtschaftswissenschaften* getrennt werden« (Fromm 1947, S. 4, Hervorhebung H.J.). Während sozialwissenschaftliche Erkenntnisse über veränderte sozio-ökonomische Verhältnisse die Grundlage darstellen, mit deren Hilfe das Dominantwerden neuartiger Charakterzüge, wie z.B. der »Marketing-Orientierung« (a.a.O., S. 47ff.), erklärt werden kann, bildet die »humanistische Ethik« (a.a.O., S. 10ff.) die Basis für die unterschiedliche Bewertung der gesellschaftlich bedingten Charakterstrukturen als »produktiv« bzw. »nicht-produktiv«; sie ist die Grundlage für Fromms Gesellschaftskritik, die bis zu *Haben oder Sein* (1976) sein Werk durchzieht.

Fromms Auffassung von »Humanismus«, für die er Anleihen sowohl bei der antiken Philosophie als auch bei Teilen der hebräischen Bibel, beim Humanismus der Renaissance und bei der Bewegung der Aufklärung von Spinoza bis zum frühen Marx macht, lässt sich auf vier Grundprinzipien zurückführen, die er folgendermaßen charakterisiert:

»Sie [die Auffassung von ›Humanismus‹] ist erstens gekennzeichnet durch den Glauben an die *Einheit der Menschheit*, durch den Glauben, daß es nichts Menschliches gibt, das nicht in jedem von uns zu finden wäre; zweitens durch die Betonung der *Würde des Menschen*; drittens durch die Betonung der Fähigkeit des Menschen, sich weiterzuentwickeln und *zu vervollkommnen*;

sprach von der Kritischen Theorie, um nicht Marxsche Theorie zu sagen. Ich glaube, daß dies alles ist, was hinter dieser Entdeckung der Kritischen Theorie durch Horkheimer und Adorno steckt.« (Fromm in einem Brief vom 25. Nov. 1976, in: Dunayewskaya 1987, S. 56.)

schließlich durch die Betonung von *Vernunft, Objektivität und Frieden.*« (Fromm 1966b, S. 19, Hervorhebung H.J.)

Man könnte noch weitere Merkmale hinzufügen, wie z.B. die Befähigung zu Liebe und Glück und vor allem das Prinzip der *Selbstbestimmung*, das zahlreichen bei Fromm gebräuchlichen Unterscheidungen, wie z.B. zwischen autoritärem und »humanistischem« Gewissen, autoritärer und »humanistischer« Religion, entfremdetem und »menschlichem« Konsum (vgl. Fromm 1955, S. 232), zu Grunde liegt. Da eine ausführliche Darstellung von Fromms Humanismusbegriff den Rahmen dieses biographischen Portraits sprengen würde, mögen die gegebenen Bestimmungen vorerst genügen.

Im Kontext unserer Fragestellung nach der Beziehung zwischen *Psychoanalyse und »Humanismus«*, die in dieser Form (sieht man von literarischen Äußerungen wie z.B. beim eingangs zitierten Thomas Mann einmal ab) explizit erstmals bei Erich Fromm auftaucht, ist es sinnvoll zu untersuchen, wie sich sein durch das Beispiel von Groddeck und Ferenczi angeregter, durch Rekurs auf die biblische und philosophische Tradition mit Inhalt gefüllter Humanismusbegriff auf die *Therapie* auswirkt. Dass ein solcher Zusammenhang tatsächlich besteht, gilt unter den Fromm-Interpreten keineswegs als selbstverständlich. So äußert z.B. Josef Rattner in seinem Standardwerk *Klassiker der Tiefenpsychologie* (1990) den Verdacht, dass Fromm »nicht mit seinem ganzen Herzen Therapeut« gewesen sei. Er habe vielmehr diesen Beruf ausgeübt, um »eine empirische Basis für seine spekulativen Neigungen zu haben« (Rattner 1990, S. 373). Nach Rattners Lesart hätte es sich so verhalten, dass das Interesse an philosophisch-utopischer Gesellschaftskritik und die aus dem Judentum abgeleitete »humanistische Bibellektüre« für Fromm weit wichtiger gewesen wären als die therapeutische Qualifikation. Aus dem »jungen Neurotiker«, wie Fromm sich selbst empfunden habe, sei vermutlich ein »alter und erwachsener Neurotiker« mit »überdurchschnittlichen Kontakt- und Beziehungsschwierigkeiten« (a.a.O., S. 374) geworden. Deshalb habe er nie genau beschrieben, was er als Therapeut eigentlich tue, und sich stattdessen in eine »religiös verschleierte Botschaft« (ebd.) von allgemeiner Menschenliebe und Sozialromantik geflüchtet.

Nach allem, was Menschen berichten, die mit Fromm in therapeutischem Kontext zu tun hatten, kann diese Art, zwischen seine therapeutische Qualifikation und seine spekulativen Neigungen einen Keil zu treiben und ihm das Recht auf einen menschlichen Reifungsprozess abzusprechen, nur als abwegig bezeichnet werden. Ein gewisser Anhaltspunkt für das Verkennen der therapeutischen Seite Fromms ergibt sich allenfalls daraus, dass er zu Lebzeiten über seine Vorgehensweise in der Therapie kaum etwas veröffentlicht hat. Dieser Mangel ist jedoch inzwischen durch die in Bd. XII der Gesamtausgabe erschienenen Nachlass-Manuskripte,[10] die größtenteils auf Vorträge und Seminare mit analytisch gebildeten Zuhörern und Ausbildungskandidaten zurückgehen, und einen von Rainer Funk herausgegebenen Sammelband mit Schilderungen ehemaliger Schülerinnen und Schüler, die sich bei Fromm in Analyse befanden bzw. während ihrer therapeutischen Ausbildung von ihm supervidiert wurden (Funk 2009), weitgehend behoben. Fromm war gewiss *mit ganzem Herzen Therapeut* – sieht man von den ersten Jahren nach Abschluss seiner analytischen Ausbildung, in denen er die Psychoanalyse nach »orthodoxer« Manier betrieb, was ihm nicht »lag«, einmal ab.

Von den meisten, die Fromm als Therapeuten oder Supervisor erlebt haben, wird seine *Fähigkeit zu direktem Kontakt* hervorgehoben. Die therapeutische Beziehung soll eine »face-to-face«-Beziehung sein, die es ermöglicht, den Patienten »so konkret wie möglich anzusprechen« (Schecter 2009, S. 102). Außer der Stimme war *das Auge* für ihn ein wichtiges Kontaktorgan. Ruth Lesser, die zwischen 1964 und 1968 von ihm supervidiert wurde, schreibt über die besondere Art von Fromms Blickkontakt:

»Seine Augen waren ungeheuer ausdrucksstark. Manchmal schienen sie durchdringend zu sein und spiegelten seinen Wunsch wider, jeden Schwindel oder jede Ausflucht zu unterbinden. Dann aber konnten sie auch schelmisch und humorvoll funkeln. Schließlich konnten sie auch eine tief empfundene Wärme und Zärtlichkeit mitteilen.« (Lesser 2009, S. 120.)

Als ein weiteres Merkmal von Fromms Art des Kontakts wird seine *Präsenz* hervorgehoben. Er war »immer ganz gegenwärtig« (Feiner 2009, S. 157), was besagt, dass er sich auf den jweiligen Dialogpartner, auf den Inhalt des Gesagten und auf seine eigenen Reaktionen gleichermaßen konzentrierte und offen aussprach, was er dabei empfand, wobei er mit einem »Schauen Sie...« (ebd.) seine Bemerkungen zu dem, was ihm aufgefallen war, einzuleiten pflegte. In dem was er sagte, konnte er *sehr direkt* sein, was von manchen als ein Zeichen für mangelnde Sensi-

10 Zu erwähnen sind v.a. die Vorträge über »Das Unbewußte und die psychoanalytische Praxis« (1959b) sowie über »Wirkfaktoren der psychoanalytischen Behandlung« (1964b) und der umfangreiche Seminarbericht über »Therapeutische Aspekte der Psychoanalyse« (1974), abgedruckt in: GA XII, S. 201ff.

bilität und gelegentlich als verletzend ausgelegt wurde; letzteres bezieht sich vor allem auf den Fromm der 40er bis 60er Jahre. Seine Direktheit war ein »Mittel, um einen Menschen zu berühren, ohne mit ihm körperlichen Kontakt zu haben« (Davis 2009, S. 114). Fromm war der Meinung, dass man »niemanden vor dem schützen sollte, was er zu hören bekommen musste« (a.a.O., S. 112). Damit sprach er nicht die Schwäche, sondern die Energie des Anderen an; der Patient sollte sich nämlich »wachgerüttelt fühlen, aber nicht am Boden zerstört« (ebd.).

Als eine besondere Stärke Fromms erschien seine Fähigkeit, die »entscheidenden Strebungen und Probleme eines Patienten relativ schnell zu erkennen« (Schecter 2009, S. 101). Dabei ging es ihm nicht sosehr um die Ätiologie und die Förderung der Regression, sondern um die aktuell erkennbaren Aspekte der Persönlichkeit, insbesondere diejenigen, die dem anderen nicht bewusst waren oder die er nicht wahrhaben wollte. Dementsprechend suchte er die Anteile von Übertragung und Gegenübertragung möglichst gering zu halten. Er sprach im Anderen den *Erwachsenen* an und konnte auch »bei jemandem, der schwer Schaden genommen hatte, die Wachstumsmöglichkeiten sehen« (Davis 2009, S. 115).

Fromms »humanistische« Annahmen über den Menschen zeichnen sich dadurch aus, dass sie nicht abstrakte Aussagen bleiben, sondern in die therapeutische Beziehung hineingenommen werden, indem sie eine innere Orientierung für den Therapeuten bilden und als Leitziele für den therapeutischen Prozess dienen. So wendet Fromm den »humanistischen« Satz des Terenz, dass »nichts Menschliches mir fremd ist« (»humani nihil a me alienum puto«, vgl. Fromm 1968, S. 304) auf den therapeutischen Prozess in einer Weise an, die an Ferenczis »mutuelle Analyse« (Ferenczi 1999, S. 85ff.) erinnert. Je intensiver der Analytiker durch die Beziehung zum Analysanden mit seinem *eigenen Unbewussten* in Kontakt kommt, desto offener wird er dafür zu erkennen, dass alles, was ihm vom Analysanden an positiven und problematischen Seiten des Menschseins entgegen kommt, sich auch in der eigenen Seele abspielt. Umso eher ist er aber auch in der Lage, die tieferen Hintergründe des Sprechens und Verhaltens, der Motive und Ängste des Analysanden zu verstehen und aus diesem vertieften Verständnis heraus ein »Bezogensein aus der Mitte (*central relatedness*)« (Fromm 1959b, S. 222) zu entwickeln. Ein solches zentrales Bezogensein lässt das Urteilen über den Anderen hinter sich, es vermittelt ihm ein tiefes »Gefühl der Solidarität« (a.a.O., S. 224) und setzt bei ihm neue Möglichkeiten des Verhaltens frei, die er infolge seiner neurotisch eingeengten Persönlichkeit bisher nicht entdecken und praktizieren konnte.

Diese Art von »central relatedness« war nicht nur in Fromms Umgang mit Analysanden und in seiner supervisorischen Tätigkeit bei Ausbildungskandidaten spürbar, sie erstreckte sich auch auf sonstige zwischenmenschliche Kontakte, die ihm wichtig waren. Im Alter war sie ihm sozusagen zur »zweiten Natur« geworden. Rainer Funk, der von 1973 bis 1980 Fromms Assistent in Locarno war und von ihm zum literarischen Nachlaßverwalter bestellt wurde, schreibt aus der Erfahrung zu Beginn des persönlichen Kontakts:

»Fromms ganzes Interesse zielte [...] darauf, mit den inneren Strebungen und Gefühlen in Kontakt zu kommen und sie nicht als Hemmschuhe, sondern als Energieträger zu verstehen. [...] So direkt und schonungslos er mit meiner Seele in Kontakt trat, so fühlte ich mich dennoch nicht in die Enge getrieben, beurteilt, demaskiert oder bloßgestellt. Ich spürte, dass er in einer wohltuenden Weise, verständnisvoll und warmherzig mit mir umging und dass ich weder das Bedürfnis hatte, mich zu rechtfertigen, noch mich verstecken zu müssen. Er war ganz auf mich bezogen und ließ mich mit seinem Interesse an dem, was mich bewegte, spüren, dass man vor sich und seiner Innenwelt keine Angst haben muss. Es kam mit jedem Wort und Blick von ihm immer auch etwas Solidarisches herüber.« (Funk 2007, S. 10f.)

Fromm ist der Überzeugung, dass im therapeutischen Prozess die *reale Beziehung* zwischen Therapeut und Patient eine wichtigere Rolle spielt als Übertragung und Gegenübertragung. Der Patient muss in der Analyse spüren: »Dies hier ist eine Welt, in der *zwei Menschen aus ihrer Mitte heraus aufeinander bezogen sind* und sich aufeinander einlassen.« (Fromm 1959b, S. 233, Hervorhebung H.J.) Fromm tut damit einen großen Schritt über das klassische Abstinenzprinzip hinaus, ohne jedoch grundsätzlich den analytischen Bezugsrahmen zu verlassen. Er spricht ferner von einem »Zuwachs an Freiheit« (Fromm 1974, S. 293) und psychischem »Wachstum« (a.a.O., S. 279), von »ganzheitlichem Erleben« und »ganzheitlichem Kontakt« (Fromm 1959b, S. 218, 233). Wenn es hiernach so scheint, als ob Fromm voll auf der Linie der Humanistischen Psychologie liege, so ist doch zu konstatieren, dass er sich konsequent bis zum Lebensende als *Psychoanalytiker* verstanden hat. Das entscheidende Kriterium ist sein Festhalten am Konzept des *Unbewussten*, das für ihn im Mittelpunkt der therapeutischen Beziehung und des therapeutischen Prozesses steht. So beruft sich Fromm bei aller sonstigen Kritik in diesem Punkt auf Freud:

»Hinsichtlich der Frage, was eine analytische Behandlung ist, stimme ich mit der allen Psychoanalytikern gemeinsamen Überzeugung überein, daß nach Freud *die Psychoanalyse als eine Methode definiert werden kann, die die un-*

bewußte Wirklichkeit eines Menschen aufzudecken versucht und die annimmt, daß ein Mensch bei diesem Aufdeckungsprozeß die Chance hat, daß es ihm besser geht.« (Fromm 1964b, S. 241.)

Im übrigen hat Fromm die Entwicklung der Psychoanalyse, wie sie sich außerhalb seiner eigenen Auslegung und »Anwendung« vollzog, immer im Blick behalten und sie lebenslang mit kritischen Kommentaren begleitet. So fasste er im Jahr 1970, nachdem er in der sogenannten »Ich-Psychologie« einen »Rückzug vom Wesensgehalt der Psychoanalyse« (Fromm 1970, S. 69) diagnostiziert hatte, seine eigene Auffassung folgendermaßen zusammen:

»Abschließend sei gesagt, daß die kreative Erneuerung der Psychoanalyse nur möglich ist, wenn sie den positivistischen Konformismus überwindet und wieder zu einer kritischen, herausfordernden Theorie im Sinne eines *radikalen Humanismus* wird. Diese revidierte Psychoanalyse wird dann fortfahren, noch tiefer in die Unterwelt des Unbewußten hinabzusteigen, sie wird allen gesellschaftlichen Umständen, die den Menschen entstellen und deformieren, mit Kritik begegnen, und sie wird sich den Prozessen zuwenden, die zur *Anpassung der Gesellschaft an die Bedürfnisse der Menschen* führen können, anstatt zur Anpassung des Menschen an die Gesellschaft. Sie wird die psychischen Phänomene studieren, die die *Pathologie der gegenwärtigen Gesellschaft* ausmachen: Entfremdung, Angst, Vereinsamung, die Furcht vor tiefen Empfindungen, den Mangel an Tätigsein, den Mangel an Freude. Diese Symptome haben die zentrale Rolle übernommen, die die sexuellen Unterdrückung zu Freuds Zeiten innehatte. Die psychoanalytische Theorie muß in der Weise formuliert werden, daß sie die unbewußten Aspekte dieser Symptome und die pathogenen Bedingungen in Gesellschaft und Familie verständlich macht, die sie hervorbringen. Es wird die spezifische Aufgabe der Psychoanalyse sein, die *›Pathologie der Normalität‹* zu untersuchen, die chronische, leichte Schizophrenie, die von der kybernetisch organisierten, technologischen Gesellschaft von heute und morgen erzeugt wird.« (Fromm 1970, S. 69f., Hervorhebung H.J.)

Hier ist deutlich ausgesprochen, dass die Psychoanalyse ihre kritische Substanz nur dann bewahren kann, wenn sie der Veränderung der Gesellschaft in der Zeit Rechnung trägt, ohne dabei die grundlegenden menschlichen Bedürfnisse und Fähigkeiten und deren zeitspezifische Verkümmerung aus dem Blick zu verlieren.

Zu anderen »humanistischen« Richtungen in der Psychologie blieb Fromm auf Distanz. So erklärt er in den nachgelassenen Aufzeichnungen zu seinem Spätwerk *Haben oder Sein* (1976), er habe es aufgegeben, seine Art von Psychoanalyse als »humanistische« zu bezeichnen, weil dieses Attribut von einer »Gruppe von Psychologen«[11] übernommen worden sei, deren Ansichten er »nicht teile«, und weil er den Eindruck vermeiden wolle, er strebe die Gründung einer neuen »Schule« an (vgl. Fromm 1989, S. 440). Zur »klientenzentrierten« Therapie von Carl Rogers äußert er, *jede* Therapie habe klientenzentriert zu sein (Fromm 1974, S. 298) – ein Argument, das nicht gerade von großer Bereitschaft zu inhaltlicher Auseinandersetzung mit Rogers zeugt, da es am Etikett haften bleibt. Schließlich ist noch Fromms Skepsis gegenüber der *Gruppentherapie* zu erwähnen, die er hauptsächlich mit persönlicher Abneigung begründet (dass er es »nicht mag«, wenn ein Mensch in Gegenwart von zehn anderen »über sein Innerstes spricht«), wobei er gleichzeitig den Verdacht äußert, es könne sich um eine Billig-Version für Menschen handeln, die nicht über die nötigen Finanzen verfügen, um eine Einzeltherapie zu bezahlen (vgl. Fromm 1974, S. 304f.). Auch dies ist eine Argumentation, auf die näher einzugehen sich wegen mangelnden »Tiefgangs« nicht lohnt. Mit einem Anflug von Selbstironie gibt Fromm allerdings zu, er sei in Fragen der Therapie »ein Individualist und etwas altmodisch« (a.a.O., S. 305).

Die Distanz, die in Fromms skeptischer Beurteilung neuerer Therapieformen zum Ausdruck kommt, rechtfertigt es, ihm eine mittlere Position zwischen der klassischen Psychoanalyse und späteren Richtungen der Humanistischen Psychologie zuzuweisen. Bei letzteren wird weitgehend auf das *Konzept des Unbewussten* verzichtet – was nicht unproblematisch ist, da eine umfassende Form der Selbsterkenntnis erst dann erreicht wird, wenn auch weniger angenehme, zum bewussten Leben häufig in Gegensatz stehende Gefühle, Strebungen und Energien wahrgenommen werden und integriert sind. Das in der Gestalttherapie zu Grunde gelegte Modell von »Figur und Hintergrund« (Perls/Hefferline/Goodman 1981a, S. 13ff.) und das Bestreben, sich unter Anleitung durch den Therapeuten im »laufenden Prozeß der Bewußtheit« (Perls 1976, S. S. 150) jeweils zu vergewissern, was im »Hier und Jetzt«-Kontakt geschieht und so auch die »abgespaltenen« Teile der Persönlichkeit allmählich zu integrieren, bietet zwar ein gewisses Äquivalent zum psychoanalytischen Klärungsprozess, aber es ist die Frage, ob dabei auch die entsprechende Tiefendimension erreicht wird.

11 Wen Fromm hier konkret meint, geht aus dem Text nicht klar hervor, aber es ist ziemlich wahrscheinlich, dass er die in den 60er Jahren entstandene Gruppierung im Blick hat, die in der *Association for Humanistic Psychology* (AHP) organisiert war bzw. ist. Zu deren Gründungsgeschichte vgl. Quitmann 1991, S. 25ff.

Es muss noch erwähnt werden, dass die Humanistische Psychologie gegenüber der Einzelanalyse etliche Veränderungen mit sich gebracht hat, die von erheblichem Gewicht sind: Die neuen »humanistischen« Therapieformen wurden bzw. werden in weitgehend in *Gruppen* praktiziert; so führte z.B. die ursprünglich im Zweier-Setting entwickelte »klientenzentrierte« Therapie zur Praxis der »Encounter-Gruppen« (Rogers 1984). Dabei handelt es sich nicht mehr, wie in der »klassischen« Psychoanalyse, um die Therapie »neurotisch gestörter« Patienten mit klar umrissenen psychischen Erkrankungen, sondern um *»Therapie für Normale«*. Die Humanistische Psychologie hat den »Psycho-Boom« der 70er und 80er Jahre des vergangenen Jahrhunderts beflügelt, der inzwischen längst abgeebbt ist. Fromm hat dazu mehr durch seine Bücher, vor allem *Die Kunst des Liebens* (1956) und *Haben oder Sein* (1976), als durch sein modifiziertes Modell einer »humanistischen Psychoanalyse« beigetragen.[12]

»Transtherapeutische« Psychoanalyse – Kritik und Würdigung

Unter den Schülern, die die weit gespannten Interessen Erich Fromms seit Beginn der 60er Jahre mit verfolgt und ihn bei seinen Projekten – darunter seine Aktivitäten zur Friedens- und Abrüstungspolitik während des Kalten Krieges, die sozialpsychoanalytische Feldforschung in Mexico und die Kampagne für die Präsidentschaftskandidatur von Eugene McCarthy im Wahlkampf von 1968 – unterstützt haben, ist vor allem *Michael Maccoby*[13] zu nennen. Maccoby gibt rückblickend den Eindruck wieder, den Fromm damals auf ihn machte:

12 Dazu passt die mündliche Äußerung von Ruth Cohn über Fromm (bei einem Austauschtreffen von WILL-International zum Verf.): *»Wir nannten ihn den Journalisten.«* Dies bezog sich darauf, dass Fromm in seinen Büchern zwar ein humanistisches Menschenbild vertrat, über seine Art zu therapieren jedoch nichts veröffentlichte und an den Treffen der *American Academy of Psychotherapists* nicht teilnahm.

13 Michael Maccoby erscheint als Co-Autor von zwei Arbeiten Fromms: »Die Frage der Zivilverteidigung« (1962) und *»Psychoanalytische Charakterologie in Theorie und Praxis*. Der Gesellschafts-Charakter eines mexikanischen Dorfes« (1970) Vor allem an der empirischen Studie in Mexiko hatte er großen Anteil.

»Anfang der sechziger Jahre war seine [Fromms] Perspektive eine Kombination von messianischem Glauben an einen *humanistischen Sozialismus* und der bei Daisetz Suzuki gelernten Praxis des *Zen-Buddhismus* [Fromm hatte im Jahr 1957 in Cuernavaca/Mexico ein einwöchiges Seminar mit Suzuki veranstaltet, H.J.]. Sein Therapiestil war damals stark vom Zen-Budddhismus beeinflusst. Darum hielt er mich auch zu einer täglichen Zen-Meditation an. Wie ein Zen-Meister konnte er mich auch strafen, wenn er glaubte, ich würde etwas zurückhalten oder ich sei nicht authentisch. [...]
Nach seinem Herzinfarkt [im Dezember 1966] wurde Fromm sanfter, verständnisvoller [...]. Die sozialistische Bewegung wurde durch die rebellischen Aktionen der späten sechziger Jahre zu Grabe getragen. Diese glichen mehr dem, was Fromm als Herbert Marcuses Verzerrung von Freud und Marx ansah, als dass sie etwas mit Fromms Humanismus zu tun hatten.
Fromm interessierte sich zunehmend für die *spirituelle Entwicklung des Einzelnen*, und zwar für eine solche, die im Einklang mit der buddhistischen Transzendenzvorstellung und dem Einswerden mit der Natur stand. In seiner New Yorker Wohnung legte er sich auf den Boden und zeigte mir, wie er das Sterben übte.[!] Sein Buch *Haben oder Sein* (1976) drückt seine Überzeugung aus, der Lebenssinn bestehe darin, ganz nach der Liebe zum Leben zu streben und dabei nicht durch Gier und versklavende Bindungen abgehalten zu werden.« (Maccoby 2009, S. 196f., Hervorhebung H.J.)

Es ist gewiss nicht ganz unproblematisch, den Inhalt von Fromms später Schrift *Haben oder Sein* (1976), die gewissermaßen die Summe seines Lebenswerks und sein Vermächtnis darstellt, in einem einzigen Satz zusammenzufassen. Hier soll auch nicht der Versuch gemacht werden, ausführlicher auf diese Schrift einzugehen. Maccoby hat jedoch Recht mit der Aussage, dass Fromm seit seiner Beschäftigung mit dem Zen-Buddhismus (vgl. Fromm 1960) ein zunehmendes Interesse an der »spirituellen Entwicklung des Einzelnen« genommen hat. Die Grundlage dafür erwarb er sich nicht nur durch Lektüre, unter anderem der Schriften von Meister Eckhart, dessen Lehre strukturelle Ähnlichkeit mit dem Zen-Buddhismus aufweist, sondern vor allem durch seine eigene, täglich geübte *Meditationspraxis* (vgl. Funk 1999, S. 134). Im Zusammenhang unserer Fragestellung nach dem »spezifisch Therapeutischen« der hier behandelten Personen und ihrer Beziehung zur Humanistischen Psychologie ist von Interesse, dass Fromm in den nachgelassenen Manuskripten zu *Haben oder Sein* auch von einer *»transtherapeutischen Psychoanalyse«* (Fromm 1989, S. 439ff.) spricht. Dies soll kurz erläutert werden.

Fromm versteht die »transtherapeutische« Psychoanalyse als »Weg der Selbsterfahrung« (a.a.O., S. 439). Im Kontext seiner Überlegungen und Empfehlungen hat dieses Wort einen deutlich anderen Sinn als Selbsterfahrung in einer Gruppe, die mit »Feedbacks« durch andere arbeitet. Die »transtherapeutische« Psychoanalyse ist »Einübung in die *Selbstanalyse*« (a.a.O., S. 441, Hervorhebung H.J.). Für letztere gibt es keine zeitliche Grenze, vielmehr soll die Selbstanalyse zum Zweck der Erreichung von mehr Selbsttransparenz – so Fromms Empfehlung – »bis zum Ende des Lebens« (a.a.O., S. 442) fortgesetzt werden. Als Vorbereitung empfiehlt er eine *dialogische Analyse* bei einem erfahrenen Analytiker, die den Kandidaten in die Lage versetzen soll, dass er mit der »Erforschung des eigenen Unbewußten« (a.a.O., S. 441) genügend vertraut ist. Vorausgesetzt wird, dass auch dieser erfahrene Analytiker darin geübt ist, sein eigenes Unbewusstes zu erforschen und dass er für Ziele, die über eine »normale« Therapie hinausgehen, offen ist.

Im Unterschied zur traditionellen Anwendung der Psychoanalyse in der Neurosentherapie geht es in der »transtherapeutischen« Psychoanalyse nicht um die Befreiung von Symptomen: Sie will »mehr, als den Patienten wieder an die Normalität anzupassen« (a.a.O., S. 439). Damit geht sie über Freuds Ziel der »Wiederanpassung an ein ›normales‹ Funktionieren (›Arbeits- und Genussfähigkeit‹)« (a.a.O., S. 440) klar hinaus. Ihre Ziele sind:

»Befreiung des Menschen zu sich selbst durch ein größtmögliches Gewahrwerden seiner selbst; Erreichen von Wohl-sein (*well-being*); Unabhängigkeit und Liebesfähigkeit; Stärkung seines kritischen, des-illusionierenden Denkens und seines ›Seins‹.« (Fromm 1989, S. 440.)

Es unterliegt keinem Zweifel, dass Fromm sich bemüht hat, diesem von ihm selbst aufgestellten »humanistischen« Ideal nahe zu kommen. Unzweifelhaft ist ferner, dass sich seine Selbstanalyse von der Freuds, die neben der ärztlichen Behandlung der psychischen Probleme von Hysterikerinnen die ursprüngliche Keimzelle der Psychoanalyse bildet, in ihrer Zielsetzung beträchtlich unterscheidet. Gleichwohl empfiehlt auch Fromm, in der täglichen Selbstanalyse die *eigenen Träume* zu analysieren und vor allem den Versuch zu unternehmen,

»[...] die Diskrepanzen aufzudecken zwischen unseren bewußten Lebenszielen und den unbewußten, die aber dennoch unser Leben bestimmen« (Fromm 1989, S. 446).

Anders als bei der Selbstanalyse Freuds, wird hier eine teleologische Ausrichtung an »Lebenszielen« erkennbar. In Verbindung mit Konzentrations- und Wahrnehmungsübungen und der Zen-Meditation, die über die Fixierung auf das eigene Ich und seine Begierden hinausführt, soll die »transtherapeutische« Psychoanalyse nach Fromm ein Instrument an die Hand geben, mit dem man einen »Zuwachs an innerer Klarheit und an Wohl-Sein« (a.a.O., S. 453) erreichen kann. Man sollte sich allerdings auch mit den Schwierigkeiten und Widerständen auseinandersetzen, die der Selbstanalyse im Sinne Fromms entgegenstehen, um einer Verwechslung von »well-being« mit »wellness« vorzubeugen.

Fragen wir abschließend, wie Fromm das, was er lehrte, *selbst gelebt* hat, so zeigt sich m.E. eine bemerkenswerte Übereinstimmung, was allerdings nicht für alle Lebensphasen gleichermaßen gilt. Die neurotisierende Disposition aus seinem Elternhaus, über die sich Fromm erst im Alter äußern konnte bzw. wollte, war mit Sicherheit noch nicht überwunden, als er sich vom rituellen Judentum löste und seine elf Jahre ältere Analytikerin Frieda Reichmann heiratete. Dass er sich zu älteren, lebenserfahrenen und für die Entwicklung von Psychiatrie und Psychoanalyse bedeutenden »intellektuellen« Frauen hingezogen fühlte – so unterhielt er nach der Trennung von Frieda Fromm-Reichmann jahrelang eine Liebesbeziehung zur 15 Jahre älteren Karen Horney[14] – hat vermutlich damit zu tun, dass er seine *Mutterbindung* nur schwer überwinden, d.h. in eine gleichwertige Beziehung von Nehmen und Geben, Lieben und Geliebtwerden überführen konnte. In jedem Fall war die persönliche Auseinandersetzung mit dieser Thematik, biographisch gesehen, für Fromm ein längerer und schwierigerer Prozess als die Lösung vom Vater, für den er schon bald geeignete, ihn fördernde »Ersatzväter« fand.

Auch seine Theoriebildung ist von dieser Thematik betroffen. Dass Fromm sich in jungen Jahren so intensiv mit der *Mutterrechtstheorie* J.J. Bachofens befasste, die er als Einstieg in seine »Revision« der Freudschen Psychoanalyse benutzte (vgl. seine diesbezüglichen Aufsätze in der *Zeitschrift für Sozialforschung*, abgedruckt in: Fromm 1999, Bd. I, S. 79ff.), hat vermutlich nicht nur rein wissenschaftliche, sondern auch lebensgeschichtliche Gründe. Schließlich dürfte es kein Zufall sein, dass sein bis heute am meisten bekanntes und verbreitetes Buch, *Die Kunst des Liebens* (1956), drei Jahre nach Beginn seiner Ehe mit Annis Freeman, geb. Grover erschien. Lawrence J. Friedman, Fromms Biograph, der beklagt, dass es über seine früheren Beziehungen zu wenig schriftliche Dokumente gibt, schreibt sicher nicht zu Unrecht:

14 Karen Horney (1885-1952), die Fromm in Berlin kennen gelernt hatte, lud ihn Ende 1933 zu einer Vortragsreihe nach Chicago ein. Die Freundschaft zwischen beiden vertiefte sich nach ihrer Übersiedlung nach New York im Jahr 1935 und dauerte bis 1943 an (vgl.Rubins 1983, S. 254ff.).

»Fotos, die Fromm mit seinen drei Frauen zeigen, vermitteln etwas von seiner Fürsorglichkeit und seiner Zuneigung. Sie deuten aber auch darauf hin, dass tiefe Freude und unbändige Liebe ihm noch abgingen, bevor er mit Annis Freeman zusammen war.« (Friedman 2006, S. 11.)

Als therapeutischer Lehrer und Dozent wirkte Fromm in jüngeren Jahren von der Richtigkeit der eigenen Positionen überzeugt, aber manchmal auch etwas arrogant. Gerard Chrzanowski, der während seiner Ausbildung am *William-Alanson-White-Institute* von Erich Fromm supervidiert wurde, schreibt in Würdigung der Person und des Gesamtwerks:

»Aus Fromms Werken spricht ein vornehmer Geist, dessen *idealistische Haltung* zum *Pessimismus* neigt. Die Art, in der Fromm seine Theorien präsentiert, erinnert an einen biblischen Propheten, und das ist in unserer modernen Welt ein beeindruckendes Erlebnis. Seine Ideen sind es wert, gehört zu werden, und sein Mitgefühl für die Menschen verdient unseren vollsten Respekt. Fromm ist ein Sozialphilosoph, dessen Glaube an die echten Werte bewundernswert ist. Als Kliniker und als Neuerer auf dem Gebiet der Analyse hat er seine Grenzen, die hauptsächlich in seinem *dogmatischen Moralismus* und in seiner *mangelnden Sorgfalt für klinische Details* liegen.« (Chrzanowski 1977, S. 505, Hervorhebung H.J.)

Obwohl man dies als Einschätzung eines kritischen »Schülers« im Groben gelten lassen kann, scheinen doch einige korrigierende Bemerkungen dazu angebracht:

Der Vorwurf *mangelnder Sorgfalt in klinischen Details* ist in dieser Form m.E. nicht zu halten. Richtig ist zwar, dass Erich Fromm zu Lebzeiten kaum etwas über seine persönliche Art zu therapieren veröffentlicht hat, so dass mit wachsendem zeitlichem Abstand seine klinische Arbeit kaum noch »nachprüfbar« ist. Die meisten, die Fromm noch als Therapeuten, akademischen Lehrer, analytischen Ausbilder und Supervisor erlebt haben (vgl. Funk 2009, S. 81ff.), berichten jedoch etwas anderes als Chrzanowski, der nach eigener Aussage Harry S. Sullivan als Ausbilder besser kannte und mehr schätzte als Fromm.

Mit der Aussage, Fromms Werk sei von *dogmatischem Moralismus* durchzogen, steht Chrzanowski nicht allein. Richtig daran ist, dass ein normatives Menschenbild, wie der Mensch sein »sollte«, bei Fromm stärker durchscheint als bei anderen Psychoanalytikern, nicht zuletzt beim von ihm heftig kritisierten und gleichzeitig sehr geschätzten »Stammvater« Sigmund Freud. Ob man das unbeirrte Festhalten an moralischen – oder besser: humanistischen – Überzeugungen als »dogmatisch« bezeichnen sollte, darüber kann man streiten. Dogmatisch war Fromm jedenfalls nicht in dem Sinn, dass er nicht lernfähig gewesen wäre oder anderen nur seine eigenen Überzeugungen hätte aufdrängen wollen. Er wirkte als »reifer« Mann vor allem durch sein Beispiel: nicht nur als »Lese«-, sondern auch als »Lebemeister«, ähnlich wie der von ihm hoch geschätzte Meister Eckhart.

Ungewöhnlich ist die Einschätzung, dass Fromm aufgrund seines »Idealismus« zum *Pessimismus* geneigt habe, denn gewöhnlich wird ihm gerade im Gegenteil ein übertriebener Optimismus bzw. naiver Idealismus ohne hinreichende Skepsis, ein unverbesserliches »Gutmenschentum«, und was dergleichen oberflächliche Etiketten mehr sein mögen, vorgeworfen. Was Chrzanowski bei dieser Einschätzung vor Augen hat, ist wohl vor allem das – leider viel zu wenig beachtete – voluminöse Spätwerk *Anatomie der menschlichen Destruktivität* (1973), in dem sich Fromm mit den »genetischen« Aggressivitätstheorien bei Freud und Konrad Lorenz auseinandersetzt, sowie einige Passagen in *Haben oder Sein* (1976), in denen er die Frage aufwirft, ob es angesichts der »kybernetischen Religion« des Industriezeitalters und der zu erwartenden ökonomisch-ökologischen »Katastrophe« (Fromm 1976, S. 389) für eine Umkehr und einen »fundamentalen Wandel« (ebd.) der Lebensweise und der menschlichen Charakterstruktur in den fortgeschrittenen Industriestaaten nicht schon zu spät sei. Fromm neigt jedoch bei alledem eher zum »Prinzip Hoffnung« als zum Pessimismus; eines seiner Werke heißt ja auch *Die Revolution der Hoffnung* (1968). Dass er dabei manchmal wie ein alttestamentlicher Prophet und Warner auftritt, ist unbestritten.

Fritz Perls/Laura Perls

Fritz und Laura Perls – Von der Psychoanalyse zur Gestalttherapie

Fritz und Laura Perls gehören zu jenen jüdischen Emigranten mit psychoanalytischer Ausbildung, die zu Beginn des Dritten Reiches aus Deutschland flüchteten und seit den späten 60er Jahren auf dem Umweg über die USA auch in Deutschland allmählich an Einfluss gewonnen haben. Bekannt wurde Fritz Perls in den USA als Mitbegründer der *Gestalttherapie* durch das gleichnamige Buch (Perls/Hefferline/Goodman 1981, engl. 1951) zu dem er außer dem Titel und mündlich geäußerten Ideen jedoch kaum etwas beigetragen hat. Berühmt wurde er in den 60er Jahren durch seine Einzelarbeit als Gestalttherapeut in den Gruppen am *Esalen Institute* in Big Sur/California und durch den *Gestalt-Kibbuz* am Lake Cowichan in Kanada, bis er im Jahr 1970 in Chicago starb. Der Anteil, den seine Frau Lore (engl. Laura) an der Entstehung und Weiterentwicklung der Gestalttherapie hatte, wurde erst nach seinem Tod allmählich erkannt und in »Gestalt«-Kreisen auch gewürdigt (vgl. Petzold 1984, S. 5ff.). In der öffentlichen Meinung und in populärwissenschaftlichen Darstellungen scheint es jedoch immer noch so zu sein, dass Fritz Perls als *der* Begründer der Gestalttherapie angesehen wird, was nur zum Teil zutrifft.

Die Quellenlage zur Biographie von Fritz und Laura Perls ist, da viele persönliche Dokumente aus der Frühzeit verloren gingen, lückenhaft. Hauptquelle für »Fritz« ist seine in Form von chronologisch ungeordneten Notizen und Karikaturen veröffentlichte Autobiographie (Perls 1981, engl. 1969). Es gibt den Versuch einer Biographie von Martin Shepard (1975), die für die spätere Zeit in den USA ein durch die Brille des Verehrers gesehenes Bild des Menschen Fritz Perls entwirft. Für die Zeit vor der Emigration liegt inzwischen eine um objektive Darstellung bemühte, materialreiche Untersuchung von Bernd Bocian (2007) vor. Neben Filmen und Tonbandaufzeichnungen von Perls' späterer therapeutischer Arbeit, die transkribiert und in Deutsche übersetzt wurden, existieren auch Interviews mit biographischem Inhalt, u.a. mit James Simkin (Perls 1966a). Für Laura Perls bilden eine Folge von Gesprächen, die sie 1972 mit ihrem Schüler Daniel Rosenblatt geführt hat (L. Perls 1997, S. 27ff.), ein Interview mit Milan Sreckovic (L. Perls 1987), ein aus Anlass ihres 100. Geburtstags erschienener, erweiterter Band mit Nachschriften von Interviews (L. Perls 2005b), darunter dem mit Daniel Rosenblatt, sowie etliche Video- bzw. Filmaufzeichnungen die wichtigsten Quellen. Eine – in diesem Fall sinnvolle – Doppelbiographie zum Ehepaar Perls steht bisher noch aus.

Fritz Perls: Familienbeziehungen und Judentum

Friedrich Salomon Perls[1] (1893-1970) wurde als drittes Kind einer jüdischen Familie in Berlin geboren. Wolf E. Büntig, als Leiter des *Zentrums für Individual- und Sozialtherapie* (ZIST) einer der frühen »Anwender« der Gestalttherapie in Deutschland, schreibt in seinem Beitrag über Perls in der *Psychologie des 20. Jahrhunderts*, es habe sich bei den Eltern um eine »unerquickliche Ehe« zwischen einem »Lebemann-Vater« und einer »verbitterten Mutter« gehandelt (Büntig 1977b, S. 1045). Perls selbst äußert über seinen Vater, der augenscheinlich Weinhändler war:

»Mein Vater lebte meist außerhalb der Familiengrenze. Zu Hause war er Gast, der bedient und respektiert wurde. [...] Entweder war er irgendwo in Deutschland und verkaufte seinen Wein und seine Ideale oder er war aus und erfreute sich an Wein, Weib und Gesang.« (Perls 1981, S. 312, 316.)

Den Familienverhältnissen ist Bernd Bocian in seinem Buch *Fritz Perls in Berlin 1893 – 1933* anhand von Archivunterlagen genauer nachgegan-

1 In Buchveröffentlichungen erscheint der Name meist amerikanisiert als »Frederick S. Perls« (unter diesem Namen erschienen noch die ersten deutschen Übersetzungen). Da sich Perls als Therapeut in seinen Gruppen nur »Fritz« nannte, wird diese Form des Vornamens hier durchgängig beibehalten.

gen. Der Vater *Natan Perls* (1857-1933) stammte aus Kattowitz, seine Mutter *Amalie Perls, geb. Rund* (1858-1942) aus Laurahütte/Schlesien. Bocian schließt aus der Tatsache, dass das erste Kind der beiden, Perls' Schwester Elisabeth bzw. Else, 1891 in Berlin geboren wurde, dass beide Eltern »relativ kurz vorher aus dem preußisch besetzten Teil Polens in die Reichshauptstadt gekommen waren.« (Bocian 2007, S. 49). Die Familie wohnte zunächst im sog. »Scheunenviertel«, einem ärmlichen Randbezirk, der für Zuwanderer aus dem Osten, nicht nur Juden, meist die erste Anlaufstelle war. Es gelang dem Vater jedoch schon nach wenigen Jahren, mit der Familie in eine »bessere« Wohngegend im Zentrum Berlins umzuziehen. Die dortige Wohnung war größer und man hatte auch ein Dienstmädchen. Offensichtlich hing der damit verbundene soziale Aufstieg mit dem Beruf des Vaters zusammen. Darüber schreibt Perls in seiner Autobiographie:

»Übrigens wählte er [der Vater] seinen Beruf als Handelsreisender wegen der ausgezeichneten palästinensischen Weine. Selbstverständlich war er kein ›Vertreter‹, er war ›Repräsentant‹ der Firma Rothschild.« (Perls 1981, S. 279.)

Baron Edmond de Rothschild verfügte als Leiter des Pariser Bankhauses Rothschild über ein riesiges Vermögen, mit dem er unter anderem jüdische Siedlungsprojekte in Palästina unterstützte. Ein Nebenprodukt dieses Engagements in Palästina, das damals eher soziale als nationale Ziele verfolgte, war die Gründung einer französischen »Colonie« und Weinhandelsfirma mit Sitz in Jaffa, deren deutsche Niederlassung sich in Berlin befand (vgl. Bocian 2007, S. 52). Als deren »Repräsentant« war Natan Perls in Deutschland unterwegs.

Welcher Art die Beziehung zwischen den Eltern war, schildert Perls mit drastischen Worten:

»Meine Eltern hatten manchen erbitterten Streit, einschließlich körperliche Auseinandersetzungen, bei denen er sie schlug und sie an seinem großartigen Bart riß. Er nannte sie oft ein Möbelstück oder ein Stück Scheiße.
Er isolierte sich Schritt für Schritt, während wir von einem Ort zum anderen zogen. [...] In der Zwischenzeit entfremdeten sich meine Eltern immer mehr, während sie sich auf der sozialen Leiter des Mittelstandes Stufe um Stufe emporarbeiteten.« (Perls 1981, S. 312f.)

Die jüdische *Religion* spielte für den Vater keine große Rolle mehr; er war anscheinend schon im Osten durch die Aufklärung beeinflusst worden und gehörte zur »zweiten Generation des Emanzipationszeitalters« (Bocian 2007, S. 49). Als assimilierter Jude betrieb er, um seinem Bedürfnis nach »Weltanschauung« und Geselligkeit nachzukommen, auf seinen Weinhandelsreisen die Gründung mehrerer humanistischer *Freimaurer-Logen*, der auch Christen angehören konnten (vgl. a.a.O., S. 70ff.). Die Mutter dagegen war im traditionellen Sinn religiös, sie beging die jüdischen Feste und ernährte sich koscher. Da der Vater, wenn er zu Hause war, sich nicht an die jüdischen Speisegebote hielt, wurde getrennt gegessen, was die »Distanz und die Spannungen zwischen den Eheleuten noch verstärkte« (a.a.O., S. 50).

In diesem Spannungsfeld wächst der junge Fritz Perls auf, wobei er anscheinend mehr durch die laizistische Einstellung des Vaters als durch die religiöse der Mutter beeinflusst wird. Immerhin nimmt er mit Vollendung des 13. Lebensjahres am *Bar Mizwa* teil und lernt sogar Hebräisch, um sein Gebet aufsagen zu können, aber die jüdischen Rituale kommen ihm »fremd und merkwürdig« vor (Perls 1981, S. 277). Mit 18 Jahren sucht ihn der Vater in eine seiner Freimaurer-Logen einzuführen, aber auch hier kann er mit den Ritualen nichts anfangen. Das Ganze endet in einer totalen Enttäuschung und Perls junior geht »nie wieder zu den Sitzungen« (a.a.O., S. 279).

Sein Verhältnis zum Judentum beschreibt Fritz Perls als reifer Mann in einer Weise, die überwiegend ein Fremdheitsempfinden erkennen lässt:

> »Meine Beziehung zum Judentum und den Juden ist äußerst ungeklärt. Ich weiß einiges über die deutsche, griechische und römische Geschichte. Aber über die Geschichte – ich kann noch nicht einmal sagen, *meines* Volkes, so wenig identifiziere ich mich mit ihnen – des jüdischen Volkes weiß ich so gut wie gar nichts. Die osteuropäischen Juden mit den Kaftans und *Payes* (lange lockige Backenbärte), die ich in meiner Jugend sah, waren unheimlich, furchterregend, wie Mönche und gehörten nicht zu meiner Welt. Dennoch liebe ich jüdische Geschichten und ihren Einfallsreichtum. [...] Ich verehre und achte den ganzheitlichen Juden, der eins ist mit seiner Religion, Geschichte und Lebensart. Ihr Zionismus hat seine Bedeutung, auch wenn ich ihn heute wie auch früher als eine unrealistische und dumme Sentimentalität betrachte.« (Perls 1981, S. 131f.)

Hauptproblem des Sohnes in der Familie war, dass er vom Vater *keinerlei Anerkennung* erhielt. Hinzu kam, dass die Familie darben musste, weil Natan Perls das meiste Geld für sich verbrauchte. Aus einigen Bemerkungen von Fritz Perls ist zu schließen, dass sein Vater vermutlich ein Alkoholproblem hatte. Taschengeld gab es nicht. Fritz stahl einmal ein Goldstück aus dem abgeschlossenen »geheimen« Zimmer des Vaters, woraufhin er sich aus Angst vor Strafe tagelang in der Stadt herumtrieb, bis ihm der Vater scheinbar »großmütig« verzieh (a.a.O., S. 279f.).

Er entwendete auch Geld aus dem Portemonnaie der Mutter und sie schlug ihn dafür mit dem Teppichklopfer (vgl. a.a.O., S. 313). Trotz allem scheint er jedoch zu ihr ein positiveres Verhältnis als zum Vater gehabt zu haben, wie aus der folgenden Passage in seiner Autobiographie hervorgeht:

»Sie hatte große Pläne mit mir und war ganz und gar nicht die typische ›jüdische Mutter‹. Aber mein Vater gab ihr wenig Geld und wir waren froh, wenn wir genug zu essen hatten. Sie war eine gute Köchin, zwang uns aber nie zu essen. Ihr Vater war Schneider und gemessen an ihrer Herkunft war ihr Interesse an Kunst – und vor allem am Theater – erstaunlich. Sie sparte jeden Pfennig, damit wir Stehplätze im Kroll-Theater, einem Nebengebäude der Kaiserlichen Oper und des Theaters, bekamen. Sie wollte auch, daß ich Geigen- und Schwimmunterricht bekam. Er gab uns weder für das eine noch für das andere Geld. Sie konnte nur den Schwimmunterricht, aber nicht die Geigenstunden bezahlen. Ich wurde eine richtige Wasserratte.« (Perls 1981, S. 197f.)

Bei allen Problemen, die es in der Familie gibt und auf die der junge »Fritz« entsprechend reagiert – man würde ihn heute vermutlich als »erziehungsschwierig« einstufen –, verdankt er der Mutter sehr viel, vor allem sein Interesse an Kunst und speziell die lebenslang gehegte Vorliebe fürs Theater. Die Beziehung zum Vater bleibt dagegen distanziert-rebellisch.

In der Familie gibt es noch zwei Schwestern: *Else*, die ältere, die ein Augenleiden hat und die er nicht mag, und *Grete*, die jüngere von beiden, die er gern hat, »eine Wildkatze mit unbezähmbaren, lockigen Haaren« (a.a.O., S. 197). Grete ist außer ihm selbst die einzige, die die Nazizeit überlebt hat. Sie konnte mit ihrem Mann, einem Geigenbauer, nach Shanghai fliehen und lebte später in den USA. Über das Schicksal der übrigen Mitglieder der Familie äußert sich Perls in einem Interview aus den 60er Jahren wie folgt:

»Ich hatte noch eine ältere Schwester, die, soviel ich weiß, in einem Konzentrationslager starb. Meine Mutter starb auf dem Weg ins Konzentrationslager. Sie war 84 Jahre alt und hatte Diabetes. Das Schicksal meines Vaters ist nicht ganz bekannt. Ich hörte, dass er eine Lungenentzündung bekam, kurz bevor er abtransportiert werden sollte.« (Perls 1966a, S. 18.)

Fritz Perls lässt in den Äußerungen über das Schicksal seiner Familie während der Zeit des Nationalsozialismus wenig emotionale Betroffenheit erkennen. Jeffrey M. Masson geht sogar so weit, ihm auf Grund seiner Äußerungen über die Schwester Else einen »abgrundtiefen Mangel an Gefühlen für seine eigenen Familienangehörigen« (Masson 1991, S. 258) zu attestieren. Genauer müsste man sagen, dass Perls seine individuellen Gefühle gegenüber einzelnen Familienmitgliedern – u.a. Zuneigung zur jüngeren Schwester, Abneigung gegen die ältere – *über* das ihnen von den Nazis, die er verabscheute, zugefügte Unheil stellt. So kommt er zu der von Masson heftig kritisierten Aussage, er könne den Tod seiner älteren Schwester nicht betrauern.[2] Zutreffend an Massons Kritik ist allerdings, dass es so etwas wie Familiensolidarität für Fritz Perls nicht zu geben scheint. Auch gegenüber seiner Ehefrau Lore und der Tochter Renate zeigte er wenig innere Verbundenheit. Auf das Problematische seines Charakters, der seine grundlegende Prägung in der Herkunftsfamilie erfahren hat, ist an späterer Stelle einzugehen.

Ausbildung zum Analytiker – Kontakt mit Wilhelm Reich

Fritz Perls absolviert – nach wiederholtem »Sitzenbleiben« am Mommsen-Gymnasium und Schulwechsel – das Abitur am Askanischen Gymnasium in Berlin, einer liberalen Schule, deren Lehrer »sich mehr um Kinder als um Lehrpläne sorgen« (Büntig 1977b, S. 1044). Danach beginnt er ein Medizinstudium. Nebenher übernimmt er Statistenrollen im *Deutschen Theater* bei Max Reinhardt, dem ersten kreativen Genie, dem er begegnet. Dann kommt der Erste Weltkrieg. Er meldet sich zunächst als Freiwilliger beim Roten Kreuz für den Einsatz außerhalb der Kampfgebiete, 1916 wird er jedoch zum Heer eingezogen. Zu seinen schlimmsten Fronterlebnissen gehört ein Gasangriff in Flandern. Nach dem Krieg setzt er sein Medizinstudium mit Schwerpunkt Psychiatrie fort und legt 1920 das medizinische Examen ab. Nachdem er den Doktortitel erlangt hat, eröffnet er 1921 in Berlin eine eigene Praxis als Neurologe und Psychiater. Privat lebt er in der Berliner Bohéme. Er sucht Kontakt zum *Bauhaus*, einer Gruppe von Künstlern, die »auf verschiedenen Ebenen die alte, autoritäre Ordnung anfechten« (Büntig, a.a.O., S. 1045). Im Inflationsjahr 1923 verlässt er Deutschland zu einem ersten Aufenthalt

2 Im zitierten Interview äußert Fritz Perls: »Nun, die Schwester die noch lebt, ist diejenige, die ich mag. Die andere Schwester [von der er zuvor erwähnt hat, dass sie vermutlich in einem Konzentrationslager umkam, H.J.] habe ich überhaupt nicht gemocht, ich bin einfach nicht mit ihr ausgekommen. Würde ich behaupten, ich würde ihren Tod betrauern, wäre das eine Heuchelei. Und ich gebe lieber zu, gefühllos, als ein Heuchler zu sein.« (Perls 1966a, S. 18f.)

in den USA,[3] kehrt jedoch 1924 wieder nach Berlin zurück und eröffnet erneut eine psychiatrische Praxis. Eine leidenschaftliche Beziehung zu einer älteren, verheirateten Frau veranlasst den – wie Büntig schreibt – »emotional stumpfen, sexuell verklemmten, doch arroganten jungen Mann mit den traurigen Augen und hängenden Schultern« (ebd.), sich in Therapie zu begeben, um mit seinem Gefühlschaos ins Reine zu kommen. Über *Karen Horney*, die in Berlin nicht nur eine therapeutische Praxis betreibt, sondern am dortigen psychoanalytischen Ausbildungsinstitut auch als Lehranalytikerin tätig ist, kommt Perls um das Jahr 1925 erstmals in Kontakt zur Psychoanalyse.

Karen Horney (1885-1952), der bereits damals der Ruf einer »Dissidentin« von der orthodoxen Psychoanalyse anhaftet (vgl. Stephan 1992, S. 240ff.), rät Fritz Perls, die problematische Beziehung zu der älteren Freundin aufzugeben und zur weiteren Ausbildung nach Frankfurt am Main zu gehen – ein Rat, den Perls befolgt. In Frankfurt arbeitet er ab 1926 als Volontär bei *Kurt Goldstein*, einem Psychiater, der dort nach dem Ersten Weltkrieg ein Institut zur *Erforschung der Folgerscheinungen bei Hirnverletzungen* gegründet hat. Er hört gleichzeitig Vorlesungen über Gestaltpsychologie bei *Adhémar Gelb*, der ein Schüler von Max Wertheimer und Wolfgang Köhler ist, und setzt seine Analyse – jetzt zu Ausbildungszwecken – bei *Clara Happel* fort, »bis sie behauptete, daß ich fertig sei« (Perls 1966a, S. 19). In einem gemeinsam von Goldstein und Gelb veranstalteten Seminar lernt er *Lore Posner* (die spätere *Laura Perls*) kennen, die sich für Philosophie interessiert – damals lehren in Frankfurt u.a. Martin Buber, Paul Tillich und Max Scheler – und mit ihm über Existenzfragen diskutiert. Dies bringt in sein Denken einen existenzphilosophischen Zug, wenngleich er selbst niemals Philosophie oder Psychologie systematisch studiert hat. Laura Perls ist mit ziemlicher Sicherheit von beiden diejenige, die das gründlichere Studium der *Gestaltpsychologie* betrieben hat.

3 Ein früher Aufenthalt von Fritz Perls in den USA im Jahr 1923 wird in seiner Autobiographie nur kurz als »Reise nach New York« (Perls 1981, S. 73) erwähnt. Etwas ausführlicher äußert er sich dazu im Interview: Er habe damals ein in den USA anerkanntes Medizinexamen machen wollen, dann jedoch den Aufenthalt abgebrochen, weil er die Amerikaner »so infantil und primitiv und naiv« fand, dass er sich dort »einfach nicht zu Hause fühlen konnte« (Perls 1966a, S. 18). Laura Perls erwähnt ebenfalls den frühen Aufenthalt ihres Mannes in den USA und fügt hinzu, Fritz Perls habe in dieser Zeit die »sogenannte Nervenpunkt-Massage« erlernt (L. Perls 1997, S. 58).

Fritz Perls und Lore Posner heiraten im Jahr 1930; nach Perls' Darstellung war *sie* es, die darauf drängte:

»In dieser Zeit drängte Lore auf Heirat. Ich wußte, ich war nicht der Typ dafür. Ich war nicht leidenschaftlich in sie verliebt, aber wir hatten viele gemeinsame Interessen und verstanden uns oft sehr gut.« (Perls 1981, S. 50.)

Nach Lore Perls' Erinnerung verhielt es sich etwas anders:

»Ich glaube, er hatte eine ganze Reihe von Affären, aber sie waren ihm nicht wichtig. Er kam immer wieder zurück. Wir trafen uns alle paar Wochen. Und irgendwie rutschten wir in die Ehe hinein. Wenn er sagt, *ich* hätte aufs Heiraten gedrängt – das stimmt einfach nicht. Wenn überhaupt, war *er* derjenige, der am Ende drängte, weil er beweisen wollte, daß auch er Kinder haben und verheiratet sein konnte.« (L. Perls 1997, S. 54f.)

Zwischenzeitlich geht Fritz Perls für ein halbes Jahr nach Wien, um sich weiter zum Analytiker ausbilden zu lassen. Er arbeitet an der psychiatrischen Klinik bei Wagner-Jauregg; seine Kontrollanalysen macht er bei *Helene Deutsch* und *Eduard Hitschmann.* Als Ausbildungkandidat für Psychoanalyse nimmt er im Wintersemester 1927/28 am kompletten Ausbildungsprogramm des Wiener Lehrinstituts, zu dem auch ein »technisches« Seminar bei *Wilhelm Reich* gehört, teil. Er kommt also schon relativ früh mit Reichs Widerstands- und Charakteranalyse in Kontakt, auch wenn eine persönliche Beziehung zu Reich erst drei Jahre später in Berlin entsteht (vgl. Bocian 2007, S. 202ff.). Von der theoretischen Ausbildung unbefriedigt und mit seiner eigenen Arbeit »noch nicht so recht fertig«, kehrt er nach Deutschland zurück und übersiedelt nach Berlin, mit einem längeren Aufenthalt im Frühjahr 1928 in Frankfurt. Seine Lehranalyse setzt er in Berlin bei *Jeno Hárnik* fort – ein absoluter Tiefpunkt, weil Hárnik sich persönlich in keiner Weise auf ihn einlässt. Perls fühlt sich auf einen »Zustand von Dummheit und moralischer Feigheit« (Perls 1981, S. 49) zurückgeworfen, da er es nicht fertig bringt, von sich aus die Analyse abzubrechen. In seiner Not wendet er sich erneut an Karen Horney, die ihm rät, seine Ausbildung zum Analytiker bei Wilhelm Reich fortzusetzen. Das bringt ihm endlich den erhofften Durchbruch.

Wilhelm Reich hatte der Wiener Psychoanalytischen Vereinigung angehört und war 1930 nach Berlin gekommen. Er hatte Freuds Ansätze zur Sexualtheorie aufgegriffen und weitergeführt, sich jedoch von der klassischen analytischen Behandlungsmethode entfernt, indem er auf die Couch verzichtete und die Körperreaktionen, insbesondere muskuläre

Verspannungen, in die Therapie mit einbezog. Dass bei ihm der Körper »seine eigene Berechtigung« (Perls 1981, S. 52) erhält, kommt Fritz Perls sehr entgegen. Als Lehranalytiker am Psychoanalytischen Ausbildungsinstitut ist Reich zwar nicht zugelassen; er unterhält jedoch in Berlin eine eigene Praxis. Bei ihm entdeckt Perls, was er in seinen bisherigen Analysen vermisst hat: eine *körperbezogene, ganzheitliche* Form von Therapie, bei der der Therapeut eine aktive Rolle übernimmt.

Fritz Perls befindet sich ungefähr zwei Jahre lang bei Wilhelm Reich, den er als »vital, lebendig, rebellisch« (a.a.O., S. 50) erlebt, in analytischer Behandlung. Zugleich entwickelt er seine Theoriekenntnisse weiter, indem er an Reichs Vorlesungen über Triebpsychologie und Charakterlehre sowie an seinem Seminar über Freuds *Schriften zur Behandlungstechnik* teilnimmt. Man kann ihn deshalb als *Schüler* von Wilhelm Reich ansehen, auch wenn Perls von beiden der ältere ist. Die Zusammenarbeit mit Reich wirkt jedenfalls ausgesprochen anregend auf ihn. Seine Frau Lore berichtet später über das Ergebnis der Analyse: »Fritz war wie neugeboren.« (zit. in: Bocian/Staemmler 2000, S. 116.)

Eine gewisse Übereinstimmung ergibt sich auch im Politischen, da Reich damals ein ausgesprochen weit »links« stehender Analytiker ist, der Freud und Marx verbinden will, indem er sich im *Deutschen Reichsverband für Proletarische Sexualpolitik* für sexuelle Aufklärung, Geburtenregelung und eine Änderung des Ehe- und Scheidungsrechts einsetzt (vgl. Ollendorff-Reich 1975, S. 43). Perls wird zwar nicht wie Reich Mitglied der KPD, er engagiert sich jedoch zusammen mit Lore Perls in der der KPD nahestehenden »Antifaschistischen Aktion«[4] und hält zusammen mit Wilhelm Reich Vorträge an der *Marxistischen Arbeiterschule* zu Fragen aus dem Bereich von »Medizin, Hygiene, Sexualfragen« (Bocian 2007, S. 276ff.). Auf sein Verständnis von Marxismus hat das damals in Intellektuellenkreisen viel gelesene Buch von Georg Lukács über *Geschichte und Klassenbewußtsein* (1923) prägend eingewirkt.

Mit Hitlers Machtergreifung im Januar 1933 geht die fruchtbare Zeit in Deutschland für das Ehepaar Perls abrupt zu Ende, da alle Juden, die sich in »linken« Organisationen engagieren, sofort brutal verfolgt wer-

4 Laura Perls äußert in einem Interview, sie und Fritz Perls hätten sich in den frühen 30er Jahren in der »Antifaschistischen Liga« engagiert (L. Perls 1997, S. 123). Gemeint ist aber wohl die »Antifaschistische Aktion« aus Anhängern und Sympathisanten von SPD und KPD, die am 13.7.1932 in Berlin einen »Antifaschistischen Einheitskongreß« veranstaltete. Die Einheitsfront der »Linken« gegen Hitler brach bald darauf wieder zusammen (vgl. Bocian 2007, S. 282f.).

den. Fritz Perls flieht im April 1933 mit 100 Mark, die in seinem Feuerzeug versteckt sind, über die deutsch-holländische Grenze nach Amsterdam; seine Ehefrau Lore folgt ihm einige Zeit später. Wilhelm Reich flieht zunächst nach Österreich. In den USA kommt es später noch einmal zu einer kurzen Begegnung zwischen ihm und Fritz Perls, aber dieser hält nicht viel vom »späten« Reich, da dessen theoretische Interessen sich in der Zwischenzeit in eine andere Richtung weiterentwickelt haben. Beim »Orgon« handelt es sich Perls' Meinung um eine »Erfindung, die Reichs Fantasie entstammte, die zu diesem Zeitpunkt auf Abwege geraten war« (Perls 1981, S. 52).

Laura Perls: Familiäre Herkunft und Beziehung zu Fritz Perls

Laura Perls (1905-1990) wird als *Lore Posner* in Pforzheim geboren. Ihre Eltern sind Rudolf Posner (1870-1933) und Antonie (»Toni«) Posner, geb. Eber (1884-1942). Die Familie gehört zur »gehobenen Mittelschicht mit jüdischem Hintergrund, genauer: reformiert jüdisch« (L. Perls 1997, S. 28). Man war in der Familie bestrebt, sich der nichtjüdischen Umgebung anzupassen, auch wenn der private Bekanntenkreis sich de facto auf Juden beschränkte. Lore vermutet, dass ihr Großvater väterlicherseits, der immer als »Lehrer« bezeichnet wurde, jüdischer *Rabbi* gewesen sei, was der Vater jedoch nie deutlich gesagt habe. »Die Sache mit dem Judentum wurde immer etwas heruntergespielt.« (a.a.O., S. 29.) Der Vater habe sich aus der unteren Mittelschicht zum Juwelier und Fabrikbesitzer hochgearbeitet, während die Mutter, aus Hamburg stammend, schon »ziemlich wohlhabend« gewesen sei, als beide heirateten. Die Mutter sei eine sehr gebildete Frau gewesen, sie habe ihren Schulabschluss in Brüssel gemacht und fließend Englisch und Französisch gesprochen. Ihr eigenes musikalisches Talent habe sie »wohl von ihr« (ebd.).

Lore interessiert sich früh für Literatur und Musik. Sie erzählt, dass sie mit fünf oder sechs Jahren mit ihrer Mutter am Klavier saß und sich mit 15 Jahren bereits durch das ganze klassische Repertoire gespielt hatte; sie wollte Pianistin werden. Als sie mit acht oder neun Jahren Gedichte ihrer Mutter liest und eigene Liebesgeschichten zu schreiben anfängt, reagiert die Mutter allerdings mit einem strengen Verbot. Das löst bei ihr eine starke Hemmung aus, sprachlich ihre Gefühle auszudrücken. Bei ihr überwiegt das Rationale, was noch bis in die spätere Zeit nachwirkt; so äußert sie, sie tue sich im Englischen leichter mit Gefühlsäußerungen als im Deutschen (vgl. a.a.O., S. 34). Erst durch ihre spätere therapeutische Praxis im englischsprachigen Ausland stellt sich ein besseres Gleichgewicht zwischen Intellekt und Gefühl bei ihr her. Im Deutschen, ihrer Muttersprache, wirkt sich die früh erworbene Gefühlshemmung stärker aus.

Zum Vater, der in der Familie die unangefochtene Hauptrolle spielt, hat Lore bis zur Pubertät eine starke positive Bindung, danach verhält sie sich ihm gegenüber »sehr feindselig« (L. Perls 1997, S. 45). Das liegt hauptsächlich daran, dass er auf alle männlichen Freunde von ihr mit starker Eifersucht reagiert. Sie schildert, dass sie als Jugendliche einen Streit zwischen den Eltern mitbekommen habe, in dem es um einen Freund von ihr ging, den sie in einer jüdischen Jugendgruppe kennen gelernt hatte. Der Vater habe geschrien: »Ich brech' ihm sämtliche Knochen!«. Die Mutter habe ihn zu besänftigen versucht mit den Worten: »Das Kind ist verliebt, da kannst du nichts machen«. Sie selbst habe daraufhin einen »Zusammenbruch« erlitten und einige Monate in einer Klinik in Freudenstadt verbracht. In dieser Zeit erfuhr sie durch Lektüre von Freuds *Psychopathologie des Alltagslebens* (1904) zum ersten Mal etwas über die Psychoanalyse (vgl. a.a.O., S. 37f., 45).

Lore besucht in Pforzheim das Gymnasium, zeitweilig als einziges Mädchen in der Klasse. Sie gehört »immer zu den besten«, will jedoch nie »*die* beste« sein (a.a.O., S. 36, Hervorhebung H.J.). In ihre Schulzeit fällt der Erste Weltkrieg. Die folgende Revolutionszeit löst bei ihr eine Abkehr vom Plan, Pianistin zu werden, und ein stärkeres Interesse an sozialen Fragen aus. So beginnt sie nach dem Abitur 1923 in Frankfurt am Main ein Jura-Studium, zunächst mit dem Ziel, Jugendrichterin zu werden. Als ihr bewusst wird, dass sie sich eigentlich nur für die psychologischen Aspekte interessiert, wechselt sie das Studienfach. Ab 1925 studiert sie als Hauptfach *Psychologie* und als Nebenfächer Philosophie und Physiologie (a.a.O., S. 41). Ihr Lehrer in Psychologie und späterer Doktorvater ist *Adhémar Gelb*, der an der Frankfurter Universität die Gestaltpsychologie vertritt; bei ihm promoviert sie 1932 mit einer Arbeit über visuelle Wahrnehmung. Außerdem belegt sie Klinische Seminare bei *Kurt Goldstein*, der die Hirnphysiologie mit der Gestaltpsychologie zu verbinden sucht und mit Gelb an der Universität zusammenarbeitet. Am meisten beeindruckt ist sie jedoch von den Vorlesungen des jungen *Paul Tillich*, der die Existenzphilosophie, beginnend bei Kierkegaard, rezipiert und einen religiösen Sozialismus verficht. Tillich, ursprünglich protestantischer Pfarrer, ist der einzige bedeutende Nichtjude unter ihren Lehrern.[5] In diesem anregenden Milieu der Frankfurter Uni-

5 Adhémar Gelb und Paul Tillich spielen auch in der frühen Geschichte der *Kritischen Theorie* eine Rolle. Max Horkheimer lernte Theodor W. Ador-

versität, an der sie auch Martin Buber und Max Scheler kennen lernt, absolviert Lore Posner ihr Studium als Tochter aus »gutbürgerlichem Hause«, als sie Fritz Perls kennen lernt. Über Buber und Tillich äußert sie im Interview mit Milan Sreckovic:

»Ja, das Bedeutende mit den beiden ist der Dialog, das Gespräch mit dem, der angesprochen wird. Die beiden haben nicht von oben diktiert, sondern sind den anderen im Wechselspiel miteinander – von Mensch zu Mensch – begegnet. In ihren Vorlesungen fühlte sich jeder angesprochen. Ich habe mehr aus der Begegnung mit den beiden als aus ihren Schriften gelernt. Ihre Art zu sein, ihre Präsenz und ihr Respekt für die anderen haben mich tief beeindruckt. *They influenced me more than any psychologist.*« (L. Perls 1987, S. 178.)

Ehe auf die Beziehung zwischen Fritz und Lore Perls eingegangen wird, noch einige Bemerkungen zum Schicksal ihrer *Familie.*

Lores Vater starb im März 1933 – sie sagt: »Es war gut so, denn er hätte es [die Verfolgung unter den Nazis, H.J.] nicht durchgestanden.« (L. Perls, 1997, S. 73.) Ein Bruder von ihr übernahm erst die väterliche Firma, musste sie dann in »arische« Leitung übergeben, konnte jedoch noch rechtzeitig, ehe das Vernichtungprogramm der Nazis anlief, in die USA entkommen und schlug sich dort eine Zeitlang als Bürstenverkäufer durch. Ihre Mutter blieb in Deutschland, kam jedoch im Jahr 1936 für einige Monate besuchsweise nach Johannesburg. Während des Krieges lebte die Mutter in Hamburg; sie wurde deportiert und von den Nazis umgebracht. Lore macht sich Vorwürfe, dass sie ihre Mutter damals in Johannesburg nicht zum Bleiben überreden konnte – ihr Mann Fritz hielt die dauernde Nähe der Schwiegermutter nicht aus, deshalb fuhr sie zurück (vgl. a.a.O., S. 74). Eine Schwester mit Familie floh nach Holland und wurde von dort nach Auschwitz deportiert. Man kann sich vorstellen, wie das Schicksal ihrer Familie sie immer noch emotional aufwühlt, wenn Lore 30 Jahre später im Interview sagt: »Es ist so unfaßbar, es ist immer noch unvorstellbar.« (a.a.O., S. 75.)

Lore Posner lernt Fritz Perls im gemeinsamen Seminar von Goldstein und Gelb kennen. Den ersten Eindruck von ihm schildert sie folgendermaßen:

---

no in einem Seminar bei A. Gelb kennen und P. Tillich betreute Adornos Habilitationsschrift über Kierkegaard (vgl. Jäger 2005, S. 77, 103). Bei ihrem ersten Besuch in Deutschland nach dem Zweiten Weltkrieg im Jahr 1957 sprach Lore Perls auch mit Max Horkheimer, den sie noch aus der frühen Zeit in Frankfurt kannte (vgl. L. Perls 2005b, S. 21).

»Da war ein Typ, den ich mochte, intelligent, klar und originell in den kleinen Dingen. Zu dieser Zeit hatte seine Kreativität keinen bestimmten Fokus. Er war kreativ im Reden. [...] Fritz war ein hoffnungsloser Zyniker. Während des Ersten Weltkriegs war er verwundet worden und hatte eine Lungenentzündung. Das trug wahrscheinlich dazu bei, daß er später in Südafrika emphysemisch wurde und Schwierigkeiten mit dem Herzen bekam. [...] Er hatte so einen Galgenhumor und war ziemlich nihilistisch. [...] Er hatte nicht das Gefühl, irgendwo hinzugehören. Er wollte nichts und niemanden ernstnehmen. Auf der einen Seite ließ er sich ein, auf der anderen verleugnete er das aber auch wieder. Er machte sich lustig. Er war eher zweifelnd als skeptisch, nihilistisch würde ich sagen.« (L. Perls 1997, S. 49ff.)

Das klingt nicht sehr begeistert. Offensichtlich war Fritz Perls zu dieser Zeit und auch später kein »pflegeleichter« Mensch, eher ein Zyniker, der sein Bedürfnis nach Bindung und Geborgenheit »immer verleugnen« (a.a.O., S 57) musste, ein schwieriger Charakter, der sich und anderen das Leben und vor allem das Zusammenleben schwer machen konnte. Lore lässt sich jedoch auf ihn ein. Fritz Perls wird zu einem der kreativsten und begabtesten Therapeuten des 20. Jahrhunderts, wozu ihr Einfluss auf ihn sicher mit beigetragen hat.

Ruth C. Cohn, die Fritz und Laura Perls etliche Jahre später in New York kennen lernte, schreibt über die Beziehung zwischen beiden:

»Sicher ist Fritz nie sehr gebunden gewesen, weder an Frauen, noch Freunde, noch Länder. [...] In New York faßte er nicht Fuß, wo es eigentlich leicht war, wahrscheinlich wegen Lore (die dort Laura hieß), während er an sich die Bindung an sie nie total aufgab, sondern wenn immer er nach New York kam, in ihrer Wohnung schlief. Sie litt sowohl unter seiner Abwesenheit, als auch unter seinen Anwesenheiten.« (Ruth C. Cohn in einem Brief an den Autor vom 13.8.1998.)

Diese Charakteristik bezieht sich auf eine Zeit, in der Fritz und Laura Perls schon seit längerem nicht mehr zusammen lebten, in der sie vielmehr dabei waren, die Gestalttherapie in unterschiedliche Richtungen weiterzuentwickeln. Man sollte darüber jedoch nicht vergessen, dass dieser Zeit nicht nur ihre Ehe und Familiengründung – das Ehepaar Perls hatte einen Sohn und eine Tochter, deren Erziehung hauptsächlich Laura übernahm –, sondern auch eine fruchtbare *fachliche Zusammenarbeit* voraufgegangen war. Dabei können wir annehmen, dass sich aus der Verschiedenheit der Charaktere und Interessen häufig Spannungen ergaben. Es war gewiss nicht leicht für Laura Perls, die zahlreichen sexuellen Affären und Eskapaden ihres Mannes, von denen z.B. Martin Shepard in seinem häufig für »*Fritz*« – so der schlichte Titel – Partei ergreifenden Buch berichtet, zu ertragen. Trotzdem zog sie anscheinend niemals ernsthaft in Erwägung, sich von ihm scheiden zu lassen. Charakteristisch ist die Antwort, die sie auf die entsprechende Frage einer Freundin gab:

»I asked Laura once,« said Elaine Kempner, »why in hell don't you divorce this son-of-a-bitch?«
»Because«, she answered, »he's the most fascinating man I've ever known.« (Shepard 1975, S. 75.)

Studium in Frankfurt – Ausbildung zur Analytikerin

Lore Perls studierte, wie erwähnt, mit dem Ziel der Promotion ab 1925 an der Frankfurter Universität die Fächer Psychologie, Philosophie und Physiologie als Teilfach der Medizin. Es unterliegt keinem Zweifel, dass sie als gelernte Psychologin den Erkenntnisfortschritt, den die *Gestaltpsychologie* gegenüber der steril gewordenen Assoziationspsychologie darstellte, früher begriff, umfassender sich aneignete und besser vertreten konnte als Fritz Perls, der von einer Psychiatrie herkam, die sich weitgehend auf die Anatomie und Physiologie des Gehirns und der Nervenbahnen beschränkte. Laura Perls zitiert einen späteren Ausspruch ihres Mannes:

»Ich wünschte, ich hätte mehr von Gestalt verstanden, als ich noch bei Goldstein war.« (L. Perls 1997, S. 50.)

Das Faszinierende an den Forschungen Goldsteins bei Hirnverletzten des Ersten Weltkriegs war, dass sie über das bis dahin vorherrschende enge Verständnis der Hirnphysiologie hinausführten, insofern Vernetzungen und Substitutionsleistungen bei hirnorganischen Ausfällen erkennbar wurden, die in Richtung eines *ganzheitlich funktionierenden Organismus* wiesen. Daraus ergab sich eine Konvergenz mit dem Ansatz der Gestaltpsychologie, die u.a. vom Figur-Hintergrund-Konzept ausging und »ganzheitliche« Wahrnehmung experimentell nachwies. Fritz Perls und Lore Posner lernten die neuen Forschungsergebnisse sozusagen aus erster Hand kennen; Lore trug durch ihre Untersuchungen über visuelle Wahrnehmung, die in eine Dissertation bei Adhémar Gelb mündeten (vgl. L. Perls 1997, S. 131), selber dazu bei.

Nachdem sie Fritz Perls kennen gelernt hat, beginnt Lore sich über das schon vorhandene theoretische Interesse an der *Psychoanalyse* hinaus für die damals »neue« Therapieform zu interessieren. Am Beginn ihrer Bekanntschaft befindet Fritz Perls sich zusammen mit einem Kollegen namens »Dr. Quadfasel« [sic!], der wie er an Goldsteins Institut arbeitet, in Analyse. Die Gespräche der beiden wirken auf sie faszinierend:

»Beide hatten einen bestimmten Jargon miteinander, in den ich nicht eingeweiht war, und eine Erfahrung, die ich nicht teilen konnte. Also machte auch ich eine Analyse. Eigentlich machte ich das, um ›in‹ zu sein.« (L. Perls, a.a.O., S. 49f.)

Schon bald wandelt sich diese private Motivation jedoch in ein ernsthaftes Ausbildungsinteresse. Nach dem Einstieg bei Clara Happel, der Analytikerin von Fritz Perls, absolviert Lore für ungefähr zweieinhalb Jahre eine *Lehranalyse* bei Karl Landauer, die sie dann bei Frieda Fromm-Reichmann fortsetzt.

Karl Landauer (1887-1945), der bei Freud seine Ausbildung zum Analytiker gemacht hat, ist zur damaligen Zeit einer der wichtigsten Vertreter der Psychoanalyse außerhalb der Zentren in Wien und Berlin. Zusammen mit *Frieda Fromm-Reichmann*, die von 1914 bis 1920 Mitarbeiterin von Kurt Goldstein war, mit Heinrich Meng, Clara Happel und Erich Fromm gründet er 1926 die »Südwestdeutsche Psychoanalytische Arbeitsgemeinschaft«, die 1929 in das *Frankfurter Psychoanalytische Institut* aufgeht. Dieses wird an das von Max Horkheimer geleitete *Institut für Sozialforschung* – und damit an die Frankfurter Universität – organisatorisch angegliedert. Dieser Kreis, zu dem nun auch die Ausbildungskandidatin Lore Perls gehört, unterhält enge Kontakte zu *Georg Groddeck* in Baden-Baden. Auch andere kreative Interpreten der Psychoanalyse wie Sándor Ferenczi und Karen Horney sind von Groddeck beeindruckt bzw. erscheinen bei ihm regelmäßig zur »Kur«. Es ist anzunehmen, dass Lore Posner von diesen »unorthodoxen« Analytikern nicht unbeeinflusst geblieben ist, obwohl sie in veröffentlichten Interviews, die sich auf die Zeit in Frankfurt beziehen, ausdrücklich nur Karl Landauer, Clara Happel und Frieda Fromm-Reichmann erwähnt (vgl. L. Perls 1997, S. 51.)[6]

Lore Posner und Fritz Perls heiraten im Jahr 1930 und Lore folgt Fritz nach Berlin, wo sie auch *Wilhelm Reich* kennen lernt. Er lädt sie zu

6 Dass Lore Perls als Mitglied der *Südwestdeutschen Psychoanalytischen Arbeitsgemeinschaft* auch Sándor Ferenczi und Georg Groddeck kennen gelernt und geschätzt hat, geht aus unveröffentlichten Gesprächen mit ihr hervor (vgl. oben S. 132).

einem Gespräch ein, nachdem ihr Mann sich bei ihm in Analyse befindet und sie sich über eine flüchtige Impotenz-Periode bei Fritz nach eigener Aussage »lustig gemacht« hat:

»Reich wollte mich sehen und sagte, das sei nicht sehr klug. Natürlich war es das nicht, es war nur so ungewöhnlich. Aber es lief ganz gut, wir hatten eine schöne Unterhaltung. Das war die einzige persönliche Begegnung, die ich mit Reich hatte. Ansonsten bin ich ihm nie begegnet.« (L. Perls 1997, S. 68.)

Abgesehen vom pikanten Inhalt der Unterredung zeigt diese kleine Szene, dass die Psychoanalyse sich damals bei ihren kreativen Vertretern keineswegs nur auf die Interpretation früherer, lebensgeschichtlich bedeutsamer Ereignisse beschränkte, sondern auf die aktuelle Lebenssituation und *alle* daran Beteiligten zielte und dass der Therapeut auch nicht vor wertenden Stellungnahmen zurückschreckte – was bei »orthodoxen« Analytikern jedoch keineswegs als selbstverständlich galt bzw. gilt.

Als ein Spezifikum, das Lore Perls in die spätere Gestalttherapie einbringt, muss noch das *Tanz- und Bewegungsstudium* erwähnt werden, das sie schon in Pforzheim beginnt und später in Frankfurt und Berlin fortsetzt. In Berlin ist sie Schülerin von *Elsa Gindler,* »aus deren Schule dann Charlotte Selver und das ganze Sensitivity-Training hervorging« (a.a.O., S. 59). Damit gewinnt sie einen ähnlichen Ausgangspunkt wie Ruth Cohn, die ungefähr zur gleichen Zeit bei einer Schülerin von Elsa Gindler in Berlin Tanz- und Bewegungsunterricht nimmt (vgl. Farau/Cohn 1984, S. 564f.). Ruth Cohn nimmt das Achten auf Körpersignale, d.h. Bewegung, Haltung, Anspannung etc. des Körpers in die von ihr begründete *Themenzentrierte Interaktion* mit hinein. In ähnlicher Weise behauptet Lore Perls, es sei unsinnig, »Gestalttherapie *und* Körperarbeit« oder »Gestalttherapie *und* Sensitivity Training« als *verschiedene* Methoden nebeneinander zu stellen. Vielmehr lautet ihre Devise: »Das alles ist Teil von Gestalt. Eigentlich kann all das in den Gestaltansatz und die Gestaltmethoden integriert werden.« (L. Perls 1997, S. 63.)

Die fruchtbare Zeit in Berlin und Frankfurt – Lore Perls schließt, wie erwähnt, ihre Promotion mit einer gestaltpsychologischen Arbeit über visuelle Wahrnehmung im Jahr 1932 in Frankfurt ab – endet abrupt mit der *Machtergreifung der Nazis* im Januar 1933. Beide müssen fliehen, da sie sich in antifaschistischen Gruppen engagiert haben und Fritz auf einer »Schwarzen Liste« steht. Lore geht zunächst nach Pforzheim, wo der Verfolgungsapparat der neuen Machthaber noch nicht so perfekt organisiert ist, und folgt im Herbst 1933 ihrem Mann nach Amsterdam.

Damit beginnt die Zeit der gemeinsamen Emigration: über Holland nach Südafrika und später in die USA.

Anfänge der Gestalttherapie – Paul Goodman

Nach nur kurzem Aufenthalt in Amsterdam – beide wohnen dort sehr beengt und bekommen keine Arbeitserlaubnis – erhält Fritz Perls durch Vermittlung von Ernest Jones eine Anfrage aus Johannesburg, ob er bereit sei, dort ein psychoanalytisches Ausbildungsinstitut mit aufzubauen. Auf Empfehlung von Karl Landauer, der ebenfalls nach Amsterdam geflohen ist und bei dem er sich in Kontrollanalyse befindet, wird ihm die Anerkennung als Lehranalytiker erteilt und er sagt zu. In Johannesburg ist er führend am Aufbau des *South African Institute of Psychoanalysis* beteiligt. In der ersten Zeit praktiziert er noch nach »orthodoxer« Methode, mit der Couch und der Deutung dessen, was der Analysand »erzählt« bzw. assoziiert und aus Träumen erinnert. Lore – sie nennt sich jetzt Laura – geht noch eine Zeitlang zu Hans van Ophuijsen, den sie in Holland kennen gelernt hat, in Kontrollanalyse und eröffnet dann eine eigene psychoanalytische Praxis. Ihr Mann Fritz ist in dieser Zeit bemüht, sich auch in der *Internationalen Psychoanalytischen Vereinigung* ins Gespräch zu bringen. Als geborener »Rebell« wählt er dafür ein Thema, das für jeden Freudianer provozierend klingen muss, nämlich »Zur Theorie der oralen Widerstände«. Mit einem entsprechenden Vortrag im Gepäck reist er 1936 zum *Internationalen Psychoanalytischen Kongreß* nach Marienbad in der Tschechoslowakei.

Der damalige Vortrag ist leider im Manuskript oder Druck nicht erhalten, aber seine Grundgedanken sind in Perls' erstem Buch *Ego, Hunger and Aggression* (Perls 1987, S. 133ff.) nachzulesen. Perls' Intention geht dahin, die Freudsche Theorie, derzufolge die Entstehung von Widerständen mit dem Hergeben und Zurückhalten in der *analen* Phase verbunden ist, zu ergänzen und zu überbieten. *Orale* Widerstände, die mit Kauen und Schlucken von physischer und geistiger Nahrung zu tun haben, sind mindestens ebenso wichtig. Damit wird die Freudsche Theorie der »prägenitalen« Entwicklungsstufen kritisiert. Der Nahrungstrieb ist für Perls grundlegender als der Sexualtrieb, und die Art, wie wir uns Nahrung jedweder Art aneignen – entweder auf gesunde Weise aggressiv und selbstbestimmt oder fremdbestimmt – prägt den Charakter und unser Verhältnis zur Welt. Es ist kein Wunder, dass diese Auffassung, die »radikaler« ist als die Phasentheorie Freuds, bei den in Marienbad anwesenden Analytikern auf fast einhellige Ablehnung stößt.

Bei der Anreise nach Marienbad macht Perls Zwischenstation in Wien, um *Sigmund Freud* persönlich von seiner Arbeit zu berichten. Er schildert die Begegnung in seiner Autobiographie:

»Ich vereinbarte einen Termin, wurde von einer ältlichen Frau empfangen (ich nehme an, seiner Schwester) und wartete. Dann öffnete sich die Tür etwa einen Meter breit und da war er, vor meinen Augen. Es wirkte seltsam, daß er die Tür nicht verließ, aber damals wußte ich noch nichts von seinen Phobien.
›Ich bin aus Südafrika gekommen, um einen Vortrag zu halten und Sie zu sehen.‹
›Und wann fahren Sie zurück?‹ sagte er. Ich erinnere mich nicht an den Rest der (etwa vier-minütigen) Unterredung. Ich war schockiert und enttäuscht.« (Perls 1981, S. 58f.)

Die doppelte Zurückweisung, dass sein Vortrag beim analytischen Establishment »durchfiel« und dass Freud sich für seine Arbeit nicht interessierte, bedeutete zweifellos für Perls eine schwere narzißtische Kränkung. Noch gravierender war, dass ihm bald nach der Rückkehr nach Südafrika der Lehranalytiker-Status durch die *Internationale Psychoanalytische Vereinigung* aberkannt wurde. Dabei spielte vermutlich die »unorthodoxe« Thematik seines Vortrags, mehr aber noch die frühere Nähe zu Wilhelm Reich, der bereits 1934 aus der IPV ausgeschlossen worden war, eine Rolle. Perls wurde damit gleichsam degradiert, er konnte fortan nur noch als »einfacher« Psychoanalytiker praktizieren. Eine Aufhebung seiner Mitgliedschaft oder ein Austritt aus der *Internationalen Psychoanalytischen Vereinigung* ist jedoch nirgends belegt.

Die für Fritz Perls unangenehme Situation, die ihn in Südafrika in die Isolation trieb, hatte aber auch gewisse Vorteile: Er konnte in der Folgezeit das Unbehagen an der Freudschen Orthodoxie, das er schon während seiner Ausbildung empfunden hatte, in einen *experimentierenden Umgang* sowohl mit der Theorie als auch mit der Praxis der Psychoanalyse ummünzen, ohne weitere Sanktionen befürchten zu müssen. Von Laura Perls wurde er dabei unterstützt. Die Änderungen, die sie vornahmen, resultierten aus gemeinsamen Überlegungen. So gaben sie nach einiger Zeit die Couch als Behandlungsinstrument auf, suchten das direkte Gegenüber und bezogen zunehmend auch körperliche Reaktionen, wie Mimik, Gestik, Stimmlage, Körperhaltung etc., in die Arbeit mit den Patienten mit ein.

Fritz und Laura Perls arbeiteten seit Ende der 30er Jahre an einem Buchprojekt, in dem sie sich zwar noch psychoanalytischer Begriffe bedienen, zugleich aber den Anspruch erheben, »a) die psychologische Auffassung durch die eine *organismische* zu ersetzen; b) die Assoziationspsychologie durch die *Gestaltpsychologie* zu ersetzen« (Perls 1987, S.18, Hervorhebung H.J.). Das Manuskript wurde 1941 abgeschlossen und 1944 in Südafrika sowie 1947 in London mit dem Titel *Ego, Hunger and Aggression* unter dem Namen von Fritz Perls allein veröffentlicht. Es markiert den allmählichen Übergang von der Psychoanalyse zur Gestalttherapie und ist das umfangreichste Werk von Fritz Perls selbst, in dem er sich über die theoretischen Grundlagen seines therapeutischen Handelns Rechenschaft gibt. Die spätere grundlegende Veröffentlichung, die gemeinhin als »Geburtsurkunde« der Gestalttherapie gilt, da sie die entsprechende Bezeichnung erstmals im Titel führt (*Gestalt Therapy. Excitement and Growth in the Human Personality*, New York 1951, dt. 1981), wurde in den theoretischen Teilen von Paul Goodman, nicht von Fritz Perls geschrieben; das ist in Deutschland spätestens seit dem Aufsatz von *Hilarion Petzold* über »Die Gestalttherapie von Fritz Perls, Laura Perls und Paul Goodman« (Petzold 1984) bekannt.

Weniger bekannt ist, dass *Laura Perls* an den beiden Schriften einen wesentlich größeren Anteil hat, als gemeinhin angenommen wird. In einem Interview mit Milan Sreckovic äußert sie sich zur Entstehung des Buchs *Gestalt Therapy* folgendermaßen:

»Ja, wir haben die Inhalte zusammen konzipiert. *Everything was talked over.* Die Grundkonzepte haben Fritz und ich, noch bevor wir Paul trafen, entwickelt. Aber die wären nie in einer kohärenten Theorie so formuliert, wenn er [Paul Goodman] es nicht getan hätte. Paul hatte einen breiten philosophischen, literarischen und philosophischen Hintergrund und war für mich immer eine Inspiration. Seine Bedeutung für die Gestalttherapie wird bis heute von vielen unterschätzt.« (L. Perls 1987, S. 188.)

Nachdem sie in dieser Weise den Anteil von Paul Goodman an der Ausarbeitung des wichtigsten Grundlagentextes der Gestalttherapie herausgestellt hat, antwortet Laura Perls auf die Frage, warum *sie selbst* als Co-Autorin nicht genannt wurde: »Ich hatte keinen Ehrgeiz.« (ebd.)

Auch ihr Anteil am Zustandekommen von *Ego, Hunger and Aggression* wurde unter den Teppich gekehrt. Nach ihren Angaben stammen einige Kapitel in dem Buch, z.B. »Der Schnuller–Komplex« (Perls 1987, S. 160ff.), vollständig aus ihrer Feder; andere, z.B. über Schlaflosigkeit und »unerledigte Situationen« (a.a.O., S. 312ff), habe sie »fast allein« geschrieben (L. Perls 1997, S. 86). Im Vorwort zur Erstveröffentlichung im Jahr 1944 erwähnt Fritz Perls noch, seine Frau habe »wertvolle Beiträge zu diesem Buch geleistet« (Perls 1987, S. 9); später lässt er diesen Hinweis einfach weg. Dies trug mit bei zur lange Zeit vorherrschenden Legende, Fritz Perls allein sei der Begründer der Gestalttherapie.

Aus der Zeit in Südafrika berichtet Fritz Perls ein Erlebnis, das seine Abwendung von der Psychoanalyse beschleunigt hat:

»Der Bruch trat ein, als ich Marie Bonaparte, Prinzessin von Griechenland, in Kapstadt traf. Sie war eine Freundin und Schülerin Freuds. Ich hatte das Manuskript für *Das Ich, der Hunger und die Aggression* fertiggestellt und vervielfältigt und gab es ihr zum Lesen. Als sie mir das Manuskript zurückgab, versetzte sie mir den Schock, den ich brauchte. Sie sagte: ›Wenn du an die Libido-Theorie nicht mehr *glaubst*, solltest du lieber deinen Rücktritt erklären.‹ Ich wollte meinen Ohren nicht trauen. Ein wissenschaftlicher Ansatz, der auf einem Glaubenssatz basierte?« (Perls 1981, S. 92.)

Perls hat beschlossen, »den Organismus ohne Libido-Brille zu betrachten« (Perls 1987, S. 97). Er wirft Freud vor, dass er »die Kausalität, die Vergangenheit und den Sexualtrieb überschätzt und die Bedeutung von Zielgerichtetheit, Gegenwart und Hungertrieb unterschätzt« (a.a.O., S. 99) habe, hält jedoch daran fest, dass unsere geistig-seelische Struktur »stärker durch Triebe und Gefühle bestimmt« wird als durch Vernunft und dass Neurosen als Ergebnis eines »Konflikts zwischen Organismus und Umwelt« (ebd.) zu betrachten sind. Damit werden die Weichen für eine Psychologie gestellt, die sich statt auf Erforschung der Vergangenheit mehr auf die *Gegenwart* (das »Hier und Jetzt«) konzentriert, die auf die Freisetzung unterdrückter bzw. nicht wahrgenommener *Gefühle* im Zusammenhang des *gesamten Organismus* zielt und dessen ganzheitliche Balance, die organismische »Selbstregulierung« (Perls 1976, S. 23), im Blick hat. Therapie vollzieht sich an den »Grenzen«, den »Kontaktstellen« (Perls 1987, S. 171) zwischen Organismus und Umwelt.

Fritz und Laura Perls reisen aus Südafrika im Jahr 1946 aus, nachdem sich dort das politische Klima durch die Apartheid verschlechtert hat. Karen Horney, die bereits 1932 Deutschland verlassen und in Chicago am Aufbau eines psychoanalytischen Instituts mitgewirkt hat (vgl. Stephan 1992, S. 243), bürgt für sie bei der Einreise in die Vereinigten Staaten. Erich Fromm, der Perls' *Ego, Hunger and Aggression* gelesen hat, und Clara Thompson, die zusammen mit Fromm, dessen geschiedener Ehefrau Frieda Fromm-Reichmann und Harry Stack Sullivan den New Yorker Zweig der *Washington School of Psychiatry* aufgebaut hat (vgl. Funk 1999, S. 118), unterstützen Perls beim Aufbau einer eigenen Praxis durch Überweisung von Patienten. Anscheinend bestanden weitergehende Pläne, Fritz Perls an das von ihnen betriebene Ausbildungsinstitut, das inzwischen in *William Alanson White Institute of Psy-*

chiatry umbenannt worden war, zu berufen. Laura Perls berichtet darüber im Interview mit Daniel Rosenblatt:

»Sie wollten ihn als Lehranalytiker am Alanson-White-Institut, aber dafür hätte er sein medizinisches Examen wiederholen müssen und das hätte bedeutet, daß er noch einmal zur Schule hätte gehen müssen. Damals war Fritz schon über fünfzig und er sagte: ›Wenn ich zur Schule gehe, dann als Lehrer und nicht als Schüler.‹« (L. Perls 1997, S. 93.)

Diese Geschichte klingt insofern etwas merkwürdig, als ein Hauptmotiv bei der Gründung des *William Alanson White Institute* darin bestanden hatte, dass auch Nicht-Mediziner, wie Fromm einer war, als Lehrtherapeuten zugelassen sein sollten (vgl. Funk 1999, S. 116f.). Die Gründungsmitglieder hatten sich von der *New York Psychoanalytic Society* getrennt, die ein Medizinstudium für Analytiker voraussetzte. Fritz Perls hätte um seine Anerkennung kämpfen können, denn er war ja medizinisch ausgebildeter Psychiater und Psychoanalytiker und er hatte bereits in Johannesburg als Lehranalytiker gearbeitet. Wahrscheinlich fühlte er sich jedoch in New York der Psychoanalyse nicht mehr so zugehörig, dass er sich überhaupt einem ihrer Ausbildungsinstitute – auch nicht dem vergleichsweise liberalen und fortschrittlichen *William Alanson White Institute* – anschließen wollte.

Es blieb also bei der privaten Praxis, die Fritz und Laura Perls in New York unterhielten. In den folgenden Jahren bildete sich um die beiden allmählich ein Schülerkreis aus ehemaligen Patienten. Unter diesen waren Isadore From, Paul Goodman und Ralph Hefferline. Mit den beiden letzteren arbeiteten Fritz und Laura Perls an dem gemeinsamen Buch über *Gestalt Therapy* (1951), das die neue Therapieform erstmals bekannt machte, und aus der ersten Gruppe, die Laura Perls ins Leben rief, entstand 1952 das *New York Institute for Gestalt Therapy* mit den beiden Perls, Paul Goodman, Paul Weisz und Eliot Shapiro als Gründungsmitgliedern (vgl. L. Perls 1997, S. 101ff.). Damit beginnt die *amerikanische* Geschichte der Gestalttherapie, in deren Verlauf das Ehepaar Perls nicht mehr allein die tragende Rolle spielt.

Ehe wir zu den 60er Jahren kommen, in der die Gestalttherapie durch Fritz Perls auch über die USA hinaus bekannt wurde, ist es sinnvoll, auf *Paul Goodman* (1911-1972), den Autor des Theorieteils von *Gestalt Therapy* (engl. 1951, dt. 1981a), etwas näher einzugehen. Man könnte den avantgardistischen Sozialphilosophen, Alternativpädagogen und Schriftsteller ohne große Übertreibung sogar als dritten Begründer der Gestalttherapie neben den beiden Perls ansehen (vgl. Petzold 1984, S. 5), da er zu dem in einem Diskussionsprozess entstandenen Buch nicht nur seine schriftstellerisch gekonnte, wenn auch nicht leicht eingängige Art der Darstellung, sondern eigene inhaltliche Ideen beigetragen hat. Da seine Mitarbeit im *New York Institute for Gestalt Therapy* jedoch begrenzt war – sie dauerte etwa zwölf Jahre (vgl. Blankertz/Doubrawa 2005, S. 134) – und er ansonsten eher als avangardistischer Poet, anarchistischer Gesellschaftskritiker, radikaler Pazifist und Leitfigur der Jugendrebellion in den USA bekannt wurde, beschränken wir uns hier auf einen kurzen Einschub.

Wenn man von Goodmans Veröffentlichungen ausgeht, die ihn in den USA in den 60er Jahren berühmt gemacht haben,[7] und von hier aus nach Spuren im gestalttherapeutischen »Klassiker« von 1951 sucht, die schon damals für seine Position kennzeichnend waren, so ist als erstes eine Umwertung der Beziehung zwischen Neurose und »Normalität« im Hinblick auf *psychische Gesundheit* festzustellen: Nicht der Neurotiker ist krank, sondern der sozial Angepasste, der nicht merkt, dass er in einem System lebt, das krank ist und krank macht – eine Umwertung, die zu radikalen Konsequenzen führt:

»Sport und Unterhaltung sind passiv und symbolisch; die Auswahl auf dem Markt ist passiv und symbolisch; es gibt nichts mehr, was die Menschen selber tun oder lassen, es sei denn symbolisch. Das Angebot an Sexualität ist reichlich, die Unempfindlichkeit extrem. Früher herrrschte das Gefühl vor, Wissenschaft, Technik und neue Sitten würden ein glückseliges Zeitalter hereinbrechen lassen. Diese Hoffnung ist enttäuscht worden. [...]
Schon oberflächlich gesehen gibt es also Grund, die Dinge kurz und klein zu schlagen, nicht diesen oder jenen Teil des Systems (z.B. die herrschende Klasse), sondern das Ganze en bloc, denn es verspricht nichts mehr, es hat sich in seiner bestehenden Form als unassimilierbar erwiesen.« (Perls/Hefferline/Goodman 1981a, S. 135.)

Goodmans Kritik, die er als Anarchist und Pazifist vor allem gegen den Krieg als »Massenselbstmord ohne Schuldgefühl« (a.a.O., S. 134) richtet, ist trotz des verbalen Radikalismus nicht als Aufruf zur Gewalt, sondern zur Verweigerung, zum Nicht-Mitmachen zu verstehen, und sie beschränkt sich nicht auf die bloße Negation. Vielmehr geht es darum, dass der bisher »normal« Angepasste, der bemerkt, dass mit ihm etwas »nicht stimmt«, sein eigenes Leben bewusster in die Hand nimmt und

7 Vor allem zwei Texte Goodmans sind zu nennen: *Growing Up Absurd: The Problems of Youth in the Organized Society* (1960), eine soziologische Analyse, die dem Jugendprotest der 60er Jahre Argumente verlieh, und *Drawing the Line* (1962), ein Manifest, das die Bewegung gegen den Vietnamkrieg mit ins Leben rief.

für sich Alternativen entdeckt. Dass sich die Klientel der Therapie verändert hat, ist für Goodman ein Zeichen der Hoffnung:

»Außerdem müssen wir daran erinnern, daß bei dem gegenwärtigen Andrang der Patienten zur Psychotherapie die Unterscheidung zwischen ›normal‹ und ›neurotisch‹ nicht mehr nur unwichtig geworden ist, sondern sie ist geradezu täuschend. Denn immer mehr Patienten sind überhaupt nicht ›krank‹, sondern hinlänglich angepaßt; sie sind gekommen, weil sie etwas mehr vom Leben und von sich selber verlangen und glauben, Psychotherapie könne ihnen helfen.« (Perls/Hefferline/Goodman 1981a, S. 95.)

Paul Goodman bringt, mehr noch als Laura Perls mit der Musik-, Tanz- und Bewegungstherapie, in die Gestalttherapie eine *kreative* Note. Dies beinhaltet nicht nur, sich nach Möglichkeit kreativ-schöpferisch zu betätigen, indem man z.B., wie Goodman selbst, literarisch-poetische Texte verfasst; es bedeutet vor allem, an das *eigene Leben* kreativ heranzugehen. Wenn das bisher »angepasste« Leben nicht mehr befriedigt, muss man etwas Neues ausprobieren. Goodmans Formel hierfür, die auch bei Fritz Perls eine Vorgeschichte hat (vgl. Petzold 1984, S. 7f.), heißt »schöpferische Anpassung« (Perls/Hefferline/Goodman 1981a, S. 31), mit dem Akzent auf »schöpferisch«. Die für die Gestalttherapie typischen Experimente zur Erweiterung der Wahrnehmung auf körperlich-psychisch-sozialer Ebene (vgl. Perls/Hefferline/Goodman 1981b) sollen darauf vorbereiten, die Alltagsrealität, die nicht einfach nur »gegeben« ist, umzugestalten:

»Ist der Patient ein aktiv experimentierender Partner in der Sitzung, dann wird er diese Haltung auch nach draußen tragen und schnellere Fortschritte machen, denn das Umweltmaterial ist viel interessanter und vordringlicher.« (Perls/Hefferline/Goodman 1981a, S. 32.)

Goodman kannte sich, obwohl er kein ausgebildeter Analytiker war, sondern vor der Zusammenarbeit mit Fritz und Laura Perls nur Erfahrung in Reichianischer Therapie hatte, in der psychoanalytischen Literatur sehr gut aus. Es wäre lohnend, seinen Stellungnahmen zu Freud, Reich und Rank, dessen künstlerische Auffassung er besonders schätzte, im einzelnen nachzugehen, doch dies würde eine eigene Untersuchung erfordern. So bleibt hier nur festzuhalten, dass Goodman derjenige unter den Begründern der Gestalttherapie ist, den man am ehesten als »therapeutisch interessierten Intellektuellen« bezeichnen kann; ohne ihn gäbe es nach Aussage von Laura Perls »keine kohärente Theorie der Gestalttherapie« (vgl. Blankertz/Doubrawa 2005, S. 135).

Esalen und das »Human Potential Movement«

Die Erfolgsgeschichte der Gestalttherapie beginnt in den 60er Jahren des vorigen Jahrhunderts etwa gleichzeitig mit der Gründung der *American Association for Humanistic Psychology* (AAHP), die unter dem Vorsitz von Abraham Maslow zu Stande kommt, und mit der Eröffnung des *Esalen Institute* in Big Sur/California durch Michael Murphy und Richard Price (vgl. Quitmann 1991, S. 25ff.). Bei den Zusammenkünften der *Academy of American Psychotherapists* (AAP) trat Fritz Perls neben anderen Größen wie Carl Rogers, Rollo May und George Bach mit gestaltherapeutischen Workshops in Erscheinung (vgl. Farau/Cohn 1984, S. 272f.). Berühmt wurde er mit seiner Verpflichtung an das *Esalen Institute*, das ursprünglich der Verbreitung der Ideen der *National Training Laboratories* (NTL), die von Kurt Lewins gruppendynamischen Experimenten ausgingen, dienen sollte, durch die Hinzunahme unkonventioneller Therapie- und Selbsterfahrungsmethoden jedoch bald zu einem Zentrum des *Human Potential Movement* wurde. Aus dieser Zeit stammen die meisten Film- und Tonbandaufzeichnungen und die davon hergestellten Transkripte, die den Inhalt von Perls' späteren Veröffentlichungen (u.a. Perls 1974; 1976) bilden.

Entscheidend für das Aufkommen des *Human Potential Movement*, dem sich die Gestalttherapie von Fritz Perls damals anschloss,[8] waren vor allem drei Entwicklungen, die sich seit den 50er Jahren in den USA angebahnt hatten: a) Es gab in der amerikanischen Mittelschicht, vor allem bei den Intellektuellen, eine wachsende Unzufriedenheit mit dem vorherrschenden *Konformismus* in allen Bereichen des Lebens, wie ihn D. Riesman, R. Denney und N. Glazer in ihrem Bestseller *The Lonely Crowd* (1950, dt. 1958) für den »außengeleiteten« Menschen beschrieben hatten. b) Die Grenzen zwischen »neurotisch« im Sinne von »krank« und »normal« im Sinne von »gesund« wurden zunehmend in Frage gestellt, was eine gesteigerte Nachfrage nach *therapeutischer Selbsterfahrung für »Normale«* nach sich zog. c) Die zunächst an wirtschaftlichen Leistungserfordernissen – z.B. Steigerung der Qualifikation für Teamarbeit – orientierten gruppendynamischen Trainings in den *National Training Laboratories* (NTL) wurden ergänzt bzw. abgelöst durch

8 Auf das damalige Zeitkolorit, die verschiedenen Einflüsse auf die Gestalttherapie und Unterschiede zwischen West- und Ostküstenstil macht *Hilarion Petzold* in der Einleitung zu dem von ihm herausgegebenen Sammelband mit Texten von Fritz und Laura Perls (Perls 1980, S. 11ff.) aufmerksam.

den Typus der von Carl Rogers und William C. Schutz begründeten *Encounter-Gruppen*, in denen Menschen sich nur zum Zweck der Selbsterfahrung und des »personal growth« ohne Masken und Verstellungen begegnen und »mit all ihren Gefühlen zeigen« (Kollbrunner 1987, S. 415) sollten. *Esalen* in Big Sur/Kalifornien war ein Zentrum der Encounter-Bewegung. In der Schilderung von Martin Shepard wird die dort herrschende Gruppenatmosphäre festgehalten:

»Esalen was open to Everyman and Everywoman. To attend their programs required only curiosity. If anyone was willing to say, ›I could get even *more* out of my life,‹ that person was welcome. One no longer had to wear the label ›neurotic‹ in order to try to feel better. Many were attracted to this possibility. For the decent home, decent job, decent car – the end result of a materialism that was supposed to make life richer – had left us poorer instead. Not only had meaning disappeared from life's labors, but given the mad scramble for goods and resources, we had forgotten how to share ourselves with family, friends and neighbors.
Esalen's twin promises of a *freer lifestyle* and *freedom from alienation* were as appealing to those over twenty-five as was the flower child movement for those who were younger. No matter that most of Esalen's leading gurus were, like Fritz, similarly alienated. It was the very depth of their own alienation that impelled them to search for new ways of overcoming it, to replace interpersonal isolation with decent contact.« (Shepard 1975, S. 117; Hervorhebung H.J.)

Mit der Betonung der alltäglich gewordenen *Entfremdung* und der Sehnsucht nach Befreiung wird ein Impuls aufgegriffen, der bei Perls nicht nur durch die Lektüre von Marx und Lukacs in den 20er Jahren theoretisch geweckt, sondern ihm auch im späteren Leben sozusagen ständig »existenziell« präsent war. So leitet er einen Beitrag aus den 60er Jahren ein mit den Worten:

»Die Gestalttherapie ist eine der rebellischen, humanistischen, existentiellen Kräfte in der Psychologie, die gegen die Lawine von selbst-verhindernden, selbst-zerstörerischen Kräften ankämpfen wollen, von denen viele Angehörige unserer Gesellschaft beherrscht werden.« (Perls 1966b, S. 149.)

Wie Shepards Hinweis auf die »Flower-Power«-Generation in Erinnerung bringt, war der Versuch eines Ausbruchs aus den gesellschaftlichen Zwängen damals vor allem bei der *Jugend* verbreitet und griff von dort auf Teile der akademisch gebildeten Mittelschicht bei den Erwachsenen über. Die bevorzugten Mittel der Jugend, den Alltagszwängen zu entfliehen, waren Beatmusik, Sexualität (»Make Love, not War!«) und bewusstseinserweiternde Drogen. Von Sex und Drogen machte auch Perls ausgiebig Gebrauch, obwohl er damals schon auf die Siebzig zuging.

Ausführliche theoretische Begründungen für sein therapeutisches Vorgehen in den Gruppen und Workshops wurden von Fritz Perls in der Zeit, als er in *Esalen* und am *Lake Cowichan* wirkte, nicht mehr geliefert. Er gab allenfalls Einführungen und Erläuterungen zu den Sitzungen, die in seinen letzten Büchern dokumentiert sind. Theoretisieren wurde von ihm als »Mindfucking« (Perls 1980, S. 206) abgetan. So konnte der Mythos des »Hexenmeisters« entstehen, der ad hoc immer neue Methoden (z.B. »leerer Stuhl«, »Topdog-underdog«-Dialoge, Reden mit Körperteilen oder *als* Körperteil usw.) erfand und damit scheinbar mühelos zum »unfinished business«, dem zentralen Konflikt, vordrang (vgl. Perls 1969, S. 198f.). Übersehen wurde dabei, dass diese Methoden aus einer therapeutischen Erfahrung erwachsen sind, zu der außer der Psychoanalyse in der speziellen Variante, die Wilhelm Reich entwickelt hatte, auch die Gestaltpsychologie, die Existenzphilosophie, das Psychodrama und nicht zuletzt der Zen-Buddhismus beigetragen haben; manche Interventionen von Perls sind nur im Sinne des scheinbar a-logischen Verhaltens der Zen-Meister zu verstehen.

Aus der Zeit am *Esalen Institute* stammt das berühmt-berüchtigte »Gestalt-Prayer«, das Fritz Perls einem seiner letzten Bücher als Motto vorangestellt hat:

»Ich tu, was ich tu; und du tust, was du tust.
Ich bin nicht auf dieser Welt, um nach deinen Erwartungen zu leben.
Und du bist nicht auf dieser Welt, um nach den meinen zu leben.
Du bist du, und ich bin ich.
Und wenn wir uns zufällig finden – wunderbar. Wenn nicht, kann man auch nichts machen.« (Perls 1974, S. 13.)

Diese gebetsartig rezitierte und auf Postern tausendfach verbreitete Spruchweisheit wurde vielfach als Proklamation einer *Ego-Trip-Einstellung* interpretiert, obwohl sich Perls fast im gleichen Atemzug gegen die Wendung »von Puritanismus und Moralismus zum Hedonismus« (a.a.O., S. 10) ausgesprochen hat. Von Ruth Cohn wurde das »Gestalt-Gebet« heftig kritisiert (vgl. Cohn 1973, S. 101f.). Nicht zuletzt auf Grund der von verschiedenen Seiten geäußerten Kritik hat Fritz Perls kurz vor seinem Tod eine abweichende Schlussversion propagiert, die von Hilarion Petzold wie folgt zitiert wird:

»Erst muss ich mich finden, um Dir begegnen zu können.
Ich und Du, das sind die Grundlagen zum Wir,

und nur gemeinsam können wir das Leben in der Welt menschlicher machen.« (Einleitung zu: Perls 1980, S. 11.)

Es mag zwar sein, dass Fritz Perls in seinem letzten Lebensjahr, nach der Gründung des *Gestalt-Kibbuz* am Lake Cowichan in Kanda, zu einer anderen Auffassung gekommen ist, die mehr das Soziale betont. Was jedoch damals verbreitet wurde und lange nachwirkte, war die ursprüngliche Fassung, nach der die intendierte »Selbst-Verwirklichung« (Perls 1966b, S. 150) in einer Weise verstanden wurde, dass man sich dabei um die Erwartungen anderer nicht zu kümmern braucht und sozialer Verantwortung aus dem Weg gehen kann. Eine überzogen *individualistische* Auslegung, die mit Recht Kritik auf sich zieht (vgl. Kollbrunner 1987, S. 504ff.), kann jedoch nicht als repräsentativ für *die* Gestalttherapie schlechthin gelten; sie ist mit einer humanistischen Grundhaltung unvereinbar.

Während Fritz Perls durch seine Tätigkeit in Kalifornien und zuletzt in Kanada im Rampenlicht der Öffentlichkeit stand, hat seine Ehefrau Laura, von der Öffentlichkeit weniger beachtet, das *New Yorker Gestalt-Institut* bis in die 70er Jahre weiter geleitet und die klinisch-therapeutische Ausrichtung der Gestalttherapie weiter gepflegt. Die ihr gebührende Anerkennung – auch bei Aufenthalten in Europa – erfuhr sie erst spät. Mit dem von ihr vertretenen Konzept von Gestalttherapie, das in manchem wie eine Korrektur an der Vorgehensweise von Fritz Perls wirkt, wollen wir uns abschließend befassen.

Verschiedene »Stile« der Gestalttherapie – offene Fragen

Die von Fritz und Laura Perls initiierten und später auch in Europa praktizierten »Stile« oder »Schulen« der Gestalttherapie werden von Hilarion Petzold, der in Deutschland das *Fritz-Perls-Institut* (FPI) mitbegründet hat, wie folgt charakterisiert:

»1. Der *Westküstenstil* mit Ausbildungsinstituten u.a. in Los Angeles und San Francisco ist an dem späten Arbeitsstil von Fritz Perls ausgerichtet und auf Einzelarbeit in der Gruppe zentriert. Er eignet sich eher für Selbsterfahrung und für die Therapie leichter Neurosen als für die Behandlung ernsterer Störungen. [...]
2. Der *Ostküstenstil* mit Ausbildungsinstituten u.a. in New York und Cleveland ist stärker analytisch orientiert. Er verwendet Gestalteinzel- und -gruppentherapie. Es herrscht insgesamt eine klinische Ausrichtung vor. [...]

3. Der *europäische* Stil, wie er am *Fritz Perls Institut* entwickelt wurde, wird mit Bezug auf Perls (1948) auch als ›Integrative Therapie‹ bezeichnet. Er ist gruppenzentriert, bezieht Körperarbeit und kreative Medien ein und geht stärker als die amerikanischen Schulen auf die europäischen Quellen, die psychoanalytischen wie die phänomenologischen, zurück.« (Petzold 1984, S. 36f.)

Diese Einteilung ist stark typisierend und vereinfachend. Zu Recht weist Petzold jedoch darauf hin, dass Differenzen in der Art, wie die Gestalttherapie bei den Gründerpersönlichkeiten verstanden und praktiziert wurde, sich auch heute noch bemerkbar machen; ferner dass jeweils unterschiedliche *Adressatengruppen* angesprochen wurden: Während das *Human Potential Movement* an der Westküste der USA mehr den an »personal growth« interessierten »Normalneurotiker« im Blick hatte, ging es an der Ostküste, wie in der Psychoanalyse, um die Therapie ernsthafter neurotischer Erkrankungen. Die damit angezeigte Differenz erklärt aber auch, weshalb Laura Perls mit ihrer Art von Gestalttherapie lange im Schatten ihres Mannes blieb: Das Gestalt- Institut in New York mit der Dependence in Cleveland/Ohio bot solide und unspektakuläre Therapie – bzw. Ausbildung in Therapie – an und war weit weniger mit der Personal-Growth- und Hippie-Bewegung verbunden als das *Esalen-Institute* in Kalifornien.

Hier sollen zunächst einige Stimmen von Therapeuten zu Wort kommen, die Fritz und Laura Perls näher kannten:

Hunter Beaumont, ein »Westküsten-Therapeut«, schreibt über *Fritz Perls*:

»Perls war ein Mann, der in sich die extremsten Gegensätze vereinigte: Er war das verwöhnte Kind, das Aufmerksamkeit fordert, und der weise alte Hexenmeister der Wege zum Wachstum. [...] Weil er fähig war, in sich enorme Polaritäten zu vereinen, war er ein wandelndes *double bind.* Er war zeitweise streitsüchtig, ungehobelt, ungeduldig, sarkastisch, sogar grausam, aber er hatte Wirkung. Er konnte aber auch sehr präsent sein, sehr ›da‹ – auf eine Weise, die damals ›neu‹ war. Seine Fähigkeit, die innere Person derjenigen, mit denen er arbeitete, zu erreichen, ist legendär. Er war schneller beim Kern einer Person als irgendein anderer Therapeut, der damals öffentlich arbeitete, half anderen zu sehen, wie sie sich verhielten, was sie tatsächlich taten, um die Symptome zu erzeugen, mit denen sie sich herumschlugen, und was wichtiger ist, wie sie das bißchen kostbare Freiheit wegwarfen, was wir Menschen haben.« (Beaumont 1987, S. 76.)

Nicht alle äußern sich so positiv. Jeffrey M. Masson, der durch seine Kritik an Freuds »Widerruf der Verführungstheorie« (Masson 1995, S.

155ff.) bekannt geworden ist, beurteilt auch das Verhalten von Fritz Perls sehr kritisch:

»Es ist in mancher Hinsicht rätselhaft, weshalb Perls solche Verehrung genoß. Er ist vor allem dafür bekannt, daß er die Gefühle für das Wertvollste hielt und sich mit besonderem Eifer gegen jeden wandte, dem Gefühle nichts bedeuteten oder dessen Gefühle, wie er glaubte, nicht echt waren. Und doch konnte er selbst einen fast abrundtiefen Mangel an Gefühlen für seine eigenen Familienangehörigen zeigen. [...] Seine Tochter erzählte einem seiner Bewunderer, dem Psychiater Martin Shepard: ›In seinen letzten sechs Lebensjahren hat Fritz nicht ein einziges Wort mit mir gesprochen. Ich hatte *In and Out of the Garbage Pail* [Perls' Autobiographie] vor seinem Tode nicht gelesen. Und nachdem ich es gelesen hatte, dachte ich, wenn er nicht schon tot wäre, würde ich ihn umbringen.‹« (Masson 1991, S. 258.)

Hier wird mit Recht kritisiert, dass Fritz Perls selbst für seine nächsten Verwandten wenig Interesse zeigte. Auf ihn war kein Verlass. Seine Ehefrau Laura betrog er mit anderen Frauen, zu seiner Tochter Renate hatte er kein gutes Verhältnis und er nutzte auch in den Gestalt-Workshops seine Guru-ähnliche Stellung aus, um sexuelle Beziehungen einzugehen. Auf Grund seiner charakterlichen Schwächen kann man in ihm nicht das Vorbild eines in jeder Hinsicht »humanistischen« Therapeuten sehen. Das schließt jedoch nicht aus, dass er im Umgang mit Klienten bzw. Workshop-Teilnehmern von geradezu genialer Intuition und Erfindungsgabe sein konnte, wenn es um das Aufspüren von Konflikten und Selbstblockaden ging. Dabei ging er häufig konfrontativ vor. Er lag jedoch nicht in seinem Interesse als Therapeut, »anderen große Schmerzen zuzufügen und sie zu zerbrechen«, wie ihm Masson (a.a.O., S. 258) unterstellt.

Kristine Schneider, eine Gestalttherapeutin, die mit *Laura Perls* in Deutschland zahlreiche Seminare durchgeführt hat, schreibt über sie:

»Ihre Art, Gestalttherapie auszuüben, beruht auf einer Reihe klarer und einfacher Grundsätze – was nicht heißt, sie wären einfach zu finden gewesen. Wie alles Einfache – und Wahre – forderten sie viele Jahre disziplinierter Reflexion: nicht überfordern, an der subjektiven Wahrnehmung des Patienten bleiben, ihn da abholen, wo er sich innerlich befindet, ihn die eigenen Grenzen erleben und die Dynamik seiner Grenzziehung durchsichtig werden lassen.[...]
Wer mit Laura gearbeitet hat, weiß um ihre Fähigkeit, sich Kummer wirklich angehen zu lassen, ohne ihn zu ihrem eigenen Kummer zu machen, sich mitzufreuen und mit aufzuregen; alle konnten sie als Freundin kennen lernen, die manchmal amüsiert, manchmal neugierig und gelegentlich betroffen war, die

jedoch genügend Distanz zum Geschehen hatte, so daß ihre Einfälle zur Erprobung des Neuen niemals versiegten. [...]
Domäne ihrer therapeutischen Arbeit war die Gründlichkeit im Detail. Fern von allem Kulthaften und Quasireligiösen, das – zu Lores Leidwesen – oft in Verbindung mit Gestalttherapie auftritt und sogar damit verwechselt wurde, betrieb sie eine Therapie von Eleganz, gepaart mit Nüchternheit; eine Kleinarbeit, die als gelungene Synthese von Phänomenologie, genauem Hinsehen, Psychodynamik, dem Erfahren von Tiefe und dem Experiment, das in der geplanten Verhaltensvariation besteht, anzusehen ist.« (Schneider 1993, S. 210.)

Laura Perls behauptete sich neben Fritz Perls als eigene Persönlichkeit, die den in den Anfängen gemeinsam, später getrennt entwickelten Konzepten und Methoden von Gestalttherapie mehr und mehr ihren eigenen Stempel aufdrückte. Wichtige Stichworte bei ihr sind z.B. »Support« und »Commitment«, wobei »Support« nicht nur die Stützung durch den Therapeuten oder die Therapeutin meint, sondern vor allem »die Stützen, auf die der Patient (oder auch der Therapeut!) sich in sich selbst verlassen kann« (L. Perls 2005a, S. 110), angefangen von der Physiologie des Körpers, über Beweglichkeit, aufrechte Haltung, Sprache und Sprachgebrauch bis hin zu den »Hemmungen und Blocks, die ursprünglich als Stützfunktion gebildet wurden« (a.a.O., S. 111). Hier ist klar ausgesprochen, dass die Therapie im humanistischen Sinn mit den *Ressourcen* des Patienten arbeitet, wobei potentiell alles, was der Patient in die Therapie mitbringt, als Ressource verstanden werden kann. Ferner folgt aus diesem Ansatz, dass es in der Therapie nicht darum gehen kann, Hemmungen und Widerstände einfach einzureißen, sondern allenfalls darum, sie in kleinen Schritten zu modifizieren und durch »bessere«, d.h. person- und realitätsgerechtere Einstellungen und Haltungen sowie entsprechende Verhaltensweisen zu ersetzen.

»Commitment« bedeutet *Sich-einlassen*, also eine Haltung und innere Einstellung gegenüber einer Person oder Aufgabe zu entwickeln, die in einer von Oberflächlichkeit und Kurzlebigkeit der Kontakte geprägten Zeit eher selten ist – und die auch bei Fritz Perls weniger im Vordergrund stand. Zum Commitment gehört vor allem Disziplin und ein Sich-Rechenschaft-geben über die Grenzen, die einem gesteckt sind (vgl. a.a.O., S 119). Das Gegenteil ist ein Sich-drücken vor der Verantwortung.

Fritz und Laura Perls stehen für unterschiedliche Richtungen oder besser: Akzentsetzungen, die erst in der *Verbindung* ein in sich stimmiges Bild der Gestalttherapie abgeben. Nachdem die Zeit der Begründer vorbei ist und es wenig Sinn hat, sich nur auf das »Charisma« von Fritz Perls, das ohnehin nicht kopierbar ist, zu berufen, nachdem ferner in zahlreichen Ländern Gestalt-Institute gegründet wurden, die eine »Lehre« vermitteln wollen, und nachdem weitere Differenzierungen in Form von Gestalt-Gruppentherapie (Ronall/Feder 1983), Gestalt-Familientherapie (Kempler 1980), Gestalt-Paartherapie und Gestaltpädagogik entstanden sind, wäre es an der Zeit, die unterschiedlichen Ansätze zusammenzuführen. Stefan Blankertz und Erhard Doubrawa, die das Nachwirken der Trennung zwischen dem »charismatischen« West- und dem »eher politischen und theoretischen« Ostküstenstil bis in die Gegenwart konstatieren, schreiben im *Lexikon der Gestalttherapie*:

»Wünschenswert wäre es, die alten und heute nicht mehr relevanten Gräben zu überwinden und eine Synthese zu schaffen: Die Unmittelbarkeit, Offenheit, Kreativität und Praxisorientierung von Fritz Perls soll bewahrt werden, jedoch heißt das nicht, dass auf die theoretische Fundierung und das politische Bewusstsein von Laura Perls und Paul Goodman verzichtet werden dürfte.« (Blankertz/Doubrawa 2005, S. 121f.)

Hier wird unter anderem auf das *politische Bewusstsein* bei den Begründern der Gestalttherapie Bezug genommen, das sich nicht nur in der antifaschistischen Einstellung und entsprechenden Aktivitäten in den letzten Jahren der Weimarer Republik, sondern auch in der Protesthaltung gegenüber autoritären und konformistischen Tendenzen in den angeblich »demokratischen« Gesellschaften der USA und Westeuropas zeigt. Ähnlich wie Ruth Cohn für die von ihr begründete Methode der Themenzentrierten Interaktion, so behauptet Laura Perls für die Gestalttherapie, dass *in der Methode selbst* ein politischer Effekt begründet sei:

»Ich denke, wenn man Menschen dabei unterstützt, *authentischer zu werden* – in Gesellschaften, die mehr oder weniger autoritär oder autoritätsorientiert sind, ist das immer *politische* Arbeit, in der Therapie, in der Erziehung, in der Sozialarbeit.« (L. Perls 1997, S. 126, Hervorhebung H.J.)

Mit dem Konzept des »Authentischer«-seins oder -werdens greift Laura Perls eine Zielvorstellung auf, die für die *Humanistische Psychologie insgesamt* von großer Bedeutung ist. Gemeint ist, dass der Mensch seine jeweiligen Gefühle und Gedanken »bewußt so wahrnimmt, wie sie sind (Awareness)« und sie gleichzeitig »unverfälscht in seinen Kommunikationen (in seinem Verhalten) zum Ausdruck bringt« (Kollbrunner 1987, S. 382). Es liegt auf der Hand, dass ein »authentisches« oder »echtes« Verhalten in einer Gesellschaft an Grenzen stößt, die durch Regeln, Rollen und Konventionen, vielfach auch durch Tabus und ein gut eingeübtes Doppelspiel, äußerlich »mitzumachen« und sich, was die innere Einstellung angeht, »nicht in die Karten blicken« zu lassen, bestimmt ist. Ruth Cohn hat, da die Dialog- und Situationsangemessenheit berücksichtigt werden muss, die uneingeschränkte Forderung nach »Echtheit« kritisiert und von »selektiver Authentizität« gesprochen (vgl. Farau/ Cohn 1984, S. 280). Gleichwohl stimmt sie mit Laura Perls und der Gestalttherapie, aber auch mit anderen Humanistischen Psychologen wie Carl Rogers darin überein, dass ein größeres Maß an *Authentizität* förderlich für die *zwischenmenschlichen Beziehungen* ist. Menschen, die authentisch miteinander umgehen, sind weniger darauf aus, andere zu täuschen und zu übervorteilen, sie sind weniger anfällig für autoritäres oder konformistisches Verhalten und lassen sicht nicht so leicht von politischen Ideologien vereinnahmen.

Was Zielsetzung und Praxis der Gestalttherapie angeht, dürfte deutlich geworden sein sein, dass dazu keinesfalls das Erlernen bestimmter »Techniken« (wie z.B.des »leeren Stuhls«) ausreichend ist; vielmehr ergibt sich die Entscheidung, welche »Technik« für ein besonderes Problem geeignet ist, aus der Situation, der Beziehung zum Klienten und dem Prozess zwischen ihm und dem Therapeuten. Falsch wäre es, dem Klienten etwas überzustülpen. Aus der Lebensgeschichte der Gründerpersonen der Gestalttherapie geht zudem deutlich hervor, dass eine lange *diagnostische und therapeutische Erfahrung* erforderlich ist, um mit dem gestalttherapeutischen Instrumentarium »den Prozeß des Wachstums zu fördern und das menschliche Potential zu entfalten« (Perls 1974, S. 11).

Ruth C. Cohn

Ruth C. Cohn – Von der Einzelanalyse zur Themenzentrierten Interaktion

Ruth C. Cohn (*1912) gehört, ebenso wie Fritz und Laura Perls, aber auch andere hier erwähnte Therapeutinnen und Therapeuten, zu jener Generation jüdischer Emigranten, die in den 30er Jahren des vorigen Jahrhunderts vor den Nazis aus Deutschland flüchteten und in den 60er Jahren in den USA zur Entstehung der Humanistischen Psychologie mit beitrugen. Die hauptsächlich von ihr entwickelte *Themenzentrierte interaktionelle Methode* – später hat sie die Bezeichnung verkürzt zu »Themenzentrierte Interaktion« (TZI) – wurde seit Anfang der 70er Jahre auch in Deutschland, Österreich und der Schweiz bekannt. Sie fand seither Verbreitung vor allem im pädagogischen Bereich, d.h. bei Lehrern und Sozialarbeitern, in der Erwachsenenbildung und in kirchlichen Berufen. Nachdem die Themenzentrierte Interaktion sich in Europa vor allem als eine Methode der *Gruppenpädagogik* etabliert hat, gerät jedoch allmählich aus dem Blick, dass Ruth Cohn selbst, wie die meisten Weggefährten aus der Gründergeneration, ursprünglich von der *Psychoanalyse* herkommt, die sie noch in Europa kennen gelernt hatte. In den USA war sie etliche Jahre als Psychoanalytikerin in privater Praxis und in der Ausbildung tätig, ehe sie als Leiterin in einem Gegenübertragungs-Workshop mit angehenden Analytikern und Analytikerinnen die Grundlagen der späteren TZI zu entwickeln begann (vgl. Cohn 1961, S. 33ff.). Die in der Humanistischen Psychologie übliche Grenzziehung gegenüber der Psychoanalyse kann daher bei Ruth Cohn, ähnlich wie bei Fritz und Laura Perls, schon aus biographischen Gründen nicht mit gleicher Stringenz wie bei anderen Therapeuten gezogen werden, die weniger durch die Analyse geprägt wurden. Es ist davon auszugehen, dass vielfältige Erfahrungen, die Ruth Cohn als psychoanalytisch ausgebildete Therapeutin gewonnen hat, in die spätere Konzeption der Themenzentrierten Interaktion mit eingeflossen sind.

Im Unterschied zu anderen jüdischen Emigrantinnen und Emigranten, die in der Entwicklung der Humanistischen Psychologie eine Rolle gespielt haben, hat Ruth Cohn nicht schon während der Weimarer Republik in Deutschland eine psychoanalytische Ausbildung absolviert; dies war erst nach ihrer Flucht in die Schweiz der Fall. Ein direkter Kontakt zu Freud oder zur ersten Generation von Psychoanalytikern, zu der so kreative Köpfe wie Sándor Ferenczi, Georg Groddeck und Wilhelm Reich gehörten, konnte sich bei ihr nicht ergeben – sie war ja bei der Machtergreifung Hitlers erst 20 Jahre alt. In stärkerem Maße als bei anderen Mitbegründern der Humanistischen Psychologie hat sich die Entwicklung, die zur TZI hinführte, auf *amerikanischem* Boden und vor dem Hintergrund dort ansässiger Strömungen in der Psychologie vollzogen. Zugleich spielten aber auch *jüdische Emigranten* eine nicht zu übersehende Rolle. Zu den jüdischen Mitgliedern des 1966 in New York gegründeten WILL-Instituts (*Workshop Institute for Living Learning*), die später in Deutschland Kurse gaben, gehörten u.a. Yitzchak Zieman, Norman Liberman und John Brinley, der ursprünglich Hans Brinitzer hieß.[1] In New York hatte Ruth Cohn unter anderem Kontakt zu Fritz und Laura Perls, Kurt Goldstein, Theodor Reik, Frieda Fromm-Reichmann und Erich Fromm (vgl. Johach 1999, S. 16ff.). Im Folgenden soll diesen Verbindungen, die größtenteils noch *vor* der Entwicklung der TZI lagen, genauer nachgegangen werden.

Die wichtigste Quelle zur Lebensgeschichte von Ruth Cohn ist der von ihr geschriebene zweite Teil der *Gelebten Geschichte der Psychotherapie* (Farau/Cohn 1984, S. 197ff.). Auch einige frühere, in ihrem Buch *Von der Psychoanalyse zur Themenzentrierten Interaktion* (1975) veröffentlichte Aufsätze enthalten autobiographische Passagen. Hinzu kommen Interviews, die Ruth Cohn bei verschiedenen Anlässen gegeben hat (u.a. Cohn 1989, S. 153ff.; Zundel 1991; Cohn 1992; 2002). Der Sammelband *TZI – Pädagogisch-therapeutische Gruppenarbeit nach Ruth C. Cohn* (1992) enthält ein Portrait von Ruth Cohn aus der Feder von Helga Herrmann und eine tabellarische, von den Herausgebern zusammengestellte Lebensübersicht (Löhmer/Standhardt 1992, S. 371ff.).

1 Mündliche Information von *Anne Thurn* (Nürnberg), die Brinitzer/Brinley noch aus der Zeit vor dem Zweiten Weltkrieg kannte und später mit ihm im *Gruppenzentrum Franken* psychoanalytisch-gestalttherapeutisch zusammenarbeitete.

Das *Handbuch Themenzentrierte Interaktion* (Schneider-Landolf u.a. 2009) beinhaltet neben zahlreichen Artikeln zur Geschichte und Systematik der Themenzentrierten Interaktion einen einleitenden biographischen Beitrag zu Roth Cohn (Greving 2009). Gleichwohl ist unsere Kenntnis des Lebenslaufs lückenhaft. Eine detaillierte Biographie von Ruth Cohn existiert bisher nicht.

Jugend und Studium in Deutschland – Flucht vor dem Nationalsozialismus

Ruth Charlotte Cohn, geb. Hirschfeld, wird als zweites Kind einer jüdischen assimilierten Familie 1912 in Berlin-Charlottenburg geboren. Der Beruf ihres Vaters wird mit »Bankkaufmann« (Löhmer/Standhardt 1992, S. 371) bzw. »Bankier« angegeben. Die Mutter stammt aus einer Mainzer Kaufmannsfamilie und ist als Pianistin ausgebildet (vgl. Herrmann 1992, S. 21). Ruth Cohn wächst also in »gutbürgerlichen« Verhältnissen auf. Im Haushalt der Eltern sind Köchin, Dienstmädchen und ein Kinderfräulein selbstverständlich. Zugleich wird auf Standesgrenzen geachtet: Das Küchenpersonal ist »kein Umgang«. Es heißt: »Mit Straßenkindern spielt man nicht« (ebd.). Sie hat eine behütete Kindheit, allerdings ist auch vieles verboten. Mit ihrem drei Jahre älteren Bruder Karl Ernst rivalisiert sie um die Liebe der Eltern. Er ist zwar in der Familie der Kronprinz, wird aber auch oft vom Vater geschlagen. Ihr selbst geschieht das nur ein einziges Mal – von der Mutter, »und auch das noch fast spielerisch« (Farau/Cohn 1984, S. 457). Über die Beziehung zu den Eltern äußert sich Ruth Cohn im Gespräch mit Manfred Krämer folgendermaßen:

»Ich hatte liebevolle Eltern und eine gute Beziehung zu ihnen. Manchmal erlebte ich sie ein wenig distanziert. Ich erinnere mich an den Fahrstuhl, den wir als Kinder nicht benutzen durften.« (Cohn 2002, S. 18.)

Dies ist vermutlich verkürzt und ein wenig geschönt formuliert. Es war wohl eher so, dass der Vater sehr distanziert war und die Mutter verständnisvoll, aber sie musste den Kindern gegenüber den Standpunkt des Vaters vertreten. Der Vater war streng. Ruth Cohn berichtet, dass sie als Achtjährige einige Monate lang Schokolade aus der Porzellandose der Eltern entwendete, dies aber trotz der Zusicherung des Vaters, dass er sie nicht bestrafen würde, nicht zugeben konnte. Sie log also, was ihr erst recht heftige Gewissensbisse verursachte. Erst als sie bei einer Kur an der Nordsee auf ein gleichaltriges jüdisches Mädchen[2] aus Dresden traf, das ebenfalls Probleme mit den Eltern hatte, konnte sie diesem ihr »Verbrechen« eingestehen und sich dadurch von ihrem »zwanghaften« Schokoladestehlen befreien (vgl. Farau/Cohn 1984, S. 210f.).

Eine weitere aufschlussreiche Passage über ihre Kindheit findet sich dort, wo Ruth Cohn von ihrer eigenen Therapie bei *Fritz Perls* berichtet. Erst durch die Gestalttherapie findet sie einen tiefen emotionalen Zugang zu ihren Kindheitserfahrungen als Säugling, der »verzweifelt schrie, bis er verlernte, überhaupt zu schreien« (a.a.O., S. 308) – das Schreienlassen galt damals als gesundheitsfördernd –, oder als Sechsjährige, die dem Papa ihre Puppen zeigen und mit ihm spielen will, aber stattdessen die Querstraßen zum Kurfürstendamm aufzählen und die Wagner-Opern in der richtigen Reihenfolge hersagen muss (vgl. a.a.O., S. 306). Der Vater kann nicht zuhören und kindgemäß auf die Wünsche der Tochter reagieren, das ist nach seiner Auffassung Sache des Kinderfräuleins. Er hat selbst eine schwierige Kindheit gehabt: eine Mutter die ihn hasste, und spielen durfte er nicht. Mit Siebzehn musste er seine Mutter und die Geschwister ernähren. Das macht verständlich, dass er von Ruth Leistung fordert, aber emotional wenig geben kann.

Im Gegensatz zum Vater, der häufig ein ernstes Gesicht macht, ist die Mutter »fast immer fröhlich« (a.a.O., S. 455). Sie ist auch der Meinung – was Ruth Cohn bestätigt –, dass sie viel Verständnis für ihre Kinder hat und mit ihnen gut umgehen kann; aber »man hatte« für die Erziehung eben ein Kindermädchen. Die Eltern streiten fast nie, und wenn doch Spannungen bestehen, dann merkt man das höchstens an etwas erhobenen Stimmen und einem ärgerlichen Ton. Vor den Kindern gilt der elterliche Satz: »Wir haben uns versprochen, nie einen Ärger über Nacht stehen zu lassen.« Es herrscht aber auch eine klare Hierarchie: »Vater kommt zuerst, dann die Mutter, dann eine Weile gar nichts und dann die Kinder.« (ebd.)

2 Ruth Cohn erwähnt auch den Namen des Mädchens: *Elizabeth Tomalin* (geb. 1912). Aus der zufälligen Begegnung in der Kindheit wurde eine lebenslange Freundschaft. E. Tomalin lebt seit der Nazizeit in London und arbeitete bis vor kurzem, von C.G. Jung beeinflusst, als Kunst- und Gestaltungstherapeutin. Sie wirkte anfangs auch in der TZI-Ausbildung in Deutschland mit. In der *Festschrift für Ruth C. Cohn* (1980) schreibt sie, dass ihr die Hirschfeld-Familie schon in frühen Jahren ein »zweites Zuhause« geworden sei; u.a. sei dort für ihre Ohren »herrlich« musiziert worden (Tomalin 1980, S. 31).

Über die Rolle des *Judentums* im Elternhaus und ihren eigenen weltanschaulichen Hintergrund äußert Ruth Cohn im Gespräch mit Hilarion Petzold:

»Also, ich habe das Judentum zu Hause nur in ganz kleinem Maß mitbekommen, überhaupt nichts Rituelles. Wir waren assimilierte deutsche Juden mit Weihnachtsbaum und allem, aber auch mit den großen jüdischen Festen. Man feierte Feiertage, weil sie schön sind, nicht weil sie irgendwas Religiöses aussagen. Und ich habe auch Religionsstunden in der Schule gehabt, zehn Jahre lang. Als ich aus Deutschland wegging, habe ich in Zürich Theologie studiert bei dem Protestanten *Emil Brunner*. Und wenn da ein jüdischer Lehrstuhl gewesen wäre, hätte ich wahrscheinlich jüdische Theologie studiert. Ich war de facto immer Pantheistin und bin es auch heute noch, mit einem theistischen musikalischen Unterton oder Oberton. Was mir von der jüdischen Religion wichtig erschien und erscheint – da fühle ich mich jüdisch –, ist die Betonung, die auf dem *Werk* liegt, also nicht Gnade oder Glaube, sondern Werk. So habe ich es als Kind irgendwie als Unterscheidung gelernt.« (Cohn 1985a, S. 270f.)

In Berlin besucht Ruth Cohn nach dem Ersten Weltkrieg die Volksschule und ein neusprachliches Gymnasium bis zum Abitur. Die Atmosphäre im Elternhaus ist korrekt und lustfeindlich. Nacktheit wird tabuiert und Sexualität mit Verboten belegt. Mit 16 Jahren sieht Ruth Cohn jedoch an einem Bahnhofskiosk ein Buch mit dem Titel »Dein Körper gehört dir!« Das schreckt sie auf und macht ihr bewusst, dass sie für ihren Körper und ihre Erkenntnisse selbst verantwortlich ist (vgl. Farau/Cohn 1984, S. 242ff.). Nachdem sie häufig Kreuzschmerzen hat, für die der Arzt Gymnastikstunden verordnet, kommt sie durch eine zufällige Empfehlung zu *Carola Spitz* (in den USA nennt sie sich später Speads),[3] einer Schülerin von *Elsa Gindler*. Bei ihr lernt sie durch entsprechende Übungen, sich ihr Körperempfinden beim Gehen, Stehen, Sitzen oder Atmen bewusst zu machen. Carola Spitz ist auch die erste, die mit ihr »wie mit einer Erwachsenen« über Sexualität spricht (a.a.O., S. 243). Diese frühe Er-

3 Ruth Cohn arbeitete in New York mit den Gindler-Schülerinnen *Carola Speads* und *Charlotte Selver* zusammen; bei letzterer absolvierte auch Erich Fromm Übungen zum »Sensitivity Training«. Elsa Gindler blieb in Berlin und überlebte den Krieg. Ruth Cohn macht die interessante, durch die Frau von Otto Fenichel bestätigte Bemerkung, dass auch Wilhelm Reich »zumindest indirekt von Elsa Gindler beeinflußt war.« (Farau/Cohn 1984, S. 565). Über Reich äußert sie, sie habe ihn »von ganzem Herzen verehrt und auch mit ganzem Kopf«, wobei sie sich nicht nur auf seinen körpertherapeutischen Ansatz, sondern auch auf sein Engagement für eine »bessere Welt« bezieht (vgl. Hahn u.a. 1991, S. 44).

fahrung eines positiven Bezugs zum eigenen Körper hält sich durch bis zur späteren TZI-Regel: »Achte auf deine Körpersignale!« (vgl. Hahn u.a. 1991, S. 42ff.).

Ruth Cohn erlebt sehr bewusst die Weltwirtschaftskrise und das mit der Massenarbeitslosigkeit verbundene soziale Elend. In den Ferien arbeitet sie in der *Zentralstelle für private Fürsorge* und in ihrer Freizeit schreibt sie sozialkritische Gedichte im Berliner Dialekt, unter anderem die »Erzählung einer jungen Arbeitslosen«:

»Eemal haa'k mer ooch schon jedacht:
›Nu hälste's nich mehr aus‹
und dann haa'k mer fortjemacht
aus'n Haus
un bin wie toll immer weita jeloofen
irgenwohin, um'n Strick oder sowat zu koofen

Denn wovon soll mer nu wirklich leben?
Wo Vattern keene Arbeit nich hat
un unsereen tut keen Mensch nich wat jebn
un von so'n Stück Brot wer'n fünf Kinda nich satt....«
(Cohn 1990, S. 38.)

Den Hintergrund dieses Gedichts bildet ihre schon früh geschulte soziale und politische Wahrnehmung. Obwohl sie aus einer privilegierten Gesellschaftsschicht stammt, entwickelt sie schon während der Schulzeit eine kritische Einstellung zu allem, was mit Ausbeutung und sozialer Ungerechtigkeit zu tun hat. Im Gespräch mit Edith Zundel sagt sie dazu:

»Man konnte in unserem Alter [in der späten Weimarer Republik, H.J.] nur entweder Kommunist oder Nationalsozialist sein; liberal waren nur ältere Leute. Bei der Auswahl war ich natürlich kommunistisch und las begeistert Marx. Nur gefiel mir gar nicht, daß die Kinder dort nicht bei den Eltern erzogen werden sollten. Deshalb war ich nicht in der Partei.« (Zundel 1991, S. 73.)

Nach dem Abitur will sie Lyrikerin oder Journalistin werden, entscheidet sich aber aus praktischen Gründen und auf den »erbetenen Rat erwachsener Freunde« (Farau/Cohn 1984, S. 211) hin für ein Studium der Volkswirtschaftslehre oder – wie es damals hieß – der »Nationalökonomie« in Heidelberg. Da sie bald feststellt, dass ihr dieses Fach nicht liegt, kehrt sie nach zwei Semestern wieder nach Berlin zurück, um Psychologie, Literatur und Philosophie zu studieren. Ihre Lehrer an der Berliner Humboldt-Universität sind u.a. der Gestaltpsychologe *Wolfgang Köhler* und der Philosoph *Nicolai Hartmann*.

Ruth Cohn erlebt sehr bewusst den politischen Extremismus in den letzten Jahren der Weimarer Republik, der vor den Hochschulen nicht Halt macht. Sie liest Hitlers *Mein Kampf* und nimmt ernst, was dort über die Judenverfolgung gesagt wird. Eine Freundschaft, die sie in Heidelberg begonnen hat, zerbricht, weil sie Jüdin ist. In ihrer Familie wird die drohende Gefahr unterschätzt. An der Berliner Universität erlebt sie die zunehmende Brutalität hautnah:

»Ich hatte Freud gerade nach dem Abitur ›entdeckt‹ und studierte Psychologie und Literatur in Berlin, als die Nationalsozialisten an die Macht kamen und sich die Praxistüren und Forschungstore der meisten tiefenpsychologischen Pioniere verschlossen. Ich war anwesend, als die ersten Gewalttaten an jüdischen Studenten der Universität geschahen.
Jeden Donnerstag um 10 Uhr wurden jüdische junge Männer aus den Bänken des Hörsaals gezerrt und draußen blutig geschlagen und getreten. Der Philosoph Nicolai Hartmann wartete jeweils wortlos mit starrem Ausdruck, bis die Tür sich hinter Angreifern und Opfern geschlossen hatte; dann beendete er seinen angefangenen Satz.
Ich las ›Mein Kampf‹. Ich erfuhr, wie jüdische Nachbarn aus ihren Wohnungen verschwanden. Ich war Deutsche und Jüdin. Ich sah Bänder quer über die Straße gesperrt: ›Juda verrecke!‹« (Cohn 1979, S. 873.)

Zwei Monate nach der »Machtergreifung« der Nationalsozialisten flieht Ruth Cohn – ihr Name ist damals noch *Ruth Charlotte Hirschfeld* – über die Schweizer Grenze, um in Zürich ihr Studium (Psychologie, Philosophie und Literatur, dazu Psychiatrie, Theologie und Pädagogik) fortzusetzen. 1936 verliert sie auf Grund der Nürnberger Gesetze die deutsche Staatsangehörigkeit.1938 heiratet sie *Hans-Helmut Cohn*, einen jungen Mediziner deutsch-jüdischer Abstammung. Dazu schreibt sie in der *Gelebten Geschichte der Psychotherapie*:

»Wir heirateten, um die Eltern meines Freundes vor dem sicheren Tod in den Gaskammern zu schützen.« (Farau/Cohn 1984, S. 215.)

Nur Verwandte ersten Grades erhielten damals in der Schweiz gegen Hinterlegung von 10.000 Franken ein Durchreisevisum; so konnten ihre Schwiegereltern aus Deutschland ausreisen.

Der Vater von Ruth Cohn stirbt Anfang Januar 1930 an Krebs. Mit einem Bruchteil ihres Erbes, das sie heimlich über die Grenze schmuggelt, finanziert sie ihr späteres Studium. Ihre Mutter kann noch vor der »Reichskristallnacht« 1938 in die USA emigrieren und stirbt dort im Jahr 1956. Der Bruder flieht 1938 zunächst nach Italien und emigriert

1939 ebenfalls in die USA. Ruth Cohns engere Familie bleibt so von der Shoah verschont.

Die Jahre in der Schweiz sind überschattet durch die Ereignisse im benachbarten Deutschland: unter anderem die Entrechtung der Juden durch die Nürnberger Gesetze, den staatlich inszenierten Judenpogrom von 1938, die Zerschlagung der Tschechoslowakei und den Überfall auf Polen, der den Zweiten Weltkrieg auslöste. Das »Grauen der Zeit« (Farau/Cohn 1984, S. 213) erlebt sie sehr bewusst mit. Dazu gehört ein persönliches *Schlüsselerlebnis* aus dem Jahr 1940, als sie und ihr Mann in einer psychiatrischen Klinik in der Nähe von St. Gallen arbeiten und ihre Tochter Heidi gerade drei Monate alt ist: Eines Tages erhalten sie die Nachricht, die deutsche Wehrmacht habe die Schweizer Grenze überschritten. Ruth Cohn erwägt daraufhin ernsthaft den Gedanken an Suizid, um nicht in die Hände der Nazis zu fallen. Ihre kleine Tochter hätte evtl. die Chance gehabt, als uneheliches Kind der Tochter des Klinikverwalters ausgegeben zu werden – aber was wäre gewesen, wenn die Deutschen erfahren hätten, dass es ein jüdisches Baby war? »War es nicht unsere Pflicht, es vorher schmerzlos zu töten?« (a.a.O, S. 466.)

Die Wahl zwischen Freitod oder Folter und zwischen schmerzloser Tötung ihres Kindes oder der Möglichkeit, dass es grausam ermordet würde, mussten Ruth Cohn und ihr Mann damals nicht treffen – die Nachricht stellte sich bald darauf als falsch heraus. Ruth Cohn äußert jedoch dazu:

> »Es war *die* Grenzerfahrung, von der ich spüre, daß sie mein Leben mitbestimmt hat. Es geht in der Humanistischen Psychologie und der angewandten humanistischen Pädagogik um das Wie der Lebensförderung und Liebe gegen Mord und Grausamkeit. Alles andere ist recht nebensächlich.« (Farau/Cohn 1984, S. 467.)

Im April 1941 gelingt es ihr, zusammen mit Ehemann und Tochter eine Genehmigung zur Einwanderung in die Vereinigten Staaten zu bekommen. In plombierten Eisenbahnwagen fahren sie durch das unbesetzte Frankreich und erreichen schließlich in Lissabon eines der letzten Schiffe, das nach Ausbruch des Krieges den Ozean überquerte (vgl. a.a.O., S. 217). In New York beginnt nach einigen Schwierigkeiten, die durch den Status als Nicht-Medizinerin bedingt sind, ihre therapeutische Karriere.

Psychoanalytische Ausbildung in der Schweiz – therapeutische Praxis in den USA

Den ersten Anstoß, Psychoanalytikerin zu werden, erhält Ruth Cohn noch in Deutschland. Zwar hat sie weder in der Schule noch in der Familie etwas von Psychoanalyse gehört, aber 1932 lernt sie als 20jährige einen jungen Mann kennen, dessen Mutter als Psychoanalytikerin tätig ist. Nachdem sie mit der Mutter des Freundes gesprochen hat, ist sie für diesen Beruf begeistert:

»Sie erzählte mir Geschichten aus dem Leben von Patienten und von ihrem Beruf, den sie, auf einem Stuhl hinter den Patienten sitzend, zuhörend und interpretierend ausübte. Mich faszinierte die Möglichkeit, Menschen, denen es schlecht ging, von ihrem Kummer zu befreien und gleichzeitig ihre Lebensgeschichte kennenzulernen.« (Farau/Cohn 1984, S. 211.)

Während des Aufenthalts in der Schweiz setzt Ruth Cohn ihr Vorhaben, sich zur Pychoanalytikerin ausbilden zu lassen, in die Tat um. Nach eigener Aussage lag sie zwischen 1933 und 1939 »sechsmal in der Woche – wie es damals üblich war« (a.a.O., S. 214) auf der Couch und der junge Analytiker – »er war jung und sehr attraktiv« (ebd.), aber das sah sie nur beim Eintreten und Weggehen, weil er in der Analysestunde hinter ihr saß – hörte ihr geduldig zu. Oft fragte er nach und manchmal interpretierte er ihre Aussagen. Es handelte sich um das klassische analytische Setting. Die Ausbildung war von der *Schweizer Gesellschaft für Psychoanalyse* anerkannt; ihr Lehranalytiker war Medard Boss.[4]

---

4 In der *Gelebten Geschichte der Psychotherapie* (Farau/Cohn 1984, S. 225) sowie, darauf fußend, in der tabellarischen Lebensübersicht (Löhmer/Standhardt 1992, S. 371) wird eine *Internationale Gesellschaft für Psychoanalyse* als Ausbildungsträger bei Ruth Cohn genannt. Diese Angabe scheint inkorrekt, denn eine Gesellschaft mit dieser Bezeichnung wird sonst nirgends erwähnt. Es gab seit 1910 die *Internationale psychoanalytische Vereinigung* und seit 1919 eine *Schweizer Gesellschaft für Psychoanalyse,* der Ruth Cohns Ausbildungsanalytiker Hans Behn-Eschenburg und Medard Boss angehörten. Daneben existierte seit 1934 die *Internationale Gesellschaft für Psychotherapie*, deren Präsidentschaft nach der

Beim Rückblick in der *Gelebten Geschichte der Psychotherapie*(1984) ist Ruth Cohn mehr als vierzig Jahre später bemüht, Vor- und Nachteile dieser Analyse einigermaßen gerecht gegeneinander abzuwägen. Ihre Bilanz lautet: Trotz allem, was sie an Einsichten über ihre Vergangenheit gewonnen habe, wozu auch die Fähigkeit kam, zuzuhören und Unangenehmes nicht zu verdrängen, habe die Analyse ihre persönliche Entwicklung zu wenig vorangebracht, denn sie sei in einer »positiven Übertragungsneurose« stecken geblieben. Ihr Analytiker habe »viel zu wenig eingegriffen«, sie vor praktischen Entscheidungen (Heirat, Emigration) zu sehr gewarnt und infolge der analytischen Regression »die Kräfte der Progression zu wenig gestützt« (a.a.O., S. 218). Ein dickes Lob erhält Medard Boss jedoch, weil er sich außerhalb des durch analytische Abstinenz bestimmten Settings als warmherziger Mensch zu erkennen gegeben habe, indem er sie z.B. im Krankenhaus nach der Geburt ihrer Tochter mit einem Blumenstrauß besuchte. Auf ihre Kritik, die sie ihm später aus den USA per Post zusendet, reagiert er positiv: Er sei durch seine Erfahrungen, speziell auch mit ihrer Analyse, zu der Ansicht gekommen, dass er »ganz anders« arbeiten müsse, und habe seine Praxis »bereits umgestellt« (ebd.).

Medard Boss (1903-1990) hatte bei Sigmund Freud in den 20er Jahren seine Lehranalyse absolviert. Seit den 40er Jahren arbeitete er mit *Ludwig Binswanger,* dem Begründer einer an Heideggers *Sein und Zeit* (1927) orientierten »Daseinsanalyse«, zusammen. Er begründete später in Zürich ein *Daseinsanalytisches Institut für Psychotherapie und Psychosomatik.* Hier geht es unter anderem darum, den Ausbildungskandidaten ein »menschengerechteres Verstehen« (Boss/Condrau 1980, S. 736) der Probleme des Patienten, eine *psychosomatische* Herangehensweise und die besondere Bedeutung der *Arzt-Patient-Beziehung* nahezubringen. Mit der orthodoxen Psychoanalyse hat diese Behandlungsmethode nicht mehr sehr viel gemein.

Während des Studiums in Zürich kam Ruth Cohn auch in Kontakt mit *C.G. Jung*. Sie fand seine Vorlesungen jedoch enttäuschend und vermutet, er sei verärgert gewesen, weil er nicht an der Universität, sondern nur am Polytechnicum als Dozent zugelassen war (vgl. Farau/Cohn 1984, S. 212). Außerdem war sie befangen, weil Jung sich in der *Neuen Zürcher Zeitung* über den Unterschied zwischen arischer und jüdischer

»Gleichschaltung« in Deutschland C.G. Jung übernahm. Nach dem Tod von Behn-Eschenburg im Jahr 1934 setzte Ruth Cohn ihre Lehranalyse bis 1939 bei *Medard Boss* fort. Gustav Bally war ihr Kontrollanalytiker; zu Ballys Streit mit C.G. Jung wegen dessen pronazistischen Äußerungen vgl. Walser 1976, S. 1213f.

Psychologie ausgelassen hatte, »was in jener Zeit einer Legitimation des Nationalsozialismus gleichkam« (a.a.O., S. 212). Später wurde sie für Jungs Ideen empfänglicher.

Nach der Emigration aus der Schweiz über Spanien und Portugal in die USA im Jahr 1941 wandte sich Ruth Cohn mit dem Zertifikat ihrer abgeschlossenen Ausbildung als Psychoanalytikerin an das *New York Psychoanalytic Institute.* Sie wurde dort abgewiesen, da sie keine medizinische Ausbildung hatte, und man empfahl ihr, sich auf Pädagogik und Kinderanalyse zu spezialisieren. So absolvierte sie eine zweijährige Ausbildung in »Early Childhood Progressive Education« an den *Bankstreet Schools* in New York, einem Ausbildungsinstitut, das zugleich Praxiserfahrung in der Vor- und Grundschulerziehung vermittelte und in dem auch die Freudsche Theorie bekannt war (vgl. Farau/Cohn 1984, S. 325f.). Über diese Zeit äußert sich Ruth Cohn recht positiv, nicht nur weil sie als junge Immigrantin einen großzügigen Kredit erhielt, um weiter studieren zu können, sondern auch weil sie in der Arbeit mit den Kindern das »andere New York« entdeckte: alte Häuser, viele kleine Spielplätze, kinderfreundliche Hafenarbeiter und engagierte Lehrer. Ihr lebenslanges Interesse an einer Pädagogik, die die Eigenkräfte der Kinder stärkt und mit der das *Lernen Spaß macht* (»Living Learning« nannte sie es später, mit einer Bezeichnung von Norman Liberman), geht unter anderem auf diese frühen Erfahrungen in New York zurück.

Neben der Ausbildung an den *Bankstreet Schools* suchte Ruth Cohn weiterhin nach einer Möglichkeit, ihr in der Schweiz erworbenes Zertifikat als Psychoanalytikerin in den USA anerkennen zu lassen, um – ggf. mit einer Zusatzausbildung – auch Erwachsene therapieren zu können. Eine Möglichkeit bot sich ihr am *William Alanson White Institute* in New York, das in den frühen 40er Jahren noch nichtärztliche Kandidaten zur Ausbildung aufnahm, nach 1945 jedoch auf die »offizielle« Linie, dass nur Ärzte die Psychoanalyse ausüben könnten, einschwenkte. Sie besuchte dort Abendseminare und vertiefte sich in die Schriften von *Harry Stack Sullivan*, der eine von der Freudschen Behandlungstechnik deutlich abweichende »interpersonale« Beziehungstherapie (vgl. Sullivan 1983) vertrat. Die für die praktische Behandlung psychisch Kranker revolutionären, jedoch in der schriftlichen Form schwer verständlichen Ideen Sullivans eignete sie sich hauptsächlich durch die Vermittlung von *Clara Thompson*, aber auch durch *Frieda Fromm-Reichmann* an. Letztere arbeitete nach der Emigration in die USA in *Chestnut Lodge* mit Schizophrenen und beeindruckte sie sehr durch ihren persönlichen Einsatz für die Patienten (vgl. Farau/Cohn 1984, S. 235). Außerdem lernte sie am *William Alanson White Institute* als Dozenten *Rollo May*,[5] den sie sehr schätzte, und *Erich Fromm*, den sie weniger schätzte,[6] kennen – insgesamt ein beeindruckendes Spektrum von »unorthodoxen« Analytikern, die dazu beigetragen haben, Ruth Cohns Verständnis von Psychoanalyse zu erweitern und von den naturwissenschaftlich-mechanistischen Voraussetzungen Freuds abzulösen.

Nachdem ihr Ehemann Hans Helmut Cohn 1944 eine Anstellung als Stationsarzt am *Rockland State Hospital*, einem staatlichen psychiatrischen Hospital in New York, erhalten hat, ist Ruth Cohn dort in der psychologischen Abteilung beschäftigt. Sie führt bei erwachsenen Patienten psychologische Tests durch und arbeitet psychotherapeutisch mit Kindern. Im Herbst 1944 wird ihr Sohn Peter Ronald geboren. Danach gibt sie – als Mutter von zwei Kleinkindern – die Tätigkeit an der Klinik auf, während ihr Mann seine ärztliche Karriere weiter verfolgt. Familiärer Stress und Unstimmigkeiten in der Beziehung führen 1946 zur Scheidung. Die Kinder bleiben bei ihr.

In den folgenden – auf Grund ihrer »Doppelrolle« als Therapeutin und Mutter und auch infolge Erkrankung sehr schwierigen – Jahren sucht Ruth Cohn in New York eine psychoanalytische Praxis aufzubauen. Unterstützung erhält sie dabei durch Theodor Reik und Paul Federn, zwei »unorthodoxe« Analytiker, beide jüdischer Abstammung, die vor den Nazis geflüchtet sind und in New York jeweils eine therapeutische Praxis unterhalten.

Theodor Reik (1888-1969) hatte in Wien Psychologie, Philosophie, Literatur- und Religionswissenschaft studiert und seit 1910 zum dortigen Kreis um Freud gehört. Er war Mitarbeiter am *Psychoanalytischen Institut* in Berlin gewesen und 1933 vor den Nazis zunächst in die Niederlande, 1938 in die USA geflüchtet. Nachdem er in den USA als »Laienanalytiker« große Schwierigkeiten bekam, obwohl Freud gerade auf

5 *Rollo May* (1908-1990) war Ausbildungskandidat bei Frieda Fromm-Reichmann. Er gilt als Begründer der »Existential Psychology« und als einer der Hauptvertreter der Humanistischen Psychologie in den USA. Ruth Cohn schreibt, dass er als Persönlichkeit einen »tiefen Eindruck« auf sie machte und dass sie in seinen Büchern (u.a. *Existence* sowie *Freedom and Destiny*) einen Großteil ihrer eigenen Anschauungen wiederfand (vgl. Farau/Cohn 1984, S. 563).

6 Dies hatte z.T. persönliche Gründe: Erich Fromm war Lehranalytiker von Hans-Helmut Cohn, der am *William-Alanson-White-Intitute* eine Ausbildung begonnen hatte. Als ihre Ehe in eine Krise geriet, lehnte Fromm ein von ihr gewünschtes Gespräch zu dritt ab (Mündliche Mitteilung von Ruth C. Cohn an den Verf.).

Grund von Reiks wertvollen kunst- und religionpsychologischen Beiträgen in seiner Stellungnahme *Zur Frage der Laienanalyse* (1926) klar für die Anerkennung nichtärztlicher Psychoanalytiker votiert hatte, gründete er 1948 die *National Psychological Association for Psychoanalysis* (NPAP), in der auch Ruth Cohn von Anfang an aktiv mitwirkte. Reik konnte ihr zwar anfangs keine Patienten vermitteln, da seine eigene Praxis schlecht »lief«, er leistete jedoch mit der Gründung dieser Vereinigung und der angeschlossenen *Theodor Reik Clinic* einen wichtigen berufspolitischen Beitrag zur Verbesserung der Situation nichtärztlicher Analytiker in den USA, den Ruth Cohn dankbar anerkennt (vgl. Farau/Cohn 1984, S. 232ff.). Sie und ihr zweiter Ehemann Gus Woltmann blieben Theodor Reik bis zu dessen Tod freundschaftlich verbunden.

Paul Federn (1871-1950), 17 Jahre älter als Reik, hatte ebenfalls in Wien zu den Anhängern Freuds gehört; er war u.a. von 1924 bis 1938 dessen Vertreter im Vorsitz der *Wiener psychoanalytischen Vereinigung*. Federn stand der Sozialdemokratie nahe und setzte sich für Volksaufklärung ein. Von ihm stammt der Ausdruck »vaterlose Gesellschaft«, den Alexander Mitscherlich später als Buchtitel verwendet hat (bei Federn war er bezogen auf die Situation der Jugend nach dem Ersten Weltkrieg). Nach dem »Anschluss« Österreichs emigrierte er in die USA. Obwohl er sich nie von Freud distanzierte, gewann er doch ein eigenes Profil innerhalb der Psychoanalyse durch sein Bemühen um ein besseres Verständnis der Psychosen, die Freud für psychoanalytisch nicht behandelbar erklärt hatte. Federn verzichtete weitgehend auf psychoanalytische Deutungen und vertrat ein eher stützendes Vorgehen des Therapeuten. Da er in den USA noch einmal einen medizinischen Abschluss erworben hatte und Mitglied der *New York Psychoanalytical Society* war, hatte er genügend Patienten. Als Ruth Cohn am Ende eines längeren Gesprächs wegen ihrer offen geäußerten Kritik an der »orthodoxen« Analyse Zweifel äußerte, ob er bereit sei, sie zu unterstützen, reagierte er mit dem anerkennenden Satz: »Sie sind gut ausgebildet, intelligent und integer – das genügt mir« (a.a.O., S. 228) – und er vermittelte ihr die ersten drei Patienten.

Ruth Cohn scheut sich nicht, von den Schwierigkeiten zu berichten, die sie in den ersten Jahren ihrer psychoanalytischen Praxis vor allem bei psychosenahen Patienten – heute würde man von »Borderlinern« sprechen – hatte. So begab sie sich noch einmal für etliche Monate in Therapie bei einer nach Sullivans Methode ausgebildeten Kollegin, *Ruth Foster*, um sich in ihrer schwierigen Situation als ausländische Berufsanfängerin und alleinstehende Mutter von zwei Kindern Unterstützung zu holen (vgl. Farau/Cohn 1984, S. 240ff.). Dabei erfährt sie es als aufbauend und weiterführend, wie der direkte Kontakt, ohne Couch und mit

Kommunikation über Mimik und Gestik, die Beziehung zwischen ihr und ihrer Therapeutin auf eine gleichwertige Ebene hebt, und sie nimmt als zentrale Botschaft hinter den Einzelinterventionen wahr: »*Du bist erwachsen, du verstehst, du kannst*« (a.a.O., S. 241, Hervorhebung H.J.). Dieses ermutigende, auf die positiven Wachstumskräfte vertrauende Moment der therapeutischen Beziehung wird für sie zu einem Eckpfeiler ihres humanistischen Verständnisses von Psychologie und Pädagogik.

Noch eine weitere Erfahrung hilft ihr, ihre eigene Art des Therapierens zu verändern: Bei einer »früh gestörten« Patientin namens Mary, die sich in der Analysestunde kaum äußern kann, ihren Körper und ihre Arbeit hasst, sich auf keine Beziehung zu Männern einlässt und mit einer »Mischung von Auflehnung und Verzweiflung« (a.a.O., S. 244) zu ihr gekommen ist, ergibt sich nach einer krankheitsbedingten Therapieunterbrechung die Situation, dass die Patientin ihr um den Hals fällt und den Kopf an ihre Brust lehnt. Ruth Cohn geht darauf ein, indem sie den Arm um sie legt. In dieser Haltung, die sie »geschützte Säuglingshaltung« nennt, kann die Patientin beginnen zu reden und ihren Gefühlen Ausdruck zu verleihen. Ruth Cohn erinnert sich an ihre eigene Erfahrung mit Körperarbeit nach Elsa Gindler und bezieht fortan – entgegen der Skepsis und Ablehnung der psychoanalytischen Kolleginnen und Kollegen in New York – die Frage: »*Was spürst du? Was sagt dir dein Körper?*« in ihre Therapien mit ein (a.a.O., S. 245). Auch körperliche Berührung ist für sie fortan kein Tabu mehr, wenn die Situation es erfordert.

Anlässlich der eigenen Abkehr vom Dogma des Berührungsverbots in der Psychoanalyse kommt Ruth Cohn auch auf *Wilhelm Reich* zu sprechen. Vermutlich hatte sie noch in Berlin von Reichs sexualpolitischen Aktivitäten gehört und sie las später auch einige Schriften von ihm, persönlich ist sie ihm jedoch nie begegnet. Es ist nicht verwunderlich, dass er von ihr auf Grund seiner Pionierleistung auf körpertherapeutischem Gebiet sehr gelobt wird (vgl. Farau/Cohn 1984, S. 248ff.; Hahn 1991, S. 44f.). Gegenüber den ablehnenden psychoanalytischen Kollegen in New York hätte sich Ruth Cohn aber auch auf *Sándor Ferenczi* berufen können, dessen modifizierte spätere Behandlungstechnik Körperkontakt bei früh traumatisierten Patienten ausdrücklich zulässt (vgl. Ferenczi 1931, S. 493ff.). Ferenczi fiel in seinen letzten Lebensjahren zwar bei Freud und den »orthodoxen« Anhängern der Psychoanalyse in Ungnade, seine Vorschläge zu einem Eingehen auf die Regression des Patienten mit Einbeziehung der Leibsphäre können heutzutage jedoch als bahnbrechend für die Therapie früher Störungen gelten. Ferenczis späte Entwicklung wurde damals in Analytikerkreisen allerdings totgeschwiegen und Ruth Cohn kam mit seinen diesbezüglichen Ideen nicht in Berührung.

Die Gründungsphase der Themenzentrierten Interaktion – Begegnung mit Fritz Perls

Ruth Cohn praktizierte, wie beschrieben, die Psychoanalyse etliche Jahre als Analytikerin in Einzeltherapien, ehe sie die für sie spezifische Methode der *Themenzentrierten Interaktion* entwickelte. Als deren Keimzelle kann ein von ihr im Jahr 1955 begonnener psychoanalytisch-interaktioneller Workshop mit angehenden Psychoanalytikern zur »Gegenübertragung« gelten, den sie in einem Aufsatz ausführlich beschrieben hat (Cohn 1961). Die Ausgangslage war dadurch bestimmt, dass die Bedeutung der Gegenübertragung für den therapeutischen Prozeß zwar von Analytikern nach Freud schon wiederholt thematisiert worden war (u.a. durch den Ferenczi-Schüler Michael Balint),[7] dass es jedoch für die Bearbeitung von Gegenübertragungsproblemen in der Analytiker-Ausbildung noch kein anerkanntes Verfahren gab. Es hieß einfach: »Die [angehenden Analytiker] müssen in die Analyse zurück« und die Patienten »müssen dann warten« (Cohn 1992, S. 315).

Ruth Cohn, die seit Anfang der 50er Jahre das Ausbildungskomitee der *National Psychological Association for Psychoanalysis* leitet, findet diesen Zustand unbefriedigend. Ihr Vorschlag, im Rahmen der Ausbildung ein Gegenübertragungseminar anzubieten, wird abgelehnt und so organisisiert sie auf privater Basis eine Gruppe mit acht fortgeschrittenen Ausbildungungskandidatinnen und -kandidaten, die sich 14-tägig bei ihr treffen. Ihre Planung und die Arbeit der Gruppe fasst sie folgendermaßen zusammen:

---

7 Vgl. Balint 1939; Michael Balint rief 1949 an der Tavistock-Klinik in London die sog. *»Balint-Gruppen«* für praktische Ärzte ins Leben. Man kann einige Parallelen feststellen zwischen den Balint-Gruppen und der anfänglichen Art, wie Ruth Cohn mit der Ausbildungsgruppe im »Gegenübertragungs-Workshop« arbeitete. In beiden Gruppen ging es nicht um »Fallbesprechungen«, sondern um die *»Beziehung«* (Balint 1991, S. 29) zwischen dem Arzt bzw. Therapeuten und dem Patienten. Wie Ruth Cohn machte auch Michael Balint die *Übertragungs- und Gegenübertragungreaktionen* der Gruppe für den Klärungsprozess nutzbar. Der Gruppenleiter nach Balint gab bzw. gibt sich selbst allerdings weniger mit persönlichen Themen und Reaktionen in die Gruppe ein, als Ruth Cohn dies von Anfang an tat.

»Ich förderte den Abbau von Angst vor Gegenübertragung, indem ich den Workshop mit einem eigenen Gegenübertragungsproblem einleitete. Die Methodik erwuchs im Prozeß. Wir entdeckten z.B., daß sich die in freien Assoziationen vorgetragenen Schwierigkeiten zwischen Patient und Therapeut in den Beziehungen zwischen Gruppenmitgliedern und dem referierenden Therapeuten wiederspiegelten. Diese wurden zum Gruppenproblem, das entwirrt und verstanden werden konnte. Thema, Gruppe und Person waren mir gleich wichtig.« (Cohn 1979, S. 874f.)

Indem Ruth Cohn die Gruppe leitet und zugleich sich selbst mit einem Gegenübertragungsproblem aus ihrer eigenen therapeutischen Praxis einbringt, bei dessen Lösung die Gruppe ihr hilft, entdeckt sie die Grundidee des *partizipierenden Gruppenleiters,* analog zum Modell des »ersten Geigers in einem Orchester ohne Dirigenten« (Cohn 1961, S. 58). Auch die Grundstruktur der Themenzentrierten Interaktion, bildlich dargestellt im gleichseitigen Dreieck von *Thema*, *Gruppe* und dem *Einzelnen*, findet sich bereits in diesem frühen Workshop aus den 50er Jahren. Aber manches – wie der Focus auf Gegenübertragungsreaktionen gegenüber nicht anwesenden Patienten – verbleibt noch im analytischen Bezugsrahmen. Von der ersten Idee bis zur Ausgestaltung des Konzepts der Themenzentrierten Interaktion vergehen noch weitere zehn Jahre, in denen Ruth Cohn unter anderem Einflüsse des *Psychodramas* (J.L. Moreno), der *Gruppentherapie*, die sie durch die Adlerianerin Asya Kadis kennen lernt, und vor allem des in Amerika entstandenen *»Experientialismus«* (Carl Withaker und John Warkentin) aufnimmt. Sie spricht in der deutschen Übersetzung von »Erlebnistherapie« und bezeichnet sich selbst zeitweilig als dieser Richtung zugehörig (vgl. Hecker 2009, S. 40f.), sieht darin jedoch »kein Abwenden von Freud, sondern die Weiterführung seiner Methode« (Cohn 1969, S. 86).

Anregungen für ihre eigene Art, Gruppen zu leiten, erhält Ruth Cohn vor allem durch kollegialen Austausch bei den jährlichen Treffen der *American Academy of Psychotherapists,* an denen sie erstmals im Jahr 1961 teilnimmt. Die Ankündigung auf einem Flugblatt hat sie neugierig gemacht. Das Treffen steht nämlich unter dem Motto: *»The Continued Growth of the Psychotherapist«* (Farau/Cohn 1984, S. 272). Während es sonst bei therapeutischen Tagungen meist darum geht, wie man die Entwicklung des Patienten fördern könne, geht es hier um das »Wachstum« des Therapeuten. Bei den Treffen der AAP und durch die hier entstehenden Kontakte lernt sie u.a. George Bach, Carl Rogers, Virginia Satir, Albert Ellis, Alexander Lowen und die »Experientialisten« Carl Whitaker und John Warkentin kennen. Vor allem die beiden letzteren beeindrucken sie sehr. Beide arbeiten an der Psychiatrischen Klinik von

Atlanta. Einladungen dorthin und das Miterleben des Umgangs mit den Patienten verschaffen ihr einen faszinierenden Eindruck von der »experiential therapy«, nach der dort gearbeitet wird. Sie stellt fest, dass der Umgang mit den Patienten gegenüber der herkömmlichen analytischen Methode von neuartigen Prämissen ausgeht:

- »Begegnung in *Partnerschaft*: existentielle Gleichheit von Behandelndem und Behandelten trotz ihrer unterschiedlichen Funktionen;
- größtmögliche *Authentizität* sich selbst gegenüber und klare Kommunikation zu anderen (innerhalb und außerhalb der Therapiesituation);
- Betonung des *Hier-und-Jetzt*;
- *Holismus*: Der Mensch ist ein ganzheitliches Wesen und wird als psychosomatische Einheit gesehen;
- Situationen innerhalb und außerhalb von Therapiesitzungen werden auf ihren *Realitätsgehalt* hin besprochen; *Übungen zur Wahrnehmungsfähigkeit* und *Urteilsbildung* können eingeführt werden.
- [Der Experientialismus betont] das innere Erlebnis, d.h. das *Subjektive* des Menschen. Der Experientialismus glaubt nicht an die Auflösbarkeit in meßbare Daten oder beobachtbares Verhalten;
- die Förderung von *nicht-hierarchischen Wertmaßstäben* und einer ebensolchen Lebenseinstellung;
- [es zählt] das, was der Patient (Schüler) ist, kann und tut und nicht das, was er nicht ist, nicht kann, nicht tut, – das heißt, der Therapeut wendet sich in erster Linie dem *Potential des Menschen* und erst in zweiter Linie seiner Krankheit zu;
- die nicht-determinierte Komponente des Menschen. Dies begünstigt *autonome Entscheidungen* im Sinne der Selbstverwirklichung.« (Farau/Cohn 1984, S. 278f.)

Die »humanistische« Sicht- und Handlungsweise der Erlebnistherapie geht nahezu lückenlos in das Selbstverständnis und die Prinzipien der *Themenzentrierten Interaktion* ein. Vor allem in den sogenannten »Axiomen« werden Festlegungen getroffen (u.a. »holistische« Sicht des Menschen, Förderung autonomer Entscheidungen), die einem humanistischen Menschenbild entsprechen. Von zentraler Bedeutung sind aber auch die Forderungen nach *Partnerschaft* und *Authentizität* in der Beziehung:

»Der Patient ist keine leere Schale und der Therapeut kein ewig voller Schlauch. Geben und Nehmen sind existentielle Notwendigkeiten. [...] Heilung geschieht durch die Tiefe neuer Erlebnisse, ganz besonders dann, wenn die Stärke früh erlebter Traumata durch die emotionale Kraft der therapeuti-

schen Beziehung korrigiert zu werden vermag. Diese Kraft entsteht aus der Echtheit der Gefühle und ihrer Kommunikation.
Authentisch zu sein ist nicht leicht. [...] Ich habe dem zuvor gängigen Credo der absoluten Offenheit den Begriff der *selektiven Authentizität* entgegengesetzt. Alles, was gesagt wird, soll echt sein; nicht alles was echt ist, soll gesagt werden. Zu jeder Intervention gehören Takt und Timing, also die Antizipation möglicher Reaktionen des andern. [...] Je fortgeschrittener die Therapie, umso weiter die Grenzen des Sagbaren. Je größer das Vertrauen, umso geringer die Verletzlichkeit des Patienten.« (Farau/Cohn 1984, S. 280.)

Ruth Cohn bewegt sich noch im Rahmen therapeutischer Einzel- und Gruppenarbeit, wenn sie von »früh erlebten Traumata« und der »emotionalen Kraft der therapeutischen Beziehung« spricht. Der »humanistische« Ansatz der Erlebnistherapie geht nicht darauf aus, Traumata zu analysieren, sondern *korrigierende Erfahrungen* zu ermöglichen, wie dies innerhalb der Psychoanalyse ansatzweise schon Ferenczi gefordert hatte. Die Forderung nach wechselseitigem Geben und Nehmen und nach »selektiver Authentizität« (ebd.) gilt aber auch für Gruppen, in denen es nicht um die »Heilung« früh erlebter Traumata, sondern um die *Auseinandersetzung mit einem Thema* bzw. die Lösung einer Aufgabe geht; sie werden als übergreifende Handlungsorientierungen für das Verhalten des Leiters und der Teilnehmer in das spätere TZI-System übernommen. Weitgehend ausformuliert und mit dem einprägsamen Bild vom »Dreieck in der Kugel« versehen – wobei die Kugel den »Globe«, d.h. die Außenwelt, symbolisiert –, erscheint die TZI in Ruth Cohns Aufsatz über »Das Thema als Mittelpunkt interaktioneller Gruppen«. Die von ihr beschriebene Methode ist hier bereits über die Anwendung in therapeutischen Gruppen hinaus auf weitere, vor allem pädagogische Zielgruppen bezogen (vgl. Cohn 1966, S. 111ff.)

Im Jahr 1966 erfolgt unter Mitwirkung von Norman Liberman, Frances Buchanan (von der die Bezeichnung »Themenzentrierte Interaktion« stammt), Vivian Guze, Daniel Malamud, John Brinley/Brinitzer, Yitzchak Zieman und anderen in New York die Gründung des *Workshop Institute for Living Learning* (WILL). 1972 kommt es in Zürich zur Gründung von *WILL Europa,* nachdem Ruth Cohn im Jahr 1968 bei einem Internationalen Kongress für Gruppenpsychotherapie in Wien und in den folgenden Jahren u.a. bei den Lindauer Psychotherapiewochen ihren »neuen« Ansatz weiten Kreisen von Interessierten – darunter viele Psychoanalytiker und Gruppendynamiker – in Deutschland, Österreich und der Schweiz bekannt gemacht hat. All dies ist bekannt und häufig genug beschrieben worden (vgl. Langmaack 2004, S. 20ff.; Greving 2009, S. 22f.).

Infolge der Ausdifferenzierung der verschiedenen »Schulen« der Humanistischen Psychologie droht jedoch allmählich in Vergessenheit zu geraten, dass *Gestalttherapie und TZI* nicht nur eine ähnliche Vorgeschichte haben, sondern über die Personen ihrer Begründer und die Anwendung durch Leiterinnen und Leiter, die in *beiden* Methoden ausgebildet waren, ursprünglich eng zusammen gehören. Da die Begegnung mit Fritz Perls in Ruth Cohns Biographie eine bedeutende Rolle spielt und da sie auch in ihre eigene Gruppenpraxis immer wieder gestalttherapeutische Elemente mit aufgenommen hat – ohne sie allerdings in der Theorie der TZI zu verankern –, soll hier näher darauf eingegangen werden.

Im Jahr 1946 fällt Ruth Cohn in New York ein Sonderdruck in die Hände. Der Titel: »Here and Now«. Der Autor: *Frederick Perls*. Der Artikel beschäftigt sie sehr – weist er doch darauf hin, dass der Therapeut sich auf Gefühle und Wahrnehmungen beim Klienten und bei sich selbst konzentrieren soll, die sich in der *Gegenwart* abspielen, anstatt in die Vergangenheit auszuweichen.[8] Das ist für sie neu. Sie findet heraus, dass der Autor nicht weit entfernt von ihrer Praxis wohnt, und ruft ihn an. Er antwortet: »Come over«. Und dann folgt der Satz:

»Wir sprachen nur englisch miteinander, immer, wie fast alle deutsch-jüdischen Flüchtlinge.« (Farau/Cohn 1984, S. 299.)

Die erste Begegnung mit Fritz Perls endet abrupt und lässt Ruth Cohn verwirrt zurück, denn er geht wortlos aus dem Zimmer und kehrt nicht mehr zurück, als sie darauf beharrt, mit ihm über seinen Artikel zu diskutieren, anstatt seiner Aufforderung, sich auf die Couch zu legen, nachzukommen. Die kurze Szene zeigt aber auch, dass »Fritz« (so nennt er sich später in seinen Workshops) schon damals gern das Handeln dem Reden vorzog und dabei vor Schroffheiten nicht zurückschreckte.

Es dauert mehr als fünfzehn Jahre, bis Ruth Cohn Anfang der 60er Jahre bei den Workshops der *American Academy of Psychotherapists*

8 Der Artikel, auf den Ruth Cohn sich bezieht, ist unter den Veröffentlichungen von Fritz Perls zwar bisher nicht nachgewiesen, sein vermutlicher Inhalt ist jedoch nicht schwer zu rekonstruieren, da der Titel auf ein häufig wiederholtes Grundpostulat der (damals noch nicht so genannten) Gestalttherapie anspielt. Die Datierung auf das Jahr 1964 (Farau/Cohn 1984, S. 299) ist wahrscheinlich ein Versehen, da es sich nach allen sonstigen Angaben (gerade vollzogener Umzug von Fritz Perls aus Südafrika nach New York, mehr als 15jährige Pause bis zur erneuten Begegnung Anfang der 60er Jahre usw.) nur um das Jahr 1946 handeln kann.

wieder mit Fritz Perls zusammentrifft. Diesmal kommt ein dauerhafter Kontakt zu Stande. Perls demonstriert in seinen Workshops, wie die Konzentration auf das »Hier und Jetzt« zu einer Intensivierung des eigenen Erlebens, einschließlich der Körperwahrnehmung und des Kontakts mit dem anderen führt, er achtet auf Mimik und Gestik, gerade wenn sie etwas anderes ausdrücken, als was der Betreffende verbal äußert, er lässt innere Konflikte durch äußere Hilfsmittel (z.B. Wechsel von einem Stuhl zum andern) repräsentieren oder mitgebrachte Träume bewusst weiterträumen und den Träumer sich mit verschiedenen im Traum auftauchenden Personen, Inhalten und Gegenständen identifizieren, er zeigt, wie »unerledigte Geschäfte« – z.B. ein nicht ausgetragener Konflikt mit einem Elternteil – den Energiefluss blockieren. Perls verfügt über ein unerschöpflich scheinendes Repertoire von Methoden, mit denen Konflikte, die in der Psychoanalyse in oft mühsamer Annäherung verbal diagnostiziert und bearbeitet werden, in direktem Zugriff erfahrbar gemacht und einer möglichen emotionalen Lösung zugeführt werden können. Von entscheidender Bedeutung ist dabei der *»Impasse«* – mit »Engpaß« nur unzureichend übersetzt: die Leere, das Einfach-nicht-mehr-weiter-wissen und -können, wenn alle Aspekte des Problems benannt und alle Möglichkeiten durchgespielt sind. Denn der Engpass öffnet den Durchgang zum »Sein, die ich bin« und »Werden, die ich werden könnte/wollte/sollte« (Farau/Cohn 1984, S. 303).

Ruth Cohn ist von der Konzentration, dem Gespür und der Sicherheit, mit der Fritz Perls zu *dem* lebenswichtigen »unerledigten Geschäft« vorstößt, so beeindruckt, dass sie ihn zu einem zweijährigen Fortbildungskurs mit erfahrenen Therapeuten, zu denen auch einige spätere Gründungsmitglieder von WILL gehören, einlädt. Im Verlauf dieses Kurses, der auf mehrtägige Workshops verteilt ist, kommt es auf ihre Bitte hin auch zu einer persönlichen *Einzel-Arbeit* mit Fritz Perls, was eine große Ausnahme bedeutet; denn Einzelarbeit außerhalb der Workshops war »damals eine große Seltenheit« (a.a.O., S. 305).

Im Verlauf der dreistündigen Sitzung mit Fritz (Motto: *»Listen to me!«*) erlebt sich Ruth als schreiender, weinender Säugling, den niemand hört, und als sechsjähriges Mädchen, dem der Vater nicht zuhört; aber sie erlebt auch die Not des Vaters. Die Geschichte hatte sie schon oft erzählt, auch in analytischen Zusammenhängen, und sie war dabei auf Verständnis und Mitgefühl gestoßen, aber so intensiv im Hier-und-Jetzt *erlebt* hatte sie die Geschichte noch nie. Dass jemand so voll *für sie da* ist, der sie in der Kindrolle befragt und ihr als Erwachsener zuhört, ist ebenfalls neu. Die Tränenausbrüche, die das Erlebte begleiten, zeigen, wie tief der Schmerz sitzt. Doch dies ist nur der eine Teil. Die fast noch wichtigere Erfahrung ist der *Engpaß*:

»[...] nämlich die grausame Wirklichkeit, in der ein legitimer und unabdingbarer Anspruch des kleinen Mädchens und ein sich als impotent erlebender Vater einander in ihrer gemeinsamen Existenznot begegneten. Und jetzt hier eine erwachsene Frau, die diese Tragik explizit macht und sie nicht aufheben kann, weil sich der Konflikt zwischen vergangenen Kontrahenten ereignet hat.« (Farau/Cohn 1984, S. 308.)

Als sie das realisiert, entsteht in ihr eine innere Leere. Am Vergangenen ist nichts mehr zu ändern. Aber aus der Leere entsteht das Bild eines fruchtbaren Lebensbaumes, ein »Gefühl des Erfülltseins, eines lebendigen Friedens, des Rauschens einer inneren Quelle« (ebd.). Sie kann wieder um sich schauen und ihr Gegenüber wahrnehmen. Und ihr Fazit lautet:

»Der Kleinmädchen-Anspruch und die Trauer des versagenden Vaters sind nicht mehr im Fluß meines Lebens. Diese Gestalt war und ist beendet. Nur Narben sind geblieben, wie von jedem tiefen Schmerz, und sie tun weh, wenn Menschen, die ich sehr liebe, mich nicht hören können oder wollen. Aber die Quelle ist frei.« (a.a.O., S. 309.)

Sicher ist, dass das geschilderte eigene Erleben und die Erfahrung aus den Workshops mit »Fritz« Ruth Cohn sehr beeindruckt haben. Sie hat ihn als Therapeuten bewundert. Was manchen als »Hexerei« erschien, nämlich dass der bei Freud mit den Worten »Erinnern, Wiederholen und Durcharbeiten« (Freud 1914a) beschriebene Prozess bei Perls in enormer Intensität und Verdichtung ablief, beruhte allerdings auf einer »Kombination von Genialität, sauberen Konzepten, geschulter Intuition, lebenslangem Fleiß und ungeheurer Erfahrung« (Farau/Cohn 1984, S. 304), und das wusste sie. Sie hält Perls' Fähigkeit, neurotisierende Vergangenheit durch die Kombination psychoanalytischen Wissens mit Gestalttechniken in die therapeutische *Hier- und Jetzt-Begegnung* zu bringen, für den »Höhepunkt psychotherapeutischer Entwicklung« (Cohn 1973, S. 101). Sein therapeutisches Vorgehen läßt sich jedoch nicht einfach kopieren oder schematisch in Form einer bestimmten »Technik« praktizieren. Bei unerfahrenen und intuitiv weniger begabten Therapeuten kann die »Technik« sogar schädlich wirken. Das ist mit ein Grund, weshalb Ruth Cohn bei der TZI später nicht mehr von der »Anwendung« einer »Methode« spricht, sondern die verinnerlichte Werthaltung und interaktive Kompetenz des Gruppenleiters betont.

Gesichert ist schließlich, dass ihre Bewunderung für Fritz Perls nicht so weit ging, dass sie alles, was von ihm kam, unkritisch akzeptiert hätte. So erregte das in späteren Jahren am *Esalen Institute* entwickelte und massenhaft in Posterform verbreitete »Gestalt Prayer« ihre Empörung und ihren Zorn. Sie sieht insbesondere in der letzten Zeile (»I am I and you are you and if by chance we find each other, it's beautiful, if not, it can't be helped«) eine »Ermunterung zum Scheuklappen-Egoismus« (Cohn 1973, S. 102) und bezweifelt, dass das resigniert-unpersönliche »dann kann man nichts machen« von Perls stammt, da es seiner ganzen Haltung zuwiderläuft. Zu den Grundprinzipien der Gestalttherapie, wie auch der TZI, gehört es vielmehr, sich der eigenen Möglichkeiten bewusst zu werden und *Verantwortung für das eigene Handeln* und seine Folgen zu übernehmen. Ihr eigener Vorschlag zum Text läuft deshalb auf eine abgewandelte Version hinaus:

»Ich kümmere mich um meine Angelegenheit, ich bin ich.
Du kümmerst dich um deine, du bist du.
Die Welt ist unsere Aufgabe;
Sie entspricht nicht unseren Erwartungen.
Doch wenn wir uns um sie kümmern, wird sie sehr schön sein;
Wenn nicht, wird sie *nicht sein.*« (Cohn 1973, S. 101.)

Damit wird die gemeinsame Verantwortung für den »Globe« betont und allem Streben nach Selbstverwirklichung auf Kosten von Mit- und Umwelt eine klare Absage erteilt. Zugleich spricht sich in diesen Worten ein ungebrochenes Zutrauen aus, dass es möglich ist, die uns umgebenden Verhältnisse in positivem Sinne zu beeinflussen und zu verändern.

Humanistische Axiome und »gesellschaftstherapeutischer« Anspruch

Die Zusammenarbeit und Auseinandersetzung mit Fritz Perls, aber auch mit anderen »experiential therapists« aus der damals in den USA aufkommenden »Psycho-Szene«, sind für Ruth Cohn Anlass, ihre eigene Position in der Bewegung zu klären. Aufschlussreich ist in dieser Hinsicht ihr Aufsatz »Die Erlebnistherapien – Autismus oder Autonomie?«, in dem sie sich unter anderem mit der »Philosophie des ›doing my own thing‹« (Cohn 1973, S. 97) auseinandersetzt. Sie sieht im Verzicht auf eine »humanistische oder mich transzendierende Verantwortlichkeit« die neue »heilige Kuh« oder das »goldene Kalb« der damaligen Psycho-Bewegung (ebd.). Aufschlußreich ist ihr Aufsatz aber auch deswegen, weil Ruth Cohn sich hier über ihren Abschied von der »klassischen« Art der Psychoanalyse Rechenschaft gibt, zugleich jedoch anerkennt, was sie dieser verdankt:

»Der Erlebnistherapeut glaubt, daß Heilung weitgehend von der *Echtheit der therapeutischen Beziehung* abhängig ist. Durch seine eigene Authentizität hilft er dem Patienten, die Befürchtungen zu überwinden, die von unechten und vergewaltigenden Begegnungen seiner Kindheit herrühren. [...]
Ich bin froh, daß ich – seit ich erlebnistherapeutisch und nicht klassisch-analytisch arbeite – von der illusionären Rolle der *neutralen, distanzierten und relativ unverletzlichen Analytikerin* befreit bin. Ich freue mich auch, Begriffe wie ›Objekt-Beziehung‹, ›Liebesobjekt‹ und ›das ist nichts als...‹-Reduktions-Philosophie ad acta gelegt zu haben. Interpretationen bleiben meist dem Patienten überlassen oder werden in späteren abstrahierenden Auseinandersetzungen gefunden. – Ich setze mich nicht mehr schweigend hinter die Behandlungscouch, habe das Berührungstabu aufgehoben und fühle weniger irrationales Soll von Regeln und mehr Freiheit zu sein, wer ich bin und an was ich wirklich glaube. Dies bedeutet nicht, daß ich alles über Bord werfe, was ich durch meine Ausbildung und Erfahrung als Psychoanalytikerin gelernt und gewonnen habe. Ich sehe im Gegenteil den Experientialismus als klare Fortsetzung von Freuds genialen Anfängen, die Vergangenheit des Patienten in die Gegenwart hinein zurückzurufen – nämlich durch die Wegweiser von Übertragung, Widerstand (gegen Veränderung und Angst) und ›Mechanismen‹ von Abwehr.« (Cohn 1973, S. 99f., Hervorhebung H.J.)

Ruth Cohn bekennt sich hier klar zu ihrer 40jährigen – auch später nicht verleugneten – Prägung durch die *Psychoanalyse.* Vom Erlebnistherapeuten fordert sie verantwortungsvollen Umgang mit Emotionen, »geübt und geprüft in Jahren des Zuhörens, des Strebens nach Bewußtheit und disziplinierten Experimenten« (a.a.O., S. 107), und dazu ebenso kognitive Fähigkeiten, geschult durch das Studium bedeutender psychotherapeutischer Lehrer wie »Freud, Adler, Horney, Jung, Sullivan, Reich« (ebd.). Daran wird deutlich, dass durch die »authentische« Beziehung zum Klienten und das Erleben im »Hier und Jetzt« eine fundierte theoretische Ausbildung sowie langjährige praktische Erfahrung für den Therapeuten nicht überflüssig werden.

Wichtig für die Entwicklung der *Themenzentrierten Interaktion* ist Ruth Cohns Auseinandersetzung mit den »Erlebnistherapien« insofern, als bei ihr sowohl das medizinisch-objektivierende Missverständnis der Psychoanalyse, als auch der »autistische«, nur auf die Entfaltung des eigenen Selbst bezogene Trend des »doing my own thing« in der damaligen Therapie- und Selbsterfahrungsszene einer Kritik unterzogen wierden. Gegenüber beiden Fehlentwicklungen betont sie die Notwendigkeit eines »*Humanismus*, dem ein Wertsystem zugrunde liegt« (Cohn 1973, S. 98, Hervorhebung H.J.).

In dem wenig später geschriebenen Aufsatz »Zur Grundlage des themenzentrierten interaktionellen Systems« (1974) und in der *Gelebten*

Geschichte der Psychotherapie (Farau/Cohn 1984, S. 357ff.), später nochmals ausführlicher in den zusammen mit Paul Matzdorf geschriebenen Erläuterungen zum »Konzept der Themenzentrierten Interaktion« (Cohn/Matzdorf 1992) geht Ruth Cohn von *drei Axiomen* aus, die den »Humanismus« der TZI zum Ausdruck bringen:

> [1.] »Der Mensch ist eine psychobiologische Einheit und ein Teil des Universums. Er ist darum gleicherweise autonom und interdependent. Die Autonomie des Einzelnen ist umso größer, je mehr er sich seiner Interdependenz mit allen und allem bewußt wird.« (Farau/Cohn 1984, S. 357).
> [2.] »Ehrfurcht gebührt allem Lebendigen und seinem Wachstum. Respekt vor dem Wachstum bedingt bewertende Entscheidungen. Das Humane ist wertvoll, Inhumanes ist wertbedrohend.« (Cohn 1974, S. 120.)
> [3.] »Freie Entscheidung geschieht innerhalb bedingender innerer und äußerer Grenzen. Erweiterung dieser Grenzen ist möglich. Freiheit im Entscheiden ist größer, wenn wir gesund, intelligent, materiell gesichert und geistig gereift sind, als wennn wir krank, beschränkt oder arm sind oder unter Gewalt und mangelnder Reife leiden.« (Cohn/Matzdorf 1992, S. 63.)

Ergänzt werden die Axiome durch die »existentiellen« Postulate, sich selbst zu leiten (»Chairperson«-Prinzip) und auf »Störungen und Betroffenheiten« bei sich selbst und bei anderen zu achten (Cohn/Matzdorf 1992, S. 66ff.), ferner durch sogenannte »Hilfsregeln«, wie z.B. Verallgemeinerungen und Interpretationen zum Verhalten anderer zu vermeiden, stattdessen eigene »selektiv-authentische« Aussagen zu machen, auf die Körpersprache zu achten etc. (a.a.O., S. 76ff.).

Wie ersichtlich, gehört zum Konzept der Themenzentrierten Interaktion neben konkreten Regeln für das Verhalten in Gruppen ein *humanistisches »Menschenbild«*, das – außer bei Fromm – bei keinem der hier behandelten Autoren so explizit ausformuliert ist wie bei Ruth Cohn. Ein normatives System dieser Art kann dazu verleiten, dass man sich mehr mit Fragen der Auslegung, der Begründung, der inneren Logik und Kohärenz der Axiome und Postulate befasst als mit ihrem praktisch-dynamischen »Sinn«, der eine Orientierung für die Einstellung und das Verhalten des Gruppenleiters ebenso wie der einzelnen Teilnehmer bieten soll. Eine abgehobene TZI-»Philosophie« macht jedoch ebenso wenig Sinn wie die triviale Annahme, man brauche sich nur an die Regeln zu halten, und schon ergebe sich auch eine TZI-gemäße Praxis. Es erwies sich für Ruth Cohn vielmehr als notwendig, ausdrücklich auf den Zusammenhang zwischen dem humanistischen *»Menschenbild«* und den zunächst formulierten *Interaktionsregeln* hinzuweisen, nachdem sich gezeigt hatte, dass derartige Regeln – z.B. »per Ich« zu sprechen (Cohn

1974, S. 124) – auch im Sinne eines egozentrischen Nur-auf-sich-selber-Achtens missverstanden werden konnten.

Eine wesentliche Grundlage für die TZI-Gruppenleitung besteht im Gespür für die eigene und *Gruppen-Befindlichkeit* sowie für das *Thema*, das gerade »dran« ist, aber auch für Themen, die vermieden werden. Dazu gehört ferner Achtsamkeit für das, was sich *bei anderen* zeigt, sowie *eigene* »selektiv-authentische« Beteiligung. Die Axiome formulieren das »Wertefundament« des Arbeitens in und mit der Gruppe, indem sie einer beliebigen Funktionalisierung der Methode entgegenwirken (vgl. Schneider-Landolf/Spielmann/Zitterbarth 2009, S. 79). Sie haben einen aktivierend-dynamischen Sinn: Die Autonomie des Einzelnen soll durch die Gruppenarbeit gefördert, die Grenzen seiner freien Entscheidungsfähigkeit sollen erweitert, psychisches Wachstum soll gefördert und Wertbedrohendes damit direkt oder indirekt bekämpft werden.

Wie eingangs geschildert, war Ruth Cohn schon während ihrer in Deutschland verbrachten Jugend ein politisch bewusster und sozial engagierter Mensch. Den Terror der Nazis und die Massenhysterie unter Hitlers Anhängern erlebte sie als junge Frau hautnah bedrängend mit, ehe sie sich dieser bedrohlichen Entwicklung, die in der Katastrophe des Zweiten Weltkriegs und der Shoah endete, durch Flucht ins Ausland entzog. Aber es ging ihr nicht darum, nur ihre eigene Haut zu retten. Schon während der Ausbildung zur Psychoanalytikerin in Zürich und in den späteren Jahren beschäftigte sie vielmehr die Frage:

> »Wie können Erkenntnisse von der Couch mehr Menschen nützlich werden als nur ein paar Patienten? Können Vorurteile, Massenwahn und deren Explosion durch psychoanalytisches Wissen vermindert oder verhindert werden?« (Cohn 1979, S. 854.)

Die Themenzentrierte Interaktion stellt den Versuch dar, auf diese Frage eine praktische Antwort zu geben. Denn es geht in ihr nicht nur um eine bestimmte »Technik« des Gruppenleitens und erst recht nicht um ein spezielles Herrschaftswissen, mit dem der Leiter die Gruppe seinen Zielen gemäß manipulieren kann. Es geht auch um mehr als persönliche Entwicklung durch die Begegnung mit anderen. Selbst das aufgabenbezogene Zusammenarbeiten in der Gruppe mit der anzustrebenden »dynamischen Balance« zwischen dem einzelnen Ich, dem Wir (der Gruppe) und dem Thema bzw. der Aufgabe (vgl. Farau/Cohn 1984, S. 352ff.) – an sich schon anspruchsvoll genug – ist kein letzter Zweck, denn das in der TZI-Gruppe praktizierte Verhalten soll sich auch *nach außen hin* auswirken. Die Beziehung zum »Globe« ist nicht nur so aufzufassen, dass dieser stets in das Innere des sog. »TZI-Dreiecks« hineinwirkt, vielmehr gilt auch im umgekehrten Sinne, dass die uns umgebenden Verhältnisse im Sinne der humanistischen Grundsätze der TZI beeinflusst und verändert werden sollen – und können. Mit anderen Worten: Selbstverwirklichung schließt immer auch »Weltverwirklichung« (Farau/Cohn 1984, S. 375) mit ein.

Zu den normativen Grundlagen der TZI wie jeder humanistischen Ethik gehört es, Leben und lebendiges Wachstum zu fördern, nicht zu zerstören. Der Bezug zum zweiten, philosophisch-ethischen Axiom: *»Ehrfurcht gebührt allem Lebendigen und seinem Wachstum«* (Cohn 1974, S. 120) liegt auf der Hand. Es ist wichtig, sich die politische Dimension dieses Axioms klarzumachen. Mit »Ehrfurcht« ist nicht ein personimmanent bleibendes Gefühl gemeint, vielmehr geht es um eine lebensbejahende Grundhaltung, die vor allem gegenüber den Mitmenschen und der Natur, also in den Verflechtungen des »Globe«, gezeigt und bewiesen werden soll. Dabei können zwei mögliche Fehlhaltungen auftreten, die es zu vermeiden gilt: zum einen die Gefahr der Selbstüberschätzung, wenn man meint, man könne als Einzelner ohne die Unterstützung durch Gleichgesinnte, die mit am gleichen Strang ziehen, viel erreichen; zum anderen die Gefahr, dass man vorschnell resigniert, weil sich der Eindruck aufdrängt, man könne gegen globale Entwicklungen »ja doch nichts machen«. Beiden Fehlhaltungen gegenüber formuliert Ruth Cohn eine wichtige Einsicht, die zugleich als handlungsleitende Maxime gilt:

»Ich bin nicht allmächtig; ich bin nicht ohnmächtig; ich bin partiell mächtig.« (Farau/Cohn 1984, S. 360.)

Die Begründerin der TZI hat gelegentlich von einer *»gesellschaftstherapeutischen«* Zielsetzung der Themenzentrierten Interaktion gesprochen (vgl. Farau/Cohn 1984, S. 334ff.; Cohn/Ockel 1992, S. 199ff.) Angesichts der Erfahrung des Faschismus, dem der Einzelne nichts galt (»Du bist nichts, dein Volk ist alles!«) und in dem die Grundrechte mit Füßen getreten wurden, hat die Anerkennung des Einzelnen als *selbstverantwortlicher Person* im sog. »Chairperson«-Prinzip für sie nicht nur psychologische, sondern auch politische Bedeutung. Nur eine Gesellschaft, die die Grundrechte anerkennt und in der Chancen für Wachstum und Autonomie des Individuums gegeben sind, kann als demokratisch gelten.

Als Ruth Cohn im Jahr 1969 erstmals wieder nach Deutschland kam, um bei einer Veranstaltung des *Deutschen Arbeitskreises für Gruppenpsychotherapie und Gruppendynamik* (DAGG) ihr Konzept der Themenzentrierten Interaktion vorzustellen, und zu Beginn die Teilnehmer aufforderte, jeder solle schweigend für sich überlegen, was er beitragen und lernen wolle, reagierte sie hinterher mit großer Erleichterung auf die Bemerkung eines Teilnehmers, der zu ihr kam und meinte, sie habe damit wohl eine »Massenhypnose verhindern« (Cohn 1975, S. 219) wollen. Dies war für sie die Bestätigung, dass massenpsychologische Manipulation wie im Dritten Reich im Deutschland der Nachkriegszeit keine Chance mehr hatte.

Die Aufforderung des Chairperson-Postulats, sich der eigenen Gefühle und Bedürfnisse bewusst zu werden, bleibt im TZI-Konzept an die »gleiche menschliche Achtung« (Farau/Cohn 1984, S. 359) vor den Gefühlen und Bedürfnissen anderer zurückgebunden. Dass dies nicht nur für Kleingruppen, sondern auch für größere *gesellschaftliche Konfliktfelder* gilt, wird aus den Aktivitäten des 1966 in New York gegründeten WILL-Instituts deutlich. Einer der ersten Workshops, den Gründungsmitglieder der damaligen TZI-Organisation in den USA durchführten, befasste sich mit »Trennung–Verbindung–Koexistenz–Integration« von Schwarzen und Weißen – übrigens der erste TZI-Workshop, der auch Themen der Frauen-Emanzipation aufnahm (vgl. Farau/Cohn 1984, S. 346ff.). Ein anderer Workshop, von dem Yitzchak Zieman berichtet, fand im Jahr 1968 in einem armen, überwiegend von Farbigen bewohnten Stadtteil von New York statt, in dem die Eltern um mehr Mitbestimmungsrechte in den Schulen kämpften, während die größtenteils weißen Lehrer und die Schulbehörden dies zu verhindern suchten (vgl. Zieman 2002, S. 162ff.). Hier ging es vor allem um den Abbau von Vorurteilen und Berührungsängsten. Ein weiteres Beispiel aus der Anfangszeit der TZI in Deutschland liefert das *Westfälische Kooperationsmodell* in Vlotho/Weser, bei dem Eltern, Lehrer und Kommunalpolitiker zusammengebracht wurden, um bessere Zusammenarbeit an den Schulen und günstigere Freizeitmöglichkeiten für die Kinder im Stadtviertel zu schaffen (vgl. Ballhausen/Schultze 1992, S. 134ff.). An der Leitung der Gespräche war Ruth Cohn selbst beteiligt. Diese Beispiele zeigen, dass die Themenzentrierte Interaktion entsprechend der Intention ihrer Begründerin auf *Verständigung und Kooperation* nicht nur in Kleingruppen, sondern auch in größeren sozialen Zusammenhängen abzielt.

Ruth Cohn und die TZI – vorläufiges Fazit

Die deutsche Ausgabe von Ruth Cohns frühen Aufsätzen (Cohn 1975) sollte ursprünglich unter dem Titel *»Die Couch war zu klein«* erscheinen. Schon seit Beginn ihrer Ausbildung als Analytikerin stellte sie sich die Frage:

»Können wir nicht Psychoanalyse und psychodynamische Erkenntnisse dazu benutzen, großen Menschengruppen zu helfen, dem Erziehungs- und Organisationswesen – anstatt nur einzelnen Patienten?« (Cohn 1975, S. 222.)

Ruth Cohn wurde in ihrer beruflichen Entwicklung stark durch die *Psychoanalyse* geprägt, die sie zunächst lange Jahre in Form von Einzeltherapien praktizierte. Gleichzeitig war sie jedoch, ohne dies als Bruch mit der Psychoanalyse zu erleben, offen für die »neuen« Formen der *Gruppen- und Erlebnistherapien* (ihre Übersetzung für »experiential therapy« hat sich im Deutschen nicht eingebürgert; man könnte jedoch von humanistisch-therapeutischer »Selbsterfahrung« sprechen). Mit der Begründung der *Themenzentrierten Interaktion* (TZI), in der nicht mehr die nur auf das einzelne Ego bezogene Selbsterfahrung, sondern das Interesse an *sachbezogener Arbeit* in einer *Gruppe* in den Vordergrund rückte, stellte sich für sie die Frage, wie sich die in ihrer bisherigen Gruppenarbeit erprobten pädagogisch-therapeutischen Elemente in den »Unterricht und in andere Kommunikationsgruppen« (Cohn 1975, S. 7), d.h. vor allem in Schulen, Hochschulen und Erwachsenenbildung, einführen und dauerhaft integrieren lassen könnten. *Schule und Erwachsenenbildung* sind bis jetzt die Bereiche, in denen die TZI am stärksten Fuß fassen konnte. In den vergangenen Jahren und Jahrzehnten gab es außerdem nach der Ausdehnung auf die deutschsprachigen Länder zahlreiche Projekte, in der Ehe- und Lebensberatung, in kirchlichen Gemeinden, in friedens- und umweltpolitischen Gruppierungen oder in Gemeinwesen- und Elterninitiativen sowie schließlich auch in Behörden und Betrieben nach der Methode der Themenzentrierten Interaktion zu arbeiten (vgl. Birmelin 1985; Löhmer/Standhardt 1992; Schneider-Landolf/Spielmann/Zitterbarth 2009). Das im engeren Sinne Therapeutische ist dabei zugunsten einer *berufsfeldspezifischen Anwendung* zurückgetreten. Im Zuge dieser Entwicklung hat sich auch die ehemals enge Verbindung zwischen Gestalttherapie und TZI deutlich gelockert, wenn sie nicht inzwischen ganz aufgelöst ist. Die zahlreichen Gestalt-Institute und das *Ruth-Cohn-Institut* (das die Nachfolge von WILL-International angetreten hat) nehmen kaum mehr voneinander Notiz.

In der Anfangszeit in Europa waren es vor allem Psychoanalytiker, die sich für die Themenzentrierte Interaktion interessierten; dementsprechend wurde die TZI vor allem als eine therapeutische Alternative oder Ergänzung zur analytischen Gruppentherapie wahrgenommen. Nachdem jedoch zunehmend Angehörige anderer »helfender« Professionen (Lehrer, Erwachsenenbildner, Sozialarbeiter, Pfarrer etc.) in die Ausbildung zum TZI-Gruppenleiter drängten, ging der Anteil der Therapeuten kontinuierlich zurück. Geblieben ist die Forderung an die Ausbildung, dass Krisen bei einzelnen Teilnehmern und in der Gruppe, die eine therapeutische Reaktion erfordern, rechtzeitig erkannt werden sollen; die entsprechenden Ausbildungskurse sollen nur durch »therapeutisch qualifizierte« Lehrbeauftragte angeboten werden (vgl. Schneider-Landolf/Spielmann/Zitterbarth 2009, S. 282). Dem wurde und wird in der TZI-Ausbildung Rechnung getragen. Die Ausbildung zum TZI-Gruppenleiter ersetzt jedoch keine persönliche Therapie und die themenzentrierte Gruppenarbeit wird nicht mehr primär unter therapeutischem Aspekt gesehen. Sie gilt heute als »ein bestimmtes *pädagogisches Konzept,* bzw. System, das vergleichbar ist mit anderen Pädagogiken« (Reiser/Lotz 1995, S. 8, Hervorhebung H.J.).

In einem 1985 mit Rolf Birmelin und Anna Reuble geführten Gespräch äußert Ruth Cohn im Sinne einer Zwischenbilanz:

»Historisch gesehen war meine Idee, das, was in Einzeltherapie hilft, soweit wie möglich vielen Menschen zugänglich zu machen. Ich glaube, das ist eigentlich ganz wesentlich geschehen. Es geschieht sehr viel Therapeutisches in TZI-Gruppen, sowohl antizipatorisch als auch bei nicht allzu tiefen Persönlichkeitsstörungen. Die Grenzen und Übergänge sind fließend. Therapie enthält viel Pädagogisches und Pädagogik ebensoviel Therapeutisches. Was TZI jedoch nicht ersetzen kann, ist Therapie für tiefere Störungen, die wir im allgemeinen als psychische Krankheit bezeichnen. Jedoch kann auch die klinische Therapie etwas von der TZI-Pädagogik übernehmen: [Vor allem] daß es keine Selbstverwirklichung geben kann, wenn diese nicht auch in der Einbeziehung der Gemeinschaftlichkeit gesucht wird. Ebenso stimmt es umgekehrt, daß es keine Gesellschaftstherapie geben kann, die das persönliche (biologische und geistige) Ich vernachlässigt.« (Cohn 1985b, S. 22.)

In diesen Sätzen erläutert Ruth Cohn einmal mehr ihre über das Einzel-Therapeutische hinausgehende Intention, aus ihnen spricht aber auch ein gewisser Stolz über das, was sie mit der TZI und nicht zuletzt mit der Rückkehr in das Land, aus dem sie einst fliehen musste, erreicht hat.

Abschließend sollen einige Stimmen von Teilnehmern an Gesprächen mit Ruth Cohn zu Wort kommen, die ihre Art, Gruppen zu leiten, über längere Zeit erlebt haben. So schreibt *Armin Lüthi*, der langjährige Leiter der *Ecole d'Humanité* in Goldern/Schweiz, deren Team von Ruth Cohn etliche Jahre supervidiert wurde, über die dadurch ausgelösten Veränderungen:

»Es ist nicht leicht zu unterscheiden, was als Frucht unserer langjährigen Zusammenarbeit der unmittelbaren Anwesenheit von Ruth Cohn zu verdanken und was als Wirkung von gelehrter, gelernter und angewandter TZI (Themenzentrierter Interaktion) zu betrachten ist. [...] Zunächst: Jede bewusste Stärkung der Autonomie der Erwachsenen (*be your own chairperson*) führt zwingend – gewollt oder ungewollt – zu einem Abbau an Hierarchie (Dies gilt selbstverständlich auch bei Kindern!) [...] Dann: Die TZI schärft die Wahrnehmung von Einzelbefindlichkeiten und von Gruppenprozessen. Man erlebt dies in jeder Gruppe. Gerade die Schweigenden haben oft ungewöhnlich Sensibles, Gewichtiges, Weiterführendes beizutragen, und es ist ein Verlust an Qualität der Diskussion, wenn sie dies nicht tun. Durch die Auseinandersetzung mit Ruth Cohn und mit TZI sind wir viel wacher geworden für die Bedürfnisse der Schwachen, für die Stummen und Verstummten, für die Zaghaften und Entmutigten, für die am Rand Stehenden.« (Lüthi 2009, S. 80f.)

Auch von Menschen, die Ruth Cohn Anfang der 70er Jahre im Rahmen des *Westfälischen Kooperationsmodells* in Vlotho/Weser erlebt haben, gibt es persönliche Rückmeldungen. Es handelt sich dabei nicht um Ausbildungsteilnehmer oder Personen, die beruflich mit TZI zu tun hatten; an Gruppenarbeit und teilnehmerorientiertes, »lebendiges« Lernen waren sie bis dato nicht gewöhnt. *Annedore Schultze*, die ehemalige Leiterin des Westfälischen Kooperationsmodells, schreibt:

»Wenn ich heute die damals (vor 30 Jahren) Beteiligten frage, woran sie besonders gern denken, kommt mit viel Übereinstimmung:
›Es hat einfach Spaß gemacht.‹
›Ruth war so lebendig.‹
›Endlich konnte ich mal von mir was sagen, etwas, was meine innere Stimme betraf.‹
›Freude gemacht hat mir, dass wir immer zu zweit geleitet haben, im Mit-Leiten konnte ich viel lernen.‹
›Von Ruth habe ich vor allem gelernt, genauer hinzuhören und mich selber zu hören und mich wahrzunehmen. Das ist einfach so in mich hineingewachsen.‹« (Schultze 2002, S. 43f.)

Gerade diese Stimmen von »unvorbelasteten« Teilnehmern und Teilnehmerinnen an von Ruth Cohn geleiteten Veranstaltungen sind ein Zeugnis für die »humanistische« Wirkung ihrer Gruppen. Aus den damaligen Gesprächsrunden gingen die Beteiligten – es handelte sich überwiegend um Frauen aus Elterninitiativen – mit einem gestärkten Selbstbewusstsein hervor, das sie befähigte, gegenüber Vertretern von Schulen und kommunalen Behörden ihre Interessen zu artikulieren und konkrete Verbesserungen zu erreichen (vgl. Ballhausen/Schultze 1992, S. 138ff.).

Unter den vielfältigen Aktivitäten, die Ruth Cohn selbst ausgeführt und beschrieben hat, ist unter anderem die Art, wie es ihr gelang, bei einem gruppendynamischen Kongress des DAGG Ende der 60er Jahre die übliche Vortrags- und Selbstdarstellungsstruktur auf dem Podium aufzulösen und protestierende Studenten in die Diskussion mit einzubinden, ohne dass die Veranstaltung gesprengt worden wäre (vgl. Farau/Cohn 1984, S. 378ff.), bemerkenswert. Dieses und andere Beispiele zeigen, dass Ruth Cohn ihre »humanistische« Zielvorstellung von *Verständigung anstelle von unfruchtbarer Konfrontation* bei verschiedenen Gelegenheiten einlösen konnte. Weiterhin ungelöst bleiben allerdings die großen globalen Konflikte, von der zunehmenden Ungleichverteilung des Reichtums und der Ressourcen über die drohende Zerstörung der ökologischen Lebensgrundlagen bis hin zu bewaffneten Auseinandersetzungen und Terroranschlägen – sie übersteigen auch die Kräfte der Berufsgruppen, die sich bisher am humanistischen Menschenbild und der Methodik der Themenzentrierten Interaktion zu orientieren versuchen, bei weitem. Ruth Cohn motiviert jedoch durch ihre Sensibilität für »globale« Themen dazu, sich über die Anwendung der Themenzentrierten Interaktion in spezifischen pädagogisch-therapeutischen Berufsfeldern hinaus auch im erweiterten sozialen Kontext für gesellschaftspolitische, umwelt- und friedenspolitische Themen zu engagieren.

Die Frage nach dem »Humanismus« von Psychoanalyse und Humanistischer Psychologie – Rückblick und Ausblick

Am Ende unseres in etlichen Persönlichkeitsportraits verdichteten Durchgangs durch die inzwischen mehr als ein Jahrhundert währende Geschichte der Psychoanalyse und zweier aus ihr entstandenen Therapie- und Gruppenmethoden stellen sich einige Fragen, deren wichtigste etwa folgendermaßen lauten: Lässt sich so etwas wie ein durchgehender *»roter Faden«* in den vorliegenden Portraits aufweisen? Worin liegt das *Besondere* der einzelnen Therapeuten bzw. Therapeutinnen? Für welches »Menschenbild« stehen sie, wie eng ist ihr Bezug zum *»Humanismus«* – und was sind dessen Kriterien? Lässt sich aus ihrer Art, mit Menschen umzugehen, etwas über »Humanismus« lernen? Und schließlich: Welche Bedeutung hat das, was die hier porträtierten Personen gelebt und vertreten haben, für die *heutige Zeit*? Welche »Botschaft« hinterlassen sie uns? Diese Fragen sollen im Folgenden als Leitfaden dienen.

Das »Menschenbild«

Die vorliegende Untersuchung ging aus von der Entstehung der Bewegung der Humanistischen Psychologie in den USA. Aus einer Broschüre der *American Association for Humanistic Psychology* wurde deren Protest gegen eine »mechanistische und reduktionistische Auffassung des Menschen« zitiert (vgl. Bühler/Allen 1973, S. 7). Einer Psychologie, die ihren »Gegenstand«, den Menschen, auf äußeres Verhalten und manipulierbare Einzelfunktionen zurechtzustutzen sucht, wird in der Humanistischen Psychologie der Ansatz beim *erlebenden Subjekt*, das »sein Leben subjektiv leben« (a.a.O., S. 28) will, entgegengesetzt. Eng damit verbunden ist die Auffassung von der »Ganzheit der Person« (a.a.O., S. 29), ihrem psychischen *Wachstum* und dem Streben nach *Selbstverwirklichung*. Fragen wir uns, welches von diesen Konzepten Freuds Zustimmung finden würde, so stellt am ehesten der Rekurs auf das *erlebende Subjekt*, im Unterschied zum von außen beobachteten Objekt, eine Gemeinsamkeit dar, die die Psychoanalyse mit der Humanistischen Psychologie verbindet. Die Auffassung, dass dem Menschen ein »Vervollkommungstrieb« – vergleichbar dem von den »Humanisten« betonten Streben nach »Wachstum« – innewohne, wird dagegen von Freud abgelehnt (vgl. Freud 1920, S. 252).

Differenzen sind aber auch in der Art, wie das erlebende Subjekt interpretiert wird, zu erkennen: Arbeitet die Psychoanalyse mit der sprachlich gefassten Innenwelt des Subjekts eher unter dem Aspekt der Verbindung von Gegenwart und *Vergangenheit*, so spielen in der Humanistischen Psychologie die Gefühle im »Hier und Jetzt« und die Entwicklung auf die *Zukunft* hin eine größere Rolle. Dass neurotisches Erleben in der Gegenwart auf »verdrängte« Erlebnisse in der Kindheit zurückgeführt werden kann, dass man ferner durch die Analyse von Träumen und Symptomhandlungen auf die Spur von früheren, der Erinnerung nicht mehr zugänglichen Erlebnissen mit den zugehörigen Affekten kommen kann, sind wichtige Entdeckungen Freuds, die einen entscheidenden Schritt über das in der Psychiatrie seiner Zeit vorherrschende naturwissenschaftliche Paradigma hinaus bedeuteten. In der Psychoanalyse geht es dabei allerdings primär um traumatisches oder zumindest *konflikthaftes* Erleben, während in der Humanistischen Psychologie positive Erlebnisse bis hin zu »peak experiences«, den »Grenzerfahrungen reiner Freude« (Maslow 1985, S. 91), im Vordergrund stehen.

Wie die Humanistische Psychologie, so geht auch die Psychoanalyse von einer »ganzheitlichen« Betrachtungsweise aus, der zufolge der Mensch keine »aus Anteilen zusammengesetzte Maschine« ist, die »gesetzten Impulsen gehorchen muss« (Farau/Cohn 1984, S. 437). Bei näherem Hinsehen zeigen sich jedoch erhebliche Unterschiede. In Freuds anthropologischem Grundmodell spielt die Einbeziehung des Körpers insofern eine Rolle, als vor allem seine *Triebtheorie* auf somatische Grundlagen verweist. Ihr zufolge ist die »Quelle« eines Triebes ein »körperlicher Reiz (Spannungszustand)«; sein »Ziel« ist die »Aufhebung des an der Triebquelle herrschenden Spannungszustandes« (Laplanche/Pontalis 1973, Bd. II, S. 526). Da Freud der Überzeugung war, dass die Veränderung der körperlichen Spannungszustände mit naturwissenschaftlichen Methoden nachgewiesen werden könne, hielt er lebenslang an der Annahme fest, dass nicht nur für den Bereich des Trieblebens, sondern im Prinzip für *alle* psychischen Vorgänge neurophysiologische bzw. biochemische Grundlagen gefunden werden können – eine Annahme, die heutzutage wieder hoch in Kurs steht. Faktisch verließ Freud jedoch mit der Begründung der Psychoanalyse das Gebiet der Neurophysiologie, auf dem er zuvor gearbeitet hatte, und wandte sich der *Psychologie* zu, die er zu Unrecht als »Naturwissenschaft wie jede andere« (Freud 1953, S. 22) ansah.

In der Humanistischen Psychologie wird Freuds Libidothorie als auf isolierte Individuen bezogenes, von biochemischen Veränderungen im Körper ausgehendes »Hydraulikmodell« durchwegs abgelehnt. Wenn stattdessen von »Liebe« als einer zu fördernden spezifisch »menschlichen Fähigkeit« die Rede ist (vgl. Quitmann 1991, S. 26; Fromm 1956, S. 444ff.), so ist nicht ein triebgesteuertes, auf ein »Objekt« gerichtetes Verhalten gemeint, sondern eine *interpersonelle Beziehung*. Als eine wichtige Quelle für die spätere Humanistische Psychologie kann die »interpersonelle Beziehungstheorie« von *Harry Stack Sullivan* angesehen werden, die zumindest auf Erich Fromm und Ruth C. Cohn starken Einfluss ausgeübt hat. So wurde z.B. im Fromm-Kapitel geschildert, wie die Übernahme der »interpersonalen Theorie« Sullivans durch Fromm zu einem heftigen Konflikt mit den übrigen Mitgliedern der frühen Frankfurter Schule führte, die es vorzogen, in dieser Frage orthodoxe Freudianer zu bleiben.

Im Unterschied zur anthropologischen Theorie kommt in der Psychoanalyse als therapeutischer *Behandlungsmethode,* wie sie von Freud begründet wurde, der Körper, oder besser gesagt: der »Leib als Subjekt« (Petzold 1987, S. 10) nicht vor. Einziges Kontaktmedium ist in der »klassischen« Psychoanalyse die *Sprache* – ein zwar wichtiges, aber nicht ausschließliches Kriterium für ein »humanistisches« Verfahren. Erst bei Freuds Schülern und Nachfolgern finden leibliche Vorgänge, die als Ausdruck aktueller leib-seelischer Befindlichkeit verstanden werden, eine stärkere Berücksichtigung. Dies reicht von *Ferenczis* Beobachtungen von »passagèren« Körpersymptomen und seinem »aktiven« Vorgehen in der Therapie, bei dem er z.B. vorschlägt, eine andere Körperhaltung einzunehmen, über *Groddecks* tief einwirkende, regressionsfördernde und von therapeutischen Gesprächen begleitete Massagen bis hin zu *Reichs* »vegetotherapeutischer« Behandlung des »Körperpanzers«. Das in der Gestalttherapie zu Grunde gelegte *»holistische« Modell des Organismus* impliziert ein ständiges Zusammenwirken körperlicher und psychischer Faktoren und eine in Fluss befindliche Kontaktgrenze zwischen Organismus und Umwelt (vgl. Blankertz/Doubrawa 2005, S.

196). In gleicher Weise geht auch Ruth *Cohn* vom Menschen als einer »psycho-biologischen Einheit« (Cohn 1974, S. 120) aus.

Ein wichtiger Vorgänger in der »holistischen« Betrachtungsweise, der in der Humanistischen Psychologie bisher zu wenig Beachtung gefunden hat, ist *Georg Groddeck*. Er war Arzt und behandelte weniger psychische, als vor allem körperliche Krankheiten, weigerte sich jedoch, die traditionelle Trennung von Seele und Körper zu akzeptieren. Im Unterschied zur rein naturwissenschaftlichen, einzelne Organe und Krankheitursachen isolierenden medizinischen Forschung der damaligen Zeit ging er von einem »ganzheitlichen« Ansatz aus. Dementsprechend sah er Krankheit und Gesundheit als

> »[...] Ausdrucksformen ein und desselben Lebens. Krankheit kommt nicht von außen, ist kein Feind, sondern ist eine Schöpfung des Organismus, des Es. Das Es – oder nenne man es Lebenskraft, Selbst, Organismus –, dieses Es, von dem wir nichts wissen und niemals mehr erkennen können als einige seiner Erscheinungsformen, will mit der Erkrankung etwas ausdrücken, das Kranksein muß einen *Sinn* haben.« (Groddeck 1966, S. 130, Hervorhebung H.J.)

Groddeck konnte die *Psychoanalyse* in seine schon vor der Bekanntschaft mit Freud feststehende »ganzheitliche« Auffassung des Menschen integrieren und daraufhin sein Selbstverständnis als behandelnder Arzt revidieren: Der Arzt steht im Dienst des Patienten, indem er die auf ihn erfolgende Übertragung annimmt und ihm hilft, den »Sinn« seiner Erkrankung zu verstehen. Er unterstützt den Heilungsprozess nicht allein durch verbale Deutungsangebote (die bei Groddeck sehr häufig ins Sexuelle gehen, aber auch z.B. die angeborene Bisexualität und die »Sehnsucht des Mannes, Weib zu sein«, beinhalten, vgl. a.a.O., S. 256), sondern gleichzeitig durch verordnete Diät und tief einwirkende Massagen.

Man kann in Georg Groddeck, wie hier vorgeschlagen, das Vorbild eines *»humanistischen« Therapeuten* sehen, da seine Einstellung zum Patienten, wie Fromm sagt, von »Wahrheit, Originalität, Mut und außerordentlicher Freundlichkeit« (zit. in: Funk 1999, S. 62) geprägt war. Allerdings war er kein so exzellenter Theoretiker wie Freud, der zur Theorie auch das passende psychoanalytische Vokabular »erfand«, sondern in erster Linie ein psychosomatischer »Praktiker«. Wer sich allerdings auf seine mit kreativen Einfällen, Humor und häufig auch Selbstironie gewürzten Vorträge und Schriften einlässt, wird feststellen, dass Groddeck auch als Theoretiker sehr wohl einiges zu sagen hat. In Analytikerkreisen wurde und wird er zu Unrecht unterschätzt. Aber auch in der Gestalttherapie, zu deren »Vätern« er gezählt werden könnte, da er einen

»ganzheitlichen« Ansatz vertrat und Lore Perls ihn kannte und schätzte, wäre eine stärkere Berücksichtigung angebracht.

Ein zentraler Begriff in der Gestalttherapie ist die *»organismische Selbstregulierung«* (L. Perls 1977, S. 108). In der gestalttherapeutischen Körperarbeit geht es darum, über die Auseinandersetzung mit abgelehnten bzw. konfliktbesetzten Teilen des Körpers Zugang zu »unerledigten Geschäften« zu gewinnen und eine neue Stufe der Selbstregulierung zu erreichen. Da Interventionen des Therapeuten mittels Sprache erfolgen, auf den Klienten individuell eingegangen wird und auf die »Übersetzung« des körperlich Erlebten in Sprache Wert gelegt wird, kann man die Gestalttherapie zu den »humanistischen« Verfahren zählen. Für Methoden der Körperarbeit, bei denen der Therapeut direktiv und schematisch eingreift, die imaginative Innenwelt wenig Beachtung erfährt und kaum Versprachlichung der Erfahrungen angestrebt wird, ist diese Zuordnung dagegen nicht angebracht.[1]

In der frühen Psychoanalyse, die sich aus der Behandlung der Hysterie entwickelt hat, spielt die *Sexualität*, d.h. genauer: der Konflikt zwischen Sexualität und »kultureller Sexualmoral« (Freud 1908a), eine zentrale Rolle. Obwohl Freud mit klinischem »Material« den frühzeitigen Beginn der psychosexuellen Entwicklung sorgfältig untermauerte, wurde er in Medizinerkreisen lange angefeindet, was sich in der Psychologie und Pädagogik der damaligen Zeit im Vorwurf des »Pansexualismus« (Spranger 1925, S. 107) fortsetzte. Der Hauptgrund für die Ablehnung der Psychoanalyse lag darin, dass von ihr die bis dahin gehegten Vorstellungen von der Asexualität des Kindes und die in der Viktorianischen Zeit vorherrschenden Sexualtabus in Frage gestellt wurden. Aber auch die spätere Breitenwirkung der Psychoanalyse hängt mit der Sexualität zusammen. So fand in den bis heute immer noch von puritanischen Auffassungen geprägten USA in den 30er und 40er Jahren des

1 Die Zuordnung der *Bioenergetik* zur Humanistischen Psychologie ist umstritten. Skeptisch äußert sich z.B. Ruth Cohn, die das Verfahren bei Alexander Lowen und einem seiner Praxispartner kennen gelernt hat und beiden vorwirft, »untherapeutisch« und »mechanistisch« vorzugehen; es sei ihr nicht möglich gewesen, Lowen »als Nachfolger Wilhelm Reichs zu akzeptieren« (Farau/Cohn 1984, S. 251). In einem »Therapieführer« aus den 80er Jahren heißt es dagegen, da die Bioenergetik von der »Ganzheitlichkeit des Menschen« ausgehe, gehöre sie zu den »Verfahren der Humanistischen Psychotherapie« (Schwertfeger/Koch 1989, S. 143). Ohne genauere Präzisierung im Sinne der Integration von Leiblichkeit, Indivudualität und Sprache wird »Ganzheitlichkeit« allerdings zum bloßen Schlagwort.

vergangenen Jahrhunderts ein Siegeszug der Psychoanalyse – verstanden als Aufruf zu sexueller Befreiung – statt. Die seit den 60er Jahren aufgekommene *Humanistische Psychologie* macht diese Wirkung der Psychoanalyse nicht rückgängig, sondern greift sie auf und setzt sie fort. Kritisiert wird allerdings die Fassung der Sexualität in triebtheoretischer Begrifflichkeit.

Die bei den »Humanisten« verbreiteten Vorstellungen von »Liebe«, »Glück« und »Erfüllung der innersten Bedürfnisse« (Bühler/Allen 1974, S. 69) haben viel mit dem Wunsch nach *sexueller Partnerschaft* zu tun, allerdings auch mit einem Protest gegen die Zwänge der bürgerlichen Gesellschaft und die »Unterdrückung« der Frau in der Kleinfamilie. Die Dauerbindung an einen Partner und die lange vorherrschende Rollenverteilung – der Mann sucht seine »Selbstverwirklichung« im Beruf, die Frau ist zuständig für den Haushalt und die Aufzucht der Kinder – wurden und werden in Frage gestellt. Die Humanistische Psychologie geht von der *Verschiedenheit und Gleichwertigkeit* der Geschlechter aus. Wenn es auch überzogen sein mag, den inzwischen eingetretenen Wandel in den Beziehungen der Geschlechter primär auf die Psychoanalyse und die Humanistische Psychologie zurückzuführen, so haben doch zweifellos die während des »Psychobooms« verbreiteten, auf verschiedene »humanistische« Methoden gestützten Selbsterfahrungsgruppen, in denen sich häufig Frauen in der Überzahl befanden, zu einer in diesem Sinne verstandenen »Emanzipation« beigetragen.

An dieser Stelle ist es angebracht, *Lou Andreas-Salomé*, die in der vorwiegend von Männern geschriebenen Geschichte der Psychoanalyse kaum mit der nötigen Aufmerksamkeit bedacht wird, nochmals zu erwähnen. Unter den Frauen, die die Psychoanalyse gefördert haben, spielt sie zweifellos eine herausragende Rolle, nicht nur als intellektuelle Gesprächspartnerin Sigmund Freuds, als Freundin seiner Tochter Anna und als Verfasserin tiefschürfender (allerdings wenig gelesener) Aufsätze zu psychoanalytischen Themen, sondern vor allem durch die Art, wie sie *ihre Weiblichkeit lebte*. Freud blieb ja trotz seiner »revolutionären« Ansichten über die Sexualität in seiner Lebensführung ein biederer Bürger seiner Zeit, der seine Ehefrau vermutlich niemals betrog, sie nach der Heirat jedoch nur noch als Hausfrau und Mutter »geratener« Kinder, nicht jedoch als gleichwertige Gesprächspartnerin ernstnahm (vgl. Appignanesi/Forrester 1996, S. 63f.). Ihm und seinem »Werk« hatte sich in seiner Familie alles unterzuordnen. Seine Befangenheit im patriarchalischen Denken zeigt sich nicht zuletzt in seiner unzureichenden, um den »Penisneid« zentrierten Theorie der weiblichen Sexualität. Lou Andreas-Salomé lebte dagegen das exakte Gegenteil einer durch die patriarchalische Brille gesehenen Weiblichkeit. Sie war selbstbewusst, ließ sich nicht durch eine bürgerliche Ehe einengen und war, was ihre Partnerbeziehungen anging, eine »emanzipierte« Frau. Wenn unsere Zeit als »Zeitalter des Narzißmus« (Lasch 1995) charakterisiert wird, scheint Lou Andreas-Salomé auch in dieser Hinsicht eine Vorgängerin zu sein. Da ihr Narzißmus kaum destruktive Auswirkungen hatte, sondern im Gegenteil dazu beitrug, dass man »in ihrer Nähe wuchs«, wie ihr ein ehemaliger Verehrer bescheinigte (vgl. Peters 1974, S. 340), wird sie hier als eine Vorläuferin der *Humanistischen Psychologie* angeführt, obwohl sie zu deren späteren Vertretern in keinem direkten biographischen Bezug steht.

Nachdem Freud ursprünglich zwischen Ich- und Sexualtrieben unterschieden hatte, stellte er in den 20er Jahren des vorigen Jahrhunderts mit der Unterscheidung von *Lebens- und Todestrieben* die Psychoanalyse auf eine neue theoretische Grundlage. Er bekennt sich in *Jenseits des Lustprinzips* zur Weltsicht Schopenhauers, dass der Tod »›das eigentliche Resultat‹ und insofern der Zweck des Lebens ist, der Sexualtrieb aber die Verkörperung des Willens zum Leben« (Freud 1920, S. 259). In einer – im Unterschied zu seinen sonstigen Schriften – umständlichen und unklaren Argumentation sucht er Aggression und Zerstörung aus einer Tendenz des lebendigen Organismus zur Rückkehr in den anorganischen Zustand zu erklären. Sicherlich weicht dieser Teil von Freuds Werk von dem, was im allgemeinen als »humanistisch« bezeichnet wird, sehr weit ab. Ferenczi bezeichnete die »Idee vom Todestrieb« als »schon sadistisch gefärbt« (Ferenczi 1999, S. 265). Es ist jedoch zu beachten, dass Freud selbst angesichts der sich verstärkenden Tendenz zum Pessimismus in seinem Spätwerk keineswegs einem deterministischen Fatalismus das Wort redet. Er bleibt trotz allem ein Anwalt der Hoffnung und der Vernunft. So gibt er am Ende seiner Abhandlung über *Das Unbehagen in der Kultur*, in der er die kulturelle Herausforderung darin sieht, »der Störung des Zusammenlebens durch den menschlichen Aggressions- und Selbstvernichtungstrieb Herr zu werden« (Freud 1930, S. 270), in mythologischer Einkleidung der Hoffnung Ausdruck,

> »daß die andere der beiden ›himmlischen Mächte‹, der ewige Eros, eine Anstrengung machen wird, um sich im Kampf mit seinem ebenso unsterblichen Gegner zu behaupten.« (ebd.)[2]

2 In der 2. Auflage der Abhandlung über *Das Unbehagen in der Kultur* (1931) fügte Freud den skeptischen Schlußsatz hinzu: »Aber wer kann Erfolg und Ausgang voraussagen?« Dieser Zusatz erfolgte, wie die Herausgeber der *Studienausgabe* anmerken, unter dem damaligen Eindruck der Wahlerfolge Hitlers.

Von allen Autoren, die sich zur Humanistischen Psychologie bekennen, aber auch von zahlreichen Psychoanalytikern wird die von Freud selbst als »weitausholende Spekulation« (Freud 1920, S. 234) bezeichnete Annahme von »Todestrieben«, bzw. von *einem* umfassenden »Todestrieb«, abgelehnt; auf die klinisch gestützten Gegenargumente bei Reich und Fromm wurde bereits hingewiesen. In diesem Zusammenhang ist zu erwähnen, dass auch *Ruth Cohn* sich mit Freuds Todestrieb-Hypothese auseinandergesetzt hat.[3] Gleichwohl entbindet die gut begründbare Ablehnung des Freudschen »Todestriebs« nicht von der Aufgabe, eine Erklärung für den Hang zur Vernichtung und Zerstörung zu finden, der die Geschichte der Menschheit durchzieht und der mit dem Zweiten Weltkrieg, der Shoah und dem Einsatz der Atombombe ein vorher nicht gekanntes Ausmaß erreicht hat. Kriege, Massenmorde und Naturzerstörung gehen seither in großem Umfang weiter. Weder die Psychoanalyse noch die Humanistische Psychologie haben derartiges Unheil bisher verhindern können. Aber wenn schon ein bestimmender Einfluss auf das »große« Weltgeschehen anscheinend nicht gegeben ist, sollte man nicht die Augen davor verschließen, wozu Menschen fähig sind, und nach Wegen suchen, um wenigstens »kleine Schritte, kleine winzige Richtungsänderungen« (Cohn/Ockel 1992, S. 178) in der Gesellschaft zu erreichen. Ausschließlich auf die positiven Seiten des Menschseins zu schauen und alles Negative und Bedrohliche auszublenden, ist dagegen für einen »Humanisten« keine befriedigende Lösung.

Der hier angedeutete Verdacht, dass die »Humanisten« leicht in Versuchung geraten, die Vorstellung von der »menschlichen Güte« zu verabsolutieren und Negatives auszublenden, wird von Kritikern wie Jeffrey M. Masson vor allem gegen *Carl Rogers* vorgebracht (vgl. Masson 1991, S. 228ff.). Dieser Verwurf ist jedoch gegenüber der Humanistischen Psychologie insgesamt nicht berechtigt. Er trifft auch auf »humanistische« Psychoananalytiker wie Erich Fromm, der sich sehr intensiv mit den zerstörerischen Kräften in der Gesellschaft und im einzelnen Menschen auseinandergesetzt hat (vgl. Fromm 1964a; 1973), nicht zu. Erst recht ist Massons Schlussfolgerung, Psychotherapie in jeder Form für sinn- und nutzlos zu erklären, da sie mehr den Machtinteressen gesellschaftlicher Institutionen und den Eigeninteressen der Therapeuten

3 Während ihres Psychologiestudiums in Zürich begann Ruth Cohn mit einer Dissertation, die sich mit dem »Aggressions- und Todestrieb Freuds« auseinandersetzte. Auf Grund der »Welt- und persönlichen Geschichte« konnte sie die Dissertation jedoch nicht zu Ende führen (vgl. Farau/Cohn 1984, S. 566).

als dem Wohl der Klienten diene (a.a.O., S. 287ff.), als völlig überzogen abzuweisen.

Die Autoren der Humanistischen Psychologie kritisieren zu Recht, dass in der klassischen Psychiatrie, aber auch in manchen Auslegungen der Psychoanalyse den krankmachenden »Ursachen« zuviel und den »heilenden« Kräften im Menschen zu wenig Interesse entgegengebracht wird. Abraham H. Maslow hat die fällige Umkehrung der Blickrichtung in die griffige Formel einer »Wachstums-Motivation« anstelle der Konzentration auf »Defizit-Merkmale« gefasst (vgl. Maslow 1985, S. 37ff.). Der Grundsatz, bei den *Fähigkeiten* und nicht sosehr bei den *Defiziten* der Menschen, denen man »helfen« will, anzusetzen, bestimmt aber auch das Handeln der hier erwähnten Therapeuten, die die Psychoanalyse weiterentwickelt haben. Es kennzeichnet den Ansatz Kurt Goldsteins und der auf ihn sich berufenden Gestalttherapie, dass *im Organismus selbst* eine Tendenz angelegt ist, die »ihm innewohnenden Möglichkeiten zur Entfaltung zu bringen« (Quitmann 1991, S. 81). Therapie kann diesen Prozess unterstützen, nicht mehr und nicht weniger. In dieser Weise mit einer »positiven« Einstellung an den Menschen heranzugehen, heißt jedoch nicht, Aggression und Zerstörung im menschlichen Leben auszublenden. Es heißt vielmehr, die Angst vor dem Bedrohlichen zuzulassen, aber zugleich den ernsthaften Versuch zu unternehmen, auf die konstruktiven Kräfte zu zu setzen, wie dies z.B. Ruth Cohn mit der Betonung der »Liebes- und Wertefähigkeit des Menschen« (Cohn/Matzdorf 1992, S. 61) tut.

Soweit es um das »Menschenbild« in der Psychoanalyse und der Humanistischen Psychologie geht, muss nochmals auf den unter Psychoanalytikern immer noch weitgehend »totgeschwiegenen« *Wilhelm Reich* eingegangen werden. Reich radikalisierte in gewisser Weise den frühen Ansatz Freuds, indem er den Antagonismus zwischen den libidinösen Antrieben und den Einschränkungen durch die »kulturelle« Sexualmoral zugunsten der Zielprojektion der voll entwickelten *»orgastischen Potenz«* auflöste. Damit verband er, nachdem er am psychoanalytischen Ambulatorium in Wien die – nicht nur sexuellen – Nöte der sozialen Unterschicht kennengelernt hatte, den Kampf gegen die »Unterdrückung des Geschlechtslebens durch die kapitalistische Gesellschaft« (Reich 1932, S. 57). Die angestrebte Verbindung von *sexueller und sozialer Revolution*, die in den 60er Jahren des vorigen Jahrhunderts von der Studentenbewegung aufgegriffen wurde, stieß bei konservativen Vertretern der Psychoanalyse auf massive Ablehnung. Man muss Reich allerdings zu Gute halten, dass sexuelle Unterdrückung und ideologische Bevormundung zu seiner Zeit weitaus massiver spürbar waren als heutzutage. Insofern erscheint sein »praktisch-politischer« Ansatz bei sexueller Aufklärung und der Forderung nach einer freiheitlicheren Sexualgesetzgebung als durchaus berechtigt. Die noch zur Zeit der Studentenbewegung gehegte Vorstellung, dass sexuelle Befreiung ein Vehikel der *sozialen Revolution* sein könne, hat sich dagegen nicht erfüllt, vielmehr ist eine gegenläufige Entwicklung eingetreten. Dass – auch mit Unterstützung der Medien, in denen Sexualität als Mittel der Werbung eingesetzt wird und intimste Details aus dem Privatleben geschildert werden – heutzutage auf sexuellem Gebiet nahezu alles möglich ist, hat eher die Funktion eines Ventils oder einer *Kompensation für zunehmende soziale Kälte* und Repression in einer von Geld und Konsum dominierten Gesellschaft angenommen. Insofern ist Erich Fromm Recht zu geben, wenn er es als eine »Entstellung« der Lehre Freuds ansieht, dass »volle sexuelle Befriedigung« mit »psychischer Gesundheit« (Fromm 1979, S. 362) zusammenfalle. Zu letzterer gehört wesentlich mehr: nämlich eine Gesellschaft, in der *alle* Menschen ihre produktiven Kräfte und Fähigkeiten entfalten können.

Dialogische Beziehung und »Behandlungstechnik«

Bei der Frage, was in der Humanistischen Psychologie und auch in der Psychoanalyse als »humanistisch« angesehen werden kann, ist nicht nur auf das jeweilige »Menschenbild«, d.h. auf Theorien *über* den Menschen, zu achten. Von mindestens ebenso großer Wichtigkeit ist die Frage, wie *mit dem Menschen umgegangen* wird. Beide Fragestellungen hängen zusammen, da eine Auffassung, die z.B. im Menschen nichts als eine komplizierte, von Neuronen gesteuerte biochemische Apparatur sieht, logischerweise zu anderen methodischen Konsequenzen führt als eine Sichtweise, die ihn als selbständig handelnde Person ernst nimmt, deren »Wert und Würde« zu achten ist, wie es in der eingangs zitierten Broschüre der *American Association for Humanistic Psychology* heißt (vgl. Bühler/Allen 1973, S. 7). Umgekehrt kann aber auch aus der Art, wie z.B. in einer Selbsterfahrungsgruppe ein Mitglied von anderen Teilnehmern oder sogar vom Leiter »fertiggemacht« wird (dergleichen soll nicht selten vorgekommen sein), auf eine keineswegs »humanistische« Sicht des Menschen geschlossen werden, selbst wenn dieses Etikett zur Charakterisierung der Gruppenmethode verwendet wird. Es empfiehlt sich also, die äußere Vorgehensweise einschließlich der inneren Einstellung der Beteiligten nochmals genauer unter die Lupe zu nehmen.

Wenn man die »behandlungstechnischen« Schriften Freuds (Freud 1912a; 1912b; 1913, 1914a) liest, dann drängt sich der Eindruck auf, dass die Psychoanalyse hier auf das *medizinische Modell der Krankenbehandlung* festgelegt werden soll. Leitend ist – zumindest zeigt sich das in Freuds Sprache – das medizinisch-naturwissenschaftliche Paradigma, nach dem die »Behandlung« dem Kranken nach Art eines Medikaments appliziert bzw. die »Operation so kunstgerecht als möglich« (Freud 1912b, S. 175) an ihm vollzogen werden soll. Das seit Freud für die »große« Analyse etablierte Setting ist von vornherein asymmetrisch: Der Patient liegt auf der Couch, der Analytiker sitzt hinter ihm, hört zu und kommentiert, d.h. er *deutet* das, was gesagt wird, ohne sich selbst zu erkennen zu geben. Bekannt ist der Vergleich mit der »Spiegelplatte«, demzufolge der Arzt »nichts anderes zeigen« soll, als »was ihm gezeigt wird« (Freud 1912b, S. 178), womit Freud die *Abstinenz des Analytikers* umschreibt. In der gleichen Veröffentlichung greift Freud jedoch noch zu einem zweiten, weniger bekannten Vergleich. Er äußert nämlich, der Arzt solle

> »[...] sich auf den Analysierten einstellen wie der *Receiver des Telefons zum Teller* eingestellt ist. Wie der Receiver die von Schallwellen angeregten elektrischen Schwankungen der Leitung wieder in Schallwellen verwandelt, so ist das Unbewußte des Arztes befähigt, aus den ihm mitgeteilten Abkömmlingen des Unbewußten dieses Unbewußte, welches die Einfälle des Kranken determiniert hat, wiederherzustellen.« (Freud 1912b, S. 175f., Hervorhebung H.J.)

Trotz der »technischen« Sprache und der zu Grunde liegenden Asymmetrie ist in diesem Vergleich ein *dialogisches* Moment enthalten, das leicht übersehen wird. Der Arzt soll nämlich dem »gebenden Unbewußten des Kranken sein eigenes Unbewußtes als empfangendes Organ zuwenden« und mit seinem »purifizierten«, d.h. von »Eigenkomplexen« freien Resonanzinstrument auf das ihm Dargebotene antworten (a.a.O. S. 176). In der »Deutung« gibt der Therapeut also etwas an den Patienten zurück, was einerseits auf dem vom Unbewußten des Patienten dargebotenen »Material«, andererseits auf der eigenen, therapeutisch geschulten Erfahrung des Therapeuten beruht. Da man jedoch den bekannteren Vergleich mit der *Spiegelplatte* für Freuds bare Münze nahm, entwickelten manche Analytiker jenes seelenlose, innerlich unbeteiligte Kommentieren der »Einfälle« des Patienten, das mit Recht von »humanistischer« Seite kritisiert wird.

Freud leistet einer innerlich unbeteiligten »Anwendung« der analytischen »Technik« weiteren Vorschub durch seine Empfehlung, der Analytiker solle sich während der Behandlung

»[...] den Chirurgen zum Vorbild nehmen, der alle seine Affekte und selbst sein menschliches Mitleid beiseite drängt und seinen geistigen Kräften ein einziges Ziel setzt: die Operation so kunstgerecht als möglich zu vollziehen.« (Freud 1912a, S. 175.)

Hier finden wir eine Orientierung am Vorbild des medizinischen Operateurs, der die Regeln der ärztlichen Kunst beherrschen und »anwenden« soll, ohne mit dem »Objekt« seiner Kunst in eine tiefere Beziehung zu treten. Freuds Ansätze, die analytische Beziehung als eine *dialogische* zu denken, werden durch diesen Vergleich konterkariert. Die Zurückdrängung der Gefühle gipfelt in der Rechtfertigung einer »vom Analytiker zu fordernden *Gefühlskälte*« (ebd., Hervorhebung H.J.). Was aus Freuds Sicht für den Analytiker an innerer Beteiligung sinnvoll und notwendig ist, beschränkt sich auf die »gleichschwebende Aufmerksamkeit« (a.a.O., S. 171). Eine stärker affektiv getönte Beziehung wird von ihm dagegen als störend angesehen.

Es mag durchaus sein, dass bei dieser übertrieben restriktiven Fassung der »behandlungstechnischen« Regeln durch Freud der Gedanke mitgespielt hat, rechtzeitig einen Damm gegen das Ausufern der »Gegenübertragung« des Analytikers zu errichten – eine Überlegung, der auf Grund von persönlichen Verwicklungen mit Patientinnen bei Jung und Ferenczi, in die Freud eingeweiht war, eine gewisse Plausibilität nicht abgesprochen werden kann. Es mag auch sein – d.h. es ist durch zahlreiche Berichte früherer Patientinnen und Patienten sogar nachgewiesen –, dass Freud sich in seiner *Praxis als Therapeut* an seine eigenen »behandlungstechnischen« Regeln, speziell was die geforderte »Gefühlskälte« angeht, wenig oder gar nicht gehalten hat. Tatsache ist jedoch, dass die vom Begründer der Psychoanalyse aufgestellten Regeln in ihrer schriftlich fixierten Form für Generationen von Analytikern, die an diversen Ausbildungsinstituten auf die »orthodoxe« Analyse verpflichtet wurden und Freud nur mehr vom Hörensagen kannten, als maßgeblich für ihre eigene Praxis angesehen wurden. Vor allem die *American Psychoanalytic Association* der 50er und 60er Jahre tat sich in dieser Hinsicht durch extreme Medizinalisierung und einen rigiden Dogmatismus hervor.

Es ist ein zentrales Anliegen der vorliegenden Arbeit zu zeigen, dass bereits *innerhalb der frühen Psychoanalyse*, nämlich bei Freuds »Meisterschüler« Sándor Ferenczi, der von Georg Groddeck stark beeinflusst war, ein Gegenmodell zur übertrieben abstinenten, medizinisch-naturwissenschaftlichen Art der analytischen »Behandlung« entwickelt worden ist, in dem man mit Recht einen Vorläufer der späteren Humanistischen Psychologie sehen kann. Dies soll nochmals mit einigen Textstellen belegt werden.

In den von ihm selbst veröffentlichten Beiträgen zur Praxis der Psychoanalyse spricht Ferenczi zwar durchgängig, wie Freud selbst, von der »Anwendung« der psychoanalytischen »Technik«, er betont jedoch zugleich, dass ohne eine *gefühlsmäßige Beziehung* zwischen Arzt und Patient (bzw. entsprechend: Therapeut und Klient) der therapeutische Prozess nicht in Gang kommt und vor allem nicht zu einem guten Ende geführt werden kann. Damit ist nicht nur die durch *Übertragung* zu Stande kommende affektive Bindung des Klienten an den Therapeuten gemeint, vielmehr fordert Ferenczi auch eine stärkere *affektive Beteiligung des Therapeuten.* Es ist von großer Bedeutung, dass er nicht, wie bei Freud und größtenteils auch heute noch unter Analytikern üblich, automatisch von der »Gegenübertragung« des Analytikers spricht, sondern von einer »persönlichen Beziehung«. So heißt es 1924 in der gemeinsam mit Otto Rank verfassten Schrift *Entwicklungsziele der Psychoanalyse* (der folgende Text wurde bereits teilweise zitiert):

»In diesem Zusammenhang ist auch eine wichtige Regel der psychoanalytischen Technik [gemeint ist die sog. Abstinenzregel, H.J.] zu erwähnen, und zwar in Bezug auf die *persönliche Beziehung* zwischen Arzt und Patienten. Die theoretisch geforderte Vermeidung jedes persönlichen Kontaktes außerhalb der Analyse führte meist auch in der Analyse selbst zu einer unnatürlichen *Ausschaltung alles Menschlichen* und damit wieder zur Theoretisierung des analytischen Erlebnisses.« (Ferenczi/Rank 1924, S. 41, Hervorhebung H.J.)

Ferenczi erläutert an dieser Stelle nicht genauer, welche praktischen Schlüsse aus seiner Kritik an der »Ausschaltung alles Menschlichen« im affektiv neutralisierten Klima der klassischen Analyse zu ziehen sind. Seine Ausführungen, in denen er sich mit Rank einig weiß, konzentrieren sich auf das Verlebendigen der therapeutischen Situation durch das *affektive Wiedererleben* früherer Erfahrungen des Patienten mit Hilfe der »aktiven Technik«. Die Theorie der Analyse geht dabei von der »universalen Bedeutsamkeit gewisser fundamentaler Früherlebnisse« (a.a.0., S. 56) aus. Dass aber auch die *Praxis des Therapeuten* eine andere affektive Grundlage erfordert, als bei Freud (in der Behandlungs*theorie*!) vorgesehen, hat Ferenczi in seinem nicht zur Veröffentlichung bestimmten *Klinischen Tagebuch* durchreflektiert. In unüberbietbarer Kürze und Prägnanz heißt es dort:

»Nur Sympathie heilt (Healing). Verständnis ist notwendig, um die Sympathie an der richtigen Stelle (Analyse), in der richtigen Art anzuwenden. *Ohne Sym-*

pathie keine Heilung. (Höchstens Einsichten in die Genese des Leidens).« (Ferenczi 1999, S. 265, Hervorhebung H.J.)

Damit ist gesagt, dass über die »freischwebende Aufmerksamkeit« hinaus eine gefühlsmäßig posive Hinwendung, ein »Mitschwingen« mit dem Patienten bzw. Klienten notwendig ist. Ferenczi spricht – geradezu modern – auch vom »Sharing«, vom »Dasein von Jemand, mit dem man Freud und Leid teilen und mitteilen kann«, als »heilender« Kraft (ebd.). Dies impliziert, dass der Therapeut sich in seiner *Mit-Betroffenheit* zu erkennen gibt. Freud hatte ja die Vorstellung, eine »Gleichstellung« mit dem Patienten durch »vertrauliche Mitteilungen« aus dem eigenen Leben des Therapeuten könne für den Patienten hilfreich sein, als nutzlos abgelehnt (vgl. Freud 1912a, S. 178); damit hatte er jedoch das Problem der therapeutischen Beziehung bagatellisiert. Es geht eben nicht nur um »vertrauliche Mitteilungen«, die der Therapeut vielleicht in seine Interpretationen mit einfließen lässt, um ein Gefühl von Nähe herzustellen. Es geht nach Ferenczi um weit mehr: Wirkliche Nähe zum Patienten stellt sich nur dann ein, wenn der Therapeut die Probleme des Patienten als Herausforderung an sich selbst annimmt und auf die Äußerungen des Patienten *auf der Beziehungsebene*, d.h. mit authentischen Gefühlen, reagiert:

»Da es menschlich unmöglich ist, sich nicht zu ärgern und da Patienten auch die stumme Manifestation des Ärgers fühlen, bleibt nichts anderes übrig, als den Ärger zu bekennen, zugleich die Ungerechtigkeit zu[zu]geben, und den Patienten, auch wenn er sich unangenehm gebärdet, freundlich und liebevoll zu behandeln. Ungefähr dasselbe verlangt das Kind: die Eltern sollen sich nicht als freundliche Beschützer gebärden, wenn sie innerlich vor Wut beinahe bersten; das Kind reagiert nicht auf die freundlichen Worte, sondern auf das Benehmen, d.h. Stimme, Geste, Härte der Berührungen etc. Der Analytiker muß zum erstenmal eine Autorität sein, die ihren Fehler bekennt, besonders aber die Hypokrisie.« (Ferenczi 1999, S. 173.)

»Hypokrisie«, d.h. »Scheinheiligkeit«, ist ein bevorzugter Terminus in Ferenczis späten Tagebuch-Aufzeichnungen, in denen er schonungslos die damalige Praxis der Psychoanalyse, aber auch seine eigenen Versuche, aus ihr auszubrechen, kritisiert. Der Therapeut muss Scheinheiligkeit unbedingt vermeiden: Ob er sich z.B. moralisch besser oder klüger dünkt als der Patient, es aber in Wirklichkeit nicht ist, oder ob er sich über eine ihn treffende Bemerkung des Patienten ärgert, seinen Ärger aber nicht zugibt. Positiv ausgedrückt, ist es die »Echtheit« oder das »Ohne-Fassade-Sein«, wie in der Gesprächspsychotherapie nach Rogers diese »Therapeuten-Variable« genannt wird (vgl. Tausch/Tausch 1979, S. 88), die auch nach Ferenczi zum Kern einer förderlichen Beziehung gehört. Damit geht er über die klassischen Texte Freuds, in denen zwar viel von Übertragung und Gegenübertragung, aber wenig von der *realen Beziehung* zwischen Therapeut und Patient die Rede ist, deutlich hinaus. Erich Fromm fußt seinerseits auf Ferenczi, wenn er auf die *doppelte Ebene* in der Psychoanalyse hinweist:

»Unabhängig von Übertragung und Gegenübertragung zeichnet sich also das therapeutische Beziehungsgeschehen dadurch aus, daß an ihm *zwei reale Menschen* beteiligt sind, und deshalb hat der Patient, sofern er nicht psychotisch ist [oder vielleicht gerade dann? H.J.], ein Gespür dafür, was für ein Mensch der Analytiker ist, und der Analytiker spürt, was der Patient für ein Mensch ist und daß nicht alles Übertragung ist. Im Hinblick auf die psychoanalytische ›Technik‹ ist es sehr wichtig, daß der Analytiker sozusagen *permanent zweigleisig* fahren muß: Er muß sich selbst als Objekt für die Übertragung anbieten und diese analysieren und gleichzeitig als realer Mensch, der auch als realer Mensch antwortet.« (Fromm 1974, S. 315, Hervorhebung H.J.)

In den späteren »humanistischen« Methoden der *Gestalttherapie* und der *Themenzentrierten Interaktion* spielen die Konzepte von Übertragung und Gegenübertragung keine große Rolle mehr. So antwortet Laura Perls auf eine entsprechende Interviewfrage, diese Konzepte hätten für sie »sehr wenig Bedeutung«; sie nehme »die *wirkliche Beziehung*« zum Ausgangspunkt in der Gestaltarbeit (L. Perls 2005a, S. 186, Hervorhebung H.J.). Bei Ruth Cohn erscheint die Übertragung als »Störung der echten Begegnung« (Farau-Cohn 1984, S. 576). Allerdings gehört für sie das Übertragungsphänomen zur Realität auch von themen- und aufgabenbezogenen Gruppen. Der TZI-Gruppenleiter soll darauf jedoch nicht mit einer »Verstärkung des Symptoms zur Regression«, sondern mit der »real erlebbar gemachten Interdependenz von Patient und Therapeut« antworten (a.a.O., S. 576f.). Dass der Gruppenleiter als »Modellpartizipant« fungieren kann, setzt allerdings positive Übertragungsanteile auf Seiten der Gruppenteilnehmer voraus (vgl. Rubner 2009, S. 36).

Der stark abgeschwächte Stellenwert der Übertragung in diesen Äußerungen ist vor allem durch zwei Veränderungen gegenüber der klassischen Einzelanalyse sowie auch gegenüber der analytischen Gruppentherapie bedingt: Zum einen geht es in der Gestalttherapie und in der Themenzentrierten Interaktion nicht darum, »Ursachenforschung« in der Vergangenheit zu betreiben, sondern darum, aus dem interaktionellen Geschehen in der Gegenwart Anregungen für Veränderungen im Selbstbild und für *künftiges eigenes Verhalten* zu beziehen. Offenheit in den

Selbstäußerungen und »Feedbacks« an andere ist dabei nicht mit Rücksichtslosigkeit zu verwechseln. Zum andern wird die *reale Begegnung mit anderen Personen* an die Stelle der Auseinandersetzung mit den früher entstandenen, z.T. phantasierten Eltern-Imagines gesetzt. Damit wird die Bedeutung derartiger Introjekte nicht grundsätzlich negiert. Die vertiefte Auseindersetzung mit der inneren Befindlichkeit und deren frühen Prägungen wird jedoch in einen anderen Kontext – eben den analytisch-therapeutischen – verwiesen, der ein stärkeres Eingehen auf die individuelle Persönlichkeitsproblematik beinhaltet. Psychoanalyse und Humanistische Psychologie erscheinen in dieser Perspektive nicht als gegensätzliche, sondern eher als sich ergänzende Methoden. Die »humanistische« Intention kann jedenfalls beiden Methoden nicht abgesprochen werden.

Therapieziele im Wandel

Von den hier porträtierten Therapeuten und Therapeutinnen ist Erich Fromm derjenige, der am stärksten auf die »gesellschaftliche Bedingtheit der psychoanalytischen Therapie« (Fromm 1935) hingewiesen und in seiner Theorie des »Gesellschafts-Charakters« (Fromm 1941, S. 379ff.) konsequent die *Verbindung zwischen Individuum und Gesellschaft* herausgearbeitet hat. Zugleich hat er sehr klar auf die Begründung des therapeutischen »Menschenbildes« und entsprechender Ziele in der *humanistischen Ethik* hingewiesen (vgl. Fromm 1947, S. 78ff.). Ruth Cohn hat später, unabhängig von Fromm, ebenfalls das humanistische Wertefundament der von ihr begründeten Gruppenarbeitsmethode deutlich gemacht (vgl. Farau/Cohn 1984, S. 427ff.). Ähnlich wie Fromm, der sich auf Grund seiner humanistischen Einstellung in vielfältiger Weise auf politischem Gebiet für friedliche Konfliktlösungen und soziale Reformen eingesetzt hat (vgl. Johach 2000, 2008), war Ruth Cohn bestrebt, die Themenzentrierte Interaktion im Sinne einer »humanistischen Gesellschaftstherapie« (Farau/Cohn 1984, S. 334) wirksam werden zu lassen. Hier soll zunächst auf Fromms »Revision« der Psychoanalyse unter der Fragestellung eingegangen werden, wieweit sich daraus eine Veränderung der »klassischen« Analyse Freuds ergibt.

Freud hatte – für die Wissenschaft seiner Zeit revolutionär – bei der Suche nach Ursachen und Behandlungsmöglichkeiten der Neurosen das Konfliktfeld zwischen den »polymorph-perversen« Triebanlagen, Wünschen und Phantasien des Kindes und den gesellschaftlichen Anforderungen, die an ein erwachsenes Individuum gestellt werden, entdeckt und daraus gefolgert, es gebe zwar unterschiedlich »gelungene« Arten der Anpassung mit mehr oder minder auffälligen Residuen früherer Verdrängungsprozesse, die sich z.B. beim »analen Charakter« zeigen, die Grundstruktur des Konflikts bleibe jedoch immer die gleiche. Fromm wies dagegen nach, dass *Veränderungen des Wirtschaftssystems*, denen Freud wenig Aufmerksamkeit schenkte, weit tiefere Spuren in der menschlichen Psyche hinterlassen, als Freud wahrhaben wollte. Der »sozial typische« Charakter ist in der Welt des 19. Jahrhunderts, in der das Bürgertum sich aufs Erworbene etwas zu Gute hält und von »gesichertem Besitz« (Fromm 1947, S. 55) lebt, ein anderer als in einer Gesellschaft, in der ständig Waren angepriesen werden, die zu raschem Verbrauch bestimmt sind und in der auch der einzelne auf dem »Personal-Markt« (a.a.O., S. 49) sich möglichst gut »verkaufen« muss, um mithalten zu können. Dementprechend ändern sich auch die Probleme, die die Menschen bedrücken und mit denen der Analytiker konfrontiert ist. War es zur Zeit Freuds die unterdrückte Sexualität, der in der Hysterie die am meisten zeittypische Form der Neurose entsprach, so ist es heutzutage eher die »Entpersönlichung, die Leere, die Bedeutungslosigkeit des Lebens, die Automatisierung des Individuums« (a.a.O, S. 55), unter der die Menschen leiden (das schrieb Fromm bereits 1947!).

Fromm begnügt sich nicht damit, die Veränderungen in Gesellschaft und Kultur, die er von der kapitalistischen Wirtschaft bestimmt sieht, und deren Auswirkungen auf die menschliche Psyche zu diagnostizieren. Er setzt dagegen das im Menschen verwurzelte Ideal eines *»produktiven Charakters«* bzw. der »Produktivität« (Fromm 1947, S. 61), die sich vor allem als »produktive Arbeit, produktive Liebe und produktives Denken« (a.a.O., S. 71) äußert. Sein Verständnis von Produktivität ist auf den Menschen zentriert und hat nichts zu tun mit maximalem Warenausstoß unter günstigster Kosten-Nutzen-Relation. Ein »produktiver Charakter« findet sich kaum in Reinkultur; vielmehr können »produktive Orientierungen« eine Verbindung mit den jeweils vorherrschenden Formen des Individual- und Gesellschafts-Charakters eingehen (zu den verschiedenen Bedeutung von »Produktivität« bei Fromm vgl. Bierhoff 1993, S. 158f.). Trotz aller äußeren und intrapsychischen Zwänge und Verformungen bleibt es Fromms Grundgedanke, der sich bis in sein Spätwerk *Haben oder Sein* (1976) durchhält, dass der Mensch sich dem Ideal eines produktiven Lebens annähern kann.

Als in den USA seit den 60er Jahren des vergangenen Jahrhunderts die Humanistische Psychologie allmählich größere Breitenwirkung gewann, avancierte vor allem der Begriff der *»Selbstverwirklichung«* zu einem Zielkonzept, das nicht nur in der theoretischen Psychologie, sondern auch in den Selbsterfahrungsgruppen der »Human Growth«- und »Encounter«-Bewegung eine große Rolle spielte. Von starkem Einfluss war dabei Abraham Maslows Buch *Motivation and Personality* (engl. 1954, dt. 1977) mit der Unterscheidung von »grundlegenden« und »höheren« Bedürfnissen. Der Schwerpunkt seiner Untersuchung lag bei den »höheren« Bedürfnissen, zu denen er auch das Bedürfnis nach »Selbstverwirklichung« zählte, und speziell bei der Frage, wodurch sich »selbstverwirklichende Menschen« von anderen unterscheiden (vgl. Maslow 1981, S. 179ff.). Carl Rogers beschrieb in der stärker auf sein eigenes Therapiekonzept bezogenen Arbeit *On Becoming a Person* (engl. 1961, dt. 1973) den »selbstverwirklichenden« bzw. »selbstaktualisierenden« Menschen im Sinne einer Weg-von-hin-zu-Bewegung:weg von den »Fassaden« und den Rollenerwartungen der anderen, hin zu mehr Selbstbestimmung, Selbstvertrauen und »Erfahrungsoffenheit« (Rogers 1973, S. 168ff.). Bei anderen wie Fritz Perls und Paul Goodman, die an eine gesellschaftskritisch-anarchistische Tradition anknüpften, geriet »Selbstverwirklichung« in die Nähe eines extremen Individualismus, der sich in einer Verweigerungshaltung gegenüber allen gesellschaftlichen Konventionen äußerte, jedoch wenig zur Gestaltung des Sozialen beitrug. In der Kontroverse um das sogenannte »Gestalt-Gebet« zeigten sich gravierende Differenzen, die im Verständnis von »Humanismus« zwischen Fritz Perls und Ruth Cohn aufbrachen.

Jürg Kollbrunner, der sich bemüht hat, aus der Literatur der Humanistischen Psychologie das Wichtigste zum Thema *»Selbstverwirklichung«* zusammenzustellen, führt folgende Kriterien an:

- Selbstverwirklichende Menschen haben eine ungewöhnliche Fähigkeit, »sich selbst, andere Menschen und überhaupt die ganze Realität korrekt wahrzunehmen.«
- Sie sind »ehrlich, offen und können sich sehr direkt ausdrücken.«
- Sie »unterdrücken weder ihre Sexualität noch ihre Aggressivität«, sondern integrieren beides voll in ihr Leben.
- Sie zeigen »große intellektuelle und emotionale Konflikttoleranz.«
- Sie sind stets »offen für das Hier und Jetzt, für das, was hier und jetzt gerade geschieht.«
- Sie haben die Fähigkeit, die »fundamentalen Dinge des Lebens« mit »Ehrfurcht, Freude und Staunen« immer wieder neu zu genießen.
- Sie »hören auf ihre eigene innere Stimme« und suchen stets »neue Werte aufzufinden oder alte Werte neu zu entdecken.«
- Sie entwickeln »besondere Talente« und sind auf ihrem Gebiet kreativ.
- Sie sind zu »tiefen und harmonischen zwischenmenschlichen Beziehungen« imstande, machen sich jedoch von anderen nicht abhängig und haben kein Bedürfnis, »von jedem geliebt zu werden.«

- Sie übernehmen bewusst »Verantwortung für ihr Leben« und manchmal auch für »Teile des Lebens anderer.«
- Sie sind relativ »unabhängig von ihrer eigenen Kultur und Umgebung«, brüsten sich jedoch nicht damit.
- Sie sind bestrebt, »aus sich selbst einen besseren (d.h.volleren) Menschen zu machen.«
- Sie genießen es, die »Selbstverwirklichung von anderen Menschen und deren Glücklichsein zu beobachten und zu unterstützen.« (vgl. Kollbrunner 1987, S. 297ff.)

Es liegt auf der Hand, dass hier ein hohes *Ideal* beschrieben wird, das in seiner Gänze wohl kaum von einer einzelnen Persönlichkeit verwirklicht wurde bzw. wird. Gleichwohl argumentieren die Humanistischen Psychologen damit, dass es in der Vergangenheit Menschen gegeben habe und dass auch unter den Zeitgenossen einige zu finden seien, die diesem Ideal entsprechen oder ihm zumindest nahe kommen, so dass es durchaus sinnvoll sei, sich daran zu orientieren.

Da es hier nicht Aufgabe sein kann, eine umfassende Darstellung und Kritik des Konzepts der Selbstverwirklichung zu liefern – dies wäre ein eigenes Thema (vgl. dazu Kollbrunner 1987, S. 290ff.) –, sollen vor allem zwei Fragen untersucht werden: Erstens: Finden sich in der *Psychoanalyse* entsprechende Zielsetzungen, die die Bezeichnung als »humanistisch« rechtfertigen? Zweitens: Wieweit ist Selbstverwirklichung ein *schichtspezifisches* Konzept?

Vergleicht man die Ausführungen Freuds zur Zielsetzung der Psychoanalyse (etwa im Kapitel »Aufklärungen, Anwendungen, Orientierungen«, in: Freud 1933, S. 566ff.) so fällt vor allem deren Nüchternheit auf. Freud bekennt, er sei nie »ein therapeutischer Enthusiast« (a.a.O., S. 580) gewesen. Er geht von einer begrenzten Anwendbarkeit der Psychoanalyse in der *Neurosentherapie* aus; »narzißtische und psychotische Zustände« (a.a.O., S. 583) schätzt er dagegen als ungeeignet für die analytische Behandlung ein. Über die Heilerfolge sagt er wenig. Aus der Aussage, dass der Neurotiker »genuß- und leistungsunfähig« (Freud 1917a, S. 436), sei, kann man schließen, dass die Psychoanalyse darauf abzielt, Arbeits- und Genussfähigkeit zu fördern oder wiederherzustellen; ob dies zur Selbstverwirklichung beiträgt, bleibt offen. An anderer Stelle bedauert er, dass die analytische Therapie aus äußeren wie inneren Gründen für den »Armen fast unzugänglich« (Freud 1913, S. 192) sei: aus äußeren Gründen, weil er das Geld für den Analytiker nicht habe (damals gab es noch keine Krankenkasse, die zahlt!); aus inneren, weil der »sekundäre Krankheitsgewinn« – d.h. sich harten Arbeitsbedingungen entziehen zu können – »allzu bedeutend« sei. Wenn der Arme schon »eine Neurose zu Stande gebracht« habe, lasse er sie sich deshalb »nur sehr schwer entreißen« (ebd.).

Leicht ironisch verhüllt, schlägt bei Freud eine Abneigung gegen Menschen aus der *sozialen Unterschicht* durch, was sich auch im Schimpfwort »Gesindel« für das einfache »Volk« (Freud 1988, S. 42f.) zeigt. Trotz seiner Abneigung betrieb Freud jedoch die Gründung des *»Psychoanalytischen Ambulatoriums für Mittellose«* in Wien, wo junge, idealistisch gesonnene Ärzte wie Wilhelm Reich ohne Honorar Sprechstunden abhielten. Freud meinte allerdings, für die Behandlung der »Massen« müsse das »Gold der Psychoanalyse« mit dem »Kupfer der Suggestivbehandlung« gemischt werden (vgl. Reich 1972b, S. 62).

Wie ersichtlich, war die Psychoanalyse seit den Anfängen überwiegend auf die bürgerliche *Mittelschicht* beschränkt und sie ist es bis heute weitgehend geblieben. Sozial Engagierte wie Wilhem Reich suchten sie auch in der Unterschicht anzuwenden, aber das war mühsam und frustrierend. Man kann darüber streiten, was eher als »humanistisch« gelten kann: Reichs unentgeltlich geleistete therapeutische Arbeit bei den »Mittellosen« (darunter fielen z.B. »Industriearbeiter, kleine Angestellte, Heimarbeiter, Studenten und Bauern vom Lande«, ebd.), oder die gut honorierten Analysen mit Patienten aus der damaligen Mittel- und Oberschicht, für die Freud sich entschieden hatte.

Auch bei der Humanistischen Psychologie ist davon auszugehen, dass es sich so gut wie ausschließlich um eine *Mittelschicht-Angelegenheit* handelt. Das hohe Ideal der Selbstverwirklichung ist nach Maslow nur von Menschen zu realisieren, bei denen die »niedrigeren Grundbedürfnisse«, z.B. eine gewisse materielle Sicherheit, voll erfüllt sind, so dass sie die damit verbundenen Probleme »sogar verachten und abtun« (Maslow 1981, S. 102) können. Dass Menschen, die mit schwierigeren Lebensbedingungen zu kämpfen haben und deren Energie zu einem großen Teil bei den »niederen« Bedürfnissen (Essen, Trinken, Wohnung, Job etc.) gebunden bleibt, vom Ideal der »Selbstverwirklichung« damit praktisch ausgeschlossen werden, mindert den »humanistischen« Wert dieses Ideals, auch wenn manches daran sympathisch erscheint.

Wenn wir beim Thema »Selbstverwirklichung« weniger nach der Beschreibung des Ideals fragen, sondern vielmehr danach, wie es konkret verstanden wurde und wird, dann kristallisieren sich vor allem *Bildung, Beruf und Freizeit* als die Bereiche heraus, in denen Menschen sich vorrangig selbst zu verwirklichen suchen. Heute verbindet sich die selbstverwirklichende Haltung mit einer Gesundheits- und Nachhaltigkeitsorientierung sowie mit der Forderung nach sozialen und umweltschonenden Produktionsbedingungen für die Dinge, die man zum Leben

»braucht«, und das heißt: mit einer konsumkritischen Einstellung (vgl. Bierhoff 2006, S. 115ff.).

Wenn der Eindruck nicht täuscht, hat das Thema auch viel mit der *Emanzipation der Frauen* von der traditionellen Geschlechtsrolle zu tun. Zur Zeit des »Psychobooms« in den 70er und 80er Jahren des vergangenen Jahrhunderts dienten viele Selbsterfahrungsgruppen einer persönlichen Um- und Neuorientierung. Die Nachfrage nach derartigen Unternehmungen geht jedoch seit geraumer Zeit zurück – vielleicht weil sich manche persönlichen Probleme in der Zwischenzeit erledigt haben. An deren Stelle sind neue Probleme entstanden, die jedoch weniger über Gruppenerfahrung zu lösen sind. Die Chancen, sich im *Beruf* zu verwirklichen, werden angesichts rasanter Veränderungen auf dem Arbeitsmarkt und wachsender sozialer Unsicherheit, auch in der Mittelschicht, geringer. Möglichkeiten der Selbstverwirklichung werden zunehmend in der *Freizeit* gesucht. Die konkrete Art der Freizeitgestaltung ist jedoch selten kreativ, sondern eher rezeptiv-konsumierend.

Die Psychoanalyse hat die Entstehung des »Psychobooms« von Anfang an begleitet, sie wird ihn wahrscheinlich auch überdauern. In ihrer »strengen« Form, als kassenärztlich zugelassene Methode der Neurosebehandlung, hat sie gute Chancen, weiter gefragt zu sein. Zugleich hat die Psychoanalyse jedoch eine ungeheure Breitenwirkung außerhalb der therapeutischen Anwendung entfaltet. Begriffe wie »Verdrängung«, »Abwehr«, »Über-Ich« sind längst ins Alltagsbewusstsein übergegangen. Aufgabe der Analyse wird sein, im Sinne Freuds weiterhin »Aufklärung« über innere Erlebensprozesse zu betreiben und Menschen in ihrer psychischen Entwicklung zu begleiten und zu fördern. In dieser Funktion unterscheidet sie sich nicht allzu sehr von den »humanistischen« Methoden, die weitgehend als »Therapie für Normale« praktiziert wurden und werden.

Schlussbemerkungen

Den Ausgangspunkt für die vorliegende Ausarbeitung therapeutisch-biographischer Einzelportraits bildete die Frage nach der Beziehung zwischen der in Europa um die Wende vom 19. zum 20. Jahrhundert begründeten *Psychoanalyse* und der in den USA seit den 50er Jahren des vergangenen Jahrhunderts entstandenen *Humanistischen Psychologie.* Als ein Ergebnis kann zunächst festgehalten werden, dass bei den hier dargestellten Therapeutinnen und Therapeuten grundlegende Erkenntnisse und Ideen Freuds aufgegriffen und in z.T. polemischer Auseinandersetzung weiterentwickelt wurden, die in die spätere Humanistische Psychologie mit eingeflossen sind.

Im Verlauf unserer therapeutisch-biographischen Untersuchungen hat es sich als erforderlich erwiesen, den Begriff »humanistisch« nicht als feststehendes Etikett zu verwenden, sondern gewissermaßen zu verflüssigen und von Fall zu Fall zu überprüfen, wieweit die jeweiligen therapeutischen Ansätze und die damit verbundenen Einstellungen und Methoden als »humanistisch« zu bezeichnen sind. Zugleich musste aber auch zu verfestigten Traditionen in der Geschichtsschreibung der Psychoanalyse und zu Vorurteilen gegenüber »Revisionisten« und »Dissidenten« Distanz gewonnen werden, um zu einer adäquateren Beurteilung, z.T. auch zu einer neuen Bewertung der jeweiligen therapeutischen Lebensleistung zu kommen.

Die Frage, ob die generelle Abgrenzung der Humanistischen Psychologie von der Psychoanalyse berechtigt sei, kann anhand der hier vorgelegten Portraits bedeutender Therapeutinnen und Therapeuten, die teils zur Geschichte der Psychoanalyse, teils zur Humanistischen Psychologie, teils zu beiden Richtungen gehören, klar verneint werden. Das heißt positiv: Sowohl in den einzelnen Biographien als auch im jeweiligen Verständnis von »Therapie« zeigen sich wesentlich mehr Berührungspunkte, Verbindungslinien und Gemeinsamkeiten, als man zunächst anzunehmen geneigt ist.

Wenn man die Abgrenzung der »Humanisten« nur auf die von Freud begründete »klassische« Psychoanalyse bezieht und damit einräumt, dass spätere Psychoanalytiker durch Veränderung einzelner Theoriebestandteile und eine andere therapeutische Praxis bei der Entstehung der Humanistischen Psychologie Zubringerdienste geleistet oder an ihr direkt mitgewirkt haben, dann spitzt sich die Frage darauf zu, ob man *Freuds* Theorie und seinen praktisch-therapeutischen Ansatz als *»nicht-humanistisch«* bezeichnen will – denn das wäre die logische Konsequenz einer solchen Abgrenzung. Unsere Antwort lautet: Offensichtlich verkörpert die Psychoanalyse Freuds nicht das Maximum dessen, was man als »humanistisch« bezeichnen kann, aber es wäre falsch, sie deshalb als »nicht-humanistisch« zu bezeichnen.

Die meisten der hier erwähnten Personen waren *jüdischer Herkunft*. Dies trug mit dazu bei, dass sie neue und ungewohnte Perspektiven in der Psychologie und den Wissenschaften vom Menschen entwickeln konnten. Mit ihrer humanistischen Einstellung befanden sie sich in Opposition zu vorherrschenden Trends in der Wissenschaft und zum politischen Zeitgeschehen. Dieses Erbe gilt es gerade in der heutigen Zeit, in der kaum noch Wert und Würde des einzelnen, sozial verbundenen

Menschen, sondern vor allem »Effizienz«, Konkurrenz und ökonomisches Profitdenken zählen, zu bewahren.

LITERATUR

Abraham, K., 1971: *Psychoanalytische Studien.* Gesammelte Werke in zwei Bänden. Hrsg. v. J. Cremerius. Frankfurt/M.: Fischer.

Adorno, Th.W., 1964: *Minima moralia.* Reflexionen aus dem beschädigten Leben. Frankfurt/M.: Suhrkamp.

Andreas-Salomé, L., 1894: *Friedrich Nietzsche in seinen Werken.* Wien (hier zitiert nach der Insel-Taschenbuchausgabe, hrsg. v. E. Pfeiffer. Frankfurt/M. – Leipzig 2000).

Andreas-Salomé, L., 1899: »Der Mensch als Weib«. In: Andreas-Salomé 1979, S. 7-44.

Andreas-Salomé, L., 1913: »Von frühem Gottesdienst«. In: Andreas-Salomé 1990, S. 37-49.

Andreas-Salomé, L., 1914: »Zum Typus Weib«. In: Andreas-Salomé 1990, S. 87-103.

Andreas-Salomé, L., 1916: »›Anal‹ und ›Sexual‹«. In: Andreas-Salomé 1990, S. 105-135.

Andreas-Salome, L., 1917: »Psychosexualität«. In: Andreas-Salomé 1990, S. 145-180.

Andreas-Salomé, L., 1921: »Narzißmus als Doppelrichtung«. In: Andreas-Salomé 1990, S. 191-222.

Andreas-Salomé, L., 1928: *Rainer Maria Rilke.* Leipzig: Insel.

Andreas-Salomé, L., 1931: *Mein Dank an Freud.* Offener Brief an Professor Sigmund Freud zu seinem 75. Geburtstag. Wien: Int. Psychoanalytischer Verlag (hier zitiert nach dem Wiederabdruck in: Andreas-Salomé 1990, S. 245-324).

Andreas-Salomé, L., 1974: *Lebensrückblick.* Grundriß einiger Lebenserinnerungen. Aus dem Nachlass hrsg. v. E. Pfeiffer. Frankfurt/M.: Insel.

Andreas-Salomé, L., 1979: *Die Erotik.* Vier Aufsätze. Neu hrsg. mit einem Nachwort von E. Pfeiffer. München: Matthes & Seitz.

Andreas-Salomé, L., 1983: *In der Schule bei Freud.* Tagebuch eines Jahres (1912/1913). Aus dem Nachlass hrsg. v. E. Pfeiffer. Frankfurt/M.– Berlin – Wien: Ullstein.

Andeas-Salomé, L., 1990: *Das »zweideutige« Lächeln der Erotik.* Texte zur Psychoanalyse. Hrsg. v. I. Weber und B. Rempp. Freiburg/Br.: Kore Verlag.

Andreas-Salomé, L.; Freud, A., 2004: *»...als käm ich heim zu Vater und Schwester«.* Briefwechsel 1919-1937. Hrsg. v. D.A. Rothe und I. Weber. München: Deutscher Taschenbuch Verlag.

Appignanesi, L.; Forrester, J., 1996: *Die Frauen Sigmund Freuds.* München: Deutscher Taschenbuch Verlag.

Balint, M. 1939: »Übertragung und Gegenübertragung«. In: Ders.: *Die Urformen der Liebe und die Technik der Psychoanalyse.* Frankfurt/M.: Fischer 1969, S. 214-221.

Balint, M., 1991: *Der Arzt, sein Patient und die Krankheit.* Stuttgart: Klett-Cotta

Ballhausen, H.; Schultze, A., 1992: »Das gesellschaftstherapeutische Anliegen der TZI«. In: Löhmer, C.; Standhardt, R. (Hrsg): *TZI.* Pädagogisch-therapeutische Gruppenarbeit nach Ruth C. Cohn. Stuttgart: Klett-Cotta, S. 125-143.

Beaumont, H., 1987: »Gestalttherapie ist mehr als Fritz Perls«. In: *Psychotherapie als Chance.* Die wichtigsten Formen und Methoden. Hrsg. von der Redaktion *Psychologie heute.* München: Heyne, S. 73-89.

Bernfeld, S., 1969: *Antiautoritäre Erziehung und Psychoanalyse.* Ausgewählte Schriften. 2 Bde. Hrsg. von L. v. Werder u. R. Wolff. Darmstadt: März.

Bernfeld., S.; Cassirer Bernfeld, S., 1981: *Bausteine der Freud-Biographik.* Hrsg. v. I. Grubrich-Simitis. Frankfurt/M: Suhrkamp.

Bierhoff, B., 1993: *Erich Fromm.* Analytische Sozialpsychologie und visionäre Gesellschaftskritik. Opladen: Westdeutscher Verlag.

Bierhoff, B., 2006: »Vom Homo consumens zum Homo integralis«. In: Hosang, M.; Seifert, K. (Hrsg.): *Integration – Kultur – Mensch.* Ansätze einer kritischen Human- und Sozialökologie. München: ökom-Verlag, S. 109-117.

Birmelin, R. u.a. (Hrsg.), 1985: *Erfahrungen lebendigen Lernens.* Grundlagen und Arbeitsfelder der TZI. Mainz: Grünewald.

Blankertz, S.; Doubrawa, E., 2005: *Lexikon der Gestalttherapie.* Wuppertal: Peter Hammer Verlag.

Boadella, D., 1983: *Wilhelm Reich*. Leben und Werk des Mannes, der in der Sexualität das Problem der modernen Gesellschaft erkannte und der Psychologie neue Wege wies. Aus dem Englischen von Karl Heinz Silber. Frankurt/M.: Fischer.

Bocian, B., 2007: *Fritz Perls in Berlin 1893-1933*. Expressionismus – Psychoanalyse – Judentum. Wuppertal: Peter Hammer Verlag.

Bocian, B.; Staemmler, F.-M. (Hrsg.), 2000: *Gestalttherapie und Psychoanalyse*. Berührungspunkte – Grenzen – Verknüpfungen. Göttingen: Vandenhoeck & Ruprecht.

Bonß, W.; Schindler, N., 1982: »Kritische Theorie als interdisziplinärer Materialismus«. In: Bonß, W.; Honneth, A. (Hrsg.): *Sozialforschung als Kritik*. Zum sozialwissenschaftlichen Potential der Kritischen Theorie. Frankfurt/M.: Suhrkamp, S. 31-65.

Boss, M.; Condrau, G., 1980: »Die Weiterentwicklung der Daseinsanalyse nach Ludwig Binswanger«. In: Peters, U.H. (Hrsg): *Die Psychologie des 20. Jahrhunderts*, Bd. X: Ergebnisse für die Medizin (2): Psychiatrie. Zürich: Kindler, S. 728-739.

Brentzel, M., 2002: *Sigmund Freuds Anna O*. Das Leben der Bertha Pappenheim. Leipzig: Reclam.

Bühler, Ch.; Allen, M., 1973: *Einführung in die Humanistische Psychologie*. Stuttgart: Klett.

Büntig, W.E., 1977a: »Das Werk von Wilhelm Reich und seinen Nachfolgern«. In: Eicke, D. (Hrsg.): *Die Psychologie des 20. Jahrhunderts*, Bd. III: Freud und die Folgen (2). Zürich: Kindler, S. 383-425.

Büntig, W.E., 1977b: »Die Gestalttherapie Fritz Perls'«. In: Eicke, D. (Hrsg.): *Die Psychologie des 20. Jahrhunderts*, Bd.III: Freud und die Folgen (2). Zürich: Kindler, S. 1044-1066.

Chrzanowski, G., 1977: »Das psychoanalytische Werk von Karen Horney, Harry Stack Sullivan und Erich Fromm«. In: Eicke, D. (Hrsg): *Die Psychologie des 20. Jahrhunderts*, Bd. III: Freud und die Folgen (2). Zürich: Kindler, S. 475-509.

Clark, R.W., 1985: *Sigmund Freud*. Leben und Werk. Aus dem Englischen von J.A. Frank. Frankfurt/M: Fischer.

Cohn, R.C., 1961: »Gegenübertragung – Ein psychoanalytisch-interaktioneller Workshop mit Psychoanalytikern«. In: Cohn 1975, S. 33-63.

Cohn, R.C., 1966: »Das Thema als Mittelpunkt interaktioneller Gruppen. Eine Modifikation gruppentherapeutischer Technik zum Zwecke der Führung von Erziehungs- und anderen Kommunikationsgruppen«. In: Cohn 1975, S. 111-119.

Cohn, R.C., 1969: »Psychoanalytische und erlebnistherapeutische Gruppentherapie – eine falsche Dichotomie«. In: Cohn 1975, S. 76-88.

Cohn, R.C., 1973: »Die Erlebnistherapien – Autismus oder Autonomie?«. In: Cohn 1975, S. 97-109.

Cohn, R.C., 1974: »Zur Grundlage des themenzentrierten interaktionellen Systems: Axiome, Postulate, Hilfsregeln«. In: Cohn 1975, S. 120-128.

Cohn, R.C., 1975: *Von der Psychoanalyse zur themenzentrierten Interaktion.* Von der Behandlung einzelner zu einer Pädagogik für alle. Stuttgart: Klett.

Cohn, R.C., 1979: »Themenzentrierte Interaktion. Ein Ansatz zum Sichselbst- und Gruppenleiten«. In: Heigl-Evers, A. (Hrsg.): *Die Psychologie des 20. Jahrhunderts*, Bd.VIII: Lewin und die Folgen. Sozialpsychologie – Gruppendynamik – Gruppentherapie. Zürich: Kindler, S. 873-883.

Cohn, R.C., 1985a: »Über die Bedeutung des Politischen und Kosmischen für mein Denken«. Ein Gespräch mit Hilarion Petzold. In: *Integrative Therapie*, 11. Jg. (1985) Heft 3-4, S. 264-272.

Cohn, R.C., 1985b: »Aus einem Gespräch mit Ruth C. Cohn«. In: R. Birmelin u.a. (Hrsg): *Erfahrungen lebendigen Lernens.* Grundlagen und Arbeitsfelder der TZI. Mainz: Grünewald 1985, S. 9-22.

Cohn, R.C., 1989: *Es geht ums Anteilnehmen.* Perspektiven der Persönlichkeitsentfaltung. Freiburg/Br.: Herder.

Cohn, R.C., 1990: *Zu wissen dass wir zählen.* Gedichte, Poems. Mit Scherenschnitten von A. Maag-Büttner. Bern: Zytglogge.

Cohn, R.C., 1992: »Interview mit Horst Heidbrink«. In: Gruppendynamik, 23. Jg., Heft 3, S. 315-325.

Cohn, R.C., 2002: »Ruth Cohn im Gespräch mit Manfred Krämer«. In: *Themenzentrierte Interaktion*, Heft 1/2002, S. 16-29.

Cohn, R.C.; Matzdorf, P., 1992: »Das Konzept der Themenzentrierten Interaktion«. In: Löhmer, C.; Standhardt, R. (Hrsg.): *TZI.* Pädagogisch-therapeutische Gruppenarbeit nach Ruth C. Cohn. Stuttgart: Klett-Cotta, S. 39-92.

Cohn, R.C.; Ockel, A., 1992: »Das Konzept des Widerstands in der Themenzentrierten Interaktion. Vom psychoanalytischen Konzept des Widerstands über das TZI-Konzept der Störung zum Ansatz einer Gesellschaftstherapie«. In: Löhmer/Standhardt 1992, S. 177-206.

Dahmer, H., 1976: »Sándor Ferenczi – sein Beitrag zur Psychoanalyse«. In: Eicke, D. (Hrsg.): *Die Psychologie des 20. Jahrhunderts.* Bd. II: Freud und die Folgen (1). Zürich: Kindler, S. 167-196.

Dahmer, H., 1982: *Libido und Gesellschaft.* Studien über Freud und die Freudsche Linke. 2. Aufl. Frankfurt/M.: Suhrkamp.

Davis, H.B., 2009: »Direktheit in der Therapie«. In: Funk, R. (Hrsg.): *Erich Fromm als Therapeut.* Gießen: Psychosozial-Verlag, S. 111-115.

Deutsche Gesellschaft für Humanistische Psychologie (Hrsg.), 1980: *Festschrift für Ruth C. Cohn.* Zeitschrift für Humanistische Psychologie, 3. Jg. (Heft 4/1980).

Dunayewskaya, R., 1987: »Erich Fromm als sozialistischer Humanist«. In: v. Werder, L. (Hrsg.): *Der unbekannte Fromm.* Frankfurt/M.: Haag+Herchen, S. 55-58.

Durrell, L., 1961: »Georg Groddeck«. In: Groddeck, G.: *Schicksal, das bin ich selbst.* Wiesbaden – München: Limes 1992, S. 265-292.

Farau, A.; Cohn, R.C., 1984: *Gelebte Geschichte der Psychotherapie.* Zwei Perspektiven. Stuttgart: Klett-Cotta.

Federn, P.; Meng, H. (Hrsg.), 1957: *Das psychoanalytische Volksbuch.* Allgemeiner Teil: Zur Einführung in die Grundlagen der Psychoanalyse. 5., umgearbeitete Aufl. Bern – Stuttgart: Huber.

Feiner, A.H., 2009: »›Schauen Sie, hier...‹«. In: Funk, R. (Hrsg.): *Erich Fromm als Therapeut.* Gießen: Psychosozial-Verlag , S. 157-165.

Ferenczi, S., 1964: *Bausteine zur Psychoanalyse.* Bd. I: Theorie (mit einem Vorwort von M. Balint). Bd. II: Praxis. Bd. III: Arbeiten aus den Jahren 1908-1933 (mit einem Vorwort von V. Kovacs). Bd. IV: Gedenkartikel, Kritiken und Referate, Fragmente. Bern: Huber. (Zitiert wird nach der seitengleichen, im Ullstein-Verlag 1984 erschienenen Taschenbuch-Ausgabe.)

Ferenczi, S., 1970: *Schriften zur Psychoanalyse.* Auswahl in zwei Bänden. Hrsg. und eingeleitet von M. Balint. Frankfurt/M.: Fischer.

Ferenczi, S., 1908: »Psychoanalyse und Pädagogik«. In: *Schriften zur Psychoanalyse*, Bd. I, S. 1-11.

Ferenczi, S., 1910: »Zur Organisation der psychoanalytischen Bewegung«. In: *Schriften zur Psychoanalyse*, Bd. I, S. 48-58.

Ferenczi, S., 1912: »Über passagère Symptombildungen während der Analyse«. In: *Bausteine zur Psychoanalyse*, Bd. II, S. 9-37.

Ferenczi, S., 1919: »Zur psychoanalytischen Technik«. In: *Bausteine zur Psychoanalyse*, Bd. II, S. 38-54.

Ferenczi, S., 1920: »Weiterer Ausbau der ›aktiven Technik‹ in der Psychoanalyse«. In: *Bausteine zur Psychoanalyse*, Bd. II, S. 62-86.

Ferenczi, S., 1926: »Kontraindikationen der aktiven psychoanalytischen Technik«. In: *Schriften zur Psychoanalyse*, Bd. II, S. 182-193.

Ferenczi, S., 1930: »Relaxationsprinzip und Neokatharsis«. In: *Schriften zur Psychoanalyse*, Bd. II, S. 257-273.

Ferenczi, S., 1931: »Kinderanalysen mit Erwachsenen«. In: *Bausteine zur Psychoanalyse*, Bd. III, S. 490-510.

Ferenczi, S. 1932: »Sprachverwirrung zwischen den Erwachsenen und dem Kind«. In: *Bausteine zur Psychoanalyse*, Bd. III, S. 511-525.

Ferenczi, S., 1999: *Ohne Sympathie keine Heilung*. Das klinische Tagebuch von 1932. Hrsg. v. J. Dupont. Frankfurt/M: Fischer.

Ferenczi, S., 2005: *Zur Erkenntnis des Unbewussten*. Schriften zur Psychoanalyse III. Hrsg. v. H. Dahmer. Gießen: Psychosozial-Verlag.

Ferenczi, S.; Groddeck, G., 1986: *Briefwechsel 1921-1933*. Hrsg. v. J. Dupont. Frankfurt/M.: Fischer.

Ferenczi, S.; Rank,. O., 1924: *Entwicklungsziele der Psychoanalyse*. Zur Wechselbeziehung von Theorie und Praxis. Leipzig – Wien – Zürich: Internationaler Psychoanalytischer Verlag.

Ferst, M. (Hrsg.), 2002: *Erich Fromm als Vordenker*. »Haben oder Sein« im Zeitalter der ökologischen Krise. Berlin: Edition Zeitsprung.

Frenzel, I., 1997: *Friedrich Nietzsche – mit Selbstzeugnissen und Bilddokumenten*. 29. Aufl. Reinbek: Rowohlt.

Freud, S., 1969ff.: *Studienausgabe* in 10 Bänden und einem Ergänzungsband, hrsg. v. A. Mitscherlich, A. Richards und J. Strachey. Frankfurt/M: Fischer.

Freud, S., 1890: »Psychische Behandlung (Seelenbehandlung)«. In: *Studienausgabe Ergänzungsband*, S. 13-35.

Freud, S., 1893: »Über den psychischen Mechanismus hysterischer Phänomene«. In: *Studienausgabe* Bd. VI, S. 9-24.

Freud, S., 1895: »Entwurf einer Psychologie«. In: Freud, S., 1999: *Gesammelte Werke – Nachtragsband*. Texte aus den Jahren 1885-1938. Hrsg. v. A. Richards, unter Mitwirkung von I. Grubrich-Simitis. Frankfurt/M: Fischer, S. 375-486.

Freud, S., 1896: »Zur Ätiologie der Hysterie«. In: *Studienausgabe* Bd. VI, S. 61-81.

Freud, S., 1899: »Über Deckerinnerungen«. In: Bernfeld, S.; Cassirer Bernfeld, S.: *Bausteine der Freud-Biographik*. Frankfurt/M.: Suhrkamp 1981, S. 94-104.

Freud, S., 1900: *Die Traumdeutung*. In: *Studienausgabe* Bd. II, S. 21-588.

Freud, S., 1905: *Drei Abhandlungen zur Sexualtheorie*. In: *Studienausgabe* Bd. V, S. 37-145.

Freud, S., 1908a: »Die ›kulturelle‹ Sexualmoral und die moderne Nervosität«. In: *Studienausgabe* Bd. IX, S. 9-32.

Freud, S., 1908b: »Charakter und Analerotik«. In: *Studienausgabe* Bd. VII, S. 23-30.

Freud, S., 1909: »Der Familienroman der Neurotiker«. In: *Studienausgabe* Bd. IV, S. 221-226.

Freud, S., 1912a: »Zur Dynamik der Übertragung«. In: *Studienausgabe Ergänzungsband*, S. 157-168.

Freud, S., 1912b: »Ratschläge für den Arzt bei der psychoanalytischen Behandlung«. In: *Studienausgabe Ergänzungsband*, S. 169-180.

Freud, S. 1913: »Zur Einleitung der Behandlung (Weitere Ratschläge zur Technik der Psychoanalyse I)«. In: *Studienausgabe Ergänzungsband*, S. 181-203.

Freud, S., 1914a: »Erinnern, Wiederholen und Durcharbeiten (Weitere Ratschläge zur Technik der Psychoanalyse II)«. In: *Studienausgabe Ergänzungsband*, S. 205-215.

Freud, S., 1914b: »Zur Einführung des Narzißmus«. In: *Studienausgabe* Bd. III, S. 37-68.

Freud, S., 1917a: *Vorlesungen zur Einführung in die Psychoanalyse.* In: Studienausgabe Bd. I, S. 34-445.

Freud, S., 1917b: »Eine Kindheitserinnerung aus *Dichtung und Wahrheit*«. In: *Studienausgabe* Bd. X, S. 255-266.

Freud, S., 1920: *Jenseits des Lustprinzips*. In: Studienausgabe Bd. III, S. 213-272.

Freud, S., 1923: *Das Ich und das Es*. In: Studienausgabe Bd. III, S. 273-330.

Freud, S., 1926: *Hemmung, Symptom und Angst*. In: Studienausgabe Bd. VI, S. 227-308.

Freud, S., 1930: *Das Unbehagen in der Kultur*. In: Studienausgabe Bd. IX, S. 191-270.

Freud, S., 1933: *Neue Folge der Vorlesungen zur Einführung in die Psychoanalyse*. In: Studienausgabe Bd. I, S. 448-608.

Freud, S., 1936: Brief an Romain Rolland (»Eine Erinnerungsstörung auf der Akropolis«). In: *Studienausgabe* Bd. IV, S. 283-293.

Freud, S., 1953: *Abriß der Psychoanalyse. Das Unbehagen in der Kultur.* Mit einer Rede von Thomas Mann als Nachwort. Frankfurt/M.-Hamburg: Fischer.

Freud, S., 1962: *Aus den Anfängen der Psychoanalyse.* Briefe an Wilhelm Fließ. Abhandlungen und Notizen aus den Jahren 1887-1902. Hrsg. v. M. Bonaparte, A. Freud und E. Kris. Frankfurt/M: Fischer.

Freud, S., 1971: *»Selbstdarstellung«.* Schriften zur Geschichte der Psychoanalyse. Hrsg. v. I. Grubrich-Simitis. Frankfurt/M.: Fischer.

Freud, S., 1978: *Briefe 1873-1939.* Hrsg. v. E. und L. Freud. 2. Aufl. Frankfurt/M.: Fischer.

Freud, S., 1985: *Sigmund Freud – Sein Leben in Bildern und Texten.* Hrsg. v. E. Freud, L. Freud und I. Grubrich-Simitis. Frankfurt/M. Suhrkamp.

Freud, S., 1986: *Briefe an Wilhelm Fließ 1887-1904*. Ungekürzte Ausgabe. Hrsg. v. J.M. Masson. Bearbeitung der deutschen Fassung von M. Schröter. Transkription von G. Fichtner. Frankfurt/M.: Fischer.

Freud, S., 1988: *Brautbriefe*. Briefe an Martha Bernays aus den Jahren 1882-1886. Hrsg. v. E. Freud. Frankfurt/M.: Fischer.

Freud, S., 1996: *Tagebuch 1929-1929*. Kürzeste Chronik. Hrsg. u. eingeleitet v. M. Molnar, übersetzt v. C. Tögel. Basel – Frankfurt/M.: Stroemfeld/Roter Stern.

Freud, S.; Abraham, K., 1965: *Briefe 1907-1926*. Hrsg. v. H.C. Abraham und E. Freud. Frankfurt/M.: Fischer.

Freud, S.; Andreas-Salomé, L., 1966: *Briefwechsel*. Hrsg. v. E. Pfeiffer. Frankfurt/M.: Fischer.

Freud, S.; Breuer, J., 1970 [1895]: *Studien über Hysterie*. Frankfurt/M: Fischer.

Freud, S.; Ferenczi, S., 1993a: *Briefwechsel*. Bd I/1: 1908 bis 1911. Hrsg. v. E. Brabant, E. Falzeder und P. Giampieri-Deutsch unter der wissenschaftlichen Leitung von A. Haynal. Transkription von I. Meyer-Palmedo. Wien – Köln – Weimar: Böhlau.

Freud, S.; Ferenczi, S., 1993b: *Briefwechsel*. Bd. I/2: 1912 bis 1914. Hrsg. v. E. Brabant u.a. Wien – Köln – Weimar: Böhlau.

Freud, S.; Ferenczi, S., 2005: *Briefwechsel*. Bd. III/2: 1925 bis 1933. Hrsg. v. E. Brabant u.a. Wien – Köln – Weimar: Böhlau.

Freud, S.; Jung, C.G., 1974: *Briefwechsel*. Hrsg. v. W. McGuire und W. Sauerländer. Frankfurt/M.: Fischer.

Freud, S.; Pfister, O., 1963: *Briefe 1909-1939*. Hrsg. v. E.L. Freud und H. Meng. Frankfurt/M.:Fischer.

Friedman, L.J., 2006: »Wiederentdeckungen in Fromms Leben: Einige Probleme und vorläufige Lösungen«. In: *Fromm Forum* 10/2006: Tübingen: Internationale Erich-Fromm-Gesellschaft, S. 9-16.

Friedman, M., 1987: *Der heilende Dialog in der Psychotherapie*. Köln: Edition Humanistische Psychologie.

Fromm, E., 1999: *Erich Fromm Gesamtausgabe* (GA) in XII Bänden. Hrsg. v. R. Funk. Stuttgart: Deutsche Verlagsanstalt (Bd. I-XII) und München: Deutscher Taschenbuch Verlag (Bd. I-X).

Fromm, E., 1932: »Über Methode und Aufgabe einer Analytischen Sozialpsychologie. Bemerkungen über Psychoanalyse und historischen Materialismus«. In: GA I, S. 37-57.

Fromm, E., 1934: »Die sozialpsychologische Bedeutung der Mutterrechtsthorie«. In: GA I, S. 85-109.

Fromm, E., 1935: »Die gesellschaftliche Bedingtheit der psychoanalytischen Therapie«. In: GA I, S. 115-138.

Fromm, E., 1937: »Die Determiniertheit der psychischen Struktur durch die Gesellschaft. Zur Methode und Aufgabe einer Analytischen Sozialpsychologie«. In: GA XII, S. 129-175.

Fromm, E., 1941: *Die Furcht vor der Freiheit*. In: GA I, S. 217-392.

Fromm, E., 1947: *Psychoanalyse und Ethik.* Bausteine zu einer humanistischen Charakterologie. In: GA II, S. 1-157.

Fromm, E., 1955: *Wege aus einer kranken Gesellschaft*. In: GA IV, S. 1-254.

Fromm, E., 1956: *Die Kunst des Liebens*. In: GA IX, S. 437-518.

Fromm, E., 1958: »Psychoanalyse – Wissenschaft oder Linentreue?«. In: GA VIII, S. 27-34.

Fromm, E., 1959a: *Sigmund Freud*. Seine Persönlichkeit und seine Wirkung. In: GA VIII, S. 153-221. (Hier zitiert nach der Einzelausgabe im Deutschen Taschenbuch Verlag. München 1995.)

Fromm, E., 1959b: »Das Unbewußte und die psychoanalytische Praxis«. In: GA XII, S. 201-236.

Fromm, E., 1960: »Psychoanalyse und Zen-Buddhismus«. In: GA VI, S. 301-356.

Fromm, E., 1961: *Das Menschenbild bei Marx*. In: GA V, S. 335-393.

Fromm, E., 1962: *Jenseits der Illusionen*. Die Bedeutung von Marx und Freud. In: GA IX, S. 39-157.

Fromm, E., 1964a: *Die Seele des Menschen.* Ihre Fähigkeit zum Guten und zum Bösen. In: GA II, S. 159-268.

Fromm, E., 1964b: »Wirkfaktoren der psychoanalytischen Behandlung«. In: GA XII, S. 237-257.

Fromm, E., 1966a: *Ihr werdet sein wie Gott.* Eine radikale Interpretation des Alten Testaments und seiner Tradition. In: GA VI, S. 83-226.

Fromm, E., 1966b: »Zum Problem einer umfassenden philosophischen Anthropologie«. In: GA IX, S. 19-27.

Fromm , E., 1968: *Die Revolution der Hoffnung*. Für eine Humanisierung der Technik. In: GA IV, S. 255-377.

Fromm, E., 1969: »Die dialektische Revision der Psychoanalyse« In: GA XI, S. 19-71.

Fromm, E., 1970: »Die Krise der Psychoanalyse«. In: GA VIII, S. 47-70.

Fromm, E., 1973: *Anatomie der menschlichen Destruktivität*. In: GA VII, S. 1-398.

Fromm, E., 1974: »Therapeutische Aspekte der Psychoanalyse«. In: GA XII, S. 259-367.

Fromm, E., 1975: »Die Bedeutung der Psychoanalyse für die Zukunft«. In: GA XII, S. 369-390.

Fromm, E., 1976: *Haben oder Sein.* Die seelischen Grundlagen einer neuen Gesellschaft. In: GA II, S. 269-414.

Fromm, E., 1979: *Sigmund Freuds Psychoanalyse – Größe und Grenzen.* In: GA VIII, S. 259-362.

Fromm, E., 1986: *Über die Liebe zum Leben.* Rundfunksendungen. Hrsg. v. H.J. Schultz. München: Deutscher Taschenbuch Verlag.

Fromm, E., 1989: »Vom Haben zum Sein. Wege und Irrwege der Selbsterfahrung«. In: GA XII, S. 393-483.

Funk, R., 1983: *Erich Fromm – mit Selbstzeugnissen und Bilddokumenten.* Reinbek: Rowohlt.

Funk, R., 1999: *Erich Fromm – Liebe zum Leben.* Eine Bildbiographie. Stuttgart: Deutsche Verlagsanstalt.

Funk, R., 2005: »Erleben von Ohnmacht im Dritten Reich. Das Schicksal der jüdischen Verwandtschaft Erich Fromms, aufgezeigt anhand von Dokumenten und Briefen auf dem Weg in die Vernichtung«. In: *Fromm Forum* 9/2005, Tübingen: Internationale Erich-Fromm-Gesellschaft, S. 35-79.

Funk, R., 2007: *Erich Fromms kleine Lebensschule.* Freiburg-Basel-Wien: Herder.

Funk, R. (Hrsg.), 2009: *Erich Fromm als Therapeut.* Einblicke in seine psychoanalytische Praxis aus Sicht seiner Schüler. Gießen: Psychosozial-Verlag.

Funk, R.; Johach, H.; Meyer, G. (Hrsg.), 2000: *Erich Fromm heute.* Zur Aktualität seines Denkens. München: Deutscher Taschenbuch Verlag.

Gay, P., 2006: *Freud – Eine Biographie für unsere Zeit.* 2. Aufl. Frankfurt/M.: Fischer.

Gente, H.P. (Hrsg.), 1970: *Marxismus – Psychoanalyse – Sexpol.* Bd. 1. Frankfurt/M: Fischer.

Greving, H., 2009: »Ruth C. Cohn«. In: Schneider-Landolf, M.; Spielmann, J.; Zitterbarth, W. (Hrsg.): *Handbuch Themenzentrierte Interaktion (TZI).* Göttingen: Vandenhoeck & Ruprecht, S. 18-23.

Groddeck, G., 1917: »Psychische Bedingtheit und psychoanalytische Behandlung organischer Leiden«. In: Groddeck 1966, S. 19-45.

Groddeck, G., 1921: *Der Seelensucher.* Ein psychoanalytischer Roman. Leipzig – Wien – Zürich: Internationaler Psychoanalytischer Verlag (Fotomechanischer Nachdruck Wiesbaden: Limes 1971).

Groddeck, G., 1923: *Das Buch vom Es.* Psychoanalytische Briefe an eine Freundin. (zitiert nach der 3. Aufl. München: Kindler 1975).

Groddeck, G., 1926a: »Lebenserinnerungen«: In: Groddeck 1970, S. 267-407.

Groddeck, G., 1926b: »Das Es und die Psychoanalyse«. In: Groddeck 1992, S. 184-194.

Groddeck, G., 1933: *Der Mensch als Symbol.* Unmaßgebliche Meinungen über Kunst und Sprache. Wien: Internationaler Psychoanalytischer Verlag (zit. nach der Neuausgabe Frankfurt/M: Fischer 1989).

Groddeck, G., 1966: *Psychoanalytische Schriften zur Psychosomatik.* Ausgewählt und hrsg. v. G. Clauser. Wiesbaden: Limes.

Groddeck, G., 1970: *Der Mensch und sein Es.* Briefe – Aufsätze – Biographisches. Hrsg. v. M. Honegger. Wiesbaden: Limes.

Groddeck, G. 1976: *Die Natur heilt...* Die Entdeckung der Psychosomatik. Nachwort von H. Siefert. Wiesbaden – München: Limes .

Groddeck, G., 1992: *Schicksal, das bin ich selbst.* Briefe und Aufsätze zur Psychosomatik. Mit einem Essay von Lawrence Durrell. Hrsg v. M. Honegger. Frankfurt/M. -Berlin: Limes/Ullstein.

Groddeck, G.; Freud, S., 1970: *Briefwechsel.* Wiesbaden u. München: Limes.

Grottjahn, M., 1976: »Freuds Briefwechsel«, in: Eicke, D. (Hrsg.): *Die Psychologie des 20. Jahrhunderts*, Bd. II: Freud und die Folgen (1). Zürich. Kindler, S. 35-146.

Hahn, K. u.a. (Hrsg.), 1991: *»Beachte die Körpersignale...«.* Körpererfahrung in der Gruppenarbeit. Mainz: Grünewald.

Hardeck, J., 2005: *Erich Fromm.* Leben und Werk. Darmstadt: Wissenschaftliche Buchgesellschaft – Primus Verlag.

Haynal, A., 2000: *Die Technik-Debatte in der Psychoanalyse.* Freud, Ferenczi, Balint. Aus dem Französischen von Elke vom Scheidt. Gießen: Psychosozial-Verlag.

Hecker, W., 2009: »Einflüsse der Humanistischen Psychologie«. In: Schneider-Landolf, M.; Spielmann, J.; Zitterbarth, W. (Hrsg.): *Handbuch Themenzentrierte Interaktion (TZI).* Göttingen: Vandenhoeck & Ruprecht, S. 38-42.

Heidbrink, H., 1992: »Interview mit Ruth Cohn.« In: *Gruppendynamik*, 23. Jg., Heft 3 (1992), S. 315-325.

Heinl, H., 1986: »Groddeck und Integrative Leibtherapie«. In: Siefert, H. u.a. (Hrsg.): *Groddeck Almanach.* Basel – Frankfurt/M: Stroemfeld/Roter Stern 1986, S. 170-185.

Herrmann, H., 1992: »Ruth C. Cohn – Ein Porträt«. In: Löhmer, C.; Standhardt, R. (Hrsg.): *TZI.* Pädagogisch-therapeutische Gruppenarbeit nach Ruth C. Cohn. Stuttgart: Klett-Cotta, S. 19-36.

Hoffmann, K., 1995: »Erich Fromm and Frieda Fromm-Reichmann – Their Years in Germany«. Unveröffentl. Typoskript (Erich-Fromm-Archiv).

Horkheimer, M., 1931: »Die gegenwärtige Lage der Sozialphilosophie und die Aufgabe eines Instituts für Sozialforschung«. In: Ders.: *Sozialphilosophische Studien.* Aufsätze, Reden und Vorträge 1930-1972. Hrsg. v. W. Brede. Frankfurt/M.: Fischer 1981, S. 33-46.

Horkheimer, M., 1995a: *Gesammelte Schriften.* Hrsg. v. G. Schmid Noerr. Bd. 15: Briefwechsel 1913-1936. Frankfurt/M: Fischer.

Horkheimer, M., 1995b: *Gesammelte Schriften.* Hrsg. v. G. Schmid Noerr. Bd. 16: Briefwechsel 1937-1940. Frankfurt/M.: Fischer.

Horney, K., 1977: *Die Psychologie der Frau.* München: Kindler.

Jäger, L., 2005: *Adorno.* Eine politische Biographie. München: Deutscher Taschenbuch Verlag.

Johach, H., 1999: »Das Erbe der jüdischen Emigranten in der Humanistischen Psychologie«. In: *Themenzentrierte Interaktion*, Heft 1/1999, S. 7-28.

Johach, H., 2000: »Gelebter Humanismus – Zeitdiagnose und politisches Engagement«. In: Funk, R.; Johach, H.; Meyer, G. (Hrsg.): *Erich Fromm heute.* Zur Aktualität seines Denkens. München: Deutscher Taschenbuch Verlag, S. 68-82.

Johach, H., 2008: »Erich Fromms humanistischer Sozialismus«. In: *Fromm Forum* 12/2008. Tübingen: Internationale Erich Fromm Gesellschaft, S. 34-54.

Johach, H., 2009: »Historische und politische Grundlagen«. In: Schneider-Landolf, M.; Spielmann, J.; Zitterbarth, W. (Hrsg), 2009: *Handbuch Themenzentrierte Interaktion (TZI).* Göttingen: Vandenhoeck & Ruprecht, S. 27-32.

Jones, E., 1962: *Sigmund Freud – Leben und Werk.* Bd. I: Die Entwicklung zur Persönlichkeit und die großen Entdeckungen. 1856-1999. Bd. II: Jahre der Reife. 1901-1919. Bd. III: Die letzte Phase. 1919-1939. Bern: Huber. (Zitiert wird nach der seitengleichen, 1984 im Deutschen Taschenbuch Verlag erschienenen Ausgabe.)

Jung, C.G., 1962: *Erinnerungen – Träume – Gedanken.* Hrsg. v. A. Jaffé. Zürich – Stuttgart: Rascher.

Kempler, W., 1980: *Grundzüge der Gestalt-Familientherapie.* Aus dem Amerikanischen v. M. Bosch und B. Groos. 2. Aufl. Stuttgart: Klett-Cotta.

Kollbrunner, J., 1987: *Das Buch der Humanistischen Psychologie.* Eine ausführliche einführende Darstellung und Kritik des Fühlens, Denkens und Handelns in der Humanistischen Psychologie. Eschborn: Fachbuchhandlung f. Psychologie – Verlagsabteilung.

Kollbrunner, J., 2001: *Der kranke Freud.* Stuttgart: Klett-Cotta.

Krüll, M., 1979: *Freud und sein Vater.* Die Entstehung der Psychoanalyse und Freuds ungelöste Vaterbindung. Mit einem Geleitwort von Helm Stierlin. München: C.H. Beck.

Langmaack, B., 2004: *Einführung in die Themenzentrierte Interaktion (TZI).* Leben rund ums Dreieck. 3. Aufl. Weinheim-Basel: Beltz.

Laplanche, J.; Pontalis, J.-B., 1973: *Das Vokabular der Psychoanalyse.* 2 Bde. Frankfurt/M: Suhrkamp.

Lasch, Ch., 1995: *Das Zeitalter des Narzißmus.* Aus dem Amerikanischen von G. Burmundt. Hamburg: Hoffmann und Campe.

Laska, B.A., 1981: *Wilhelm Reich – in Selbstzeugnissen und Bilddokumenten.* Reinbek: Rowohlt.

Lesser, R.M, 2009: »›So etwas wie Höflichkeit kennt das Unbewusste nicht‹«. In: Funk, R. (Hrsg.): *Erich Fromm als Therapeut.* Gießen: Psychosozial-Verlag, S. 119-131.

Lowen, A., 1979: *Bioenergetik.* Therapie der Seele durch Arbeit mit dem Körper. Aus dem Amerikanischen von J. Bavendam. Reinbek: Rowohlt.

Löhmer, C.; Standhardt, R. (Hrsg.), 1992: *TZI.* Pädagogisch-therapeutische Gruppenarbeit nach Ruth C. Cohn. Stuttgart: Klett-Cotta..

Löwenthal, L., 1980: *Mitmachen wollte ich nie.* Ein autobiographisches Gespräch mit Helmut Dubiel. Frankfurt/M.: Suhrkamp.

Lüthi, A., 2009: »Gegen viele Ströme schwimmen. Die Entwicklung der Ecole seit 1948 im Spiegel meiner Erinnerungen«. In: Näf, H. (Hrsg.): *Eine menschliche Schule.* Die Ecole d'Humanité von innen gesehen. Oberhofen am Thunersee: Zytglogge.

Maccoby, M., 2009: »Fromm wollte kein Frommianer sein«. In: Funk, R. (Hrsg.): *Erich Fromm als Therapeut.* Gießen: Psychosozial-Verlag, S. 195-199.

Mann, Th., 1957: »Freuds Humanismus«. In: Federn, P.; Meng, H. (Hrsg.): *Das psychoanalytische Volksbuch.* Allgemeiner Teil. 5. Aufl. Bern – Stuttgart: Huber, S. 46-74.

Marcuse, H., 1969: *Triebstruktur und Gesellschaft.* Ein philosophischer Beitrag zu Sigmund Freud. Frankfurt/M.: Suhrkamp.

Martynkewicz, W., 1997: *Georg Groddeck.* Eine Biographie. Frankfurt/M.: Fischer.

Maslow, A.H., 1981: *Motivation und Persönlichkeit.* Aus dem Amerikanischen von P. Kruntorad. Reinbek: Rowohlt.

Maslow, A.H., 1985: *Psychologie des Seins.* Ein Entwurf. Aus dem Amerikanischen von P. Kruntorad. Frankfurt/M: Fischer.

Masson, J.M. 1991: *Die Abschaffung der Psychotherapie.* Ein Plädoyer. Aus dem Amerikanischen von H.J. Baron v. Koskull. München: Bertelsmann.

Masson, J.M., 1995: *Was hat man dir, du armes Kind getan?* Oder: Was Freud nicht wahrhaben wollte. Aus dem Amerikanischen neu übersetzt und kritisch bearbeitet von M. Waldmüller. Freiburg/Br.: Kore-Verlag.

Miller, A., 1983: *Du sollst nicht merken.* Variationen über das Paradies-Thema. Frankfurt/M.: Suhrkamp.

Nietzsche, F., 1886: *Jenseits von Gut und Böse.* Vorspiel einer Philosophie der Zukunft. In: Ders.: Werke in drei Bänden. Hrsg. v. K. Schlechta. München – Wien: Hanser 1977, Bd. II, S. 563-759.

Nietzsche, F., 1917: *Also sprach Zarathustra.* Mit Aufzeichnungen aus dem Nachlaß 1882-1885. (Nietzsches Werke, hrsg. v. E. Förster-Nietzsche, Bd. VII). Leipzig: Kröner.

Ollendorf-Reich, I., 1975: *Wilhelm Reich.* Das Leben des großen Psychoanalytikers und Forschers, aufgezeichnet von seiner Frau und Mitarbeiterin. München: Kindler.

Perls, F.S., 1948: »Die Integration der Persönlichkeit – Theoretische Erwägungen und therapeutische Möglichkeiten«. In: Perls 1980, S. 27-50.

Perls, F.S., 1966a: »Ein Interview mit Dr. Friedrich Perls.« Von J. Simkin. In: Perls 1980, S. 17-26.

Perls, F.S., 1966b: »Gestalttherapie und die menschlichen Potentiale.« In: Perls 1980, S. 149-155.

Perls, F.S., 1969: »Regeln und Spiele der Gestalttherapie«. In: Perls 1980, S. 193-215.

Perls, F.S., 1974: *Gestalt-Therapie in Aktion.* Stuttgart: Klett.

Perls, F.S., 1976: *Grundlagen der Gestalttherapie.* Einführung und Sitzungsprotokolle. München: Pfeiffer.

Perls, F.S., 1980: *Gestalt, Wachstum, Integration.* Aufsätze, Vorträge, Therapiesitzungen. Hrsg. v. H. Petzold. Paderborn: Junfermann.

Perls, F.S., 1981: *Gestalt-Wahrnehmung. Verworfenes und Wiedergefundenes aus meiner Mülltonne.* Die ungewöhnliche Autobiographie des Begründers der Gestalt-Therapie. Frankfurt/M: Verlag für humanistische Psychologie.

Perls, F.S., 1987: *Das Ich, der Hunger und die Aggression.* Die Anfänge der Gestalttherapie. 4. Aufl. Stuttgart: Klett-Cotta.

Perls, F.S.; Hefferline, R.F.; Goodman, P., 1981a: *Gestalt-Therapie.* Lebensfreude und Persönlichkeitsentfaltung. 2. Aufl. Stuttgart: Klett-Cotta.

Perls, F.S.; Hefferline, R.F.; Goodman, P., 1981b: *Gestalt-Therapie.* Wiederbelebung des Selbst. 2. Aufl. Stuttgart: Klett-Cotta.

Perls, L., 1978: »Begriffe und Fehlbegriffe der Gestaltherapie«. In: *Gestalt, Wachstum, Integration*. Hrsg. v. H. Petzold. Junfermann 1980, S. 255-261.

Perls, L., 1987: »Leben an der Grenze. Ein Gespräch mit Milan Sreckovic.« In: Perls, L. 2005a, S. 177-192.

Perls, L., 1997: *Der Weg zur Gestalttherapie*. Lore Perls im Gespräch mit Daniel Rosenblatt. Hrsg. v. A. und E. Doubrawa. Wuppertal: Hammer.

Perls, L., 2005a: *Leben an der Grenze*. Essays und Anmerkungen zur Gestalt-Therapie. Hrsg. v. M. Sreckovic. Bergisch-Gladbach: Kohlhage.

Perls, L., 2005b: *Meine Wildnis ist die Seele des anderen*. Der Weg zur Gestalttherapie. Laura Perls im Gespräch mit Daniel Rosenblatt u.a. (Erweiterte Ausgabe). Hrsg. von A. und E. Doubrawa. Wuppertal: Peter Hammer Verlag.

Peters, H.F., 1974: *Lou Andreas-Salomé*. Das Leben einer außergewöhnlichen Frau. München: Heyne.

Petzold, H., 1984: »Die Gestalttherapie von Fritz Perls, Laura Perls und Paul Goodman«. In: *Integrative Therapie*, 10. Jg. 1984, Heft 1 und 2, S. 5-72.

Petzold, H. (Hrsg.), 1987: *Die neuen Körpertherapien*. 5. Aufl. Paderborn: Junfermann.

Polster, E. u. M., 1983: *Gestalttherapie*. Theorie und Praxis der integrativen Gestalttherapie. Aus dem Amerikanischen von M. Waeber u. M. Wittelmeyer. Frankfurt/M. Fischer.

Quitmann, H., 1991: *Humanistische Psychologie*. Zentrale Konzepte und philosophischer Hintergrund. 2. Aufl. Göttingen – Toronto – Zürich: Hogrefe.

Rattner, J., 1990: *Klassiker der Tiefenpsychologie*. München: Psychologie Verlags Union.

Reich, W., 1920: »Über einen Fall von Durchbruch der Inzestschranke in der Pubertät«. In: Reich 1977b, S. 78-86.

Reich, W., 1927: *Die Funktion des Orgasmus*. Zur Psychopathologie und zur Soziologie des Geschlechtslebens. Leipzig – Wien- Zürich: Internationaler Psychoanalytischer Verlag.

Reich, W., 1929: *Dialektischer Materialismus und Psychoanalyse*. (Reprint Amsterdam: de Munter 1981).

Reich, W., 1932: *Der sexuelle Kampf der Jugend*. (Reprint o.O., o.J.)

Reich, W., 1933: *Charakteranalyse*. Technik und Grundlagen für Studierende und praktizierende Analytiker. Wien (Selbstverlag). Reprint o.O., o.J.

Reich, W., 1972a: *Der Einbruch der sexuellen Zwangsmoral.* Zur Geschichte der sexuellen Ökonomie. Köln: Kiepenheuer & Witsch.

Reich, W., 1972b: *Die Entdeckung des Orgons I. Die Funktion des Orgasmus.* Sexualökonomische Grundprobleme der biologischen Energie. Hrsg. v. M. Boyd Higgins. Frankfurt/M: Fischer.

Reich, W., 1977a: *Die Entdeckung des Orgons II: Der Krebs.* Hrsg. v. M. Boyd Higgins. Frankfurt/M.: Fischer.

Reich, W. 1977b: *Frühe Schriften 1.* Hrsg. v. M. Boyd Higgins. Köln: Kiepenheuer & Witsch.

Reich, W., 1994: *Leidenschaft der Jugend.* Eine Autobiographie 1897-1922. Hrsg. v. M. Boyd Higgins und C.M. Raphael. Köln: Kiepenheuer & Witsch.

Reich, W., 2006: *Charakteranalyse.* 8. Aufl. Köln: Kiepenheuer & Witsch.

Reijen, W.v.; Schmid Noerr, G., 1988: *Grand Hotel Abgrund.* Eine Photobiographie der Frankfurter Schule. Hamburg: Junius-Verlag.

Reiser, H.; Lotz, W., 1995: *Themenzentrierte Interaktion als Pädagogik.* Mainz: Grünewald.

Richebächer, S., 2008: *Sabine Spielrein.* Eine fast grausame Liebe zur Wissenschaft. München: btb-Verlag.

Riesman, D.; Denney, R.; Glazer, N., 1958: *Die einsame Masse.* Eine Untersuchung des amerikanischen Charakters. Mit einer Einführung in die deutsche Ausgabe von H. Schelsky. Reinbek: Rowohlt.

Roazen, P., 1973: *Brudertier.* Sigmund Freud und Victor Tausk. Die Geschichte eines tragischen Konflikts. Hamburg: Hoffmann u. Campe.

Roazen, P., 1976: *Sigmund Freud und sein Kreis.* Eine biographische Geschichte der Psychoanalyse. Bergisch-Gladbach: Lübbe.

Rogers, C.A., 1973: *Entwicklung der Persönlichkeit.* Psychotherapie aus der Sicht eines Therapeuten. Aus dem Amerikanischen übs. v. J. Giere. Stuttgart: Klett.

Rogers, C.A., 1984: *Encounter-Gruppen.* Das Erlebnis der menschlichen Begegnung. Aus dem Amerikanischen v. E. Nosbüsch. Frankfurt/M: Fischer.

Ronall, R.; Feder, B. (Hrsg.), 1983: *Gestaltgruppen.* Mit einem Vorwort von Ruth Cohn. Aus dem Amerikanischen von B. Stein. Stuttgart: Klett-Cotta.

Rubins, J.L., 1983: *Karen Horney – Sanfte Rebellin der Psychoanalyse.* Biographie. Aus dem Amerikanischen von U. Seeßlen. Frankfurt/M.: Fischer.

Rubner, A., 2009: »Psychoanalytische Grundlagen«. In: Schneider-Landolf, M.; Spielmann, J.; Zitterbarth, W. (Hrsg): *Handbuch Themen-*

zentrierte Interaktion (TZI). Göttingen: Vandenhoeck & Ruprecht, S. 33-37.

Salber, L., 2001: *Lou Andreas-Salomé – mit Selbstzeugnissen und Bilddokumenten.* 5. Aufl. Reinbek: Rowohlt.

Salber, L., 2006: *Der dunkle Kontinent.* Freud und die Frauen. Reinbek: Rowohlt.

Schecter, D., 2009: »Den Patienten wach machen«. In: Funk, R. (Hrsg): *Erich Fromm als Therapeut.* Gießen: Psychosozial-Verlag, S. 97-104.

Schneider, K., 1993: »Meine Wildnis ist die Seele des Anderen«. In: Perls, L.: *Meine Wildnis ist die Seele des Anderen.* Hrsg. v. A. und E. Doubrawa. Wuppertal: Peter Hammer Verlag 2005, S. 203-217.

Schneider-Landolf, M. ; Spielmann, J.; Zitterbarth, W. (Hrsg.), 2009: *Handbuch Themenzentrierte Interaktion (TZI).* Göttingen: Vandenhoeck & Ruprecht.

Scholem, G., 1993: *Von Berlin nach Jerusalem.* Jugenderinnerungen. 4. Aufl. Frankfurt/M: Suhrkamp.

Schultz, J., 2002: »Humanist ohne Illusion: Eine Hommage«. In: Ferst, M. (Hrsg.): *Erich Fromm als Vordenker.* »Haben oder Sein« im Zeitalter der ökologischen Krise, S. 207-215.

Schultze, A., 2002: »Anfänge in Vlotho«. In: *Themenzentrierte Interaktion,* Heft 1/2002, S. 41-44.

Schur, M., 1973: *Sigmund Freud – Leben und Sterben.* Frankfurt/M.: Suhrkamp.

Schwertfeger, B.; Koch, K., 1989: *Der Therapieführer.* Die wichtigsten Formen und Methoden. Ein Leitfaden. München: Heyne.

Shepard, M., 1975: *Fritz.* New York: Saturday Review Press.

Siebenhüner, G., 2005: *Frieda Fromm-Reichmann.* Pionierin der analytisch orientierten Psychotherapie von Psychosen. Gießen: Psychosozial-Verlag.

Siefert, H. u.a. (Hrsg.), 1986: *Groddeck Almanach.* Im Auftrag der Georg Groddeck-Gesellschaft hrsg. v. H. Siefert, F. Kern, B. Schuh und H. Grosch. Basel-Frankfurt/M: Stroemfeld/Roter Stern.

Silva García, J., 1992: »Erich Fromm in Mexiko: 1950-1973«. In: *Jahrbuch der Internationalen Erich-Fromm-Gesellschaft,* Bd. 3. Münster: Lit-Verlag, S. 11-25.

Spielrein, S., 1986: *Tagebuch einer heimlichen Symmetrie.* Sabina Spielrein zwischen Jung und Freud. Hrsg. v. A. Carotenuto. Vorwort v. J. Cremerius. Freiburg/Br: Kore Verlag.

Spranger, E., 1925: *Psychologie des Jugendalters.* 4. Aufl. Leipzig: Quelle & Meyer.

Stephan, I., 1992: *Die Gründerinnen der Psychoanalyse.* Eine Entmythologisierung Sigmund Freuds in zwölf Frauenporträts. Stuttgart: Kreuz-Verlag.

Sullivan, H.S., 1983: *Die interpersonale Theorie der Psychiatrie.* Aus dem Amerikanischen von M. Kruttke. Frankfurt/M: Fischer.

Tausch, R.; Tausch, A., 1979: *Gesprächs-Psychotherapie.* Einfühlsame hilfreiche Gruppen- und Einzelgespräche in Psychotherapie und alltäglichem Leben. 7., völlig neugestaltete Aufl. Göttingen – Toronto – Zürich: Hogrefe.

Tomalin, E., 1980: »Sechzig Jahre Freundschaft mit Ruth«. In: Deutsche Gesellschaft für Humanistische Psychologie (Hrsg.): *Festschrift für Ruth Cohn.* Zeitschr. f. Humanistische Psychologie 3. Jg. (Heft 4/1980), S. 31f.

Walser, H., 1976: »Psychoanalyse in der Schweiz«. In: Eicke, D. (Hrsg.): *Die Psychologie des 20. Jahrhunderts*, Bd. II: Freud und die Folgen (1). Zürich: Kindler, S. 1192-1218.

Weizsäcker, V.v., 1977: *Natur und Geist.* 3. Aufl. München: Kindler.

Welsch, U.; Pfeiffer, D., 2006: *Lou Andreas- Salomé.* Eine Bildbiographie. Leipzig: Reclam.

Werder, L.v. (Hrsg.), 1987: *Der unbekannte Fromm.* Biographische Studien. Frankfurt/M: Haag + Herchen.

Wiggershaus, R., 1986: *Die Frankfurter Schule.* Geschichte – Theoretische Entwicklung – Politische Bedeutung. München –Wien: Hanser.

Will, H., 1987: *Georg Groddeck.* Die Geburt der Psychosomatik. München: Deutscher Taschenbuch Verlag.

Zieman, Y., 2002: »Völkerverständigung durch TZI«. In: *Themenzentrierte Interaktion*, Heft 1/2002, S. 161-168.

Zundel, E. 1991: »Ruth Cohn: Themenzentrierte Interaktion«. In: Zundel, E. und R: *Leitfiguren der neueren Psychotherapie.* Leben und Werk. München: Deutscher Taschenbuch Verlag, S. 66-82.